Die Gäste des Wiener Opernballs werden zum Ziel eines Terror-
anschlags. Ein Fernsehjournalist, der die Live-Übertragung aus den
Ballsälen koordinieren soll, beobachtet das Verbrechen auf den Monitoren. Sein eigener Sohn ist unter den Opfern. Die Kameras laufen
weiter und senden weltweit auf zahllose Bildschirme das Sterben von
Tausenden. Der TV-Journalist versucht, von Trauer um seinen Sohn
getrieben, die Hintergründe des Anschlags zu klären. Sie sind ver-
worren, von Schlamperei und Zufällen geprägt. Mindestens so ver-
worren wie das Weltbild jener kleinen Gruppe, die das Morden vor-
bereitete.
Josef Haslingers spannender Medienroman und Politthriller entwirft
das Panorama einer vom Terrorismus bedrohten Wohlstandsgesell-
schaft. Er zeigt die grotesken politischen Widersprüche auf zwischen
Liberalität und Bedürfnis nach Sicherheit; den kaum kontrollierba-
ren Einfluß des Fernsehens auf Alltagsleben und Regierungsent-
scheidungen sowie das fatale Zusammenwirken von wiederaufflam-
mendem Nationalismus, Fremdenfurcht und politisch motivierter
Gewalt.
Im ›Tages-Anzeiger‹ schrieb Hubert Winkels: »Haslingers Roman
verbindet auf ingeniöse Weise klassische Kolportageelemente mit
einer geschickten erzählerischen Reflexion über das Verhältnis von
Medienmacht und politischer Macht.«

Josef Haslinger, 1955 in Zwettl/Niederösterreich geboren, lebt in
Wien als freier Schriftsteller.
Im Fischer Taschenbuch Verlag erschienen der Essayband ›Das
Elend Amerikas. Elf Versuche über ein gelobtes Land‹ (Bd. 11337),
die Novellen ›Der Tod des Kleinhäuslers Ignaz Hajek / Die mittleren
Jahre‹ (Bd. 12917), ›Politik der Gefühle. Ein Essay über Österreich‹
(Bd. 12365) sowie der Essay ›Hausdurchsuchung im Elfenbeinturm‹
(Bd. 22388).

Josef Haslinger

OPERNBALL

Roman

Fischer
Taschenbuch
Verlag

Veröffentlicht im Fischer Taschenbuch Verlag GmbH,
Frankfurt am Main, Mai 1997

Lizenzausgabe mit freundlicher Genehmigung
des S. Fischer Verlags, Frankfurt am Main
© 1995 S. Fischer Verlag GmbH, Frankfurt am Main
Druck und Bindung: Clausen & Bosse, Leck
Printed in Germany
ISBN 3-596-13591-5

Gedruckt auf chlor- und säurefreiem Papier

OPERNBALL

Reso Dorf bleibt ein »Bauernführer«

Bei der Vereidigung von Revierleitern greift der Wiener Polizeipräsident erneut zu offenen Worten

Polizeipräsident Reso Dorf, mittlerweile für seine entschlossene und volkstümliche Sprache wohlbekannt, begann seine Rede anläßlich der Angelobung von neuen Revierleitern auf dem Wiener Heldenplatz zunächst mit nachdenklichen Tönen.

»War es nicht auch eine Prüfung«, fragte er im Hinblick auf die Opernballkatastrophe, »die härteste Prüfung, die unser Land in Friedenszeiten heimgesucht hat?«

Doch gleich darauf fand er entschlossenere Worte. »Warum«, so wetterte er zu den angetretenen Kommandanten, »haben wir nicht rechtzeitig die Zügel in die Hand genommen? Diesem Gesindel die Stirn geboten? Mit eisernen Schlägen vernietet, was noch nicht hoffnungslos zerrissen war? Warum haben wir nicht aufgeräumt? Entrümpelt? Das Unkraut ausgerissen, solange es noch klein war?«

Ein Recht ohne Macht, so erklärte Reso Dorf den strammstehenden »Bauernburschen«, sei zum Untergang verurteilt und stürze den ganzen Staat in den Abgrund.

Bei seiner Antrittsrede im März hatte sich Reso Dorf als »Bauernführer« bezeichnet. Ein Polizist, so hatte er damals gemeint, müsse mißtrauisch sein wie ein Bauer.

Seine Rede vor den frisch ernannten Kommandanten wurde von Satz zu Satz bilderreicher.

Wörtlich führte er aus: »Wir haben diese Sonderlinge unterschätzt, wir haben diese Aufsässigen für lächerliche Subjekte gehalten, haben zugelassen, daß sie alles besudelten, heruntermachten, entehrten und hemmungslos schändeten. ›Es sind doch nur Schwächlinge‹, haben wir gesagt. ›Die sind ein Furz, den wir, wenn er uns zu sehr stinkt, einfach durch das Fenster entlassen.‹ Und wir haben darüber gelacht. Zweifellos werden sich einige von Ihnen an solche Sprüche erinnern: ›Die haben wir im Griff.‹ ›Die spritzen wir, wenn sie übermütig werden, von der Straße.‹ ›Die treiben wir über die Donau.‹

Bis uns plötzlich das Lachen verging, als sich herausstellte, daß in diesem Dschungel von Halbaffen, Ratten und Schmeißfliegen die gefährlichsten Täter herangereift waren, die unser Land bislang gesehen. Auf einmal war es zu spät, und wir knickten ein wie morsches Gerümpel.

Während der Bogen des Zumutbaren täglich aufs neue überspannt wurde, empfingen wir Menschenrechtsdelegationen und führten ihnen unsere Gefängnisse vor. ›Liberalität, Toleranz‹, hieß es, ›Freiheit der Meinungsäußerung, Demonstrationsrecht.‹ Aber das hat, verdammt noch mal, alles doch irgendwo seine Grenze.

Wenn ein Hund sein Wasser abschlägt, dünn und stinkend ... Ich werde hin und wieder wegen meiner Ausdrucksweise kritisiert. Aber feine Worte sind hier ganz und gar fehl am Platz.«

Sagte es und ließ am Schluß seiner Rede an Deutlichkeit nichts vermissen:

»Wenn ein Hund sein Wasser abschlägt, ist nach kurzer Zeit alles vorbei. Eine kleine Menge unangenehm riechender Flüssigkeit, die am Wegrand versickert.

Doch bei diesen Bestien war es anders. Wir haben ihnen die Wegränder überlassen und nicht darauf geachtet, daß hier kein Einhalt ist, daß die Gülle immer weiterrinnt, daß sich überall Drecklachen bilden, im Winter von milchig brüchigem Eis bedeckt, mit gelben Schlieren darin, daß bereits das ganze Land von Jaucherinnsalen überzogen ist und daß die Kloake unaufhörlich ansteigt, den fruchtbaren Boden versumpft und alles in einen dumpf vor sich hin faulenden Zustand versetzt, bis sich ein Urinteich bildet, ein Jauchesee, ein Güllemeer, durchzogen von Fäulnis, Tod und Verwesung, worin sich Gestalten entwickeln, die tausend Jahre im Licht der Sonne nicht mehr gesehen wurden. Da hätte es doch nur eines geben müssen – aber das haben wir versäumt.«

An der Vereidigungszeremonie nahm auch der Bundespräsident teil. Nach der Feier, auf die Rede von Reso Dorf angesprochen, antwortete er: »Ich würde es anders ausdrücken, aber im Prinzip hat der Herr Polizeipräsident natürlich recht.«   (APA/J.H.)

Der Kameramann

Fred ist tot. Die Franzosen haben ihn nicht beschützt. Als die Menschen vernichtet wurden wie Insekten, schaute ganz Europa im Fernsehen zu. Fred war unter den Toten. »Gott ist allmächtig«, hatte ich als Kind gehört. Ich stellte mir einen riesigen Daumen vor, der vom Himmel herabkommt und mich wie eine Ameise zerdrückt. Wenn etwas gefährlich oder ungewiß war, hatte Fred gesagt: »Die Franzosen werden mich beschützen.«

Ich saß damals im Regieraum des großen Sendewagens. Vor mir eine Wand von Bildschirmen. Auf Sendung war gerade die an der Bühnendecke angebrachte Kamera. Plötzlich ging ein merkwürdiges Zittern und Rütteln durch die Reihen der Tanzenden. Die Musik wurde kakophonisch, die Instrumente verstummten innerhalb von Sekunden. Ich schaltete auf die Großaufnahme einer Logenkamera und überflog die Monitore. Die Bilder glichen einander. Menschen schwanken, stolpern, taumeln, erbrechen. Reißen sich noch einmal hoch, können das Gleichgewicht nicht halten. Stoßen ein letztes Krächzen aus. Fallen hin wie Mehlsäcke. Einige schreien kurz, andere länger. Ihre Augen sind weit aufgerissen. Sie sehen, sie spüren, daß sie ermordet werden. Sie wissen nicht, von wem, sie wissen nicht, warum. Sie können nicht entkommen.

Als es geschah, fand ich Fred nicht auf den Bildschirmen. Er war der einzige Gedanke, an den ich mich erinnere. Die Aufzeichnung bewies mir jedoch, daß ich routinemäßig noch ein paar andere Kamerapositionen abgerufen hatte, bevor mir die Hände versagten. Millionen von Menschen aus ganz Europa schauten den Besuchern des Wiener Opernballs beim Sterben zu.

Fred wurde erst mein Sohn, als er siebzehn Jahre alt und heroinsüchtig war. Damals begann ich, um ihn zu kämpfen. Er gewann sein Leben zurück. Er wollte es festhalten. Er war sich selbst keine Gefahr mehr. Er hatte Tritt gefaßt. Und dann wurde er ermordet. Wir alle sahen zu und konnten nichts tun.

Um mich herum ein paar Techniker. Einer von ihnen war geistesgegenwärtig genug, mein Regiepult zu übernehmen. Die bemannten Kameras lieferten bald nur noch Standbilder, auf denen nacheinander die Bewegungen erstarrten. Stumme Aufnahmen von glitzernden, hohen Räumen, übersät mit Toten. Fotos von Menschen in Ballkleidern, die bunt durcheinander im Erbrochenen liegen, umrankt von Tausenden rosa Nelken. Die drei automatischen Kameras fingen wieder zu schwenken an. Vergeblich suchten sie nach Anzeichen von Leben. Neben mir sprach einer französisch. Ich schwankte hinaus in den Lärm. Ich dachte, ich müsse Fred retten. Draußen herrschte Chaos. Ich drängte mich durch die Menge, bis ich in die Nähe des Operneingangs kam. Da sah ich, daß es nichts gab, was ich für Fred noch hätte tun können. Als ich in den Sendewagen zurückkam, erfuhr ich, daß Michel Reboisson, der Chef von ETV, nach mir verlangt hatte.

ETV blieb europaweit auf Sendung. Eine unerträgliche Stille. Nur zwei Kameras waren ausgefallen. Die anderen lieferten weiter ihr jeweiliges Standbild. Sie wurden in langsamer Folge auf Sendung geschaltet. Jemand schrie ins Telefon: »Musik, wir brauchen Musik!«

Wir hatten keine geeignete Aufnahme im Sendewagen. Nach einer Weile wurde vom Studio aus, wo es in dieser Nacht nur einen technischen Notdienst gab, das Violinkonzert von Johannes Brahms eingespielt. Der Streit darüber, ob dies die richtige Musik sei, dauerte bis gegen Ende des zweiten Satzes. Dann wurde das Violinkonzert unterbrochen. Es gab Durchsagen der Polizei und der Feuerwehr. Währenddessen wurde Mozarts Requiem gefunden. Wir blieben auf Sendung. Es dauerte fast eine halbe Stunde, bis die Kameras auf den mit Leichen verstopften Korridoren der Wiener Staatsoper wieder Leben einfingen – Männer mit signalroten Schutzanzügen und Gasmasken.

Ich sah den Massenmord auf zwanzig Bildschirmen gleichzeitig. Mein einziger Gedanke: Fred ist nicht dabei. Ich finde ihn nicht. Er hat eine neue Kassette geholt. Er ist auf die Toilette gegangen. Er hat Kamera fünf seinem Assistenten überlassen, ist rauchen gegangen. Fred ist starker Raucher. Er ist nicht im Saal. Und doch sehe ich, wie er den Mund aufreißt, wie er auf die am Boden liegende Frau fällt. Ich sehe seinen leblosen Körper, das Erbrochene, das aus seinem Mund auf das weiße Abendkleid herabrinnt. Ich sehe, wie es seinen Kopf mit einem Ruck nach hinten reißt, wie er über die Balkonbrüstung stürzt. Ich sehe, wie sein Gesicht in einem Teller aufschlägt. Ich sehe, wie sich sein Körper zusammenkrampft. Ich sehe, wie er auf der Feststiege zertrampelt wird. Ich kann Fred nicht finden.

Nur noch drei Kameras werden bewegt. Kamera fünf zoomt. Das muß sein Assistent sein. Fred hat die Situation erkannt und ist fortgelaufen. Fred ist nicht mehr in der Oper. Die Franzosen haben ihn beschützt. Er wurde draußen auf der Ringstraße gebraucht. Er kennt sich bei Hebekränen gut aus. Kamera fünf bewegt sich nicht mehr. Sie zeigt eine Loge mit Toten. Fred, wo bist du? Die letzte Kamera stellt die Bewegung ein. Nur noch starre Bilder von starren Körpern. Die *amplifier* der Saalmikrophone zeigen kaum noch Ausschläge. Fred liegt irgendwo unter den Leichenbergen.

Einen Monat lang bin ich ihm nachgestorben, einen Monat lang habe ich ihm beim Sterben zugesehen. Ich habe im Bandmaterial die letzten Sekunden seines Lebens gefunden. Einen Monat lang habe ich sie in allen Einzelheiten studiert, wieder und wieder. Wenn die Tränen ausblieben, hielt ich das für ein Versagen, für einen Verrat. Ich hörte Eric Claptons *Tears in Heaven*, ich hörte Gustav Mahlers *Kindertotenlieder*. Dann konnte ich wieder weinen.

Der kleine Bub in London. Wie er mit der Schultasche vor unserem neuen Haus in der Talbot Road auf den Eingangsstufen saß. Stundenlang. Um zwei Uhr hätte ich zu Hause sein sollen, aber ich kam erst nach fünf. Ich hatte ihn vergessen.

»Einmal die Woche«, schrie mich Heather in der Nacht an. »Nur einmal die Woche. Und das vergißt du?«

Fred saß da in seinem gelben Regenmantel. Er sah mich an, als würde er mich nicht kennen. Er verweigerte mir die Hand. Die Nachbarn links von uns waren nicht zu Hause gewesen, die anderen kannten uns noch nicht. Ich entschuldigte mich hunderttausendmal bei ihm. Er wollte mir nicht ins Haus folgen. Als wäre ich nicht wirklich hier. Ich öffnete die Tür, er blieb auf den Stufen sitzen. Ich trug ihn hinein und setzte ihn auf ein Sofa. Er blieb den ganzen Abend lang ein stummes Kind. Als ich ihn später auszog und zu Bett brachte, sagte ich, er solle sich etwas wünschen. Alles hätte er haben können. Er sah mich an und begann zu weinen. Ich streichelte ihn, bis er einschlief. Als wir Jahre später, nach seiner Heroinsucht, zusammenfanden, sagte er zu mir, er sei damals überzeugt gewesen, seine Eltern nie mehr zu sehen.

Als Kind hatte er Heather und mich oft streiten gehört. Es ging vor allem um ihn. Fred war kein Wunschkind. Heather hatte sich geweigert, abzutreiben. Als das Kind da war, kamen wir mit ihm nicht zu Rande. Erst recht nicht, als Heather wieder zu arbeiten begann. Sie war beim Hörfunk der BBC, Kulturredaktion. Ich arbeitete in der Dokumentationsabteilung des Fernsehens. Unsere ständigen

Zankereien seien eine Folge der zu kleinen Wohnung, redete ich mir ein. So konnte ich endlich in jene Gegend ziehen, in der ich meine Studentenjahre verbummelt hatte. Wir verschuldeten uns maßlos, als wir das Haus in der Talbot Road, einer Seitenstraße der Portobello Road, kauften. Nun mußten wir uns erst recht auf unsere Karrieren konzentrieren und hatten für Fred noch weniger Zeit. Damals war ich im Innendienst und hatte einigermaßen geregelte Arbeitszeiten. Heather verbrachte vormittags oder nachmittags ein paar Stunden im Studio, am Abend hetzte sie von einer Veranstaltung zur anderen. Trotzdem war sie es, die Fred versorgte. Ich hatte mich am Abend um das Kind zu kümmern. Meist engagierte ich eine Studentin. Nur an diesem einen Nachmittag die Woche, wenn Heather Redaktionskonferenz hatte, war ich wirklich für Fred da. Wir fuhren in den Zoo. Wir verbrachten Stunden in der Spielzeugabteilung von *Harrods*. Wir fuhren zum Hunderennen ins Walthamstow Stadium. Fred liebte Hunderennen. Mehr als Pferderennen. Mehr als Fußball oder Rugby. Und eines Tages vergaß ich ihn einfach. Ich saß im Studio und schnitt irgendeine Dokumentation. Um halb fünf fragte mich eine Kollegin verwundert: »Du bist da? Ist Fred bei Freunden?«

Als Heather in der Nacht heimkam, gutgelaunt und ein wenig beschwipst, erzählte ich ihr, was geschehen war. Sie tobte. Hätte ich nicht das Haus verlassen, sie hätte die gesamte Einrichtung zerschlagen.

Nach Freds Ermordung saß ich einen Monat lang im Studio und tat nichts anderes, als mir die letzten Sekunden seines Lebens anzusehen. Ich sollte das Material zu einer Dokumentation von 115 Minuten zusammenschneiden. Aber ich war unfähig dazu. Ich suchte nach Fred, und ich fand ihn. Die letzte noch bewegte Kamera brachte ihn kurz ins Bild. Der sie bediente, war offensichtlich zusammengebrochen. Die Kamera führte den Vertikalschwenk selbst-

tätig weiter bis zur Deckenbeleuchtung. Zuerst die Leichenberge im Parkett, dann ein Ruck und der Schwenk
nach oben. Er streift die Kaiserloge, danach das rechte Fenster des Inspizientenraums und die unmittelbar angren-
zende Loge, in der Kamera fünf stand. Normalerweise ist
diese Loge nicht begehbar, weil sie vollgestopft ist mit
allen Scheinwerfern, die in den Beleuchtungsluken keinen
Platz mehr fanden. In der Nacht vor dem Opernball waren
die Scheinwerfer abmontiert worden. Fred war froh gewesen über seine Kameraposition, weil er in der Beleuchtungsloge von Ballgästen unbehelligt blieb, auch weil die
Kaiserloge, der Treffpunkt der politischen Prominenz,
direkt darunter lag und somit für Kamera fünf nicht erfaß-
bar war.

Er hat nicht einmal versucht zu entkommen. Unmittelbar neben ihm war die Tür zum Inspizientenraum. Er hat
sie nicht geöffnet. Von dort aus hätte er über einen Gang
zur sogenannten Personaltreppe gelangen können. Alle,
die über die Personaltreppe flüchteten, haben überlebt.
Die Personaltreppe wurde nicht belüftet. Fred blieb bei
seiner Kamera. Er filmte bis zum Schluß.

Einen Monat lang sah ich mir den letzten Schwenk
seines Kollegen immer wieder an. In Standbild und Zeit-
lupe. Der Blick führt nach oben zur rechten Seite der Kaiserloge, wo eine Hand mit weißem Manschettenhemd und
hinaufgerutschtem Frackärmel über die Brüstung ragt,
geht weiter, die beigegoldenen Samttapeten entlang zu
einem Kranz von rosa Nelkenbouquets, bis das Fenster des
Inspizientenraums sichtbar wird und die Brüstung der Beleuchtungsloge. Da ist plötzlich Fred zu sehen. Er geht
einen Schritt zur Seite, krümmt sich nach vorn, öffnet den
Mund, als müsse er erbrechen. Mit der rechten Hand hält
er noch den Steuerarm der Kamera fest. Er richtet sich auf,
läßt den Steuerarm los, streckt beide Hände von sich,
wankt. Er reißt die Augen weit auf. Dann ist sein Kopf aus

dem Bild. Der Schwenk geht weiter hinauf zu den Menschenknäueln auf der Galerie, in denen noch Arme, Köpfe und Beine zucken, zur Decke, und bleibt stehen, als der Kristalluster am Bildrand erscheint. Um Null Uhr 58:57 Sekunden kommt aus einem Mikrophon, das direkt vor Kamera fünf angebracht war, Freds Todesschrei. Auf Kamera fünf wird kurz zuvor noch gezoomt. Bei Null Uhr 58:49 Sekunden hört die Kamerabewegung auf. Man sieht in Großaufnahme eine gegenüberliegende Loge, in der eine tote Frau mit rotem Abendkleid sitzt. Ihr Körper ist seitlich an die Logenbrüstung gestützt, ihr Kopf hängt nach hinten über die Stuhllehne. Ihre Augen sind weit offen.

Einen Monat lang sah ich nur solche Bilder. Am Abend saß ich daheim und trank.

»*Would you hold my hand*«, flehte ich und weinte Rotz und Wasser dabei. Fred würde mir im Himmel die Hand verweigern. Er hatte allen Grund dazu.

Einmal machten wir eine Küstenrundfahrt in Brighton. Fred saß auf meinem Schoß. Er war noch keine zwei Jahre alt. Die Küste interessierte ihn nicht. Er blickte nur zum Meer. Dann stand er auf, stellte sich auf meine Oberschenkel und schaute ins Kielwasser hinab. Ich hielt ihn ganz fest an den Beinen. Das Wellenspiel faszinierte ihn. Er streckte seinen Kopf über die Reling hinaus. Heather hatte Angst, er könnte hinunterfallen.

»Ich halte ihn doch«, sagte ich. Sie konnte nicht zusehen. Sie verlangte, daß ich Fred sofort niedersetze.

»Aber ich halte ihn doch fest. Was soll passieren. Ich halte ihn doch.«

Wir zankten uns, während Fred ins Wasser schaute. Nach einer Weile setzte ich ihn zurück auf meinen Schoß. Er hatte rote Augen. Über seine Wangen liefen Tränen.

Solche Erinnerungen überschwemmten meinen Kopf, während ich trank und mir mit der flachen Hand die Stirn rieb. Ich stellte mir vor, wie das Kielwasser Freds kleinen Körper in die Tiefe hinabzog, wie er immer tiefer sank mit ausgebreiteten Armen, in eine Welt, in der er nicht überleben, der er aber auch nicht entrinnen konnte. Und ich hatte es nicht einmal bemerkt.

Nach der Scheidung lebte ich im Hotel. Fred war bei Heather im Haus geblieben. Ich war mittlerweile Kriegsberichterstatter der BBC und seit Monaten ohnedies kaum noch daheim gewesen. Dann kam eine Zeit, in der die Kriege nicht richtig reifen wollten. Konfliktherde gab es zur Genüge, aber es schien, als hätten die Militärs ihre Kraft verloren. Brutale Diktaturen, die eben noch Kritiker bespitzelten und ins Arbeitslager steckten, ließen sich nun mehr oder weniger widerstandslos stürzen. Ein paar Interviews mit Oppositionellen, ein paar Bilder von Großdemonstrationen – und ich konnte wieder zurückfliegen. Ich hing in meinem Hotel im Stadtteil Bayswater herum, auf dem Bildschirm Tag und Nacht der Teletext der BBC mit den neuesten Weltnachrichten. Ich wartete auf einen richtigen Einsatz. Alle paar Tage riefen meine Eltern an und erzählten mir, daß daheim, im Stadtteil Hampstead, noch immer mein Zimmer für mich bereitstehe. Ich könne auch gerne ein zweites dazu haben. Ein Leben im Hotel, das sei doch kein Leben. Man brauche etwas Festes, sonst werde man verrückt. Meine Eltern sprachen deutsch mit mir. Die Mutter mit ihrem tschechischen, der Vater mit seinem wienerischen Akzent.

»Ich brauche nichts Festes«, antwortete ich. »Alles Feste ist für mich bisher ein Horror gewesen. Gescheitert bin ich immer nur am Festen.« Sie gaben nicht auf. Ich sagte ihnen nicht, daß ich längst nach einer geeigneten Wohnung Ausschau hielt. Sie sollte nicht zu nahe an Hampstead liegen. Ich fand schließlich ein kleines Haus in Kensington. Es lag in einem schmalen, verwinkelten Seitengäßchen hinter der High Street. Die Straße war ruhig. Hätte ein Auto dort geparkt, hätte kein zweites vorbeifahren können. Das Häuschen hatte Wohnzimmer und Küche im Erdgeschoß, darüber zwei Schlafzimmer. Für mich reichte es. Mein Büro schlug ich im Wohnzimmer auf, das zweite Schlafzimmer war für Fred gedacht, oder als Gästezimmer. Fred hat das Haus nie betreten. An der Mauer neben der Eingangstür fand ich einmal eine Kreidezeichnung vor. Ein Gebirge, darüber die Sonne. Ich ließ die Zeichnung an der Mauer, bis der Regen sie abwusch. Vermutlich war sie von Fred. Ich wollte es glauben. Ich zahlte Alimente, ich zahlte immer noch für das Haus in der Talbot Road, aber ich hatte zu Heather und Fred keinen Kontakt. Bis Heather mich eines Tages anrief.

»Ich will dir nur mitteilen, daß dein Sohn die High-School längst abgebrochen hat und heroinsüchtig ist.«

Ich wollte Fred treffen. Aber Heather wußte nicht, wo er sich herumtrieb. Sie sagte: »Gelegentlich kommt er vorbei, um mich auszurauben.«

Später erzählte sie mir, daß er sich, soweit sie herausfinden konnte, oft in der Walworth Road aufhalte. Ich fuhr mehrmals mit der *Bakerloo Line* zur Endstation *Elephant & Castle*. Nirgends sieht London so trostlos amerikanisch aus wie in Walworth. Ich lief die Walworth Road auf und ab, durchstreifte die Seitenstraßen, ging in die Pubs der East Street und in alle Fast Food Restaurants. Jeden Junkie, den ich traf, fragte ich nach Fred. Vergeblich. Einer saß zusammengesunken auf einer Parkbank. Er hatte ein grünes Spinnennetz ins Gesicht tätowiert. Er gab mir keine Antwort. Ich packte ihn an den Schultern und schüttelte ihn. Er sah mich nur mit müden, glasigen Augen an. Aber ich hatte den Eindruck, er verstand, was ich sagte, er kannte Fred. Eine Antwort war aus ihm nicht herauszubringen. Meine Suche blieb erfolglos.

Ich rief Heather an. Sie nannte mir einen Termin, an

dem Fred kommen werde. Zumindest habe er es versprochen. Sobald ich einträfe, werde sie fortgehen.

In der Nacht vor diesem Treffen wachte ich jede Stunde auf. Ich war mir sicher, ich würde versagen. Ich wollte Fred Hilfe anbieten. Er sollte sich jederzeit an mich wenden können, auch wenn ihn vorläufig nur mein Geld interessierte. Ich würde es ihm geben. In Tagesrationen, damit ich mit ihm in Kontakt bliebe. Aber was sollte ich tun, wenn er mich zurückwies, mit mir gar nichts zu tun haben wollte? Ich überlegte mir, wie ich ihn an mich binden könnte, und kam auf keinen grünen Zweig. Um halb sieben Uhr in der Früh gab ich es auf, noch Schlaf zu finden. Ich ging ins Wohnzimmer hinab. Auf dem Bildschirm gab es nur mehr ein Thema: Der Golfkrieg war ausgebrochen. Drei Stunden später saß ich im Flugzeug nach Saudi-Arabien.

Oft denk ich, er ist nur ausgegangen und wird wieder nach Hause gelangen. Als er tot war, wollte ich ihn keinen Augenblick mehr allein lassen, als könnte ich noch irgend etwas gutmachen. Er stand hinter mir. Ich spürte, wie er mich anblickte. Er hatte in Wien eine Wohnung im selben Haus wie ich. Ich hörte ihn die Wohnungstür aufsperren. Ich hörte, wie er in der Nacht mit Freunden heimkam. Ich lief hinaus ins Stiegenhaus, schlich leise die Treppen hinab, ganz langsam, bis das Ganglicht ausging. In der Dunkelheit stand ich vor seiner Wohnungstür und horchte. Ich sperrte auf, ich legte mich in sein Bett. Ich roch Fred an seinem Bettzeug. Ich stellte mir vor, wie er den Tod vor sich hatte und trotzdem bei der Kamera blieb. Er hat die Chance gehabt, zu entkommen. Die Menschen in den Logen und Galerien weiter oben starben ein wenig später als die im Parkett. Sie bewegten sich noch, da war unten schon alles still. Wenn er gleich geflüchtet wäre, er hätte es als einziger Kameramann geschafft.

Er sieht auf dem kleinen Monitor, daß die Menschen im

Parkett zusammenbrechen. Er spürt den Bittermandelgeruch. Jetzt müßte er in den Inspizientenraum laufen. Aber er tut es nicht. Seine Augen beginnen zu brennen. Die Gedärme drängen herauf. Mit einem Mal ist er sicher, daß auch er gleich sterben wird. Aber anstatt zu flüchten, beginnt er zu zoomen. Die Gegenstände verschwimmen, bewegen sich wie Wellen von ihm weg. Es reckt ihn. Er tritt einen Schritt zur Seite, um zu kotzen, hält aber die Hand noch am Zoom-Knopf. Es krümmt ihn zusammen. Er läßt die Kamera los, sucht vor sich Halt. Er stürzt, stürzt, unendlich tief, tausende Meter, kann nicht mehr atmen, kann sich nicht mehr bewegen. Es gibt keinen Boden. Wie ein Glockenspiel hört er aus der Ferne die Todesschreie der anderen. In seinem Inneren hat sich ein Feuer entzündet. Es breitet sich mit rasender Geschwindigkeit im ganzen Körper aus. Bis ein glühender Ball aus seinem Inneren fährt und im fernen Nebel verschwindet.

Er ist mir nur vorausgegangen und wird nicht wieder nach Haus verlangen. In der kurzen Zeit zwischen Golfkrieg und Jugoslawienkrieg gelang es mir, Fred nach Jahren das erste Mal zu sehen. Er kam nicht zu mir, sondern ich mußte mich auf sein Terrain begeben. Als Treffpunkt nannte er mir am Telefon die *Village Brasserie* an der Ecke Stockwell Road / Brixton Road. Ich war noch nie in dieser Gegend gewesen. Ich wußte nur, daß vor allem Schwarze dort wohnen, auch Asiaten. Als ich im Lokal eintraf, war ich angenehm überrascht. Es war fast leer und wirkte, ganz gegen meine Erwartungen, nicht verkommen. Runde, schwarze Tische, Aluminiumstühle, etwas zu laute Musik. Fred war noch nicht da. Ich bestellte einen Cappuccino. In der Ecke lief ein Fernsehapparat ohne Ton. An der Wand hingen zwei Reproduktionen von Joan Miró. Vor den tief hinabreichenden Fenstern gingen schwarze Frauen und Kinder vorbei, gelegentlich Männer. Junge Burschen schlängelten sich mit Fahrrädern zwischen den Passanten durch. Dann kam Fred. Ich erkannte ihn kaum. Um den Kopf hatte er ein Palästinensertuch gewickelt. Seine Füße waren schmutzig. Sie steckten in abgetragenen Sandalen. Er setzte sich mir gegenüber und grinste mich an.

»Was trinkst Du?« fragte ich ihn.

»Worthington Bitter.«

Ich bestellte auch einen für mich. Seine Hände waren ungewaschen, die Nagelenden mit Dreck verstopft. Mittel- und Zeigefinger der rechten Hand waren vom Rauchen gelb und bräunlich gefärbt. Er nahm Tabak aus der Hosen- tasche und drehte sich eine Zigarette. Ich sah, daß seine Hände zitterten. Die Zigarette gelang nicht. Er ließ sie fallen und probierte es erneut. Auch die zweite Zigarette gelang nicht. Der Tabak landete auf dem Tisch, das Papier war eingerissen. Ich bot ihm eine Zigarette an. Er nahm die Schachtel zur Hand und verwies auf den darauf abge- druckten Barcode.

»Das kann angefunkt werden. Sie können Dich überall- hin verfolgen.«

»Wer?«

»Die Nazis.«

»Woher weißt Du das?«

»Ich liege mit ihnen im Clinch. Würden mir die Fran- zosen nicht helfen, die Nazis hätten mich längst erwischt.«

Er erzählte mir, daß die französische Botschaft schüt- zend ihre Hand über ihn halte. Neulich habe er François Mitterrand in einer öffentlichen Toilette getroffen. Der Präsident habe ihm beim Pinkeln versichert, daß ihm nichts geschehen werde. Ich hörte ihm zu und nickte. Von seiner Zigarette fiel die Asche herab. Er rauchte gierig. Das Bier trank er nur langsam. Er schaute immer wieder ins Glas hinein, hielt es gegen das Licht. Er sagte: »Die ver- wenden vergiftetes Wasser. Man kriegt jetzt überall vergif- tetes Wasser.«

Er fragte mich, ob in meinen Wasserhähnen Filter eingebaut seien. Er trinke nur noch gefiltertes Wasser. Dann erzählte er mir von einem neuen *water purifier*. Er kenne den Mann, der ihn erfunden habe.

Plötzlich stand er auf und ging weg. Ich dachte, jetzt läuft er mir davon. Er ging zu einem Tisch neben der Theke und setzte sich wieder.

»Dort sind zu viele Strahlen«, sagte er. Ich kam mit den Gläsern und den Zigaretten nach.

Ich fragte ihn, wo er wohne. Er gab mir keine Antwort. Statt dessen grinste er mich wieder an. Er sagte: »Wo ich wohne, habe ich die Fenster vernagelt. Mir können die Nazis nichts anhaben.«

Ich wußte nicht, was ich darauf antworten sollte. Er sagte, auch die Franzosen hätten ihm geraten, nicht hinter Fenstern zu sitzen.

Ich fragte ihn, ob die Strahlen nicht auch Holz durchdrängen. Er ging nicht darauf ein, sondern erzählte mir, er habe jetzt viermal *Madame Bovary* gelesen. Dann fragte er mich unvermittelt, ob ich Stan Parker sei.

»Stan Parker?«

»Kennst Du nicht *The Tree of Man* von Patrick White?«

»Doch, ich habe es einmal gelesen. Aber das ist lange her. Der Mann, der am Schluß stirbt, heißt der Stan Parker?«

Fred versuchte wieder eine Zigarette zu drehen. Ich gab ihm meine Schachtel und sagte: »Behalte sie.«

Er nahm sie nicht. Auf seiner Tabaktasche war kein Barcode.

»Wovon lebst Du?« fragte ich ihn.

Er grinste. Seine rötlichen Augenbrauen waren unter dem Palästinensertuch gerade noch zu sehen.

»Du bist nicht Stan Parker«, sagte er.

»Brauchst Du Geld?« fragte ich ihn.

»Ich werde *water purifier* verkaufen.«

»Du hast also Geld.«

»Borge mir hundert Pfund. Bis morgen, okay?«

Ich gab ihm hundert Pfund. Dann hatte er es plötzlich eilig.

»Wir treffen uns hier morgen um dieselbe Zeit«, sagte ich.

Er ließ das Bier stehen und ging fort. Ich sah ihm durch das Fenster nach. Er ging die Brixton Road Richtung U-Bahn, bog aber dann nach links in die Electric Avenue ab. Nach einer Weile folgte ich ihm nach, konnte ihn aber nicht mehr finden. Vor dem Bogen einer Eisenbahnbrücke saß der Junkie mit dem grünen Spinnennetz im Gesicht.

Fred ist tot. Er hatte einen roten Vollbart. So wie ich, als ich jung war. Bei Innenaufnahmen lief er zwischendurch hinaus, um zu rauchen. Nur an diesem einen Abend in der Wiener Staatsoper nicht. Ich hatte es ihm nicht erlaubt.

»Ich muß Deine Kamera jederzeit zuschalten können«, hatte ich gesagt. »Sie hat den besten Blick auf das Orchester.«

Der Ingenieur

Erstes Band

»Jede Kultur hat das Recht auf ungestörte Entwicklung, jede Kultur hat das Recht auf Reinheit.«

Das, so hat uns der *Geringste* erzählt, sei ihm schlagartig klargeworden, als er nach Wien kam und gezwungen war, den mühsamen Aufstieg seines Vaters zu wiederholen. Sein Vater, ein Häuslerbub aus dem Waldviertel, war mit dreizehn Jahren vor der Wahl gestanden, entweder lebenslang in Knechtschaft zu leben oder, gestützt auf nichts als den eigenen Willen, alles zu riskieren. Er entschied sich für letzteres, schnürte *sein Ränzlein und lief aus der Heimat.*

»Wenn ich«, sagte der *Geringste*, »fünfzig Jahre später gezwungen war, dasselbe zu tun, dann ist das doch der schlagende Beweis, daß wir nicht vorangekommen sind, daß der ganze Weltkrieg umsonst war. Mit siebzehn Jahren stand ich vor derselben bitteren Entscheidung wie mein Vater mit dreizehn. Wollte ich weiterkommen, mußte ich alles hinter mir lassen.«

Es gibt eine Reinheit der eigenen Seele, »eine Charakterstimme«, wie der *Geringste* das nannte, die mehr wiegt als jede Erfahrung. Alle hatten seinem Vater abgeraten, fortzugehen, ja sie wollten ihn sogar daran hindern. Den Knechten schien es gar nicht zu gefallen, daß einer der Ihren diesem Los entkommen wollte. Ihr mieses Leben war das einzige, was sie sich noch vorstellen konnten. Es scheint viel Trost in der Gewißheit zu liegen, daß das Unglück des eigenen Lebens im Unglück künftiger Generationen sich fortsetzt.

»Das gewöhnliche Leben«, so hat uns der *Geringste* von Anfang an gesagt, »ist schicksalsergeben. Orientiert Euch nicht an den Perspektiven des gewöhnlichen Lebens. Es ist ausgelaugt und hat nichts mehr anzubieten. Es bezieht seine Höhen und Tiefen aus dem Fernsehapparat. Das gewöhnliche Leben scheut davor zurück, sein Schicksal herauszufordern, weil es Angst hat vor einem ehrlichen Blick auf das eigene Unglück.«

Der *Geringste*, wiewohl er uns jede Bemerkung, die ihn über andere gestellt hätte, strikt verbat, war kein Gewöhnlicher. Gerade weil wir das nicht sagen durften, war es um so augenscheinlicher. Er war anwesend wie niemand sonst. Man spürte ihn, wenn er eintrat, auch wenn man nicht hinsah. Wenn er zu reden anfing, verstummten alle. Niemand hat ihn zum Führer gemacht. Er war es einfach. Auf ihn haben alle gehört. Oft brauchte er nicht einmal etwas zu sagen. Man hat ihm in die Augen gesehen und verstanden, was er meinte. Alles teilte sich aus seinen Augen mit.

Diese Sprache war mindestens so wichtig wie seine Worte. Vielleicht war es das völlige Übereinstimmen dieser beiden Sprachen, das ihn so einmalig machte. Er war ganz er selbst. Nein, er war wir. Nie hatte ich das Gefühl, daß er für sich selbst etwas wollte. Er war die Bewegung. Er verkörperte sie voll und ganz. Wir fanden uns in ihm. Ich weiß nicht, ob Sie das verstehen können. Ihm entging nichts. Er war sozusagen immer bei uns, in uns. Wenn er zu mir hersah, war es, als habe er meine Hintergedanken durchschaut. Ein kurzer Blick, und ich begann mich zu schämen. Dabei war sein Auge ganz ruhig. Es war das Drumherum. Das Zusammenspiel von Augenbrauen, Wimpern, Lidern und vielerlei Muskeln und Fältchen teilte alles viel schneller und direkter mit, als es Worte je vermocht hätten. Blitzartig zog sich da etwas zusammen – und jeder wußte, was es bedeutete. Seine Augen ermahnten und straften. Ein kurzer Blick, und die Ordnung war wiederhergestellt. Meistens reichte das. Nur bei Feilböck reichte es später nicht mehr. Aber Feilböck war von Anfang an unser schwarzes Schaf.

Der Blick des *Geringsten* konnte auch ermutigen. Er besagte: »Was immer auch kommen mag, ich bin bei Dir. Auf mich kannst Du zählen bis ans Ende der Tage.«

Gerade war man noch verzweifelt gewesen, hatte Scherereien mit der Polizei, mit Kollegen oder mit Passanten gehabt. Dann kam man in das Blickfeld des *Geringsten*, und alle diese persönlichen Wehwehchen und Kränkungen waren plötzlich lächerlich, gemessen an der gemeinsamen Aufgabe, die uns zusammenhielt.

Als ich nach seiner Wiederkehr sein Vertrauen gewann, erzählte er mir von seiner Herkunft und Jugend. Das war meist zu später Nachtstunde in einer kleinen Wohnung in der Wohllebengasse. Er schenkte mir ein Glas Whisky ein, strich durch sein langes Haar und redete von früher. Er schrieb an einem Buch über sein Leben und seine Ideen.

Kleine Ausschnitte las er mir vor. Das Manuskript muß es noch irgendwo geben. Sein Vater war ihm wichtig. Er erzählte mir dessen ganzes Leben, aber er mochte ihn nicht. Über seine Mutter habe ich nicht viel erfahren. Nur wenn er ihren Tod erwähnte, merkte ich, daß sie ihm alles war. Ich stellte ihm kaum Fragen, ich hörte zu. Wenn man ihn fragte, gab er oft keine Antwort. Jedenfalls keine hörbare. Das war von Anfang an so. Aber er stellte die Fragen selbst. Und wenn ich die Antwort nicht wußte, gab er sie mir.

Sein Vater hatte nach langem Herumirren schließlich Arbeit als Lehrling in einer Werkstätte der österreichischen Post gefunden. Er reparierte Postautobusse und wurde von den anderen geohrfeigt. Nach einigen Jahren legte er die Gesellenprüfung ab. Nun werde alles anders, dachte er. Hatte er nicht erreicht, was er wollte? Er war in der Stadt und in einer sicheren Stellung untergekommen. Dennoch war ihm, als sei er ein Stück Dreck geblieben. Über ihm gab es eine unüberschaubare Hierarchie, die Kette hatte unendlich viele Glieder und Instanzen bis hinauf zum Generaldirektor. Unter ihm waren nur die verachteten Lehrbuben, die er nun so malträtieren durfte, wie er malträtiert worden war. Und das sollte es gewesen sein? Er wollte etwas Höheres werden und schrieb sich in einer Abendschule ein. Während seine Kollegen in Gasthäuser und Kinos gingen, saß er über seinen Büchern. In ungewöhnlich kurzer Zeit, in drei Jahren, erlangte er die Hochschulreife. Er wäre gerne das geworden, was ich bin, Ingenieur. Doch es gab keine Möglichkeiten, nach einem harten Arbeitstag sein Studium zu absolvieren. Es sah ganz so aus, als würde er knapp vor dem Ziel scheitern.

»Und warum«, fragte mich der *Geringste*, »hat er es doch geschafft?« Ich zuckte mit den Achseln.

»Es war der Krieg«, sagte er. »Der Krieg hat vielen Hoffnungslosen eine Chance gegeben, so auch meinem Vater.«

Im damaligen Generalgouvernement, in der Nähe von

Lublin, gab es eine Werkstätte der Deutschen Wehrmacht. Dorthin wurde der Vater des *Geringsten* eingezogen. Seine Untergebenen waren vor allem Polen, die in ihrer eigenen Heimat Fremdarbeiter genannt wurden. Er erwarb sich besondere Verdienste bei der Aufdeckung von Sabotageakten. Keine angefeilte Bremsleitung, kein durchlöcherter Simmerring, keine eingesägte Kurbelwelle blieb ihm verborgen. Reihenweise stellte er die Saboteure. Über jede neue Methode eines Anschlags auf Einrichtungen der Deutschen Wehrmacht verfaßte er genaue Beschreibungen mit Anleitungen, wie man sie am besten abwehren könne. Obwohl er die Berichte auf dem Dienstweg weiterzureichen hatte, versah er sie mit der Adresse: An den Herrn Generalgouverneur Hans Frank in der Königsburg zu Krakau. Er hatte von den rauschenden Festen gehört, die der Generalgouverneur in Krakau feierte, während in der Werkstätte von Lublin die wichtigsten Materialien ausgingen.

»Davon redete er immer wieder«, sagte der *Geringste*. Er schüttelte den Kopf, und über seinem Mund war der Anflug eines spöttischen Lächelns. Es kam ganz selten vor, daß der *Geringste* lächelte. Darum erinnere ich mich so genau. Er lächelte über seinen Vater und sagte: »Das war seine Heldentat. Immer wieder hat er davon erzählt. Ich konnte es nicht mehr hören. Er hat einen Brief mit einer sonderbaren Adresse versehen. Darin steckte der ganze Mut seines Lebens. Und wahrscheinlich hat es nicht einmal jemand bemerkt.«

1944 wurde der Vater des *Geringsten* zum Leiter der Zentralwerkstätte Ost ernannt. Bevor die Rote Armee Lublin erreichte, verminte er das gesamte Werkstättengelände und jagte es in die Luft.

Nach dem Krieg war der Vater des *Geringsten* einer der meistgefragten Männer. Es gab praktisch keinen Posten im Bereich der Metallindustrie, der ihm nicht angeboten

wurde. Die Sozialistische Partei wollte ihm den Wiederaufbau der Hermann-Göring-Werke — damals war man
sich noch nicht einig, wie sie nun heißen sollten — anvertrauen, die Volkspartei wollte ihn zum Direktor der Steyr-
Werke machen. Im Gespräch war auch noch die Leitung
des Wiederaufbaus der Flugmotorenwerke oder der
Österreichischen Bundesbahnen. Aber nichts interessierte ihn so sehr wie eine Stellung bei seiner alten Firma,
der Post.

»Ohne den Krieg«, sagte der *Geringste*, »hätte er es vielleicht zum Meister in der Werkstätte gebracht. Nun zog er
als Verwaltungsdirektor aller Postwerkstätten in die Generaldirektion ein. Bis er eine der Sekretärinnen, mit denen
er Verhältnisse hatte, zur Frau nahm, vergingen noch
einige Jahre.«

Vom Bauernknecht zum höheren Verwaltungsbeamten,
dieser Weg des Vaters stand in der Erinnerung des *Geringsten* mit roter Kreide auf der Wand des Hauses in Litzlberg
am Attersee geschrieben, in das die Familie nach der Pensionierung des Vaters übersiedelte. Die letzten zehn Ar-
beitsjahre hatte er sein ganzes Geld in dieses Haus gesteckt. Jedes Wochenende fuhr er nach Litzlberg. Wenn er
am Sonntagabend zurückkam, jammerte er, daß die Handwerker im neuen Haus nicht gearbeitet, sondern offenbar
wieder nur eine Woche Urlaub gemacht hätten. *Seine bit-
tere Jugend ließ ihm ganz natürlich das später Erreichte um
so größer erscheinen, als dieses doch nur ausschließliches
Ergebnis seines eisernen Fleißes und eigener Tatkraft war.
Es war der Stolz des Selbstgewordenen, der ihn bewog, auch
seinen Sohn in die gleiche, wenn möglich natürlich höhere
Lebensstellung bringen zu wollen.*

Als der Vater seine Pension am Attersee antrat, kam der
Geringste ins Stiftsgymnasium von Kremsmünster. Er hatte kaum Zeit gehabt, sich in Kremsmünster einzuleben, da
machte sich sein Vater schon Gedanken darüber, welches

Studium er seinem Sohn acht Jahre später finanzieren werde.

»Du wirst einmal Jus studieren, das öffnet Dir das gesamte Feld der Verwaltung bis hinauf in die Politik.« So redete er mit seinem Sohn. Alle bedeutenden Positionen in der Umgebung des Vaters waren mit Juristen besetzt gewesen. Der *Geringste* jedoch wollte Priester werden, dann Missionar, schließlich Prälat. Der Abt des Stiftes Kremsmünster wurde sein großes Vorbild.

Schon in der Unterstufe, im Alter von dreizehn Jahren, geschah es zum ersten Mal, daß der Abt den *Geringsten* in die Prälatur einlud, ihm Zigaretten und Wein anbot und ihm von Judas Ischariot erzählte, dem Verräter Jesu.

Nach seiner Wiederkehr wollten wir wissen, wer in Amerika seine Lehrer gewesen waren. Er antwortete: »Der Abt von Kremsmünster und niemand anderer hat mir die Augen geöffnet. Bei ihm hat mein Denken Feuer gefangen. Was ich in Amerika dazugelernt habe, lag alles schon in mir. Es war nichts als ein Schüren der Glut aus Kremsmünster.«

Der Abt von Kremsmünster hat so großen Eindruck auf den *Geringsten* gemacht, daß er begann, ihn zu verehren und ihm nachzueifern. Er konnte sich damals kein wünschenswerteres Lebensziel vorstellen, als selbst einmal Abt in einer Prälatur zu sein. Allerdings, so sagte er zu mir, sei er sich der Tragweite der Gedanken des Abtes keineswegs bewußt gewesen. Er habe diese Gedanken bei seiner späteren Abwendung von der Kirche sogar gänzlich aus dem Auge verloren. Er habe gemeint, allem Theologischen endgültig den Rücken kehren zu müssen, und sei erst später, in Amerika, dahintergekommen, daß seine Abwendung vom Theologischen nichts anderes war als die konsequente Anwendung der Gedanken des Abtes von Kremsmünster. Nach seiner Wiederkehr, als ich ihn fast jede Nacht besuchte, sagte er einmal: »Weißt Du, was die Essenz der Lehren des Abtes von Kremsmünster war? Daß die Zukunft nur über den Verrat zu erlangen ist.«

Das hat mir zu denken gegeben. Wahrscheinlich würde ich ohne diesen Rat heute nicht auf Mallorca sitzen, sondern wäre auf der Totenliste. Ja, wie Ihr Sohn. Nein, verdammt noch mal. Auch der *Geringste* ist tot. Ich dachte, Sie wollen alles wissen. Ich war es nicht. Je länger ich darüber nachdenke, desto sicherer bin ich: Es war überhaupt niemand von uns. Wollen Sie abbrechen, oder können wir fortfahren?

Der Abt von Kremsmünster hatte sich bei den Einladungen des *Geringsten* zu Zigaretten und Wein in die Prälatur, die mit den Jahren immer häufiger wurden, als Verehrer von Judas Ischariot zu erkennen gegeben. Judas sei der wahre Held des Christentums. Er habe sich geopfert, um das Erlösungswerk zu ermöglichen, da Jesus schwach geworden sei und, anstatt sich freiwillig zu stellen, verzweifelt zu beten angefangen habe. Danach sei Judas nichts anderes übriggeblieben, als Selbstmord zu begehen. Für die Anhänger von Jesus sei er zum Verräter geworden, zum Hassenswertesten, was denkbar ist. Niemand werde so gehaßt wie ein Verräter, weil niemand die eigenen Fähigkeiten und den eigenen Weg so sehr in Frage stelle, weil niemand einem die eigene Unfähigkeit und den eigenen Irrweg so drastisch vor Augen führe. In Wirklichkeit habe Judas, so sei der Abt von Kremsmünster im Privatgespräch nicht müde geworden zu betonen, das Erlösungswerk gerettet. Er habe, unter Preisgabe seiner Zukunft, sich selbst zum Werkzeug der Heilsgeschichte gemacht. Die kleine Christenschar mit ihren revolutionären Ideen wäre verschwunden wie Hunderttausende andere Sekten der Weltgeschichte, hätte Judas nicht den Anstoß dafür gegeben, daß die Bekenner nicht nur mit Wasser, sondern auch mit Blut getauft wurden. Große Ideen verlangen ihren Blutzoll, sonst gehen sie unter.

»Wer die Idee des Pazifismus durchsetzen will«, hat der *Geringste* gesagt, »muß letztlich Atombomben werfen.« Das waren dann nicht mehr die Gedanken des Abtes von Kremsmünster, das war sicher schon ihre Fortsetzung im Kopf des *Geringsten*. Er hat natürlich gewußt, daß für mich, wie auch für die anderen, seine Gedanken ein Evangelium waren, eine Offenbarung. Aber nur mir war es gegönnt zu erfahren, wie diese Gedanken entstanden sind. Ich empfinde das heute noch als eine Auszeichnung und werde mich ihrer würdig erweisen.

Darum erzähle ich Ihnen das alles. Verstehen Sie, der *Geringste* war nicht einfach irgendein Terrorist, der den Opernball vergasen wollte, weil es ihm gerade Spaß machte oder weil er ein paar Leute haßte, die sich dort vergnügten. Es ging um etwas ganz anderes. Um Ihnen das begreiflich zu machen, muß ich ausholen. Kremsmünster ist für die Entwicklung des *Geringsten* nicht hoch genug einzuschätzen. Wer seine Schulzeit hindurch den Geruch eines tausendzweihundert Jahre alten Klosters einatmet und im zwanzigsten Jahrhundert jeden Morgen Gesänge aus dem zehnten Jahrhundert anstimmt, entwickelt, ob er sich dessen bewußt ist oder nicht, eine tiefe Ehrfurcht gegenüber großen, über alle geschichtlichen Rückschläge erhabenen Ideen. Was immer in unserem Lande geschehen sein mag, welche Herrscherhäuser und Regierungsformen im Laufe von tausend Jahren einander abgewechselt haben, welche Volksaufstände auch verloren, Armeen besiegt, Dörfer ausgelöscht, Städte bombardiert, Landstriche besetzt und in andere Sprachen umbenannt wurden, Kremsmünster blieb davon unberührt. Kremsmünster war immer schon da, Kremsmünster blieb Kremsmünster. Dort sammelten sich im neunten Jahrhundert die Mönche mehrmals am Tag zum lateinischen Chorgebet, genau so, wie sie es in den siebziger Jahren des zwanzigsten Jahrhunderts taten, als der *Geringste* dort Oberministrant war und in privaten

Gesprächen von seinem Religionslehrer, dem Abt des Klosters, ins Vertrauen gezogen wurde. Von Kremsmünster aus auf die Geschichte Österreichs zu blicken war wie das Gnadenrecht einer Perspektive sub specie aeternitatis. Dem *Geringsten* war es gewährt, und er hat es später verstanden, diesen unschätzbaren Vorteil für sein Denken zu nutzen und an uns weiterzugeben.

»Richtige Ideen«, so hat uns der *Geringste* gelehrt, »können weder von der Presse noch vom Fernsehen, auch nicht von der wöchentlichen Meinungsumfrage umgestoßen werden. Sie sind wie eine brennende Lunte. Was eben noch ein hilflos dem Wind ausgeliefertes Flämmchen mit einem Rauchfähnlein war, kann im nächsten Augenblick den Weltenbrand entfachen.«

In der zwölfhundert Jahre alten Beständigkeit von Kremsmünster mag der *Geringste* schon in früher Jugend eine Vorbereitung für eine seiner späteren Hauptideen erfahren haben, für *das heilige Anspruchsrecht der eigenen Kultur*. Was in den Bibliotheken überdauert, hängt nicht von Papierqualität ab, sondern darüber wird draußen mit Feuer und Schwert entschieden. Nur über den Scheiterhaufen verbrannter Hexen und geköpfter Häretiker konnte die Mönchskultur ihre Reinheit bewahren.

Während sein Vater schon in Fachzeitschriften und durch Gespräche mit ehemaligen Kollegen die beste juristische Fakultät ausfindig zu machen suchte, wandelte sich in der Abgeschiedenheit des Klosterlebens die Berufsvorstellung des *Geringsten*. An den kirchlichen Ideen konnte er kein Genügen mehr finden, das Korsett der Alltagsordnung, die Wiederholung des immer Gleichen, ohne Aussicht, es jemals abschütteln zu können, erschien ihm von Tag zu Tag enger, und es wurde ihm bewußt, daß auch ein Abt mit diesem Korsett zu leben hatte, selbst wenn er heimlich Judas Ischariot verehrt. Das ewig Gleiche nährt den Traum vom Verrat, aber der *Geringste* war nicht von jener schwachen Natur, die sich mit Träumen begnügt, anstatt ihr Leben zu ändern. Der *Geringste* wollte ganz für und in seinen Ideen leben – und so reifte in ihm der Wunsch, Schriftsteller zu werden. Mit seinem Vater war darüber nicht zu reden.

»Dichter?« fragte der, »Hungerkünstler? Nein, nicht solange ich lebe.«

So, wie sein Vater sich einst gegen die guten Ratschläge der Knechte gewehrt hatte, so wollte auch der *Geringste* sich gegen die Pläne seines Vaters zur Wehr setzen. Der eigenen Zukunft wurde er von Tag zu Tag gewisser, und ihr begann er alles andere unterzuordnen. Bald stellten sich die ersten Schwierigkeiten in der Schule ein. Alles, was ihm vorgesetzt wurde, befragte er danach, ob er es später als Schriftsteller brauchen könne. Wenn es ihm bedeutungslos erschien, verweigerte er es. Seine Zeugnisse wurden zu einer bunten Ansammlung guter und schlechter Noten. Mehrere *sehr gut* und *gut* standen neben vielen *genügend* und auch einigen *nicht genügend*. Der Vater ermahnte ihn immer nachdrücklicher zu mehr Anstrengung. Doch er strengte sich ja an, bloß konnte er im Büffeln von allem und jedem, nur um es wieder zu vergessen, nicht den Sinn einer zwölfjährigen Ausbildung sehen. Die Revolutionierung des Schulsystems hat er später für eine der vordringlichsten Aufgaben gehalten.

»Das Ziel des Unterrichts«, sagte er, »darf *nie und nimmer im Auswendiglernen und Herunterhaspeln* von Einzeldaten liegen. Es kommt nicht darauf an«, erklärte er uns, »*wann diese oder jene Schlacht geschlagen, ein Feldherr geboren wurde oder gar ein (meistens sehr unbedeutender) Monarch die Krone seiner Ahnen auf das Haupt gesetzt erhielt. Nein, wahrhaftiger Gott, darauf kommt es wenig an.*«

Aber worauf kam es an? Der *Geringste* erkannte früh, daß die Welt im tausendzweihundertjährigen Kloster mit der Welt draußen nicht mehr übereinstimmte. Hier badete man täglich in der Reinheit der eigenen Lehre und tat so, als wären die nächsten tausend Jahre spielend zu bewältigen, aber draußen war ein ganzer Kontinent dem Untergang geweiht. Im Osten und Süden *fraß das fremde Völkergift* am europäischen Kulturkörper, und selbst die alte Kulturmetropole Wien wurde, wie allen Berichten zu entnehmen war, für die angestammte Bevölkerung mehr und mehr zur fremden Stadt.

Der *Geringste* hatte keine Gelegenheit mehr, seinem Vater die wirklichen Motive für seine Verweigerung darzulegen. Denn während sein Widerwillen gegen das Klosterinternat und gegen das Stiftsgymnasium immer offensichtlicher wurde, ohne daß er mit sich selbst über die Gründe seines Aufbäumens schon ins klare gekommen wäre, starb sein Vater an einem Schlaganfall. Der unerwartete Tod schien die Entwicklung des *Geringsten* zu bremsen. Sein Drang, von den vorgegebenen Bahnen abzuschweifen, ließ nach, so als gelte es ein Vermächtnis des Vaters zu erfüllen.

Der Abt von Kremsmünster nahm den *Geringsten* nun besonders unter seine Fittiche. Jeden Sonntag nach der Vesper läutete der *Geringste* an der Prälatur. Die Tür wurde elektrisch geöffnet, in vier aufeinander folgenden, durch hohe Flügeltüren verbundenen Barockzimmern gingen, wenn der *Geringste* sie durchschritt, nacheinander die Lichter an. In der Prälatur stand neben dem Schreibtisch des Abtes ein kleines, würfelförmiges Bücherregal, das sich um die Mittelachse drehen ließ. Auf diesem Regal standen ein Aschenbecher und zwei Weingläser. Es gab zwar auch eine kleine Sitzgruppe im Zimmer, aber der *Geringste* benutzte sie nie. Immer saß er dem Abt gegenüber auf einem Sessel neben dem drehbaren Bücherregal, rauchte Zigaretten, trank Prälatenwein und sah den gestikulierenden Händen des Abtes zu.

Genau so ein kleines, drehbares Bücherregal stand in der Wohllebengasse neben dem Sofa. Darinnen lag auch sein halbfertiges Buchmanuskript. Der *Geringste* stellte meinen Whisky auf das Regal, setzte sich gegenüber und spielte den Abt von Kremsmünster.

»Radikales Christentum«, sagte er und fuchtelte mit der Hand in der Luft, »scheut nicht den Tod. Es führt in den Tod. Aber radikales Christentum ist nicht eines, das sich Hals über Kopf ins Abenteuer stürzt. Es denkt nach, was es will, und es überlegt genau, wie es seine Ziele am besten erreichen kann. Den Tod nicht scheuen heißt nicht, das Leben aus Jux verschleudern.« Das letzte Wort zog er in die Länge und vollführte dabei eine ausholende und nach hinten wegwerfende Handbewegung. Ich habe den damaligen Abt von Kremsmünster — vielleicht gibt es mittlerweile einen neuen — nie gesehen, nicht einmal auf einem Foto. Aber ich konnte ihn mir gut vorstellen.

Der Abt von Kremsmünster hat den *Geringsten* überzeugt, daß es sinnvoll sei, das Gymnasium abzuschließen. Ohne lange nachzudenken, konnte er jene Lehrer nennen, die der *Geringste* haßte. Er erzählte Geschichten, in denen sie wie hilfsbedürftige Kreaturen dastanden, denen man, anstatt sie zu bekämpfen, zuallererst zu einer freien Persönlichkeit verhelfen müsse.

»Gerade unsichere Menschen«, hat der Abt zum *Geringsten* damals gesagt, »die hilflos in der Welt stehen und nicht wissen, was sie anfangen sollen, drängt es in den Lehrerberuf. Wenn einer in betrunkenem Zustand anfängt, Balladen aufzusagen, dann wird er voraussichtlich Lehrer werden. Die Ordnungen und Werte der Schule sind für ihn der einzige Bezugsrahmen geblieben. Bei einem Maturatreffen«, so erinnerte sich der *Geringste* in der Wohllebengasse an die Worte des Abts, »habe ich mir die Burschen in die Prälatur eingeladen. Es endete damit, daß sie stundenlang Gedichte, vor allem Balladen und Parodien auf Balladen aufsagten. Dabei war das noch ein guter Jahrgang, mit mehreren Hochschulprofessoren darunter. Männer mit Vollbärten beginnen plötzlich zu kichern wie dreizehnjährige Mädchen. Bis zum Schluß habe ich mir das angesehen und gedacht: Mein Gott, was haben wir da gezüchtet. Nein, die Lehrer darfst Du nicht allzu ernst nehmen. Du mußt sie einfach benutzen, um weiterzukommen, aber es lohnt nicht, sich mit ihnen anzulegen. Du würdest dabei auf der Strecke bleiben.«

Zum Abschied, so erzählte mir der *Geringste*, habe ihn der Abt immer lange umarmt und dann ganz plötzlich weggestoßen. Er habe ihn an sich gedrückt und geschnauft. Aber plötzlich ein Stoß – und die Vertrauensseligkeit war vorbei. Der Abt war wieder der Abt und der *Geringste* ein ganz normaler Zögling, der Vorgesetzten respektvoll zu begegnen hatte.

Als der *Geringste* aus Amerika zurückkam und, um nicht ausfindig gemacht zu werden, alle paar Wochen das Quartier wechselte, gab es nur einen einzigen Einrichtungsgegenstand, den er von Wohnung zu Wohnung mitnahm, das kleine drehbare Bücherregal. Ich habe es erst in der Wohllebengasse, einem seiner letzten Quartiere, kennengelernt. Feilböck hatte uns früher schon davon erzählt. Offenbar hat er den *Geringsten* auch in anderen Quartieren besuchen dürfen. In der Wohllebengasse zog er manchmal Bücher aus dem Regal, um sie mir zu schenken oder nur zur Lektüre zu empfehlen. Manchmal zog er das Manuskript heraus und las ein oder zwei Abschnitte vor. Immer nur kurze Absätze, als würde der Fortgang der Arbeit Schaden leiden, wenn er zuviel davon verriet.

»Alles, was wirklich wichtig ist«, sagte er, »hat Platz in diesem Bücherregal. Den Rest kann man wegwerfen.«

Das achte Jahr war der *Geringste* schon in Kremsmünster, da wurde er vom Abt an der Eingangstür zur Prälatur abgeholt. Es gab keine Zigaretten, und es gab keinen Wein.

Der Abt sagte: »Du mußt nach Wels fahren ins Kranken-haus, zu Deiner Mutter.«

Die Art, wie er den *Geringsten* zu sich zog und seinen Hinterkopf streichelte, ließ keinen Zweifel an der hoff-nungslosen Lage, in der sich seine Mutter befinden mußte. Sie lag mehrere Tage im Koma, dann wurden die Geräte abgeschaltet. Sie war mit dem Auto von der schmalen, un-übersichtlichen Zufahrt zu ihrem Haus in Litzlberg am Attersee auf die Hauptstraße hinausgefahren und von einem Lastzug erfaßt worden. Die Mutter wurde im Auto zerquetscht. Auch wenn sie den Unfall überlebt hätte, hätte sie keine Chance gehabt, das Bett je wieder zu verlas-sen. Sie war noch keine vierzig Jahre alt.

Eine Woche nach dem Begräbnis stand der *Geringste* in der Prälatur von Kremsmünster, um sich von seinem Lehrer zu verabschieden. Der Abt konnte ihn keinen Tag länger halten. In seinem Manuskript beschrieb er das etwa so: »Meinen Vater habe ich verehrt, *die Mutter jedoch ge-liebt. Einen Koffer mit Kleidern und Wäsche in den Händen, mit einem unerschütterlichen Willen im Herzen, fuhr ich nach Wien. Was dem Vater fünfzig Jahre vorher gelungen, hoffte auch ich dem Schicksal abzujagen; auch ich wollte et-was werden, allerdings* – Schriftsteller und auf keinen Fall Beamter.«

Das Manuskript müßte es irgendwo geben. Er hat es sicher nicht in der Wohllebengasse zurückgelassen. Viel-leicht ist es von der Polizei beschlagnahmt worden, weil am Schluß alles überraschend kam.

Als der *Geringste* nach Wien fuhr, war er ein Nichts. Er hatte keine abgeschlossene Ausbildung. Eine Waisenrente sicherte ihm das Überleben. Zwar gab es eine Erbschaft zu erwarten – es war vor allem das Haus am Attersee, in das der Vater all sein Erspartes hineingesteckt hatte –, aber der *Geringste* hatte darauf keinen Zugriff. Er war siebzehn Jahre alt, also noch nicht volljährig.

Er suchte in Wien eine Wohnung, und er suchte Arbeit. Beides war nicht zu finden. Es herrschten katastrophale Zustände. Wurde eine Wohnung zu erschwinglichen Preisen vermietet, mußte man bei Vertragsabschluß unterderhand zweihundert- bis dreihunderttausend Schillinge als Ablöse zahlen. Konnte man sich, so wie der *Geringste*, keine Ablöse leisten, blieben zwei andere Möglichkeiten. Die eine schied aus. Ablösefreie Wohnungen waren zwar gewöhnlich in gutem Zustand, die Monatsmiete wäre aber höher gewesen als die Waisenrente. Blieb nur noch der illegale Wohnungsmarkt.

Fünf Nächte lang wanderte er durch Wien und traf dabei auf die unterschiedlichsten Gruppen von Obdachlosen. Alle stanken sie nach Alkohol, selbst diejenigen, die sich Heroin spritzten. In der fünften Nacht schlief er übermüdet auf einer Bank im Stadtpark ein. Als er aufwachte, war seine Reisetasche verschwunden. Er wusch sich im Hochstrahlbrunnen am Schwarzenbergplatz und fragte den ganzen Tag lang jeden, den er traf, ob er ein Quartier für ihn wisse. Eine Ausländerin gab ihm schließlich eine Adresse.

Dieses Haus am Lerchenfeldergürtel, in dem der *Geringste* fast zwei Jahre lang wohnte und in dem er die *Bewegung der Volkstreuen* gründete, wurde von uns in der Nacht, nachdem er ausgezogen war, abgefackelt. Was ein Fehler war, nicht nur weil die Polizei sehr schnell unsere Spur aufnahm. Persönliche Rache zu nehmen, erkannten wir später, ist das Niedrigste, was es gibt. Rache für andere zu nehmen, sein Leben für die europäische Kultur einzusetzen und nicht für den eigenen Vorteil, darauf gründet die Zukunft des christlichen Abendlands. Und darauf beruhte, nach der Wiederkehr des *Geringsten*, die Größe der neuen Bewegung der *Entschlossenen*.

Ob Sie daran glauben oder nicht, ist mir scheißegal. Noch einmal: Ich war es nicht. Wir waren es nicht. Wir hätten es sein können, aber wir waren es nicht. Wir waren doch keine Selbstmörder. Es war immer nur von Kohlenmonoxid die Rede. Warum sind Sie so vorlaut? Haben Sie irgendwo eine Waffe versteckt? Nein? Wenn ich Sie jetzt über den Haufen schieße, was dann? Kein Mensch würde Sie finden hier draußen. Also. Ich halte mich an unseren Deal, und Sie halten die Klappe.

Der *Geringste* wohnte am Lerchenfelder Gürtel für zweieinhalbtausend Schilling Monatsmiete in einem Kellerabteil. In den anderen Abteilen wohnten zwei Serben, ein Bosnier, eine Familie aus Somalia, eine rumänische Familie, eine Angolesin, zwei Ägypter und ein Araber unbekannter Herkunft. Sie alle teilten sich eine Toilette, ein Geschirrspülbecken und eine Dusche. Zwei Abteile, nämlich das des Bosniers und das des Arabers, waren fensterlos, die anderen hatten, an der dem Eingang gegenüberliegenden Seite, ein doppeltes Oberlicht, das mit einem Mechanismus aus Eisenstangen zu öffnen und zu schließen war. Die schmalen Fenster der Kellerabteile auf der einen Seite saßen direkt auf dem Trottoir des Lerchenfelder Gürtels, bei den Abteilen auf der anderen Seite gingen die Fenster auf den Hof des fünfstöckigen Gebäudes. Man wußte nicht, welche Seite besser war. Auf der Hofseite war es ruhig, aber zwei mächtige Kastanienbäume hielten alles Licht ab, so daß es den ganzen Tag stockdunkel blieb und man jedes Gefühl für Tag und Nacht verlor. Auf der anderen Seite war es zwar heller, dafür donnerten direkt vor dem Fenster die Lastautos vorbei. Aber nicht einmal in den Abteilen auf der Straßenseite wurde es so hell, daß man ohne künstliche Beleuchtung hätte lesen können.

Lesen war damals die Hauptbeschäftigung des *Geringsten*. Er beobachtete die Welt und machte sich lesend einen Reim darauf. Sein damaliges Wiener Martyrium schuf die Grundlage unserer Bewegung, den Granit unseres Handelns. Er hat am eigenen Blut erfahren, welche Gefahr uns droht; in ihm ist in leidvoller Erfahrung der Entschluß herangereift, nicht länger zuzusehen, wie alles vor die Hunde geht. Als ich das erste Mal diesen schimmeligen, muffelnden Keller sah und all das Elend, den Jammer, den Unrat und die Verkommenheit, von der die anderen immer wieder berichtet hatten, konnte ich der Hauptsorge des *Geringsten* nur zustimmen: »Die gedankenlose weiße Kultur. Sie ist verloren, wenn einst *aus diesen Elendshöhlen der Strom* aufständischer *Sklaven* über sie hereinbricht und Genugtuung fordert.«

Finden Sie sein Manuskript. Dann werden Sie endlich begreifen, daß Ihr Sohn nicht der Mittelpunkt der Welt ist.

Fritz Amon, Revierinspektor

Erstes Band

Am Vormittag, es muß so gegen elf gewesen sein, kamen uns die drei Fernsehleute das erste Mal in die Quere. Wir hatten uns gerade mit Leberkässemmeln versorgt, was im Dienst nicht so gern gesehen wird, jedenfalls nicht auf offener Straße. Um den Überwachungskameras auszuweichen, fuhren wir nicht, wie sonst üblich, vor der Oper mit der Rolltreppe in die Passage hinab, sondern gingen durch die Operngasse zu einem weniger frequentierten Abgang am Rande des Karlsplatzes.

Der kleine Umweg brachte uns ins Fernsehen. An der Ecke beim Café Museum halfen wir einer Frau, den Kinderwagen in die Passage hinunterzutragen. Rollstühle und Kinderwagen müssen in Wien vor allem getragen werden. Seit dem letzten Innenminister, oder war es der vorletzte, die treten ja alle bald zurück, sind wir angehalten, bei Rollstühlen und Kinderwagen zuzupacken. Mein Kollege und ich hatten uns gerade geeinigt, wer vorne geht, da kamen aus dem Café Museum diese drei Herren heraus und machten sich gleich an ihren Umhängetaschen zu schaffen. Es war ein Kamerateam des Satellitensenders European Television, ETV. Wir schenkten ihnen zunächst keine Beachtung, schnappten den Kinderwagen und marschierten, jeder eine Semmel im Mund, der Kollege vorne, ich hinten, los. Dabei fiel mir der Leberkäse aus der Semmel und in den Kinderwagen hinein. Die Kameraleute hatten nichts Besseres zu tun, als uns zu filmen, was wir aber erst bemerkten, als wir den Wagen unten abstellten. Mein Kollege machte ihnen eine Szene. Er stand einen Dienstgrad höher als ich und kennt sich in den presserechtlichen und urheberrechtlichen Dingen besser aus. Ich wiederum bin im Strafrecht unschlagbar. So ergänzten wir uns ganz gut.

»Der Film ist beschlagnahmt«, sagte er. »Wenn Sie uns filmen wollen, müssen Sie vorher bei der Pressestelle der Bundespolizeidirektion ein Ansuchen stellen.«

Derjenige, der die wenigsten Taschen zu tragen hatte, tat ganz überrascht. »Oh, entschuldigen Sie. Ich wußte nicht, daß Ihnen das nicht recht ist. Wir wollten nur die Hilfsbereitschaft der Wiener Polizei dokumentieren. Das ist für heute abend, für den Vorspann zur Direktübertragung des Opernballs.«

Der Kameramann sagte: »Wir machen Euch berühmt. In ganz Europa wird man sehen, was bürgernahe Polizisten sind.«

Wir einigten uns schließlich darauf, die Szene noch einmal zu drehen. Die Leberkässemmeln nunmehr in den linken Seitentaschen der Uniform — die rechten Seitentaschen sind ja unten offen, um zur Pistole durchgreifen zu können —, trugen wir den Kinderwagen hinauf und noch einmal hinunter. Am Schluß, das hatten wir so vereinbart, schüttelte die Mutter jedem von uns die Hand, und mein Kollege sagte: »Gern geschehen, Gnädigste!«

Und was haben sie gezeigt?

Als ich am nächsten Nachmittag, nach 35 Stunden Dauerdienst mit tränenden Augen, völlig erschöpft vom Verladen der Toten, die Uniform vollgesogen mit Leichengeruch, endlich nach Hause kam, wich meine Frau entsetzt zurück. Sie brachte keinen Ton heraus.

»Durst«, sagte ich und ließ mich auf den Küchenstuhl fallen. »Durst. Ich kann nicht mehr stehen.«

Sie brachte mir ein Bier, setzte sich mir gegenüber und sah mich lange an. Im Radio weinte der Landwirtschaftsminister. Er mußte jetzt die Regierungsgeschäfte übernehmen. »Das schlimmste Verbrechen der Geschichte«, sagte er und begann wieder zu heulen. Meine Frau war noch immer sprachlos. Dann ergriff sie meine Hand und sagte: »Dir ist der Leberkäs aus dem Mund gefallen.« Das hat mir den Rest gegeben.

Die Fernsehfritzen haben uns reingelegt. Andere haben mir das bestätigt. Selber habe ich es leider nicht überprüfen können. Zwar hatte ich meine Frau am Abend, als klar wurde, daß ich während des Opernballs nicht nach Hause konnte, angerufen und sie gebeten, die Übertragung aufzuzeichnen. Aber sie hat natürlich wieder ein falsches Programm aufgenommen. Sie bildet sich immer ein, der Videorecorder nimmt das Programm auf, das sie sich gerade im Fernsehen ansieht. Wie oft habe ich ihr das schon erklärt. Einmal habe ich sie mit der Fernbedienung so lange programmieren lassen, bis ich sicher war, jetzt weiß sie es. Aber das nächste Mal hatte ich statt der *Straßen von San Francisco* die Kür der Damen auf dem Band. Und diesmal statt Opernball das *Phantom der Oper*, noch dazu ohne Anfang.

Da lachen Sie, aber das war so. Während ETV den Opernball übertrug, zeigte der öffentliche Rundfunk *Das Phantom der Oper*.

Zurück zu meinem Dienst am Opernballtag. Das wollten Sie doch hören. Die Frau fuhr mit dem Kinderwagen fort, und wir nahmen unsere Leberkässemmeln aus der Tasche. Diesen Teil der Passage nennen wir das Museumseck. Er ist viel zu groß geraten für die paar Leute, die vom Café Museum hinunter- und bei der Sezession wieder hinaufgehen. Die meisten laufen einfach oben über die Straße. So entstand unten dieses tote Eck, das wir gerne aufsuchten, wenn wir ein wenig Ruhe haben wollten. Für die Schläfer war es dort wegen der beiden Aufgänge zu kalt, für die Musikanten war zu wenig Verkehr, und die Giftler trieben sich lieber in der Hauptpassage herum. Sie kamen aber ins Museumseck, um ihre Geschäfte abzuwickeln. Dann gingen sie wieder zu ihren Freunden zurück. Am häufigsten hat sich der Mormone dort aufgehalten. Für mich war das ein waschechter Amerikaner. Reiste exakt alle drei Monate aus Österreich aus und gleich danach als Tourist wieder ein. Ich habe ihn ein paarmal überprüft. Steven Huff, wenn ich mich recht erinnere. Er sei Missionar, sagte er.

»Aber bei uns sind doch ohnedies alle Christen«, habe ich geantwortet.

Und was sagt er darauf, mit seinem amerikanischen Akzent? »Sie wissen noch nicht, daß bevorsteht das Weltende.«

Darauf ich: »Das wollen uns die Zeugen Jehovas auch immer einreden. Kennen Sie die Zeugen Jehovas?«

Kannte er. So haben wir uns hin und wieder unterhalten. Er war nicht aufdringlich. Hat nur seine Zettel verteilt. Es will mir nicht einleuchten, daß er zu den Terroristen gehört haben soll. Sie sagen jetzt, daß er der nach dem Gürtelhausbrand geflüchtete Führer war. Jetzt hat er sein Weltende. Anfangs stand er noch als Steven Huff auf der Totenliste. Er war kurz vor dem Opernball für verdächtig gehalten und gesucht worden, weil er einmal bei einem

Sonnwendfeuer in der Nähe von Rappottenstein dabeigewesen sein soll. Auf einem Video der *Abteilung für Hochverrat und Kriminaldelikte wider den Staat* war ein Mann zu sehen, der dem Mormonen frappierend ähnlich sah. Ich habe damals den entscheidenden Hinweis gegeben. Aber ehrlich gestanden, ich hielt die Ähnlichkeit für zufällig.

Es war, wie gesagt, nicht viel los im Museumseck. Dennoch lohnte es, gelegentlich auch dienstlich nachzuschauen, seit ich dort eines Morgens einen Finger fand. Einen abgetrennten kleinen Finger. Das lag mindestens ein Jahr, nein länger, es war ja eine Frühlingsnacht, über eineinhalb Jahre zurück. Als wir am Opernballtag zufällig am Fundort vorbeigingen, hatte ich natürlich keine Ahnung, daß dieser Finger am Abend noch eine große Rolle spielen sollte. Er hatte etwas mit der Katastrophe zu tun. Ich warte ja jeden Tag, daß die Kommission mich dazu einvernimmt. Immerhin war ich es, der den Finger als erster gesehen hat. Ich könnte der Kommission die genaue Stelle zeigen. Zufällig hatte ich während der Patrouille hingeschaut. Ich war mit meinem einführenden Kollegen unterwegs. Wir hatten dieselben Arbeitszeiten. Wenn man neu ist bei der Polizei, wird man jemandem zugeteilt, der sich schon auskennt. Mein einführender Kollege hat mich immer sehr in Schutz genommen. Ein feiner Mensch. Jetzt sind wir getrennt. Jetzt ist ja alles anders.

»Du, da liegt ein Finger«, habe ich gesagt. Mein Kollege war noch weiter hinten. Er wollte es nicht glauben. Als er näher kam, sah er es auch. Ich dachte zuerst an einen Scherzartikel. Mein Kollege stupste mit der Fußspitze daran herum, dann beugte er sich hinab. Es war ein Finger. Ich hatte zufällig ein frisches Taschentuch einstecken. Darauf legt meine Frau großen Wert. Jeden Tag fragt sie mich: »Hast Du ein frisches Sacktuch einstecken?«

Mein Kollege wickelte den Finger ein. Im Kommissariat legten wir den Fund ins Eisfach des Kühlschranks. Wegen eines Fingers kann man ja nicht gleich den Notarzt verständigen. Was sollte der damit machen, wenn sonst nichts da ist? Wir schrieben ein Protokoll und wurden uns nicht einig, ob es ein kleiner Finger der rechten oder der linken Hand war. Immer wieder holten wir das mit einem Gummiring zugeschnürte Taschentuch aus dem Eisschrank, öffneten es und schauten uns den Finger an. Freigelegter Knochen, heraushängende Sehne, ein blutverkrusteter oder verdreckter Hautlappen. Die beiden vorderen Glieder waren wächsern, fast weiß. Der Nagel wies Längsrillen auf und war kurz gestutzt. Er wirkte durchsichtig. Ein kleiner Finger eines Erwachsenen, war die allgemeine Meinung. Der Postenkommandant sah das anders. Er meinte, es sei der Zeigefinger eines Kindes. Niemand nahm ihm das ab. Aber er wußte immer alles besser. Wenn sich schließlich herausstellte, daß er unrecht hatte, redete er nicht mehr davon. Aber wehe, er war im Recht. Dann sprach er tagelang von nichts anderem. So war er.

Der Amtsarzt telefonierte in den Spitälern herum, aber niemandem fehlte ein Finger. Brauchen konnten wir ihn nicht, also machten wir davon einen Abdruck und übergaben ihn der Gerichtsmedizin. »Riß- und Schnittflächen«, sagte die. Das hatten wir auch gesehen. Es war der Finger eines Jugendlichen, der kleine Finger der rechten Hand. Im gerichtsmedizinischen Gutachten stand auch, der Finger enthalte auf der Seite der Rißwunde Spuren einer Tätowierung. Das half uns nicht weiter. Tätowiert ist jeder zweite Jugendliche.

Von abgetrennten Fingern lassen sich schöne Abdrücke machen. Weil kein Körper die Kippbewegung bremst. Es wurde ein tadelloser Abdruck. Die Kriminaltechnik hat daraus eine detailgenaue Nachbildung der Fingerspitze hergestellt. Wenn wir Jugendliche trafen, der erste Blick fiel immer auf ihre Finger. Uns interessierte, was vorgefallen war. Ging es um Drogen? Oder Hehlerei? Warum blieb der Finger liegen? Es gab keine Anzeige und keinen Notruf.

Die Kollegen von der Alarmabteilung wußten mehr, aber sie sagten es nicht. Ließen uns einfach weitersuchen. Der Abdruck war nicht registriert. Eine Sehne hing heraus. Unser Doktor meinte – unser Doktor ist der Amtsarzt, der Medizinalrat Blechner. Wir sagen unser Doktor, weil er uns immer hilft, wenn wir etwas brauchen. Ein sehr kooperativer Mensch, spielt Tarock, eigentlich schon ein Freund, kann man sagen. Beim Tarock haben wir mit ihm darüber gesprochen, als wir den Originalfinger noch im Eisfach hatten. Das war nur eine kleine Runde, die selten zustande kam, die meisten zogen es vor zu schnapsen, bauernschnapsen, talonschnapsen, stockschnapsen. Früher hat es auch Preferencer gegeben, aber die waren längst in Pension. Heute gibt es auch keine Tarockierer mehr. Beim Tarock trank der Doktor meistens ein Achterl mit uns und wurde gesprächig. Er meinte: »Wenn ihr mich fragt, der Finger ist mit einem stumpfen Messer abgeschnitten worden. Unfall war das keiner.«

Er nahm den Finger aus dem Eisfach, wickelte ihn aus und hielt ihn uns mit der Zuckerzange vors Gesicht. Hautlappen und Muskelfasern waren an einigen Stellen ausgefranst, an anderen aber geschnitten. Das herausragende Sehnenstück enthielt mehrere Schnittkerben. Das Ende war deutlich sichtbar durchtrennt worden. Das war doch ein wichtiger Hinweis. Der Fall bedurfte also weiterer Beobachtung. Ein Messer, ein ausgerissener Finger und keine Anzeige.

Deshalb war es schon aus dienstlichen Gründen hin und wieder geboten, den Tatort aufzusuchen. Besser gesagt: den Fundort. Der Fall wurde ja nie gründlich untersucht. Auch von der Alarmabteilung nicht. Wir hatten den Finger, und sie hatten Kontakt mit dem dazugehörigen Mann, ohne uns zu verständigen. So ging es damals zu bei uns.

Ich bin wahrscheinlich der einzige, der sich den Fundort genauer angesehen hat. Es gab keine Blutspuren. Wenn Sie mich fragen, der Finger ist nach drei Uhr nachts dort abgelegt worden. Zwischen ein und drei Uhr nachts wird die Karlsplatz-Passage gesäubert. Haben Sie das einmal gesehen? Vorneweg fahren zwei mit dem Shampoo-Karren. Das ist ein riesiger Kunststoffbehälter auf Rädern. Früher befand sich auf diesem Wagen noch ein mit Treibgas gefüllter Druckluftbehälter. Das Ganze funktionierte wie ein Feuerlöscher. Einer schob den Karren, einer betätigte die Spritzpistole. Schauen Sie sich einmal an der Decke der Karlsplatz-Passage die Flecken an. Die stammen aus dieser Zeit. Wenn um ein Uhr nachts die Putzbrigade ausrückte, hatten selbst wir nichts zu lachen. Wenn wir nicht schnell Reißaus nahmen, wurden uns die Haare gratis gewaschen.

Die Grünen haben ihnen das abgestellt, wegen des Ozonlochs. Seither müssen sie mit ihrem Shampoo bei jedem Fleck anhalten. Einer pumpt, einer spritzt. Hinterher kommen zwei mit einem Schubkarren. Er enthält Sägespäne, die mit einer Schaufel auf die mit Putzmittel eingeweichten Flecken gestreut werden. Ganz hinten kommen die mit den drei Meter breiten Besen.

Der Finger, selbst wenn er ganz nah an der Wand lag, hätte ihnen auffallen müssen. Im Nachtdienst bin ich einmal in die Passage gegangen und habe die Putzbrigade nach dem Finger gefragt. Keiner von denen hat auch nur ein Wort deutsch verstanden. Ich habe ihnen die Nachbildung gezeigt. Sie haben sich halb totgelacht. Aus denen war kein vernünftiges Wort herauszukriegen. So habe ich meine Recherchen eingestellt. Weder mein Chef noch meine Kollegen hätten dafür Verständnis gehabt, wenn ich bei so vielen unaufgeklärten Fällen an einer Sache weiterarbeite, bei der es keine Anzeige, ja nicht einmal einen Geschädigten gab. Aber sie ließ mich nicht los. Schon deshalb, weil es Kollegen gab, die sich über mich lustig machten. »Oje«, sagten sie, wenn ich zur Patrouille eingeteilt wurde. »Dann liegt wieder irgendwo ein Finger herum, der niemandem gehört.« Als hätte ich ihn selbst dorthingelegt.

Dabei, so hat sich später herausgestellt, war ich einer großen Sache auf der Spur. Ich hätte unbeirrt weiterrecherchieren sollen. Wer weiß, vielleicht hätte ich die Katastrophe verhindern können. Die Kollegen hätten Respekt gekriegt vor mir. Da hätten sie gesehn, was ein Mistelbacher kann.

Mistelbacher, so wurde ich am Anfang immer genannt, weil ich vom Land komme. Mein einführender Kollege hat das abgestellt, soweit er es konnte. Wenn er nicht dabei war, hieß ich noch ab und zu Mistelbacher, aber an diesem Opernballtag war das schon vorbei. Da hatten wir schon einen Jüngeren vom Land.

Wenn ich heute jemanden von damals vermisse, dann ist das mein einführender Kollege. Er ist Postenkommandant in Meidling geworden. Für einen Polizisten ist er auffallend klein. Er hat das Größenlimit gerade geschafft. Da er aber rundlich ist und auf unserem Posten damals die meisten, so wie ich, groß waren, wirkte er noch kleiner. Wenn wir auf Patrouille gegangen sind, haben sie uns Dick und Doof genannt. Manchmal rufe ich ihn an, und dann plaudern wir ein wenig von früher. Aber er hat ja kaum Zeit und muß immer gleich auflegen. Zu seinem Fünfundfünfzigsten will er mich einladen.

Von dieser Fingergeschichte hielt auch er nichts. Ich hätte trotzdem dranbleiben sollen. Heute wäre ich ein gemachter Mann. Wo ist der Fingerlose? Hat sich einmal gezeigt und ist dann nie mehr aufgetaucht. Was hat er mit der Sache zu tun? Immer noch tappen wir im dunkeln. Und diese großartige Kommission, die angeblich alles klären wird, weiß genauso wenig. Woher auch? Ich brauche mir nur anzusehen, wer da drinnen sitzt. Einer, den sie uns von oben als Revierinspektor reingedrückt haben. Damit wir unsere Überstunden verlieren. Hat kaum Dienst gemacht, aber heute sitzt er in der Kommission. Diesbezüglich hat sich nichts geändert. Auch wenn es sonst besser geworden ist, weil wir uns rühren können, weil ein Polizist endlich wieder eine Respektsperson ist. Bei der Kommission, das kann ich Ihnen garantieren, wird nichts rauskommen. Wahrscheinlich war ich damals weiter, als die jetzt sind.

Ich wollte ja dranbleiben und mich nicht so einfach wegdrängen lassen. Auch als der Fingerakt geschlossen wurde und ich offiziell nicht mehr daran arbeitete, beschäftigte mich der Fall noch. Worauf ich achten sollte, war mir selbst nicht so klar, auf Auffälligkeiten, zum Beispiel auf Menschen, denen ein kleiner Finger fehlte. Zugegeben, die sah ich nicht so häufig, eigentlich nie, aber es lohnte immer, im Museumseck nachzuschauen, weil es in diesem Teil der Passage keine Überwachungskamera gab. Lichtscheues Gesindel treibt sich doch gerade in solchen überwachungsfreien Zonen herum. Es gab übrigens nach der Fingergeschichte, die mir wegen besonderer Aufmerksamkeit während der Patrouille eine Belobigung einbrachte, eine Anfrage von der Abteilung für Verkehrsüberwachung. Die wollten dort nachträglich eine Kamera installieren.

»Um Gottes willen«, haben meine Kollegen aufgeschrien. »Dann verschwindet uns das ganze Gesindel, und wir müssen wieder die Parks durchkämmen.«

Sie haben es bleibenlassen. Die Verkehrsüberwachung ist sehr kooperativ geworden, seit unser früherer Personalvertreter dort arbeitet. Mit seinem Nachfolger ist nicht viel anzufangen. Er wurde Personalvertreter und gleich darauf stellvertretender Postenkommandant. Die einzigen Interessen, die er von da an vertrat, waren seine eigenen. Nach der Katastrophe wurde er selbst Chef. Er hat erreicht, was er wollte. Der vorige Personalvertreter hingegen, der dann in die Verkehrsüberwachung wechselte, war ein Kämpfer. Sein Karrieresprung begann mit einer Eingabe.

»Aufzeichnungen von Amtshandlungen durch Überwachungskameras dürfen nicht gegen die Kollegen verwendet werden.« Genauso hat er es schwarz auf weiß verlangt. Damit brachte er die Oberen in große Verlegenheit. Es war ja schon soweit, daß solche Bänder im Fernsehen gezeigt wurden. Man hat gar nicht mehr gewußt, wie man sich bei einer Amtshandlung verhalten soll. Es waren einem buchstäblich die Hände gebunden. Irgendeiner hat sich immer gefunden, spätestens bei Gericht, der eine Drohung oder unnötige Mißhandlung gesehen haben will. Die Initiative dieses Personalvertreters ging den Oberen zu weit. Der Inspektor sagte: »Das können wir nicht machen. Wenn die Presse davon Wind kriegt, dann heißt es gleich: Polizeistaat.«

Der alte Sicherheitsdirektor war für einen Kompromiß: »Wir können das Beweismittel einschränken auf schwere Anschuldigungen, aber ganz abschaffen, da macht die Richterschaft nicht mit.«

Der Personalvertreter erzählte uns das alles brühwarm nach den Sitzungen. Er blieb hart. Personalvertreter beim Bund, das hat Gewicht. Der Antrag wurde von einer Ausschußsitzung zur anderen verschleppt. Gut ein Jahr hat sich das hingezogen. Schließlich ist dem alten Sicherheitsdirektor doch noch eine Lösung eingefallen. Der Personalvertreter avancierte zum Archivleiter der Verkehrsüberwachung. Jetzt ist es so: Wenn das Gericht nicht binnen einer Woche einen Antrag stellt, werden Magnetbänder mit, sagen wir, etwas forscheren Amtshandlungen überspielt. Da kein Gericht bei uns innerhalb einer Woche tätig wird, gibt es keine Bänder mehr. Und alle sind zufrieden.

Wir waren immer für solche friedlichen Lösungen. Wie oft haben wir den Giftlern gesagt: »Bringt euch daheim um, aber nicht am Karlsplatz! Wir sind schließlich eine zivilisierte Stadt. Aus aller Welt kommen Menschen zu uns, wollen ein wenig Kultur genießen, zum Heurigen gehen, und stolpern an jeder Ecke über einen Suchtgiftdeliktler. Da können sie gleich nach Harlem fahren.«

Die haben das nicht hören wollen. Diese Aufsässigkeit. »Wir schicken euch heim«, haben wir gesagt, »da, steckt euer Heroin wieder ein und geht heim, unter einer Bedingung, daß ihr nie wieder hier auftaucht.«

Meinen Sie, es hätte etwas genützt? Am nächsten Tag waren sie wieder da. Das war unsere Hauptbeobachtung: Seit einigen Jahren war ein Teil dieser Delinquenten an friedlichen Lösungen nicht mehr interessiert. Eine gesunde Watschen hat nichts mehr genützt, zureden auch nicht. Es wurde von Monat zu Monat ärger. Wir haben uns, wenn wir beim Wein zusammensaßen, oft gefragt, woher das kommt. Warum fordern die uns so heraus? Was wollen die?

An diesem Opernballtag waren wir vom Museumseck Richtung Hauptpassage weitergegangen, da stießen wir auf die erste dieser Gestalten. Es gibt dort Stufen und daneben eine schiefe Ebene. Hätten sie nur die Stufen gemacht, würde jeder fragen, welcher Volltrottel von einem Architekten mitten in die Passage einen Niveauunterschied eingebaut hat. So aber benutzen alle die schiefe Ebene, und die Fehlplanung wird von kaum jemandem bemerkt. Auf den Stufen saß ein Gitarrenspieler. Auffällig war, daß er einen Nachttopf vor sich stehen hatte, einen Nachttopf. Natürlich hatte er keine Spielerlaubnis. Es dauerte eine Weile, bis wir ihn perlustriert hatten, weil wir einander die Leberkässemmeln halten mußten.

Perlustriert. Nie gehört? Haben Sie nicht gesagt, Ihr Vater stammt aus Wien? Das nennt man so bei uns. Wir kannten den Mann. Er war harmlos, oder besonders raffiniert, das weiß man nie so genau. Wir schickten ihn wieder einmal auf den Dienstweg.

Das war eine Erfindung in der Not, eine Amtshandlung in einer verzwickten Situation. Unerlaubtes öffentliches Spielen, aber niemand stieß sich daran, weil es in dieser Nebenpassage nicht einmal Geschäfte gibt. Das passierte uns damals immer wieder. Jemand setzte ein Delikt, zum Beispiel Spielen ohne Spielerlaubnis, aber die Blamierten waren wir, weil wir niemanden fanden, der zu einer Anzeige bereit war. Heute haben wir den Herumlungerungsparagraphen und können sofort einschreiten. Damals waren wir in solchen Fällen vollkommen im Stich gelassen. Wir mußten uns etwas ausdenken. Wir konnten diese Spieler nicht überhören, im Vorbeigehen nicht übersehen, gelegentlich nicht einmal überriechen, aber oft fanden sich keine Geschädigten. Und so war es auch diesmal. Bei der Durchsuchung des Gitarrenspielers, Perlustrierung, genau, Sie lernen schnell, fand sich auch kein Hinweis auf ein weiteres Delikt. Keine Spritzen, kein Pfeifchen, keine Tabletten, keine Strohhalme. Im Gitarrensack fanden wir ein paar Saiten, einen Eierbecher und eine tote Maus. Wozu die Maus diente? Er sagte, sie sei sein Talisman. Für eine Festnahme zuwenig, für eine Ermahnung zuviel. Ein Standardfall, von Juristen wegen Überforderung dem Ermessen der Revierinspektoren überlassen. Man mußte daraus erst etwas machen. Wir setzten dem Musikanten ein wenig zu, ohne große Hoffnung, daß er mitmachen würde.

»Diesmal schnappen wir dich, das war das letzte Mal, jetzt gibt's kein Pardon mehr, steh auf, wenn wir mit dir reden! Ausweis! Was, kein Ausweis? Na, dann komm gleich mit, Bürschchen.«

Aber er blieb gelassen, gab uns keinen Verhaftungsgrund. Also schickten wir ihn auf den Dienstweg. Wir wiesen ihn an, sich in der Wachstube Karlsplatz beim Journaldienst zu melden und dort zu sagen, daß er ohne Erlaubnis öffentlich Gitarre gespielt habe. Wir konnten ziemlich sicher sein, daß er das nicht tun würde. Sollte er es aber tun, würde er vom Journaldienst sicher weitergeschickt werden, von der nächsten Instanz ebenso. Diese Notlösung nannten wir den Dienstweg.

Eigentlich ist das ein falscher Ausdruck. Genaugenommen wird der Dienstweg bei uns nur von Schriftsätzen begangen. Das, was Sie meinen, den Weg, den man im Dienst geht, der heißt Patrouille. Den Dienstweg hingegen habe ich mir immer wie eine unsichtbare Leiter mit sichtbaren Sprossen vorgestellt. Das ist heute nicht anders als damals. Aber heute ist es für uns leichter, zum Beispiel mit einer Beschwerde durchzukommen. Weil die Polizei einen höheren Stellenwert hat und weil Reso Dorf, der neue Polizeipräsident, viel mehr darauf achtet, daß unsere Leute zufrieden sind. Ist das nicht verrückt, daß es Tausender Toter bedurfte, damit wir einen anständigen Lohn kriegen und eine zuverlässige Ausstattung? Im Moment können wir alles haben. Als nächstes kriegen wir Elektroschockstäbe. Die sind statt der Gummiknüppel. Ein deutsches Patent. Dann brauchen wir nicht mehr zuzuschlagen, sondern den Delinquenten nur berühren, und schon beutelt es ihn, daß ihm Hören und Sehen vergeht. Mir ist das nichts Neues, ich kenne das vom Land. Wir haben das Stupfer genannt. Damit haben die Fleischhauer das Schlachtvieh auf die Transportautos hinaufgetrieben.

Vor der Katastrophe hat eine Beschwerde nur dann Aussicht auf Erfolg gehabt, wenn sie sich gegen einen Untergebenen aus einer anderen Partei als der des Ministers richtete. Eine Beschwerde über einen Vorgesetzten ließ man besser gleich bleiben. Denn sie verkehrte sich auf dem Dienstweg ins Gegenteil. Da gab es diese beiden Gockel, wie wir sie genannt haben, den Minister und seinen Kabinettchef. Wir haben über die beiden nur noch gelacht. Heute denke ich mir, das konnte kein Dauerzustand sein, daß alle Polizisten und Gendarmen des Landes über ihre höchsten Chefs Witze machen. Wenn ein Wiener Polizist einen Gendarm aus Vorarlberg traf, fanden sie innerhalb kürzester Zeit ein gemeinsames Gesprächsthema. Sie erzählten einander die neuesten Witze über den Minister und seinen Kabinettchef. Woran krankt die Innenpolitik? Am Ohrensausen des Ministers.

Der Minister sprach nämlich ganz langsam und sagte genau das, was ihm der Kabinettchef, der immer daneben saß oder stand, einflüsterte. Wenn sich Journalisten aber gleich an den Kabinettchef wandten, sagte der, er wolle sich zu politischen Fragen nicht äußern, denn darüber habe der Minister zu entscheiden. Es gab noch einen ähnlichen Witz. Wie behandelt man den Kabinettchef richtig? Mit Tropfen. Er ist nichts als das Ohrensausen des Ministers.

Jeder wußte, daß der Kabinettchef Minister werden wollte. Und man wartete nur darauf, bis er den Minister irgendwann in die Sackgasse laufen ließ. Man hat sich bei ihm nicht recht ausgekannt. Einerseits hat er, wenn es darauf ankam, immer die Fremdenpolizei verteidigt und ihr den Rücken gestärkt, andererseits hat er dann bei einer Fernsehdiskussion vom Ausländerwahlrecht gefaselt. Na, was jetzt? Will er sie abschieben, oder will er ihnen das Land übergeben? In der Kollegenschaft gab es kein Vertrauen mehr zur Führung. Wir fühlten uns als der letzte Dreck.

Angenommen, ich hätte mich beim Minister über unseren Postenkommandanten beschweren wollen – bei wem sonst hätte ich mich über ihn beschweren sollen, schließlich war er vom Minister persönlich ernannt worden –, dann hätte eine solche Beschwerde den Dienstweg zu gehen gehabt. Ich habe es natürlich nie getan, aber den Ablauf stelle ich mir so vor: Zunächst müßte ich die Beschwerde unserem Postenkommandanten geben, der würde, auch wenn sie milde abgefaßt ist, als erstes den

Dienstplan ändern und mir so viele Journaldienste wie nur möglich aufbrummen, dann würde er viele Telefonate führen und die Beschwerde mit einer langen Stellungnahme über meine laxe Dienstauffassung an seine Freunde, die Kontroll- und Generalinspektoren, weiterreichen, die nun ihrerseits eigene Briefchen verfassen und die Chose bei einem Glas Wein mit einem Herrn vom Landeskommando besprechen würden. Auch diesem bliebe ein Gutachten nicht erspart, bevor er sich an die zuständige Stelle der Bundespolizeidirektion und an den ihr zugeordneten Personalvertreter wenden würde. Letzter hat einst der Ernennung des Postenkommandanten zugestimmt, wenn sie nicht überhaupt auf seinen Vorschlag zurückging. Schließlich ist der Postenkommandant selbst ehemaliger Personalvertreter. Der Personalvertreter würde die Beschwerde so lesen, als ob ich mich beim Minister über die Kompetenz des Personalvertreters beschwerte. Daher würde er ein Gutachten verfassen, dreimal so ausführlich wie alle bisherigen Gutachten zusammen, und würde meinen Namen auf jener Liste vermerken, die immer dann konsultiert wird, wenn zu prüfen ist, ob es für anstehende Beförderungen und Belobigungen gewisse Rückstellungsgründe gibt. Schließlich würde ein dickes Kuvert die Einlaufstelle des Ministeriums erreichen und dort der Abteilung für Personalangelegenheiten zugewiesen werden. Die Beschwerde würde die oberen Sprossen, Kommissär, Oberkommissär, Rat, Oberrat, Ministerialrat, Sektionschef und Kabinettchef, erklimmen und um fünf weitere Stellungnahmen anschwellen. Bis sie den Schreibtisch des Ministers erreichte, wäre sie ein umfangreicher Akt, bestehend aus meinem freundlichen Briefchen an den Herrn Minister und zehn vernichtenden Gutachten über mich.

Der Minister würde fragen: »Was ist denn das schon wieder?«

Und der Kabinettchef würde antworten: »Eine Diszipli-
narsache. Da paßt einem Revierinspektor der Postenkommandant nicht. Sicher hat sich das mittlerweile von selbst
erledigt.«

»Und wo ist unsere Antwort?« würde der Minister fragen.

»Ganz vorne, Herr Minister. Direkt unter dem Brief.
Wenn ich sie zusammenfassen darf: Den Fall umfassend
geprüft, derzeit keinen Handlungsbedarf feststellen können. Hier wäre zu paraphieren. Der nächste Fall ist pro-
blematischer. Da beschwert sich ein Postenkommandant
der anderen Partei über einen Revierinspektor unserer
Partei ... «

Genau so wäre das damals gelaufen. Das ist der Dienstweg. Er hat seine festen Regeln. Wenn man die kennt, ist
man vor Überraschungen gefeit. Man hat einen Preis zu
zahlen, aber man kann sicher sein, daß einem selbst nichts
passiert. Wenn sich zum Beispiel jemand von außen beschwert, sagen wir, daß er behauptet, er sei geprügelt worden – die nennen das ja dann gleich Folter –, wird der
Dienstweg zum Schutzschild. Da hat keiner eine Chance.
Der Disziplinarsenat hält eisern zu seinen Leuten. Eine
Versetzung ist im Dienstrecht nicht vorgesehen, eine Ent-
lassung wird nicht ausgesprochen. Da müßte einer schon
eigenhändig sieben Giftler erwürgen.

Anders bei der Patrouille. Da kann man die Überraschungen suchen, oder man kann ihnen, wenn einem nicht
danach ist, ausweichen. Die Patrouille ist im Prinzip festgelegt. Aber es gibt immer einen Grund, vom Weg abzu-
weichen. Leberkässemmeln wären an sich keiner gewesen,
doch das Museumseck kann immer wieder mit dienstlichen Überraschungen aufwarten. Denken Sie nur an den
Finger.

Befreiung

Massengräber und Leichenberge begleiteten mein Leben wie ein Fluch. Das erste Foto, an das ich mich erinnern kann, war die Abbildung eines Massengrabes. Hunderte von Leichen liegen in einer langen Grube, manche nackt, manche halb bekleidet. Auf den Körpern trampeln vier Männer herum. Sie gehören zur ehemaligen SS-Wachmannschaft des Konzentrationslagers Bergen-Belsen. Der Krieg ist vorüber. Aber diese Männer sind angehalten, den Abfall ihres eigenen Wirkens zu entsorgen. So, als hätten sie nach einem opulenten Mahl vergessen, das Geschirr zu spülen. Im Vordergrund steht rechts eine Birke, in der Mitte ein vom Leichenschichten sichtlich mitgenommener SS-Mann und links ein Mann in britischer Uniform, mit Gewehr und aufgepflanztem Bajonett.

Insgesamt hatte mein Vater vier Fotos von Bergen-Belsen. Eines war eine Detailaufnahme aus dem Massengrab des ersten Fotos. Auf die Knochen abgemagerte und verstümmelte Leichen liegen in einem unentwirrbaren Knäuel. Man muß lange schauen, um zu erkennen, welcher Fuß, welches Becken, welcher Kopf zu welchem Körper gehören. Teile sind mit Kleidungsfetzen bedeckt. Ein anderes Bild zeigt einen Bulldozer, der einen Haufen von Menschenkörpern in ein Massengrab schiebt. Dann gab es noch ein letztes Foto, auf dem eine in Decken gehüllte Frau abgebildet war. Das weiße Kopftuch umspannt einen Totenschädel. Die Hände hat sie über dem Schoß zusammengelegt, ihre Augen schauen zur Seite. Es war eine Aufnahme aus der Typhusbaracke von Belsen.

In meiner Kindheit gab es keinen einzigen Besucher, dem mein Vater nicht diese vier Fotos gezeigt hätte. Beim ersten Foto verwies er immer auf den britischen Soldaten und sagte: »Das bin ich.«

Sprachlos saßen die Besucher da, während mein Vater von dem süßlichen Aasgeruch erzählte, der das Konzentrationslager wie eine Wolke umhüllte und schon von weitem zu spüren war. Er sprach von den riesigen Leichenhaufen, die seine Truppe in Bergen-Belsen vorgefunden hatte. Sie wurden in den ersten Tagen nach der Befreiung sogar noch größer, weil täglich mehr Leichen dazukamen, als sie in der Lage waren zu bestatten. Eine Frau begann zu weinen, als sie die Abbildung des Massengrabs sah. Sie sagte, ihre Mutter sei in Bergen-Belsen umgekommen. Sie suchte auf dem Foto die Leiche ihrer Mutter.

Wir hatten viele Besucher. Fast alle sprachen deutsch. Die Roads in unserem Viertel in Hampstead wurden Straßen genannt, so viele Emigranten lebten dort. Deutsche und Österreicher teilte ich in zwei Gruppen ein. In die guten, die in unserem Haus verkehrten, und in die keiner menschlichen Regung zugänglichen Mörder, die aber zum Glück weit entfernt auf dem Kontinent lebten. Ich wußte, wo mein Vater die Fotos von Bergen-Belsen aufbewahrte, und ich schaute sie mir oft an. Als alter österreichischer Kommunist hatte er mir jegliche religiöse Erziehung vorenthalten. Zwar kriegte ich im Kindergarten und in der Schule durchaus mit, daß die Menschen nach dem Tod entweder im Himmel bei Gott seien oder in der Hölle beim Teufel, aber mir fehlte jeder Zusammenhang. Ich sah die Haufen von mit Lehm verklebten Leichen, sah einen Bulldozer, der sie über die Erde schiebt und ihnen dabei mit der Schaufel Schenkel aufschlitzt, Füße und Köpfe ausreißt – das waren doch die Guten, deren Verwandte in unserem Haus verkehrten. Und wie sollten sie plötzlich woanders sein, wenn sie doch hier lagen. Der allmächtige Gott hatte etwas von Hitler. Er war dieser riesige Daumen, der unerwartet am Himmel erscheinen und mich zerdrücken könnte.

Einmal erzählte mein Vater, daß er, Tage nach der Befreiung, unter den Toten einen Lebenden entdeckte. Der Bulldozer schob die stinkenden Körper in die Grube, mein Vater achtete darauf, daß die SS-Männer bei ihrer Arbeit nicht nachlässig wurden. Da fiel ihm eine Hand auf, die sich bewegte, ohne daß die Schubkraft des Bulldozers diesen Körper schon erfaßt hätte. Er ließ anhalten und kletterte über die Leichen zu dieser Hand. Sie war noch warm. So kamen sie dahinter, daß sich bei der Befreiung des Konzentrationslagers unter den vorgefundenen Bergen von toten Menschenkörpern auch lebendige befunden haben mußten, die man, noch bevor sie gestorben waren, einfach auf die Leichenhaufen geworfen hatte. Sie waren schon so geschwächt gewesen, daß sie sich weder mit der Stimme noch mit Bewegungen hatten bemerkbar machen können. Ich stellte mir vor, ich läge lebendig unter diesen Leichen und würde vom Bulldozer in die Grube geschoben.

Im Alter von zwölf, dreizehn Jahren änderte sich die Faszination dieser Bilder. Mich zog nun die Tatsache an, daß die Leichen nackt waren. Ich versuchte herauszufinden, welche Leiche männlich war und welche weiblich. Bei den meisten war das schwer festzustellen, weil die Brüste der Frauen meist bis zur Unkenntlichkeit abgemagert waren. Aber es gab Ausnahmen. Auf dem Foto mit dem Bulldozer liegt im Vordergrund ein vollkommen mit Lehm verschmierter Körper mit einem großen Busen. Die Frau ist nicht abgemagert. Sie muß gleich nach der Einlieferung ermordet worden sein. Ich fand diesen Körper in der Detailaufnahme des Massengrabs wieder. Dort liegt die Frau mit dem Kopf nach unten, die Brust hängt ihr bis zum Hals, die Beine sind gespreizt. Neben ihr ragt ein Hinterteil in die Höhe, der Oberkörper ist in die Leichen eingetauch, die Scheide ist deutlich zu erkennen. Diese Leichen waren die ersten nackten Frauen, die ich sah.

Mein Vater war sein Leben lang stolz, zu den Befreiern von Bergen-Belsen gehört zu haben. Selbst im Alter, wenn er jemanden kennenlernte, war dies das erste, was er von sich erzählte. Er hatte sich als College-Professor für Germanistik mit einem Rilke-Buch internationalen Ruhm erworben. Die Verehrer von Rilke waren freilich weniger erfreut gewesen, weil mein Vater es gewagt hatte, am Lack dieses auf Hochglanz polierten deutschen Dichterheiligen zu kratzen. Sein Buch befaßte sich ausführlich mit Rilkes konservativen politischen Ansichten, seiner Bewunderung für Mussolini und seinen antisemitischen Ausfällen. Aber darauf bildete sich mein Vater nichts ein. Er sagte: »Ich war nur zufällig der erste, der das genauer untersucht hat.«

Am liebsten hätte er Freunden nicht sein Rilkebuch, sondern Kopien des Fotos aus Bergen-Belsen geschenkt, auf dem er als Befreier abgebildet ist. Daß er bei Kriegseintritt von den Briten als verdächtiger Ausländer auf der Isle of Man interniert worden war, Hunger gelitten hatte und auf dem Fußboden schlafen mußte, schien er ihnen verziehen zu haben. Am wenigsten vielleicht den Hunger. Wenn ich von der Schule oder vom Sportplatz heimkam und sagte: »Ich habe Hunger«, korrigierte er mich sofort. »Das heißt: Ich habe Appetit. Hunger, mein Sohn, ist etwas ganz anderes.«

In seiner ersten Londoner Zeit, vor seiner Internierung, hat er die tschechische Emigrantin Blanka kennengelernt, meine Mutter. Sie war ein paar Jahre älter als er und ausgebildete Englischlehrerin. Wohlweislich verschwieg sie den Behörden, daß sie, wie so viele Emigranten, mit den Kommunisten sympathisierte. Da sie Tschechin war, wurde sie besser behandelt als deutsche oder österreichische Emigranten. Sie galt nicht unbedingt als *enemy alien*. Während Österreicher und Deutsche interniert wurden, bekam sie eine Stelle als Volksschullehrerin. Sie sorgte für meinen Vater, der am Anfang kein Wort Englisch sprach, und sie finanzierte ihm, bis er interniert wurde, das Studium in London. Von der Isle of Man kam er frei, weil er sich zur Armee meldete. Die Alternative wäre gewesen, sich mit anderen Emigranten nach Kanada verschiffen zu lassen. Das wollte er nicht. Dann schon lieber gegen die Menschen seiner Heimat kämpfen.

Meine Mutter hat mir erzählt, mein Vater habe sie während eines Kurzurlaubs von der Armee – das war noch vor dem D-Day – gebeten, ihn zu heiraten. Sie wollte lieber das Ende des Kriegs abwarten. Aber bevor das Kriegsende kam, kam ich. Mein Vater blieb nach dem Krieg noch fast ein Jahr in Deutschland. Als Angehöriger der britischen Armee konnte er sich frei bewegen. Er hatte in der Armee einen Decknamen bekommen. Ursprünglich hieß er Kurt Feuerbach. Als britischer Soldat erhielt er eine neue Identität als Kirk Fraser. Den Namen hat er später beibehalten. Meine Mutter spielte mit dem Gedanken, nach Böhmen zurückzukehren. Mein Vater wollte nach Wien. Im Oktober 1945 fuhr er hin. Zwei Wochen später war er wieder in Deutschland, Anfang 1946 kehrte er nach London zurück und heiratete meine Mutter. So bekam auch ich seinen Decknamen.

In Wien wollte er dreierlei. Er suchte seine Eltern, zu denen 1939 der Kontakt abgerissen war. Er wollte nach der Wohnung sehen, in der er aufgewachsen war. Und er wollte den Kontakt zur KPÖ wieder aufnehmen.

In der Wohnung waren fremde Menschen. Sie gaben sich ahnungslos, wer die Vormieter waren. Auch die anderen Mieter des Hauses konnten sich nicht daran erinnern, wann und warum seine Eltern für immer ihre Wohnung verlassen hatten.

»Irgendwann waren sie auf einmal weg«, sagten sie. Die amerikanische Armee hatte Deportationslisten beschlagnahmt, aber sie waren noch nicht aufgearbeitet. Mein Vater hinterließ die genauen Daten und die Adresse meiner Mutter in London. Später bekam er von den Amerikanern einen Brief, der die schlimmsten Befürchtungen bestätigte. Sie waren nach Auschwitz deportiert worden. Das englische Auschwitzkomitee konnte später mit den Angaben der Amerikaner den genauen Tag rekonstruieren, an dem meine Wiener Großeltern vergast wurden.

Die Wohnung bekam mein Vater nicht zurück. Er hatte zwar in irgendeinem Wiener Amt einen Antrag ausgefüllt und auch dort die Londoner Adresse meiner Mutter hinterlassen, aber von diesem Amt hörte er nie wieder.

Ebenso unerfreulich verlief der Besuch in der KPÖ-Zentrale. Die alten Genossen sahen seine britische Uniform und hatten gleich eine Spezialaufgabe für ihn. Er sollte Nazimitläufer davon überzeugen, ein paar Wochen später, bei den ersten Wahlen, KPÖ zu wählen. Er, als Soldat der westlichen Alliierten, würde den Menschen größeres Vertrauen einflößen als etwa ein Emigrant aus Moskau. Mein Vater bedankte sich herzlichst für diese ehrenvolle Aufgabe und fuhr zu seiner Garnison nach Deutschland zurück.

Den Sprung aufs College schaffte zuerst meine Mutter. Sie hatte von der englischen Schule so gute Empfehlungen erhalten, daß ihr von den britischen Behörden das tschechische Studium zur Gänze anerkannt wurde. Sie bekam eine Stelle als Assistant Professor und setzte alles daran, meinen Vater im German Department unterzubringen. Zweifellos sind ihm dabei auch seine Bewährung in der Armee und die Auszeichnungen, die er bekommen hatte, behilflich gewesen. Formell schloß er sein Studium erst ab, als er längst unterrichtete.

Später habe ich mir ein paar seiner Vorlesungen angehört. Ich denke, er war ein guter Professor. Zu seinen Studenten hatte er engen Kontakt. Er brachte immer wieder welche mit nach Hause. Vermutlich gab es am *Regent's College* vierzig Jahre lang keinen einzigen Germanistikstudenten, dem mein Vater nicht irgendwann die Fotos von Bergen-Belsen gezeigt hatte.

Die sechziger Jahre waren keine gute Zeit, um ein Studium abzuschließen. Ich jedenfalls habe es nicht geschafft. Statt dessen hing ich lieber in der Portobello Road herum und fuhr zu den open-air-Festivals auf die Isle of Wight. Jedes Studium, das ich begann, erwies sich innerhalb kürzester Zeit als Flop. Als mir mein Vater das Geld strich, verkaufte ich in der Portobello Road Wasserpfeifen und alles, was man damals darin rauchte. Das Jahr 1969 verbrachte ich in Indien. Von dort kam ich mit einem vom vielen Haschischrauchen vergeßlichen Kopf nach Hause, aber auch mit einer Erkenntnis. Zu studieren war nicht mein eigener Wille, sondern der meines Vaters.

In London erfuhr ich, daß die Amerikaner schon ein halbes Jahr zuvor auf dem Mond gelandet waren. In den indischen Dörfern und Hippie-Kolonien war mir das entgangen.

Ich bekam einen Job als Produktionsgehilfe in der Dokumentationsabteilung der BBC. Am Anfang tat ich nicht viel mehr, als Kabel und Aluminiumkoffer zu tragen. Ich hatte noch meine langen Haare und einen Vollbart. Aber das war in den unteren Rängen der BBC-Hierarchie damals keine Seltenheit. Meine Tätigkeit war langweilig, aber der Zusammenhang, das Erstellen von Dokumentarfilmen, interessierte mich. Bei Produktionsbesprechungen mischte ich mich ein. So wurde man auf mich aufmerksam. Man zog mich vom Außendienst ab und versetzte mich in die Planungsabteilung. Die deutschsprachige Erziehung kam mir dabei zugute. Ein wenig kann ich auch tschechisch verstehen. Sprechen kann ich es nicht. Wenn meine Mutter etwas auf tschechisch zu mir gesagt hatte, war mir mein Vater mit der Antwort: »Ich verstehe Dich nicht«, meist zuvorgekommen. Später hatte auch sie nur noch deutsch mit mir gesprochen. Seit ich verheiratet war, sprach ich meine Eltern manchmal auf englisch an. Meiner Mutter machte das nichts aus. Aber mein Vater wehrte sich am Anfang dagegen.

»Red deitsch!« fuhr er mich einmal an, als wir eine Auseinandersetzung hatten. Er sprach nur deutsch mit mir und erwartete, daß ich es mit meinem Kind ebenso halte. Als Fred ein Baby war, gab ich mir noch Mühe. Aber kaum konnte er wirklich die ersten Worte deutsch reden, wurde mir dieses Erziehungsprogramm zu anstrengend.

Meine neue Aufgabe bei der BBC bestand darin, internationale, vor allem deutschsprachige Zeitungen zu lesen und über Kurzwelle deutsche Nachrichten zu hören. Jede Woche legte ich bei der Redaktionskonferenz einen umfassenden Katalog von Themen vor, die einer Fernsehdokumentation würdig wären. Meine Vorschläge fanden großen Anklang. Ich beließ es nicht bei einer Aufzählung möglicher Themen, sondern erstellte dazu jeweils eine Liste von Interviewpartnern und Drehorten. Ich machte mich unentbehrlich. Während meine Ehe scheiterte, kam ich beruflich gut voran.

Mein nächster Karrieresprung erfolgte im März 1988, als ich eine Dokumentation über die Niederschlagung des Palästinenseraufstands kritisierte und dafür eintrat, sie nicht zu senden. Für die Dreharbeiten waren nur palästinensische Kontakte genutzt worden. Der Film stellte sich meiner Ansicht nach so bedingungslos auf die Seite der Palästinenser, daß er eine Fülle von Protesten hervorrufen und uns die künftige Arbeit in Israel erschweren würde. Dabei zweifelte ich nicht die Tendenz des Filmes an. Ich kritisierte nur, daß kein einziger israelischer Regierungsvertreter und kein jüdischer Siedler zu Wort kamen. Der Produktionsleiter war von diesem Tag an mein erbittertster Gegner. Er warf mir Kompetenzüberschreitung vor.

Doch der Abteilungsleiter hatte mittlerweile solches Vertrauen zu mir, daß er dem Produktionsleiter diese Arbeit entzog und mich beauftragte, sie fertigzustellen. Ich wandte mich an die israelische Botschaft und schilderte offen mein Problem. Mit dem Ergebnis, daß ich eine Woche lang in den vordersten Linien der israelischen Armee unterwegs war. Ich interviewte Militärs, Politiker und Siedler, darunter einen, der aus seiner Gesinnung, daß er alle Palästinenser lieber heute als morgen erschießen würde, damit es nicht umgekehrt kommen könne, keinen Hehl machte. Die Dokumentation ging um die Welt.

Ein paar Monate später stand ich erstmals in einem Leichenfeld. Ich fuhr nach Lockerbie und filmte tagelang nichts anderes als das Einsammeln von Toten und Körperteilen, die nach dem Anschlag auf eine Pan-Am-Maschine im Umkreis von mehreren Kilometern verstreut lagen.

Von da an war ich überall dort zur Stelle, wo Menschen getötet wurden. Beim Golfkrieg gehörte ich zum erlesenen Kreis der von den Amerikanern als Frontberichterstatter zugelassenen Journalisten. Aber wir waren keine Frontberichterstatter. Wir saßen im Camp und bekamen täglich vorgefertigte Wort- und Bildspenden serviert: The greatest hits. Im Vorführraum herrschte gute Stimmung. Die Volltreffer auf dem Videoschirm ernteten begeisterten Applaus. Keiner von uns wußte, was da draußen wirklich los war. Es war so gut wie unmöglich, sich selbständig zu machen und die Front auf eigene Faust zu erkunden. Monate später erfuhren wir, daß einige der gefeierten Treffer bemalten Attrappen aus Pappmaché gegolten hatten.

Meine Berichte waren nicht besser, aber auch nicht schlechter als die der anderen. Zu guten Bildern kamen wir erst gegen Ende des Krieges, nachdem die irakische Armee bei ihrem Rückzug bombardiert worden war. Wir erreichten eine Straße, die, so weit wir sehen konnten, mit zerbombten und ausgebrannten Militärfahrzeugen blokkiert war. Es waren vor allem Versorgungsfahrzeuge, ein paar Begleitpanzer und nur wenige Geschütze. Überall lagen verkohlte oder zerrissene Leichen herum. Manche saßen wie schwarze Mumien, mit ausgebrannten Augenhöhlen am Lenkrad ihres Fahrzeugs. Wir fuhren mit einem Geländewagen ein paar Kilometer weit neben dieser Straße entlang. Das Bild blieb dasselbe. Wir fanden keinen einzigen Überlebenden. Die Clusterbomben hatten nur kleine Trichter hinterlassen, aber sie hatten alle, die dem Inferno zu Fuß entkommen wollten, zerfetzt. Von diesen Aufnahmen durften nur kleine Ausschnitte gesendet werden, da sich die britische Regierung den Zensurbestimmungen der US-Streitkräfte angeschlossen hatte.

Während aus aller Welt die Reporter nach Jugoslawien strömten, bereitete ich meinen großen Coup vor. Ich erhielt eine Drehgenehmigung für den offiziell von der UNO, in Wirklichkeit aber von den Amerikanern kontrollierten Südirak. Das Pentagon hatte zunächst abgelehnt. Nach einer Intervention bei der UNO in New York wurde der Bescheid revidiert. Mittlerweile gab es detailreiche Berichte über den Kriegsverlauf. Es stellte sich heraus, daß die uns Frontjournalisten immer wieder eingetrichterte und mit Filmaufnahmen der Militärs untermauerte Geschichte vom »sauberen Krieg« keineswegs stimmte. Ein amerikanischer Journalist deckte auf, daß irakischen Kompanien, die sich im Wüstensand eingebunkert hatten, keine Chance gelassen wurde, sich zu ergeben. Sie wurden von gepanzerten Großbulldozern einfach zugeschüttet.

»Was wollt ihr denn«, wetterte ein erboster General auf CNN. »Krieg ist Krieg – und das war eine saubere Strategie. Wäre es euch lieber, wenn wir sie einzeln abgeknallt hätten?«

Wochenlang sammelte ich Unterlagen über die Vormarschrouten der Golfkrieger. Dann brach ich mit einem ungewöhnlich großen Team auf, darunter ein Geometer und vier Bauarbeiter, die ich auf ihre Aufgabe gut vorbereitet hatte. Mein größtes Problem bestand darin, zu verhindern, daß wir von einer amerikanischen Schutztruppe begleitet wurden. Wir unterschrieben einen Revers, auf dem wir versicherten, daß wir uns auf eigenes Risiko bewegten und jede Form von nachdrücklich angebotenem Begleitschutz abgelehnt hatten. Daß wir dadurch Mißtrauen erregten, hätte ich mir eigentlich denken können. Wir verpflichteten uns, die von der UNO kontrollierte Zone nicht zu verlassen.

Mit drei Geländefahrzeugen überquerten wir die Grenze zum Irak. Wir folgten in einem von unserem Geometer ausgetüftelten Zick-Zack-Kurs jener Route, auf der die amerikanischen Panzerverbände zehn Monate zuvor in den Irak vorgerückt waren. Schon am ersten Tag stießen wir auf einen Panzer, der aber keine besonderen Beschädigungen aufwies. Offenbar war er hängengeblieben und nur noch nicht abgeholt worden. Am dritten Tag kamen wir zu einer Stelle, an der in einem überschaubaren Umkreis zwei Kampfpanzer und ein Schützenpanzer standen. Sie waren bis zum Turm mit Sand zugeweht. Unsere Bauarbeiter buddelten sie aus. Die Platten waren erheblich beschädigt, die Ketten zerschossen. Ganz offensichtlich waren die Treffer aus dem Nordosten gekommen. Wir wandten uns in diese Richtung und bohrten zusammenschraubbare Sonden in den Sand. Nach etwa einem Kilometer stießen wir auf Widerstand. Zwei Tage lang untersuchten wir das Gelände mit Sonden. So gewannen wir einen Überblick über die Größe des Bunkers. Er war mehrere hundert Meter lang und an einigen Stellen fünf, an anderen bis zu zwanzig Meter breit. Es schien ein System von größeren Räumen zu sein, die durch Gänge miteinander verbunden waren. Wir stießen an einigen Stellen auf Abzweigungen, die wir jedoch nicht weiterverfolgten. Der Geometer zeichnete Lagepläne. Nun kam die schwierigste

Aufgabe. Wir mußten einen Zugang finden. Es war anzunehmen, daß der Eingang, wenn er wirklich zugeschüttet wurde, eher eine Erhebung als eine Senkung sein müßte. Zwei Tage lang suchten wir vergeblich. Abends, als wir ermüdet zusammensaßen und aus unseren Blechnäpfen aßen, sagte einer der Bauarbeiter: »Wenn das nicht ein einzelner Bunker, sondern ein ganzes System von Bunkern ist, dann kann der Eingang ganz woanders sein. Am besten wir untersuchen alle Hügel der Umgebung.«

So wurden wir am nächsten Tag fündig. Über dem Eingang lagen mindestens fünf Meter Sand. Wir bildeten eine Arbeitskette, die Bauarbeiter vorne, der Geometer und wir Fernsehleute hinten. Da wir kein Verschalungsmaterial hatten, mußten wir den Stollen sehr breit anlegen. Aber es war aussichtslos. Wenn wir durchschwitzt und erschöpft eine Pause einlegten und einander mit dem Kanister Trinkwasser über den Kopf gossen, konnten wir zusehen, wie von allen Seiten der Sand nachrieselte. Am Abend kam Wind auf. Über Nacht war das ohnedies schmale Ergebnis unserer Arbeit zur Gänze beseitigt. Wir unternahmen noch einen Versuch. Wir montierten die Türen und Motorhauben unserer Geländefahrzeuge ab und verwendeten sie als Verschalungsplatten. Diesmal legten wir den Gang schmal an, so, daß man gerade durchschlüpfen konnte. Die Wände stützten wir mit Wagenhebern und leeren Kanistern. Als das Material zu Ende war, verbrauchten wir die Reserveräder und schraubten die Sitze aus den Fahrzeugen. Zu Mittag kreiste ein Hubschrauber über uns. Wir ahnten, was das bedeutete, und versuchten noch schneller zu arbeiten. Als unsere Fahrzeuge keine Räder, keine Bodenplatten und keine Windschutzscheiben mehr hatten, war der Eingang zum Bunker noch immer nicht erreicht.

Der Hubschrauber landete, wir bekamen Besuch. Es war die amerikanische Militärpolizei. Sie verhaftete uns ohne langes Herumreden. Wir mußten alles liegen und stehen lassen, wie es war. Der Hubschrauber brachte uns in ein Camp in Kuwait. Dort wurden wir in Einzelzellen gesperrt und ununterbrochen von Sicherheitsoffizieren verhört. In der Nacht weckten sie mich nach zwei Stunden Schlaf und stellten dieselben Fragen noch einmal. Sie wollten unbedingt herausbekommen, für wen wir arbeiteten. Daß ich dieses Unternehmen auf eigene Faust gestartet hatte, wenngleich mit Wissen unseres Abteilungsleiters, wollten sie mir nicht glauben. Wir wurden nicht schlecht behandelt, rüde natürlich, aber wir bekamen normales Essen und waren keiner Gewalt ausgesetzt. Bloß andauernden Verhören. Am vierten Tag kam ein britischer UNO-Offizier in meine Zelle. Er sagte, wir könnten heimfliegen. Die bisherigen Filmaufnahmen seien beschlagnahmt. Ich antwortete: »Ich brauche keine Filme, ich habe alles im Kopf, und ich habe Zeugen. Ich werde erzählen, daß mich die UNO daran gehindert hat, ein Massengrab freizulegen.«

Er ging wieder fort. Dann war zwei Tage lang Ruhe. In dieser Zeit, so erfuhr ich später, rief Premierminister John Major persönlich meinen Abteilungsleiter an und schnaubte vor Wut. Ich hatte ein diplomatisches Gerangel auf höchster Ebene ausgelöst. Nach insgesamt einer Woche Haft wurden wir freigelassen. Man wies uns eine Gästebaracke zu, mit Klimaanlage, Fernsehgeräten und Telefon. Eine Soldatin erklärte uns, mit welcher Vorwahl wir nach England telefonieren könnten. Der *first lieutenant* lud mich zum Abendessen ins Kasino ein. Er reichte mir die Hand und sagte: »Call me Dick.«

Wegen unserer Internierung entschuldigte er sich. Er sagte es sei nötig gewesen, einzugreifen, denn wir hätten die internationalen Streitkräfte in höchste Kalamität – er sagte *calamity* – gebracht. Unser Vorhaben hätten sie von Anfang an durchschaut. Sie wollten uns aber das Filmmaterial erst abnehmen, nachdem wir erfolgreich waren. Denn auch für sie sei es von höchstem Interesse, die Wirkung und Folgen ihrer Kriegstaktik zu studieren. Leider habe auch der Irak uns beobachtet, und so hätten sie eingreifen müssen.

»Wie geht es jetzt weiter?« fragte ich.

Er schlang sein Huhn hinunter und trank dazu Orangensaft. Es gab keinen Alkohol im Offizierskasino.

»Es wird verhandelt«, sagte er. »Saddam Hussein hat absolut kein Interesse, seinen Landsleuten vor Augen zu führen, auf welche Weise ihre Angehörigen gestorben sind. Kein Mensch kann wissen, wie lange die da unten überlebt haben. Das interessiert uns natürlich.«

Nach dem Essen lud mich der *first lieutenant* zu sich in seine Zweizimmerwohnung ein. Die eine Wand war vollgehängt mit Fotos seiner Familie, die andere mit Playmates aus Männermagazinen. Ich schaute mir die Reihe der nackten Frauen an. Alle hatten sie volle, leicht nach vorn gestülpte Lippen, den Mund meist geöffnet. Mein Gastgeber begleitete mich von Bild zu Bild.

»Die habe ich meinen Soldaten abgenommen. Wir müssen uns hier ein wenig nach den Gesetzen des Landes richten. Aber ich halte die Jalousien immer geschlossen.«

Als ich mich den Fotos seiner Familie zuwandte, öffnete er einen Kleiderschrank und holte zwischen Socken und Unterhosen eine Flasche Bourbon hervor.

»Alles gibt es hier«, sagte er. »Es braucht nur ein wenig Organisationstalent.«

Er öffnete die Flasche und schenkte die Gläser so voll, als wäre es Apfelsaft. Er legte eine Platte von Willie Nelson auf. Zuerst hörte er nur zu, dann begann er mitzusingen.

»Ach, Amerika«, sagte er. »Mir fehlt hier eigentlich nichts außer Amerika.«

»Und Frauen.«

»Warum Frauen? Willst Du ficken?«

»Ist das hier möglich?«

»Alles ist möglich. Ich kann es arrangieren. Aber heute geht es nicht mehr.«

Er konnte alles arrangieren. Im Laufe des Abends bot er mir Marihuana an. Als ich betrunken war, interessierte er sich für meine Herkunft. Ich sagte: »Mein Vater hat Bergen-Belsen befreit.«

Er konnte mit dem Namen nichts anfangen. Ich erklärte ihm, daß Bergen-Belsen ein Konzentrationslager war. Er schnalzte mit der Zunge und nickte anerkennend.

»Ach, die Juden«, sagte er. »Am Sabbath wollen sie nicht kämpfen. Gibt es irgendwo auf der Welt einen verdammten Christen, der am Sonntag nicht kämpfen will?«

»Ich bin Halbjude«, sagte ich. »Nicht einmal am Wochentag würde ich kämpfen.«

»Und wer gibt Dir Deine Freiheit?«

»Meine was?«

»Du Sohn einer Hündin«, fuhr er mich plötzlich an, »fährst einfach in den Irak, um Leichen auszubuddeln, und fragst, was Freiheit ist?«

Ich schlug mir auf die Brust. »Meine Freiheit habe ich da drinnen.«

»Da drinnen hast du Blut und Scheiße. Ohne uns wärst du jetzt ein roter Dreckbatzen im Wüstensand. Und in einem Jahr würden dich die Beduinen verfeuern.«

Ich wollte nicht klein beigeben.

»Und die Menschen im Bunker?« fragte ich.

»Das waren unsere Feinde, du Schafskopf.«

»Aber was ist mit *ihrer* Freiheit?«

Er zog seine Pistole und sagte: »Verschwinde, Bastard.«

Ich stand auf und ging zur Tür. Im Hinausgehen sagte ich: »Danke für das anregende Gespräch. Ich werde dem *commander* darüber berichten.«

Er lief mir nach.

»War nicht so gemeint, *fellow*. Ich soll dich aushorchen, wollte dich reizen.«

Er streckte mir in einer Sportlergeste seine rechte Hand entgegen: »Give me five!«

Ich schlug meine Hand in die seine. Er hielt sie fest und zog mich in den Raum zurück. Dabei sagte er: »Ein seltsames Arschloch bist du allerdings schon. Ein Jude, der sich um die Freiheit der Iraker Sorgen macht.«

»Ich bin Halbjude«, antwortete ich. »Mit der anderen Hälfte mache ich mir um Deine Freiheit Sorgen.«

Er ließ meine Hand los. »Hier. Da hast Du zwei Flaschen Bourbon, für Dich und Deine Freunde. Und jetzt verpiß dich.«

So kam es, daß wir fünf Tage nichts anderes taten, als Bourbon zu trinken, die kuwaitischen Prinzen im Fernsehen zu bewundern und zu warten. Dann war endlich eine Entscheidung gefallen.

Wir fuhren in einem kleinen Konvoi zur irakischen Grenze. Mit von der Partie waren der uns schon bekannte britische und ein französischer UNO-Offizier. Weiter ein paar Soldaten, der *first lieutenant* und ein Geistlicher. Der Konvoi bestand aus zwei Mannschaftsfahrzeugen, einem Bergepanzer, einem Sattelschlepper mit Ketten, auf dem ein Bagger verladen war, und aus zwei Schwerlastwagen. Hinter der irakischen Grenze wurden wir von gepanzerten Mannschaftswagen und leeren Lastern erwartet. Die Dächer waren weiß und blau bemalt, damit sie von den hoch über uns flitzenden Aufklärungsflugzeugen als von der UNO genehmigt erkannt werden konnten. Die Begrüßung der Iraker war kurz und förmlich. Der Lieutenant reichte dem irakischen Offizier die Hand. Die Soldaten salutierten. Dann fuhren wir gemeinsam los, die Iraker an der Spitze. Bis wir die Stelle erreichten, an der wir zu graben begonnen hatten, wurde es Abend. Unsere Geländefahrzeuge waren verschwunden. Die Amerikaner hatten sie zusammengesetzt und nach Saudi-Arabien zurückgebracht. Eine schmale Rinne im Sand war alles, was von unseren Bemühungen übriggeblieben war. Während wir ums Lagerfeuer saßen und dicke Steaks aßen, knieten die Iraker vor ihren Zelten und beteten.

Am nächsten Tag wurde gebaggert. Wir filmten. Der Lieutenant hatte uns genaue Instruktionen gegeben. Es war uns verboten, den Bunker zu betreten. Wir durften ihn nur von außen filmen. Ein paar Stunden lang verlud der Bagger den Sand auf die Lastwagen, die ihn ein paar hundert Meter entfernt abluden. Da gab das Erdreich nach. Es entstand ein Trichter, in dessen mittlerem Teil eine vorspringende Betondecke sichtbar wurde. Aus der nächsten Baggerschaufel hing der Fuß einer Leiche. Die Iraker stoppten den Bagger. Sie zogen ihren Soldaten heraus und legten ihn in den Sand. Nun wurde mit Schaufeln gearbeitet. Die Bauarbeiter meines Fernsehteams beteiligten sich. Eine Leiche nach der anderen wurde geborgen. Der Eingang zum Bunker war verstopft mit Leichen und Sand. Als ein Loch freigeschaufelt war, verbreitete sich ein bestialisch-süßlicher Gestank. Wir hatten den Auftrag, möglichst viele Nahaufnahmen von Leichen zu machen und so weit wie möglich in den Bunker hineinzuleuchten. Die Leichen waren gut erhalten. Sie trugen großteils Uniformen und waren abgemagert wie die Leichen von Bergen-Belsen. Offenbar hatten sie bis zuletzt versucht, mit ihren Stahlhelmen den Sand wegzuschaufeln. Manche hatten Einschußlöcher im Hinterkopf, manche hielten eine Gebetskette in der Hand. Wir versuchten, in den Bunker hineinzuleuchten. Aber alles, was wir sahen und filmten, war ein riesiger Sandhaufen, auf dem vertrocknete Leichen lagen.

Die Iraker standen bei den in einer langen Reihe hingelegten Leichen und sangen Gebete. Ihr Offizier achtete darauf, daß wir nicht den Eingang des Bunkers betraten. Unser Priester stand hilflos herum, hielt sich ein Taschentuch vor die Nase und murmelte etwas vor sich hin.

An die hundert Leichen, die in letzter Verzweiflung versucht hatten, den Sandberg abzugraben, das war alles, was wir filmen konnten. Wie es im Bunker aussah, wie viele Leichen dort herumlagen und in welchem Zustand, blieb uns verborgen.

Dennoch wurde unsere Dokumentation ein Welterfolg. Sie führte dazu, daß mich eines Tages Michel Reboisson, der Leiter des Privatsenders ETV, aus Paris anrief. Er kam nach London und lud mich ins *Claridges*-Hotel zu einem Abendessen ein. In erstaunlich gutem Amerikanisch sagte er, ETV wolle in Wien eine Abteilung für Ost- und Zentraleuropa aufbauen. Er könne sich vorstellen, daß ich dieser Aufgabe gewachsen sei.

Der Ingenieur

Zweites Band

Als ich den *Geringsten* kennenlernte, hieß er noch Joe. Ich war mit meiner Ausbildung gerade fertig geworden und hatte als technischer Zeichner bei einer Baufirma zu arbeiten begonnen. Man hatte mich einer Baustelle im vierten Wiener Gemeindebezirk zugeteilt, in der Schönburggasse, wo wir ein Althaus sanierten. Am Straßenrand standen, in drei Reihen übereinandergestapelt, die Baucontainer. Zwei waren von einem früheren Brand geschwärzt und wurden, als ich meine Stelle antrat, gerade repariert. Ein anderer war rot gestrichen und trug neben einem großen Firmenschild die Aufschrift Bauleitung. Das war mein Büro. Es enthielt einen großen Schreibtisch, dessen rechter Teil von einem schräg gestellten Reißbrett eingenommen wurde, einen Computer mit Scanner und Printer, ein Telefon mit integriertem Fax, einen Fotokopierer, einen Kühlschrank, auf dem eine Kaffeemaschine und einige Tassen standen, ein paar Stühle und einen Aktenschrank. Natürlich auch ein Radio. Später stellte ich noch ein kleines Fernsehgerät hinein. Für diesen Zweck zapfte ich die Leitung des Kabel-TVs an, die bis zum Verteiler im Stiegenhaus verlegt war. An der Wand hing noch eine große Terminplantafel, auf der der Architekt, wenn er vorbeikam, seine Eintragungen machte. Neben den Containern stand ein mächtiger Kran. An manchen Tagen hatte ich viel zu tun und saß bis Mitternacht im Container.

Die Wohnungen des alten Mietshauses wurden neu aufgeteilt und verkauft. Die meisten waren noch zu haben. Wenn sich Käufer fanden, kamen sie zu mir. Ich bot ihnen Kaffee an, zeigte ihnen die Pläne und führte sie auf der Baustelle herum. Alle wollten die Mansardenwohnungen mit Dachterrassen. Aber die waren, als ich meine Stelle antrat, schon verkauft. Die Preise waren so hoch, daß eine Familie mit zwei durchschnittlichen Einkommen keine Chance hatte. Meine richtige Arbeit begann erst, wenn die Käufer für bestimmte Wohnungen Interesse zeigten, aber Änderungswünsche hatten. Zuvorkommend ging ich auf ihre Wünsche ein und versuchte herauszufinden, wie versiert die Kunden in bautechnischen Angelegenheiten waren. Vor allem bei größeren Umbauwünschen, die die Qualität einer noch unverkauften Nachbarwohnung beeinträchtigt hätten, mußte ich zur unendlichen Reihe von kommunalen Baugesetzen und feuerpolizeilichen Vorschriften einen neuen technischen oder behördlichen Hinderungsgrund dazuerfinden, der so plausibel klang, daß sich die Kunden am Schluß nicht über die Eigenart des Hauses, sondern über die Eigenart ihrer Wünsche wunderten und bei der Stange blieben. Hatten wir uns geeinigt, rief ich in der Firma an und sagte: »Ihr könnt den Champagner kalt stellen. Die Herrschaften soundso kommen den Vertrag unterzeichnen.«

Dann mußte ich leider wirklich arbeiten, und wenn es bis spät in die Nacht hinein dauerte, denn der Architekt wollte am nächsten Morgen die Umbaupläne sehen. An manchen Tagen hatte ich überhaupt nichts zu tun. Aber ich mußte jederzeit telefonisch erreichbar sein, auch während der Mittagszeit. Ich sagte dem Firmenchef, er solle mir ein Handy geben. Doch er bestand darauf, daß ich nicht irgendwo, sondern an der Baustelle erreichbar war. An meinem Container war eine Außenklingel des Telefons angebracht, die so laut schellte, daß man sie nicht nur in der ganzen Gasse, sondern auch im benachbarten Café Rainer hören konnte. Kennen Sie den Film *Es war einmal in Amerika* von Sergio Leone? Dort gibt es ein Telefon, das mit dem gleichen eindringlichen Ton läutet. Robert De Niro liegt in einer Opiumhöhle in Trance und hört, unfähig, sich aufzuraffen, dieses andauernde Telefonläuten. Im Café Rainer – es ist kein richtiges Kaffeehaus, sondern nur ein kleines Espresso – war ich bald Stammgast. Meist saß ich allein an einem Tisch und las Zeitungen, oder sah einer Sportübertragung im Fernsehen zu. Der Chef spielte Karten und trank ein kleines Bier nach dem anderen. Neben der Schank winselte und fauchte der Glücksspielautomat. Um die Mittagszeit füllte sich das Lokal mit Männern aus den umliegenden Büros. Sie sprachen vom Sport, von Autos, von Fernsehsendungen, und sie schimpften über die Ausländer. Jup Bärenthal bewunderten sie. Aber es war unwahrscheinlich, daß sie ihn auch wählten. Sie schimpften nur. Ihr Mut reichte gerade noch dazu, der slowakischen Kellnerin, deren Zigaretten meist ungeraucht im Aschenbecher verglommen, auf den Arsch zu klopfen. Wenn an der Baustelle das Telefon klingelte, spurtete ich los. Spätestens beim fünften Läuten war ich am Apparat. Ursprünglich dachte ich, diese Anordnung, ständig erreichbar zu sein, habe mit den noch unverkauften Wohnungen zu tun. Aber ich wurde bald eines Besseren belehrt.

An dieser Baustelle arbeiteten mit Ausnahme des Poliers, des Kranführers, meiner und einiger Facharbeiter, die für spezielle Arbeiten vorbeikamen, nur Ausländer – Slawen aller Art und ein paar Türken. Es wurde ständig geschrien. »Trottel«, »Arschloch«, »Stummelschwanz«, »Tschuschensau«, das war der normale Umgangston. Das Merkwürdige war, daß einige zurückschrien, freilich ohne gröbere Schimpfwörter zu gebrauchen. Das taten sie wahrscheinlich in ihren eigenen Sprachen, die wir nicht verstanden. Den Polier nannten sie Kapo. Er war vielleicht fünfundzwanzig Jahre alt. Weil er die Haare ganz kurz trug, schaute er wirklich so aus, wie man sich einen Kapo vorstellt. Sein Bauhelm war weiß, die der Arbeiter gelb. Auch mir war ein weißer Bauhelm zugeteilt, ich habe ihn aber kein einziges Mal angerührt. Er hing am Haken neben der Eingangstür.

Beim Gerüstumbau fiel einmal einem Arbeiter eine Schelle auf die Zehen. Da fluchte er in gebrochenem Deutsch: »Die kruzi die türken den scheissan den Orbeit.« Das wurde eine unserer Standardwendungen. Wenn ich den Kranführer in der Früh fragte: »Wie geht's?«, antwortete er: »Die kruzi die türken den scheissan den Orbeit.«

Der Polier kam manchmal zu mir in den Container, trank einen Kaffee, oder ein Bier, rauchte eine Zigarette. »Das nächste Mal wird das gesamte Pack ausgeräuchert«, sagte er.

Ich verstand nicht, was er meinte. Anfangs machte er nur Andeutungen, aber bald gewann ich sein Vertrauen – und da fiel erstmals der Name Joe.

Der *Geringste* war an dieser Baustelle als Hilfsarbeiter beschäftigt gewesen. Die meisten Ausländer hatten keine Arbeitspapiere. Aber sie hatten sich verbündet und setzten den Chef unter Druck. Es war soweit gekommen, daß sie bestimmten, wer eingestellt wurde. Es gab ein paar ältere Bosnier und Montenegriner, die schon längere Zeit bei der

Firma beschäftigt waren. Nach und nach brachten sie alle ihre Freunde und Verwandten unter. Dagegen hat Joe sich aufgelehnt, aber vergebens.

»Joe war nur knapp über einen Monat hier«, sagte der Polier. »Ich wollte ihn zuerst gar nicht nehmen. So ein schmächtiges Bürschchen mit selbstgedrehten Zigaretten. Kam vom Gymnasium und hatte vorher noch nie gearbeitet. Aber geschickt. Hat kurz bei einer Arbeit zugeschaut und sofort begriffen, wie es geht. In der Zeit, als Joe da war, haben die Burschen gespurt. Ich mußte gar nicht mehr hinaufgehen. Ich erklärte ihm, was zu tun ist, und er sorgte dafür, daß es geschah. Hat nicht herumgeschrien, hat sich nicht aufgeregt, sondern ganz kühl seine Kommandos gegeben. Wenn einer nicht parierte, hat er ihm den Maurerfäustel nachgeworfen. Irgendwann hat es dann doch eine Auseinandersetzung gegeben. Joe hat einem Bosniaken die Schaufel ins Gesicht geschlagen. Daraufhin haben sie ihn verdroschen. Das waren zwei Brüder. Sie haben es nicht gleich getan, sondern sie haben gewartet, bis ich unten war, um einer Betonfuhre die Absperrung zu öffnen. Als ich zurückkam, lag Joe zusammengekrümmt neben einer Stützungsschalung.«

Ich fragte: »Hat er nicht geschrien, als sie ihn zusammengeschlagen haben?«

Darauf der Polier: »Joe hat nie geschrien. Die Freude hat er ihnen nicht gemacht. Ich habe mich zu ihm hingekniet und habe ihn gefragt: Was ist los?«

»Alles okay«, hat er geantwortet. Dann ist er aufgestanden, aus der Nase hat er geblutet, und ist zum Stiegenhaus hinausgewankt. Kurz darauf ist er zurückgekommen, mit einem Armierungseisen in der Hand. Ich bin sicher, er hätte sie erschlagen.

»Lauft, so schnell ihr könnt«, habe ich gerufen. »Und laßt euch nie wieder blicken!«

Der Polier rauchte sich eine neue Zigarette an und

nahm ein Bier aus dem Kühlschrank. »Joe ist ein toller Bursche«, sagte er. »Er ist jünger als wir, aber irrsinnig gescheit, und er weiß, was er will.«

Ich fragte: »Ist er gekündigt worden?«

»Als zwei Neue eingestellt werden sollten«, sagte der Polier, »ist Joe zur Geschäftsleitung gegangen und hat gesagt: Ich verlange, daß ihr zwei Einheimische einstellt! Die haben ihn rausgeworfen. Am nächsten Tag waren zwei neue Illegale bei uns. Sie wohnten in den beiden schwarzen Containern. Joe hat zu ihnen gesagt, sie sollen verschwinden, er werde sie nicht dulden. Aber sie sind geblieben. Als sie einmal am Abend mit ihren Freunden mitgingen, hat er ihnen die Buden ausgeräuchert. Er wurde entlassen. Deinem Vorgänger ist es hier zu heiß geworden. Er hat sich auf eine andere Baustelle versetzen lassen, weil er fürchtete, daß Joe zurückkommt, um sich für die Kündigung zu rächen. Es sind natürlich auch alle Illegalen sofort entlassen worden, weil der Boss eine Untersuchung befürchtet hat. Vier Tage standen wir mit den paar Angemeldeten allein herum. Dann kam ein neuer Schwung Ausländer.«

»Und die sind jetzt angemeldet?« fragte ich ihn. Da lachte er mich aus und reichte mir die Bierflasche. Er sagte: »Komm, trink einen Schluck, Du Blödmann. Der Chef hat jemanden im Arbeitsinspektorat sitzen, der ihn anruft, bevor es eine Kontrolle gibt. Deshalb mußt Du hier telefonisch erreichbar sein. Verstehst Du? Damit das Pack rechtzeitig über alle Berge ist.«

Der Polier und der Kranführer waren befreundet. Sie gingen gemeinsam mittagessen oder kamen in meinen Bürocontainer, um ihre mitgebrachte Jause zu verzehren. Der Polier trank dazu mindestens zwei Bier, der Kranführer, der mit seinen zerzausten, fettigen Haaren immer aussah, als hätte er die Nacht durchgezecht, trank nur Mineralwasser.

»Nicht im Dienst«, sagte er. »Das hätte mich beinahe den Job gekostet.«

Langsam lernte ich auch ihn kennen. Er war um die Hüften etwas untersetzt, hatte einen hervortretenden Bauch, ohne aber wirklich dick zu sein. Dennoch nannte ihn der Polier *Blader*. Ich bekam mit, daß er seine Wochenenden meistens mit dem Polier auf dem Land verbrachte. Daß zwischen den beiden etwas Besonderes lief, wurde mir zum ersten Mal klar, als der Polier die Bierflasche hob und »Heil Hitler« sagte. Und der Kranführer antwortete mit »Heil Hitler«, als wäre das ganz normal. Aber je öfter sich dieses »Heil Hitler« wiederholte, desto weniger Bedeutung maß ich dem bei. Darüber hinaus machten sie damals noch keine Bemerkungen.

Die ersten Monate verliefen ziemlich gleichförmig. Ich drehte den Leuten Wohnungen an, zeichnete Baupläne um, ging regelmäßig ins Café Rainer, sah fern und spielte mit meinem Computer. In ihm war eine gigantische Festplatte installiert, deren größter Teil von Spielen eingenommen wurde, unter anderem von einem Flugsimulator, dem besten, den es damals im Handel gab. Der Großteil der Spiele stammte noch von meinem Vorgänger. Nach und nach kopierte ich neue dazu. Während ich mit meinem Flugzeug unterwegs war, hörte ich den Lärm der Baustelle. Das protzige Gedröhn der Lastautos, wenn sie zurückschoben, um ihre Betonmischer zu entladen, das Quietschen der Hydraulik, die Hammerschläge auf Betonstahl, Klampfen und Verschalungen, das Sirren der Kreissäge, das Auf- und Abschrillen des Winkelschleifers, und immer wieder das Durcheinanderschreien aufgebrachter Bauleute und die Wutausbrüche des Poliers. Einmal hörte ich ihn toben: »Dich alten Sauhund werde ich demnächst erschießen. Erschießen, verstehst du? Päng, päng, wie ein Tschetnik.«

Ich ließ das Flugzeug abstürzen und lief hinaus. Der

Polier hielt den Handeisenschneider wie ein Maschinengewehr. Dem alten Bosnier, auf den die anderen hörten, stand das Maul offen. Einige traten hinter ihn. Da fand er die Sprache wieder. Er sagte: »Wenn du willst Krieg, Kapo, kannst du haben Krieg.«

»Ja, ich will Krieg«, schrie der Polier. Dann warf er dem alten Bosnier den Eisenschneider vor die Füße. Im Weggehen drehte er sich noch einmal um und sagte: »Wenn noch *ein* Armierungseisen zu kurz abgeschnitten wird, kommst du wieder an die Handmischmaschine.«

Der alte Bosnier riß sich den Bauhelm vom Kopf und warf ihn auf den Boden. Der Polier ging mit mir in den Bürocontainer. Er nahm ein Bier aus dem Kühlschrank. »Dieses verkommene Saupack«, sagte er. »Ich kann den Tag nicht mehr erwarten, an dem wir es über die Karawanken zurücktreiben.«

Mit dem Fuß schlug er an die Containerwand, daß die an einem Haken hängenden Notlaternen wackelten. Ich hatte ihn noch nie so aufgebracht erlebt. Er setzte sich und schüttete das Bier in seinen Hals. Wenn er die Flasche absetzte, begann er wieder zu fluchen. Er sagte: »Joe hat recht gehabt. Man muß sie so lange ausräuchern, bis wieder unsere Leute angestellt werden.«

In diesem Moment kam eine neue Betonfuhre, und er mußte hinaus. Als er zurückkam, legte er mir die Hand auf die Schulter. »Du bist in Ordnung«, sagte er. »Komm doch am Wochenende mit uns aufs Land.«

Der Onkel des Poliers besaß einen alten, schon ziemlich verfallenen Gutshof in der Nähe von Rappottenstein. Ein großer Vierkanthof, in den es an mehreren Stellen hereinregnete, und eine Wiese. Die ursprünglich zum Haus gehörenden Grundstücke waren von den Bauern der Umgebung gekauft worden. Der Onkel des Poliers, ein Werkmeister bei den Wiener Stadtwerken, benutzte das Haus nicht mehr. Er hatte sich einen Landsitz schaffen wollen, dann aber nicht das Geld aufgebracht, um das große Haus zu sanieren. Alles, was einigermaßen benutzbar war, stammte von ausrangierten Straßenbahnen. Das Küchenregal war aus Haltestangen gebaut. An einem Haltegriff hingen ein Schöpflöffel und ein Püreestampfer. Das hofseitige Fenster einer Schlafkammer stammte aus der alten Wiener Stadtbahn. Wollte man es öffnen, mußte man an einem brüchigen Ledergurt ziehen. Das Fenster versenkte sich dann in eine Holzverschalung. Der Gurt ließ sich in mehreren Positionen an einem Eisennippel fixieren.

Der Kranführer, den auch ich bald *Blader* nannte, und der Polier hatten mich mit dem Auto abgeholt. Nach zwei Stunden Fahrzeit parkten wir vor dem hohen Tor des Gutshofes. Man konnte eigentlich nur mit dem Auto dorthin fahren. Mit dem Postautobus wäre man vier Stunden unterwegs gewesen und hätte dann noch ein paar Kilometer zu Fuß gehen müssen. Ich wurde zwei Burschen vorgestellt, die mir während der Fahrt als *Druckeberger* und *Professor* angekündigt worden waren. Sie kamen uns mit Bierflaschen entgegen. Sie boxten dem Polier und dem Kranfahrer auf die Brust, daß das Bier aus den Flaschen schwappte. Beide sagten, sie freuten sich, mich kennenzulernen, sie hätten schon viel von mir gehört. Einer von ihnen drückte mir eine Flasche Bier in die Hand. »Ex«, sagte der eine, und der andere erklärte mir: »Unser traditioneller Begrüßungsschluck.« So trank ich, wie der Polier und der Kranführer, die beide darin mehr Übung hatten, eine Flasche Bier, ohne abzusetzen. Bei der zweiten Flasche mußte ich passen. Druckeberger und der Professor waren nachsichtig. Da sie arbeitslos waren, verbrachten sie oft die ganze Woche auf dem Gutshof. Sie waren die eigentlichen Hausherren, die über alles Bescheid wußten. Der eine war ein ausgebildeter Drucker und nach fast zehnjähriger Tätigkeit entlassen worden. Mit Familiennamen hieß er

Berger, daher Druckeberger. Er nahm im Haus die nötig-
sten Reparaturen vor, sorgte für die Einkäufe und bereitete
Holz für den Ofen im Schießkeller. Er trug immer eine
schwarze Schirmkappe. Daß er eine Glatze hatte, habe ich
am ersten Wochenende gar nicht bemerkt. Der andere, der
Professor, hatte sein Studium an der Höheren Technischen
Lehranstalt abgebrochen und kurz bei einer Computerfirma gearbeitet. Seit die Firma in Konkurs gegangen
war, fand er keine Arbeit mehr. Mittlerweile hatte er die
Suche aufgegeben. Statt dessen war er den ganzen Tag mit
dem Ausbau des High-Tech-Raums beschäftigt. »Kommt!«
sagte er, »ich muß Euch meine neuesten Errungenschaften
zeigen.«

Wir gingen über einen großen Hof, der auf zwei Seiten
von desolaten Wirtschaftsgebäuden begrenzt wurde, zum
alten Portal des Wohnhauses. Überall bröckelte der Verputz
herab. Die morsche Eingangstür drohte aus den Angeln zu
fallen.

Druckeberger sagte: »Joe und Feilböck werden erst morgen mit den anderen kommen.« Ich merkte, daß alle enttäuscht waren. Ich aber war freudig überrascht, denn der
Polier hatte mir nicht gesagt, daß ich Joe kennenlernen
würde.

Wir kamen, nach einem feucht riechenden Vorraum, zu
einem völlig abgedunkelten Zimmer. Der Professor ging
voraus und drehte an einer alten Straßenbahnkurbel.
Plötzlich ging das Licht an. Der Raum war sehr groß, mindestens fünf Meter hoch und an allen Wänden mit den
Lattenrosten der alten Wiener Stadtbahn ausgekleidet.
Im oberen Teil waren Hunderte von Straßenbahnrück-
spiegeln montiert, die von Scheinwerfern angestrahlt
wurden. Der untere Teil glich dem Kontrollraum eines
Atomkraftwerks. Entlang der Wände stand eine Fülle von
technischen Geräten und Monitoren, davor Straßenbahn-
und Autobussitze. An der rechten Seite gab es eine Art

Altar. Auf einem rot drapierten Tisch standen drei hohe Kerzenleuchter.

An der Wand hingen nebeneinander vier gerahmte Porträts, darunter, neben einem englischsprachigen Gedicht, noch ein kleineres Illustriertenfoto, das nur mit Reißnägeln am Lattenrost fixiert war. Über den Porträts standen in einem flachen Bogen die Worte geschrieben: *Bewegung der Volkstreuen.* Die kleine Galerie war flankiert von zwei langen deutschen Reichsflaggen. Nur einen der Abgebildeten erkannte ich: Adolf Hitler.

Ich stand davor und dachte mir: Nun bin ich bei den Nazis gelandet. Hätte ich nicht am nächsten Tag den *Geringsten* kennengelernt, es wäre sicher mein einziges Wochenende in Rappottenstein geblieben. Der Polier erklärte mir, wer die anderen Köpfe waren. Alfred Rosenberg und Richard Walter Darré. Das dritte gerahmte Porträt war die Fotografie eines alten Gemäldes. Es zeigte Joachim von Fiore. Das Illustriertenfoto darunter zeigte einen jungen Mann mit verkehrt aufgesetzter Baseballmütze. Das war Steven McAlpine, der Führer der amerikanischen *White Workers Union.* Das Gedicht daneben stammte von ihm:

> *We are everywhere, and we are nowhere.*
> *You fail to see us, but we are here.*
> *We are the predators in your urban jungles.*
> *And our time to strike is fast approaching.*

»Du kannst Englisch?« fragte ich den Polier.

»Nur ein bißchen«, antwortete er. »Joe hat uns das erklärt.«

Vor dem Altar waren, kreisförmig angeordnet, neun gepolsterte Drehstühle und ein Stehpult festgeschraubt. Die Stühle stammten aus den Lenkerkabinen alter Straßenbahnen. Das Stehpult befand sich auf der Seite des Altars.

»Moment«, sagte der Professor, »jetzt kommt die Sensation der Sensationen.« Er ging zum abgeschnittenen

Cockpit eines alten Autobusses, dessen Windschutzscheibe aus drei großen, nebeneinandermontierten Monitoren bestand. Ich folgte ihm. Er betätigte ein paar Hebel und Knöpfe, dann horchte er erwartungsvoll. Sein schmächtiges Gesicht war voller Pickel. »Gleich kommt es«, sagte er. Plötzlich dröhnte aus den Lautsprechern laute Techno-Musik, und der ehemalige Salon des Hauses verwandelte sich in eine Diskothek mit blinkenden Lichtern in allen Farben.

»Deine neueste Komposition?« fragte der Blade.

»Nein«, sagte der Professor und drehte ein wenig leiser. »Vorgestern habe ich mit Hilfe der Leute von McAlpine eine Musikfirma in Washington angezapft. Neueste, digitalisierte Musik. Direktimport aus Amerika.«

Der Professor war ein technisches Genie. Den High-Tech-Raum hatte er mit Bauteilen seiner ehemaligen Computerfirma eingerichtet. Nach dem Konkurs der Firma konnte er sich über einen ehemaligen Kollegen, der bald bei einer anderen Firma unterkam, weitere Teile besorgen. Manche bekam er geschenkt, für andere mußte er bezahlen. Alle gaben monatlich einen Teil des Gehalts für Rappottenstein. Die Summe war nicht festgelegt. Der Großteil des Geldes aber stammte vom *Geringsten*. Er hatte auf seine bevorstehende Erbschaft einen Kredit aufgenommen.

Ich habe immer gemeint, ich könne mit Computern gut umgehen, aber gegen den Professor war ich ein Ignorant. Er hat uns alle mit Netzwerken versorgt und uns deren Bedienung beigebracht. Ohne seine Schulung hätten wir nach dem Gürtelhausbrand nicht unbemerkt mit dem *Geringsten* in Kontakt bleiben können. Der Professor und der *Geringste* haben zusammen Monate vor dem Computer verbracht.

Das Gehöft war ein Paradies. Es lag gut einen Kilometer abseits des nächsten Dorfes. Vom vorderen Tor blickte man

auf eine hügelige Landschaft, in der vereinzelt Granit-
blöcke lagen. Es gab noch ein kleineres hinteres Tor. Es
führte auf eine Wiese mit Obstbäumen, an die nach etwa
zweihundert Metern ein Wald grenzte. Die Wiese und ein
kleines Stück Wald gehörten zum Hof. Ebenso ein un-
gemähter schmaler Streifen rund um das Gebäude. Der
Polier führte mich herum. Er sagte: »Wer die Wiese mähen
und das Obst ernten darf, wird beim Sonnwendfeuer entschieden. Da versammeln sich die Bauern der Umgebung.
Wer als erster über das Feuer springt, erhält für dieses Jahr
das Nutzungsrecht. Einer, der Schorschi aus Roiten, ist einmal im Brandanzug der Feuerwehr gekommen. Da haben
die anderen protestiert. Um zu beweisen, daß er sich auch
so traut, hat er den Overall abgelegt und ist als erster mit
Unterwäsche und Schuhen durch das noch ziemlich hoch
brennende Feuer gesprungen. Er hat ein paar Brandwun-
den davongetragen und sich die Haare versengt. Aber er
war der Held des Abends.«

Ich fragte ihn, ob der Gewinner für das Nutzungsrecht
eine Gegenleistung erbringe.

»Er wird bei der Siegerehrung mit Bierflaschen aufge-
wogen, die er bezahlen muß«, sagte der Polier. »Die Bierflaschen gehören dann uns. Deshalb springen vor allem die
jungen Burschen, weil die weniger wiegen. Aber über hundert Flaschen sind bisher immer rausgekommen.«

Das reichte für zwei Wochenenden, wie ich bald erfahren sollte. Unsere Hauptbeschäftigung in Rappottenstein
war Biertrinken und Schießen. Am Anfang jedenfalls. Das
sollte sich aber bald ändern. Der High-Tech-Raum bekam
zusehends größere Bedeutung.

Der Polier brachte im Kofferraum immer eine Kiste
Munition mit. Sie wurde von seinem Onkel besorgt, der
einen Waffenschein besaß und selbst ein begeisterter
Sportschütze war. Der Schießkeller bestand aus einem einzigen langen Tonnengewölbe, das sich unter dem ganzen

Wohntrakt des Gutshofes hinzog. Er war gut dreißig Meter lang. An der Wand stand altes Gerümpel, morsche Mostfässer und Bottiche. Einer dieser Bottiche war mit Aluminiumfolie gegen Feuchtigkeit ausgekleidet. Darinnen waren die Waffen versteckt. Es gab nicht viele. Drei Wehrmachtskarabiner, zwei Pistolen, ein Revolver, eine Pistole für Leuchtspurmunition, die wir nie benutzten, das war alles. Nicht einmal ein Maschinengewehr. Munition wurde nie gelagert. Wir schossen jedes Wochenende so lange, bis die Kiste leer war.

Wenn man die steile Steintreppe hinabging und den Keller betrat, sah man zunächst nur Stapel von Bierkisten. Ging man daran vorbei, stand man vor einer Pritsche mit ein paar Decken. Sie markierte den Abschußpunkt. Rechts neben der Pritsche war ein Kanonenofen. Im Keller war es nämlich auch im Sommer ziemlich kalt. Am Ende des Gewölbes war ein riesiger Berg von Glasscherben. Mitten in diesem Scherbenhaufen stand ein aus Latten gebautes Regal mit ein paar Schießscheiben und einer Abstellfläche. Am liebsten schossen wir auf Bierflaschen.

Letztlich war es dieser Keller, der uns zum Verhängnis wurde. Der Polier hat zwar nach dem Gürtelhausbrand alle Waffen zu seinem Onkel gebracht. Aber da lagen noch Berge von Schießscheiben und Glasscherben, und die Wände waren übersät mit Einschußlöchern. Das konnte nicht alles vom Onkel allein stammen.

Die Staatspolizei hat auch Videos beschlagnahmt. Sie stammten von *Pandabär*. Wir nannten ihn so, weil sein Körper breit gebaut war und er immer so harmlos und lieblich ausschaute, daß man ihn kraulen wollte. Den habe ich erst am zweiten Tag kennengelernt. Er kam mit dem *Geringsten*, mit Feilböck und mit dem *Langen*. Der Lange und Pandabär waren alte Freunde. Die kannten einander schon von der Schule. Der Lange, der genau so aussah, wie er genannt wurde, lang und dünn eben, war Kellner in der

Mariahilfer Straße. Er hatte einen leidenden Gesichtsausdruck. Man war immer geneigt, ihn zu fragen, was passiert sei oder ob er Schmerzen habe. Nur wenn er getrunken hatte, wurde er fröhlich.

Pandabär arbeitete in einem Schallplattengeschäft, dem auch eine Videoabteilung angeschlossen war. Dort gab es aber kaum etwas, das uns interessierte. *Die Todeskralle der Ninja* hat er von dort mitgenommen. Und jede Menge CDs. Aber die meisten Videos mußte er bestellen. Immerhin bekam er Prozente. Wir schauten uns vor allem Kampf- und Horrorvideos an. Wir drehten den Ton ganz laut auf und hatten einen Mordsspaß. Hin und wieder sahen wir auch Pornos. Aber nur harte Sachen. Blut mußte schon fließen. Das öde Ficken, Stöhnen und Schlecken war uns zu langweilig.

Nach dem Gürtelhausbrand fand die Staatspolizei in Rappottenstein auch ein paar Nazi-Flugblätter. Die stammten aber nicht von uns. Wir haben nie Flugblätter gedruckt. Feilböck wollte das. Er sagte: »Wozu haben wir einen Drucker in unseren Reihen?«

Aber der *Geringste* war dagegen. Und Druckeberger meinte: »Bräuchte man zum Drucken Drucker, wäre ich nicht arbeitslos.«

Feilböck wollte die Menschen überzeugen. Er fuhr hin und wieder auch wochentags nach Rappottenstein. Er kannte alle Wirtshäuser in der Umgebung. Selbst beim Sonnwendfeuer redete er auf die Bauernburschen ein. Als er uns wieder einmal vorschwärmte, wie man die *Bewegung der Volkstreuen* − der Name stammte übrigens von ihm − ausbauen könnte zu einer Volksbewegung, sagte der *Geringste*: »Worte überzeugen niemanden mehr, nur noch Taten.«

Feilböck war, bis zu seinem Verrat, ein guter Kamerad. Er hat immer zur Gruppe gehalten. Aber eigentlich hat er von seiner Mentalität her mehr zu den Nazigruppen gehört als zu uns. Wir waren keine Nazigruppe, verdammt noch mal. Wollen Sie zuhören oder dreinreden? Ich wäre nie bei einer Nazigruppe geblieben. Feilböck war vierundzwanzig Jahre alt und Student der Wirtschaftsuniversität. Ursprünglich gehörte er dem Studentenverband der Nationalen Partei Jup Bärenthals an. Später bezeichnete er Jup Bärenthal als Schlappschwanz, der für ein paar Wählerstimmen alle Ziele verrate. Bei irgendeiner politischen Veranstaltung hatte er mit dem *Geringsten* diskutiert. So kamen sie zusammen. Sie waren oft anderer Meinung, weniger im Prinzipiellen, aber in der Taktik. Feilböck war ein Politiker. Aber unser Führer war der *Geringste*, und dem mußte er sich beugen. Feilböck hatte Kontakte zu Nazigruppen. Einmal schwärmte er vom Gaubeauftragten von Salzburg. Er sagte: »Den müßt ihr unbedingt kennenlernen. Der kann zwanzig Linke innerhalb von achtundvierzig Stunden rechts machen.«

Der *Geringste* antwortete: »Achtundvierzig Stunden Zeit haben wir, aber wir haben keine zwanzig Linken. Er soll kommen und zeigen, was er kann.«

Der Gaubeauftragte kam mit seinem Stellvertreter und brachte jede Menge Propagandamaterial mit. Wahrscheinlich hat er gehofft, wir würden es verbreiten. Es begann schon bei der Begrüßung. Wir kamen ihnen mit Bierflaschen entgegen. Sie streckten den rechten Arm aus und sagten: »Heil Hitler.« Der *Geringste* drückte ihnen Bierflaschen in die Hände und sagte: »Heil Hitler ist bei uns ein anderer Ausdruck für Prost.«

Feilböck war das peinlich. Er erklärte, daß wir schon dasselbe meinten, aber halt nicht die Hand ausstreckten.

Vom High-Tech-Raum waren die beiden Gäste beeindruckt. Allerdings kannten sie Joachim von Fiore nicht. Der *Geringste* bemerkte dazu: »Ich weiß nicht, auf welchen Traditionen ihr gründet. Wir jedenfalls streben das Dritte Reich an, welches man auch das tausendjährige nennt. Und der Vater dieser Idee heißt Joachim von Fiore.«

»Aber der hat doch ein Kreuz in der Hand«, sagte der Gaubeauftragte. »Das ist ein Pfaffe.«

Der *Geringste* gab sich gutmütig: »Das ist sogar ein Oberpfaffe. Abt eines Klosters in Kalabrien. Und das Kreuz ist kein Hakenkreuz, denn das hat andere Traditionen.«

Der Gaubeauftragte von Salzburg und sein Stellvertreter nickten. Sie waren wenig überzeugend. Aber sie konnten gut schießen. Auch im Saufen waren sie uns ebenbürtig. Als wir schon alle betrunken waren, schien es, als wäre das Eis gebrochen. Sie erzählten von ihren Treffen in Dänemark, bei denen Führer aller Länder zusammenkamen. Sie waren beeindruckt von unserem Professor, der ihnen seine Network-Kontakte nach Amerika schilderte. Auch sie arbeiteten mit Computer, aber ihr System war lange nicht so ausgefeilt wie das unsere. Sie erzählten von Geldgebern aus Frankreich, Spanien, Deutschland und Österreich. Wahrscheinlich wollten sie uns entlocken, woher wir das alles hatten. Der Lange sagte: »Wir zahlen alles selbst.« Er fing dabei so anhaltend zu lachen an, daß Feilböck sich bemüßigt fühlte, die Erbschaftssache des *Geringsten* zu erklären.

Im Laufe des Abends kamen sie auf Konzentrationslager zu sprechen. Sie setzten als selbstverständlich voraus, daß es keine Vergasungen von Juden gegeben habe. Daraufhin stand der *Geringste* auf und sagte: »Ihr seid primitive Trottel. Mit euch will ich nichts zu tun haben.«

Er stand auf und ging in seine Kammer. Das war der Raum mit den Stadtbahnfenstern. Feilböck versuchte noch zu beschwichtigen. Aber er sorgte dafür, daß am nächsten Morgen, als der *Geringste* aufstand, der Gaubeauftragte und sein Stellvertreter verschwunden waren.

Frauen? In der Zeit der *Volkstreuen* spielten auch Frauen eine Rolle, wenngleich nur eine kleine. Später, als wir die

Entschlossenen waren, nicht mehr. Das war nach der Wiederkehr des *Geringsten* eine strikte Abmachung. Wer sich daran nicht gehalten hätte, wäre sicher bestraft worden. Aber in der Rappottensteiner Zeit hatten einige von uns immer wieder Freundinnen. Sie durften nur nicht zu unseren Treffen mitkommen. Daran sind die Beziehungen ständig zerbrochen. Wenn man keine gemeinsamen Wochenenden verbringen und auch den Grund dafür nicht recht erklären konnte, ging das irgendwann schief. Es gab nur eine Ausnahme, die Neumeier Annerl. Sie stammte aus Pehendorf. Druckeberger hatte sie in der Diskothek von Jahrings kennengelernt. Das ist ein kleiner Ort, etwa zehn Kilometer von unserem Hof entfernt. Druckeberger erzählte uns: »Die Neumeier Annerl ist zwar schwachsinnig, aber sie kann endlos ficken. Die braucht mindestens zehn Männer, um befriedigt zu sein.«

Der Blade sagte: »Bring sie doch einfach mit!«

Der *Geringste* war einverstanden, unter der Bedingung, daß sie nie in den High-Tech-Raum kommt. Wir dachten uns ein Spiel aus.

Wenn Druckeberger sie mitbrachte, gingen wir mit ihr in den Keller, wo wir eingeheizt hatten. Wir ließen sie schießen und gaben ihr Bier zu trinken. In nüchternem Zustand war sie ein schüchternes Mädchen. Sie war noch sehr jung, sechzehn oder siebzehn Jahre vielleicht, klein und rundlich. Sie trug eine dicke Brille und traf sehr schlecht. Während sie schoß und Bier trank, versuchte Druckeberger sie aufzugeilen. Er stellte sich hinter sie, walkte ihren Busen und griff ihr an die Möse. Nach zwei Flaschen Bier war sie enthemmt. Druckeberger nahm ihr die Brille ab, zog sie aus und warf sie über den Pritschenrand. Er kniete sich auf den Boden und fickte sie. Einer von uns lud inzwischen die Pistole nach und hielt sie bereit. Die Neumeier Annerl schrie beim Ficken und warf den Kopf hin und her. Druckeberger gab Sprüche von sich, wie er sie in Pornofilmen gehört hatte. »Du geile Sau, du geile Stute« und so. Wenn es ihm kam, nahm er die Pistole zur Hand, zog den Schwanz heraus und gab bei jedem Spritzer einen Schuß auf die als Ziel aufgestellten Bierflaschen ab. Wir beobachteten seinen Schwanz und zählten laut mit. Dann kam der nächste dran. Manche wollten sie lieber von hinten ficken. Die Neumeier Annerl machte bei all dem mit. Am Schluß war ihr Körper ganz mit Sperma beschmiert. An diesem Spiel beteiligten sich alle, außer dem *Geringsten*. Der sah zu und trug bei jedem die Anzahl der getroffenen Bierflaschen in eine Liste ein. Manche hätten sich noch eine Ausweitung des Spiels vorstellen können. Der Blade griff der Neumeier Annerl einmal, während ein anderer dran war, auf die Brust. Da fuhr ihn der *Geringste* an: »Hände weg!«

Wer beim Orgasmus die meisten Flaschen traf, durfte als Belohnung die Neumeier Annerl mit aufs Zimmer nehmen. Ich kann nicht sagen, wie das war, weil ich beim Abspritzen nicht gut schießen konnte. In der Früh war die Neumeier Annerl immer verkatert. Sie wollte kein Frühstück, sie wollte nur nach Hause gebracht werden. Druckeberger kümmerte sich um sie. Aber sie kam wieder. Insgesamt war sie vielleicht sieben- oder achtmal da. Dann war sie verschwunden. Auch Druckeberger konnte sie nicht mehr finden. Ihre Mutter war eine Alkoholikerin, die von der Fürsorge lebte. Sie wußte nichts von ihr. Die Neumeier Annerl hatte für einen Marktfahrer Gemüse verkauft. Vielleicht ist sie mit dem durchgebrannt.

Aber das war alles, wie gesagt, in der Anfangszeit von Rappottenstein. Und wie würden Sie das nennen? Nazigruppe? Nur weil ein paar Nazigrößen an der Wand hingen? Ach, reden Sie nicht. Sie haben keine Ahnung.

Zweites Band

Es war schon bald Mittag, als wir von der verkehrten Seite, über die schiefe Ebene, in die Hauptpassage kamen. Wir blieben beim Zeitungsstand stehen und lasen die Schlagzeilen. Überall derselbe Aufmacher. Die Führer der neuen Rechten in Italien und Frankreich kommen zum Opernball. Jup Bärenthal, der Chef der Nationalen Partei, hat sie eingeladen. In unseren Reihen wurde davon schon seit Wochen gemunkelt. Aber die Opernballdame hielt dicht. Wahrscheinlich hat Reso Dorf sie bearbeitet. Reso Dorf war damals noch nicht Polizeipräsident, sondern leitete eine Abteilung der Staatspolizei, die für den Personenschutz beim Opernball verantwortlich war. Das war von vornherein eine schwierige Aufgabe, denn ETV hatte ja Gott und die Welt geladen. Schon Monate vorher wurde hinausposaunt, welche Prinzessinnen, Filmschauspielerinnen und geschiedenen Milliardärsgattinnen kommen würden. Über die politischen Gäste wurde eisern geschwiegen. Aber dann, etwa zehn Tage vor dem Opernball, wurde die Information einer Zeitung zugespielt. Am Abend der Aufmacher: »Alessandra Mussolini und Jacques Brunot beim Opernball«. Von da an ging es los. Das gab den angekündigten Demonstrationen den richtigen Zündstoff. Alessandra Mussolini war der aufsteigende Star in Italien. Jacques Brunot, der Sohn eines Champagner-Millionärs aus Reims, feierte sensationelle Wahlerfolge mit seiner Neuen Rechten Aktion in Frankreich. Die Zeitungen schrieben nur noch über dieses Gipfeltreffen rechter Führer beim Opernball. Ein Blatt verlangte allen Ernstes, um des inneren Friedens willen der Duce-Enkelin die Einreise zu verweigern. Vielleicht haben Sie das mitbekommen. So weit waren wir schon. Anstatt die Demonstrationen zu verbieten, wollten sie den Gästen verbieten, zum Opernball zu kommen.

Gegen den Opernball hatte es seit Jahren Demonstrationen gegeben. Die beiden Ereignisse gehörten zusammen wie Winter und Schnee. Kaum hatte die Opernballdame den Termin bekanntgegeben, wurde auch schon die Demonstration angemeldet. Es hat ein paar Jahre gegeben, da haben die Chaoten den unsrigen ziemlich zu schaffen gemacht. Mit Demonstrationen hatte das nichts mehr zu tun, das waren Krawalle, Anarchie war das. Ich war damals noch Polizeischüler. Ich erinnere mich gut, je näher der Opernball kam, desto nervöser wurden unsere Kursleiter. Sie erzählten von ihren Demonstrationserfahrungen in den sechziger und siebziger Jahren, von ihrem Kampf gegen steinewerfende Horden, von einer Winterschlacht gegen die Besetzer eines Auwaldes. Sie zeichneten Pläne auf die Tafel, entwarfen Strategien, erklärten uns, was getan werden müßte, aber leider politisch nicht durchsetzbar sei. Schon in der Ausbildung ist mir klargeworden, daß die Polizei, wenn es darauf ankommt, von den Politikern im Stich gelassen wird. Die Politiker kamen zu uns in die Ausbildungskaserne und erzählten uns, wie stolz sie auf uns seien.

»Ihr seid das Rückgrat der Gesellschaft«, sagten sie. »Das eherne Band der demokratischen Ordnung.« »Der Garant der Freiheit.« »Die Schutzmacht des demokratischen Rechts.« So redeten sie. Aber nur zu uns. Kaum hatten sie die Kaserne verlassen, war dergleichen nicht mehr von ihnen zu hören. Natürlich gab es Ausnahmen. Jup Bärenthal zum Beispiel. Er hat immer zu uns gehalten. Er hat uns immer und überall verteidigt. Hofrat Franz Leitner, damals unser oberster Polizeijurist, hat versucht, ihn von der Teilnahme am Opernball abzuhalten. Das sickerte zu uns durch. Wir waren damals empört. Heute muß ich sagen: Wäre Leitner nur erfolgreich gewesen. Jup

Bärenthal war die politische Hoffnung unseres Landes. Auch wenn die Nationale Partei heute den Innenminister stellt, einen Führer wie Jup Bärenthal wird sie nicht mehr bekommen.

Mein letztes Ausbildungsjahr war zugleich mein erstes Opernballjahr. Es war sozusagen unsere erste Feindberührung. Die Chaoten haben uns von Anfang an herausgefordert. Die wollten nicht demonstrieren, die wollten sich mit uns schlagen und sonst gar nichts. Es waren bei weitem nicht so viele wie in den Jahren davor, doch sie waren unerbittlich. Sie hatten keine Chance, aber meinen Sie, die hätten nachgegeben?

Plötzlich ließ der Druck nach. Am Anfang haben wir gar nicht recht gewußt, was auf einmal los ist. Ganz hinten in den Reihen der Chaoten gab es Tumulte und Schreie. Wir bekamen das Kommando zum Rückzug. Dann erst wurde uns klar, daß uns da eine Gruppe Jugendlicher zu Hilfe gekommen ist. Die hat nicht uns angegriffen, sondern die Chaoten. Die hat mehr oder weniger für uns die Arbeit erledigt. Unsere Verteidiger, wenn ich das so sagen darf, waren nicht zimperlich. Sie sind mit Baseballschlägern und Ketten angerückt. Was sie hinterlassen haben, war nicht schön. Als wir eingreifen wollten, weil es zu arg wurde, zogen sie sich zurück.

Es hat danach Stimmen gegeben, die haben behauptet, wir hätten Nazibuben geschützt. Das stimmt nicht. Niemanden haben wir geschützt. Leider hat es damals viele Verletzte gegeben. Zum Glück nicht auf unserer Seite.

Danach kam diese Prozeßgeschichte gegen die Baseballschlägerbande. Von den Chaoten gab es massenweise Anzeigen. Das hat der Thomas Prader organisiert, der Sohn eines ehemaligen Ministers, ein notorischer Chaoten- und Ausländeranwalt. Der Prader hat uns, solange ich den Namen kenne, nur Schwierigkeiten gemacht. Jetzt hat ihm die Anwaltskammer endlich das Handwerk gelegt. Er ist gesperrt. Aber damals hat er alle verrückt gemacht mit seinen Anzeigen. Es gab kaum Beweismittel. Ein paar Fotos von Journalisten. Die meisten Anzeigen waren gegen unbekannt. Es gab ein Fernschreiben direkt aus dem Ministerbüro, in dem von Hinweisen die Rede war, daß es in der Karlsplatz-Passage gelegentlich zu Treffen von Mitgliedern der Baseballschlägerbande komme. Wir sollten das überprüfen. Am Schluß des Fernschreibens standen die Worte: »Gegebenenfalls sofort in Untersuchungshaft nehmen.«

Als ich dann mit meinem einführenden Kollegen unterwegs war, fragte ich ihn, wie wir nun vorgehen sollten.

»Gegen wen vorgehen?« fragte er zurück.

»Gegen die Baseballschlägerbande. Hast Du das Fernschreiben nicht gelesen?«

»So weit kommt es noch«, fuhr er mich an, »daß wir die Leute verhaften, die uns zu Hilfe kommen. Wenn ich einen von ihnen zufällig kennenlerne, werde ich ihm zuerst die Hand schütteln und mich bei ihm bedanken. Dann werde ich ihm raten, sich mit seinen Freunden an einem anderen Ort zu treffen, da ich nicht für alle meine Kollegen garantieren kann.«

Mit meinem Einführenden habe ich es gut getroffen. Wenn er sich zwischen den Oberen und den Kollegen zu entscheiden hatte, entschied er sich immer für uns. Aber man mußte mit Äußerungen vorsichtig sein, weil es immer wieder welche gab, die nur an sich selbst dachten und für die eigene Karriere bereit waren, Kollegen zu verraten. Charakterschweine.

Mir ist aufgefallen, daß diese Verräter entweder ganz jung oder so um die fünfzig Jahre alt sind. Unter den ganz Jungen gibt es immer wieder welche, die würden die eigene Großmutter verkaufen, wenn sie dafür einen Stern auf den Revers kriegen. Solchen Ehrgeizlingen kann man nur aus dem Weg gehen, sobald man sie erkannt hat. Unter den Fünfzigjährigen gibt es welche, die darüber verzweifeln, daß sie in der Karriere von anderen überholt werden, und die das wettmachen wollen. Um die fünfzig herum kann man sich um die Leitung eines Postens bewerben. Man braucht dazu das richtige Parteibuch, die Unterstützung der Personalvertretung und Protektion von oben. Um letztere zu bekommen, führen sich manche Kollegen plötzlich auf wie Musterschüler, die in der Pause der Lehrerin erzählen, wer bei der Klassenarbeit abgeschrieben hat. Mein einführender Kollege gehörte nicht zu denen. Er hat immer zu uns gehalten – und hat letztlich auch seinen Posten gekriegt. Zwar nur in Meidling. Aber Meidling hat wenigstens keinen Karlsplatz.

Dann gab es zwei Opernbälle, da hatten wir alles im Griff. Beim ersten war nur noch ein kleiner Haufen von Chaoten gekommen. Wir hingegen waren dreitausend. Als die anfangen wollten zu randalieren, sind wir gleich mit ihnen abgefahren. Die Opernballgäste haben das nicht einmal bemerkt. Das war zwei Jahre vor der Katastrophe.

Im folgenden Jahr wurde die Demonstration zuerst angemeldet, dann aber abgesagt. Statt dessen hat es einen Hinweis auf einen geplanten Anschlag gegeben. Man wollte die Gäste nicht verunsichern, und so hat man der Öffentlichkeit nichts mitgeteilt. Nicht einmal wir Polizisten haben es gewußt. Obgleich wir es natürlich geahnt haben, weil die Umbauarbeiten von der Polizei überwacht wurden und fast die gesamte Alarmabteilung in Zivil auf den Ball geschickt wurde. Dann war aber nichts. Der Fehlalarm hing mit dem Fingerlosen zusammen. Wir haben damals davon keine Ahnung gehabt. Man muß sich das vorstellen, erst ein Jahr später, am Abend des Opernballs, der zur Katastrophe führte, sind sie damit herausgerückt. Das war nach der Patrouille, da hatten wir die drei Kojoten schon abgeliefert. Soll ich das jetzt überspringen? Also der Reihe nach. Damit Sie sich ein Bild machen können, mit welchem Dreck wir es täglich zu tun hatten.

Wir waren also an diesem Opernballtag zu Mittag auf Patrouille in der Karlsplatz-Passage und kamen zum Zeitungsstand. Wir schauten und lasen und redeten und gingen herum, da stießen wir auf die drei Kojoten, zwei Männer, eine Frau. Wir kannten sie, die wohnten gleichsam am Karlsplatz, wenn sie nicht gerade in der Zelle saßen, alte Freunde sozusagen. Sie fielen mir schon auf, als sie beim Burger-Eck standen und Pommes frites kauften, gemeinsam ein Stanitzel Pommes, eins nur für alle.

Stanitzel? Hat das Ihr Vater nicht gesagt? Dieses spitz zusammengedrehte Papiersackerl. Gemeinsam hatten sie nur ein Stanitzel. Also uninteressant. Nichts Neues. Kein Geld, waren noch immer nicht ins Drogengeschäft gekommen. Wahrscheinlich weil sie selber schon zu kaputt waren. Alle paar Wochen hatten wir sie einmal mitgenommen, was heißt mitgenommen, schleppen mußten wir sie, nachziehen und ins Auto werfen, die konnten ja kaum gehen, wenn sie zu waren. Weiß Gott, vielleicht war das ja ein Fehler. Hätten wir sie einfach sich selbst überlassen, hätten wir sie tun lassen, was sie offenbar als einziges noch wollten, wären sie längst alle draußen gelegen in Simmering, so vollgestopft mit Perdomal und Paracodin, daß auf ihrem Grab nicht einmal Unkraut wachsen würde.

Perdomal ist ein Schlafmittel und Paracodin ein Hustensaft, ein ganz gewöhnlicher Hustensaft. Am Posten hatten wir schon einen ganzen Kasten davon. Anfangs dachten wir, wenn wir sie perlustrierten und diese vielen Hustensaftfläschchen fanden, warum saufen die so viel Hustensaft, sie husten ja nicht. Bis wir dahinterkamen, daß der Hustensaft mit Perdomal versetzt ist, eine Kombination, die ihnen die Beine wegzog.

Als wir die drei vor uns torkeln sahen, wußten wir, was es geschlagen hat. Wir kannten sie doch. Kojoten nannten wir sie. Streunten herum, wühlten im Dreck, brachten nichts mehr zuwege. Da gehörten noch andere dazu. Aber diese drei hatten noch einen speziellen Namen. Wir nannten sie die Arschficker-Partie. Diesen Ehrentitel hatten sie sich gut ein Jahr zuvor verdient, als wir sie auf der Toilette festnahmen. Die Frau lag auf dem Steinboden und rührte sich nicht. Der eine bearbeitete ihren mit Blut und Dreck verschmierten Arsch, der andere wichste seinen verschissenen Schwanz. Ein Zeitungspapier hatten sie ihr untergelegt. Es stank nach reiner Scheiße. Aber das schien diese Typen überhaupt nicht zu stören. Der eine stocherte weiter und grunzte dabei, der andere hielt seinen verschmierten Stengel in die Höhe, als wollte er sich auch noch einen blasen lassen. Es war unglaublich. Man erlebt ja vieles im Dienst, aber die ließen sich überhaupt nicht stören, nahmen uns nicht einmal wahr. Die Frau gab keinen Muckser von sich.

Jetzt machen wir Schluß mit ihnen, dachten wir, jetzt haben wir sie endlich soweit, daß sie uns nicht mehr entkommen. Was die später vorbrachten, alles erstunken und erlogen von diesem Anwalt Thomas Prader. Wenn es gegen uns ging, war der immer zur Stelle. Niemand hat ihr den Gummiknüppel in den Arsch gesteckt, auch sonst nirgendwohin. Das hätte sie wohl gerne gehabt. Wir lassen uns doch nicht unsere Diensteffekten versauen. Auch nicht auf den Schwanz geschlagen, nein, auch nicht auf den Penis. Kein Wort wahr, reine Phantasie. Werden unsere Ausrüstung an verschissenen Zweckerln beschmutzen. Sonst noch was.

Wo haben Sie das gelesen, doch nicht in England? Dieses polizeifeindliche Blatt kann man auch in England kaufen? Die ließen sich einfach nicht stören. Wollten wohl ihre impotenten Jauchenschläuche noch abspritzen, diese schweinischen Süchtler. Den Gefallen haben wir ihnen nicht getan. Denen sind die Würste von selbst zusammengefallen. Woher die Blutergüsse kamen, weiß ich nicht. Vielleicht wollten sie in ihrem Schwachsinn das Schlüsselloch ficken. Aber eins ist schon wahr. Wir sahen natürlich die Gelegenheit, endgültig mit ihnen fertig zu werden. Insofern waren wir nicht zimperlich. So geht das doch nicht. Wenn nicht wir zufällig vorbeigekommen wären, sondern eine Gruppe aus Amerika, oder sonst Menschen, die Kultur suchen, die setzen sich ins nächste Flugzeug auf Nimmerwiedersehen. So etwas spricht sich doch herum, am Schluß bleiben uns auch noch die Japaner weg. Sehen Sie, das ist diese Aufsässigkeit. Wir stehen schon da, sozusagen mitten im Scheißhaufen, und die machen einfach munter weiter. Kein Sinn mehr für friedliche Lösungen. Vollkommen hinüber.

Es war eine Megagelegenheit, ihnen den Garaus zu machen. Aber nichts. Was kam heraus? Wachzimmer, Entgiftungsstation, Karlsplatz, Wachzimmer. Der ewige Kreislauf. Natürlich mußten wir sie irgendwie waschen. Sollten wir uns verschissene Kojoten ins Auto legen? Die Frau hielten wir einmal mit dem Kopf unters Wasser, und siehe da, ihre Lebensgeister kamen zurück. Unters nächstgelegene Wasser natürlich, halt den Schädel in die Klomuschel hineingedrückt und einmal hinuntergespült. Schon war sie wieder bei sich. Dann drehten wir sie um und setzten sie mit dem Hinterteil rein. Bei den Haaren wollten wir sie zuerst packen. Aber sie hatte ausgefranste kurze Haare, die wenig Halt boten. Wir hätten ihr die Haare ausgerissen, hat dieser Prader vor Gericht behauptet. Ausreißen wäre gar nicht möglich gewesen. Wo sollten wir sie sonst anfassen, die war doch vollkommen versaut.

Die haben sich die Haare später selbst ausgerissen, aus Bösartigkeit. Wir haben nichts von ausgerissenen Haaren gesehen. Dasselbe mit den Burschen. Die hatten zwar längere Haare, aber wer will schon in solche Lausnester hineingreifen. Sie stellten sich einfach tot. Der Rothaarige gleich, und der Dunkle mit dem Bart beschimpfte uns zuerst. Er sagte: »Kiberer, Kiberer, seid's gute Haberer.«

Kiberer ist ein Schimpfwort für Polizei. Haberer? Ihr Vater hat Ihnen aber nicht viel beigebracht. Ein Haberer ist ein Freunderl. Wer das Wort Kiberer verwendet, der will sich wirklich mit uns anlegen. Der sagte das in einem fort, wie ein damischer Blödian. Fortwährend hat er uns beschimpft. Wir nahmen ihn in den Schwitzkasten, anders war er nicht abzustellen. Zuerst schlug er wild um sich. Siehe da, plötzlich stellte auch er sich tot. Und das alles in diesem Scheiß- und Schweiß- und Uringestank. Das war im Pissoir, halb im Pissoir, halb im Klo. Wahrscheinlich wollten sie ihre Schweinereien zuerst im Klo treiben, hatten aber zuwenig Platz dafür. Es war schon gut zwei Uhr nachts. Dennoch hätte natürlich jemand dazukommen können. Man stelle sich das vor. Braucht ja nur ein Spätheimkehrer von der Oper zu sein. Diese Opernleute sind doch Mimosen. Wegen jedem Dreck rennen sie zur Zeitung. Und was wäre der Erfolg gewesen? Gleich hätte es wieder geheißen, unser Revier sorgt nicht für Ordnung.

Das waren keine Ausländer. Man mußte sich ja schämen, das waren unsrige. Mit dem Knüppel kriegten wir schließlich auch die Burschen zur Reinigung. Aber das dauerte. Wollten nicht und nicht parieren. Dabei mag der eine oder andere blaue Fleck entstanden sein. Nein, sicher keine Brüche, höchstens blaue Flecken. Dieser Prader wollte alles uns in die Schuhe schieben. Hätten sie keinen Widerstand geleistet, wäre ihnen gar nichts passiert. Was ist herausgekommen? Mit unseren Steuermitteln wurden sie im Krankenhaus wieder aufgepäppelt. Wenn die Bürger wüßten, was mit ihrem Geld geschieht. Jetzt liegen sie schon wieder frisch-fröhlich herum und treiben ihre Sauereien. Aber nicht mehr lange. Endlich wird durchgegriffen. Wissen Sie, was die Frau vor Gericht behauptet hat? Von Vergewaltigung könne keine Rede sein, ganz im Gegenteil, sie habe sich das zum Geburtstag gewünscht. Und der Richter: »Schöne Geburtstagsgeschenke haben Sie!«

Verstehen Sie, diese Aufsässigkeit war es, die uns zur Weißglut brachte.

Um zurückzukommen auf den Tag des Opernballs – wir sahen die drei da vor uns stehen und dachten ans Schirennen. Um ein Uhr wurde nämlich im Fernsehen der Abfahrtslauf der Herren übertragen. Wir hatten das Rennen schon abgeschrieben, aber jetzt gab es die Chance, es doch noch zu sehen. Irgendwie kamen uns die drei wie Glücksengel vor. Als sie das Burger-Eck verließen, folgten wir ihnen. Mühsam torkelten sie vorwärts, unendlich langsam und steif, wie elektrisch betriebene Teddybären mit altersschwachen Batterien. Wir brauchten nur zu warten, bis ihnen der Strom ausging. Das Mädchen verstreute die Pommes am Boden. Um sie aufzuklauben, wischte sie mit den Händen über das dreckige Pflaster. Die anderen wollten ihr helfen. Nacheinander fielen sie hin, rappelten sich wieder auf, zuckelten schleppfüßig herum, die Körper wankten, kamen ins Trudeln, sackten zusammen und klatschten erneut auf den Boden. Wir ließen sie krabbeln. Die Frau war inzwischen liegengeblieben und schleckte die Pommes vom Boden auf. Verlust der Selbstkontrolle, öffentliches Ärgernis. Das reichte. Das Delikt war gesetzt.

»Los, schnappen wir sie uns«, sagte mein Kollege. »Aufstehen, mitkommen, wird's bald.«

Die Leute sagten: »Gebt ihnen noch ein paar Pulverl, und Ihr habt eine Ruh.«

Einer, er trug eine Aktentasche in der Hand, sagte: »Sperrt Mauthausen wieder auf, und der Fall ist erledigt.«

Das hörten wir nicht gerne. Es klang ein wenig nach nationalsozialistischer Wiederbetätigung. In diesen Dingen waren wir recht sensibel, oder sagen wir besser, wir wurden hysterisch gemacht. Bald kein Erlaß des Ministers ohne das Wort Wiederbetätigung. Die Politiker waren alle nervös wegen der Überfälle und Anschläge auf Ausländer. Dabei hatten wir diesbezüglich gute Arbeit geleistet. Der große

Brand des Hauses am Gürtel drei Jahre zuvor, mit 24 Toten, war aufgeklärt. Unsere Kollegen haben ihn aufgeklärt, nach einem anonymen Hinweis aus der Bevölkerung. Die beiden Täter saßen ein, der Anstifter war offenbar ins Ausland entkommen. Der Innenminister und sein Einflüsterer hatten keine Ahnung, was draußen vorging. Wenn einer seine Meinung sagt, »Sperrt Mauthausen auf«, wäre das nach deren Ansicht ein Grund gewesen, einzuschreiten. Die Frau am Boden hatte das mitgekriegt. Sie richtete sich ein wenig auf und sagte: »Aber diesmal werdet *ihr* vergast, ihr Nazischweine!«

Hätten wir das für einen Hinweis halten sollen? Nichts spricht dafür, daß sie von der Nachtaktion auch nur irgendeine Ahnung hatte. Wenn Sie mich fragen, hier gibt es keinen Zusammenhang. Am Abend wurde die Frau noch einmal verhaftet. Aber das war reiner Zufall. Die war einfach am Karlsplatz zu Hause, und natürlich machte sie mit, wenn es gegen die Polizei ging. Wir schrieben den Satz zwar später ins Protokoll, nahmen ihn aber als das, was er war: eine Androhung von Gewalt, oder, wenn man will, auch eine Morddrohung. Der Herr war außer sich. Er wollte auf das Mädchen mit der Aktentasche einschlagen. Wir mußten ihn zurückhalten, sonst hätte er ihr den Garaus gemacht.

»Dieses Gesindel wird auch noch beschützt von euch«, schrie er. Das kam oft vor, daß uns vorgehalten wurde, wir würden den Abschaum unter unsere Fittiche nehmen. Solche Vorwürfe taten weh. Man mußte sich da schon zusammennehmen. Wir konnten den Herrn jedenfalls davon überzeugen, daß es auch für ihn besser wäre, fünf Schritte zurückzutreten. Wir zählten, eins, zwei, drei, vier, fünf – und er ging wirklich zurück.

Noch gab es die Chance, die Schladminger Weltcupabfahrt der Herren anzuschauen. Um ein Protokoll oder eine Anzeige zu schreiben, mußten wir zurückfahren zur

Sicherheitswache. Und dort, so viel war uns klar, saßen alle vor dem Bildschirm.

»Wir werden dir Nazischweine zeigen«, sagten wir. Die Frau verdrehte die Augen. Ihre Freunde begannen, kraftlos herumzuschlagen, mußten aber einsehen, daß es aussichtslos war. Eins über die Rübe, und sie knickten ein.

Meistens sammelten sich bei einem Einsatz innerhalb kürzester Zeit einige Kojoten an, die halblaut herummaulten, so daß wir es gerade noch hörten, aber nicht einschreiten konnten, weil es natürlich keiner wagte, uns direkt anzugehen. Immer waren Bekannte darunter. Es war sinnlos, sie zu kontrollieren, weil sie nur dann nahe kamen, wenn sie zufällig einmal nicht im Verkauf tätig waren. Hatten sie Stoff einstecken, wichen sie uns aus.

Es gab da einen Straßenbahner, der in der Verkaufsstelle der Wiener Stadtwerke arbeitete. Er kannte sie alle. Wenn wir einen Einsatz hatten, kam er heraus. Er hatte keine Scheu vor diesen Typen. Ging einfach auf sie zu, pustete ihnen den Zigarettenrauch ins Gesicht.

»Wißt ihr, wohin ihr gehört? In die Müllverbrennung! Jawohl, in die Müllverbrennung!« Er sagte ihnen das einfach ins Gesicht. Das Merkwürdige war, sie ließen es sich gefallen. Hätten wir das gesagt, hätte es einen Aufstand gegeben.

Wir gingen an der Wachstube Karlsplatz vorbei. Aber es war völlig sinnlos, reinzuschauen. Die kamen mit ihrer eigenen Arbeit nicht nach. Diese damals noch ganz neue Wachstube war in einem regelrechten Belagerungszustand. Eigentlich hätte sie uns entlasten sollen. Ursprünglich hatte es sogar geheißen, wir würden, sobald es die neue Wachstube gebe, mit der Karlsplatz-Passage nichts mehr zu tun haben. Träumereien von Ahnungslosen. Als die Wachstube Karlsplatz eröffnet wurde, war sie schon viel zu klein. Die hatten einen Rückstau, der alle überforderte. Deshalb gab es die Weisung, der Wachstube Karlsplatz nach Möglichkeit zu Hilfe zu kommen. Das hieß vor allem, Delinquenten wegzuschaffen. Keiner wollte in dieser Dienststelle arbeiten, und keiner wollte mit deren Chaos auch nur irgend etwas zu tun haben. Man versuchte an der Eingangstür möglichst ungesehen vorbeizukommen. Gerade dort, wo ohnedies am meisten los war, gab es auch noch hunderttausend Unnötige, die sich einmischten: Sozialhelfer, Drogenberater, Armenanwälte, Beamte des Wiener Integrationsfonds, Journalisten, die sich ihre Story vom armen gestrandeten Jugendlichen holten, und so weiter. Alle hatten sie im Grunde nichts anderes zu tun, als die Arbeit der Polizei zu behindern, die Fälle unabschließbar zu machen. Dort sollte alles so menschlich zugehen, bis es keiner mehr aushielt. Hätten wir die Kojoten dort abzuliefern versucht, hätten wir das Schirennen versäumt und außerdem noch ein paar Fälle dazugekriegt.

Als wir zur Oper hinaufgingen, wo unser Streifenwagen stand, ließen sich unsere drei Kojoten wie lahme Gäule an den Handschellen ziehen. Mein einführender Kollege flüsterte mir zu: »Da vorne stehen schon wieder die Fernsehfritzen.«

Vor der Oper wimmelte es geradezu von ETV-Leuten. Die meisten von ihnen trugen gelbe Jacken mit dem Firmenlogo, einer Nachbildung Europas in Form einer Satellitenschüssel. Sie waren so mit dem Aufbau ihrer Anlagen beschäftigt, daß sie uns keine Beachtung schenkten. Wir versuchten, den Chaoten Beine zu machen, das nützte aber nicht viel. Schnell ging es erst, als wir sie im Auto hatten.

Unser Wachzimmer war damals eine Baustelle. Wir hatten endlich Computer bekommen. Sie standen mehrere Monate eingepackt im Vorzimmer. Zwischen den vielen Schachteln konnte man kaum durchgehen. So trugen wir sie in den Aufenthaltsraum und schichteten sie in der Mitte zu einem großen Würfel, der bald mit alten Zeitungen, Mänteln, Regenschirmen, Taschen und allem, was man irgendwo ablegen mußte, zugedeckt war. An den Seiten dieses Würfels klebten unsere Lottoscheine. Wir füllten jede Woche einen gemeinsamen Lottoschein aus. Einmal haben wir sogar gewonnen, aber nur einen Dreier. Der Gewinn kam in die Getränkekasse.

Damals mußten wir am Vormittag abwechselnd an Computerkursen teilnehmen. Ich hatte ungefähr die Hälfte der vorgeschriebenen Kurse absolviert, da wurde das System umgestellt, und ich mußte wieder von vorne beginnen. Aber unsere Geräte, so versicherte man uns, würden auch mit dem neuen System funktionieren. Als sie endlich installiert waren, brach das Stromnetz zusammen. In unserem Wachzimmer gab es noch uralte Leitungen, die ohne Rohre direkt in den Verputz eingemauert waren. Nach Telefonaten, die sich über mehrere Tage hinzogen, war klar, daß wir neue Stromleitungen bekommen würden. Zuerst kam eine Firma und verlegte Notstromleitungen. Das waren schwarze Kabel, die an der Wand und an der Decke mit Schellen notdürftig festgeklemmt wurden. Dann passierte ein halbes Jahr gar nichts. Wir hatten unsere Computerkurse längst absolviert und vieles schon wieder vergessen, als eines Morgens doch die Handwerker kamen und anfingen, alles aufzustemmen. Wir sollten daneben arbeiten, was unmöglich war. Alle Schreibtische und Schränke waren von der Wand weggerückt, man fand kaum mehr Platz, sich umzudrehen. Bald war alles mit einer dicken Staubschicht bedeckt, die Tische, der Kühlschrank, die Kaffeetassen, der Fernschreiber, selbst das Kanzleipapier im verschlossenen Aktenschrank. Am Opernballtag war unser Posten eine Baustelle. Die Schutthaufen waren fortgeschafft und die Rohrleitungen mit Gipsmanschetten in den aufgestemmten Mauern verankert. Die Elektriker hatten ihre Arbeit getan. Jetzt warteten wir auf die Maurer. So ein Handwerkerwechsel kann Monate dauern.

Die Möbel standen immer noch mitten im Raum. Im Vorzimmer waren Zementsäcke aufgeschichtet. Wir ließen die Kojoten darauf Platz nehmen. Bevor wir sie einvernahmen, wollten wir das Schirennen anschauen. Auch mußten wir darauf vorbereitet sein, daß eine Kontrolle des Generalinspektorats vorbeikommen könnte. Das kam zwar selten vor, aber es passierte meist dann, wenn man es nicht erwartete. Gewöhnlich waren es zwei Offiziere, die ein wenig herumschnüffelten, unsere Journal- und Streifendienstlisten durchsahen, jeden, den sie antrafen, fragten, welche Art von Dienst er versehe, an unseren Stempelhaltern drehten und ein paar Zettel ausfüllten, die sie den Oberkontrolleuren ihrer Dienststelle vorlegen mußten, um schließlich zur Hauptbeschäftigung zu kommen, die darin bestand, uns den allzeit vorrätigen *Burgschleinitzer Kabinett* wegzutrinken.

Burgschleinitz, so heißt der Ort, aus dem ich stamme. Kennen Sie Maissau? Nein? Richtung Horn. Da in der Nähe liegt das. Mein Bruder ist ein Weinbauer. Ihm ist es eine Ehre, unser Revier mit seinen Produkten zu versorgen. Seine Frau sieht das nicht so gerne, die würde gerne kassieren, ich spüre das, aber sie traut es sich nicht zu sagen.

Die Kontrollinspektoren wollen den Wein immer besonders kalt, so um die fünf Grad, was uns früher vor allem in der warmen Jahreszeit erhebliche Scherereien gemacht hat. Doch dann waren wir, auf Anraten und mit schriftlicher Befürwortung der beiden Offiziere, auf die segensreiche Idee gekommen, beim Oberinspektorat ein Ansuchen um einen Kühlschrank einzubringen. Der Amtsarzt, so schrieben wir als Begründung, gerate bei der Überprüfung unserer Gefängniszelle regelmäßig in Verlegenheit, weil wir ihm keine Möglichkeit bieten könnten, das Methadon und andere Medikamente kühl zu lagern. Diese Begründung war für das Oberinspektorat über jede Rückfrage erhaben. Wir wurden lediglich auf irgendeine Landesverordnung hingewiesen, derzufolge die Kühlung von Medikamenten in geschlossenen Behältnissen zu erfolgen habe. So bekamen die beiden Kontrollorgane, die uns den guten Tip gegeben hatten, seither ihren *Burgschleinitzer Kabinett* genau so kalt, wie sie ihn wollten – und selbstverständlich in geschlossenen Behältnissen. Aber das ist eine andere Geschichte. Der gekühlte Wein änderte jedenfalls nichts daran, daß die Herren in einem Punkte sehr streng blieben: Die Listen mußten stimmen. Wer zum Streifendienst eingeteilt war, durfte sich nicht grundlos in der Wachstube aufhalten. Aber solange unser Geburtstagstrio auf den Zementsäcken saß, gab es immer noch ein Protokoll zu schreiben oder eine Anzeige zu erstatten.

Es war ein spannendes Rennen. Jedesmal, wenn ein Schweizer eine gute Zeit fuhr, war der Journaldienst so aufgebracht, daß er hinausging, um die vor sich hin lümmelnden Kojoten wieder in eine ordentliche Sitzhaltung zu bringen. Die Medikamente hatten wir ihnen abgenommen. Es war die übliche Wiener Mischung, rezeptpflichtig zwar, aber nicht strafbar nach dem Suchtgiftparagraphen. Ein Schifahrer stürzte und rutschte aus unerfindlichen Gründen unter der elastischen Pistenabsperrung durch, hinein in einen unpräparierten Steilhang. Ich sehe das heute noch vor mir. Obwohl er die Schier längst verloren hatte, hob er noch einmal ab und segelte mit erstaunlichem Tempo durch die Luft, schlug neben einer Almhütte auf, radierte den steilen Grashang hinab, durchpflügte eine Dreckmulde, überschlug sich noch dreimal, bis er sich schließlich in einem steinigen Latschenhain verfing.

»Tadellos«, sagte der Journaldienst, sprang auf und lief hinaus. Wir hörten ihn ein paarmal schreien: »Wißt ihr wofür?«

Dann knallte es wieder. Als er zurückkam, hörten wir, daß ihm die Frau etwas nachbrüllte.

»Hat die jetzt wirklich *Nazischweine* geschrien?« fragte er uns. Er war in der Tür stehengeblieben und horchte. Erneut schrie sie. Ihre Stimme überschlug sich dabei, so daß man sie fast nicht verstehen konnte: »Nazischweine! Ihr Nazischweine!«

Der Journaldienst wollte zurücklaufen. »Laß sie«, sagte mein einführender Kollege. »Die kennt nichts anderes.«

Auch ich konnte mich nicht daran erinnern, von dieser Frau auch nur einen einzigen Satz gehört zu haben, ohne daß darin das Wort *Nazischweine* vorkam. Aber der Journaldienst war ein Hitzkopf. Bei ihm setzte es schnell eine Ohrfeige, und er war nicht leicht zu beruhigen.

»Wenn das so ist«, schrie er, »dürft ihr wieder einmal eine Nacht in unserem Hotel verbringen.«

»Daraus wird nichts«, sagte ich. »Die Zellen müssen für heute abend freigehalten werden. Anordnung des Chefs.«

»Und da bringt mir der Mistelbacher die Arschficker heim«, sagte er.

Mein einführender Kollege fuhr ihn an: »Jetzt halt endlich deine blöde Goschn, sonst kriegst du Fernsehverbot.«

Im Keller gibt es drei Zellen. Dort werden die Festgenommenen eingesperrt, bis der Untersuchungsrichter entscheidet, was mit ihnen geschehen soll. Einmal hat eine Frau behauptet, sie sei vergewaltigt worden. Damals hat derselbe Kollege Journaldienst gehabt. Aber sie hat es nicht beweisen können.

Jedenfalls konnte ihn mein einführender Kollege so weit bringen, daß er sich wieder niedersetzte und das Rennen anschaute.

Außerhalb der präparierten Piste war keine Spur von Schnee. Als ein Schweizer Bestzeit fuhr, zog unser frisch ernannter Gruppeninspektor die Pistole und legte an. »Nein«, haben wir geschrien. Da steckte er die Pistole weg und begann laut zu lachen.

»Habt Ihr wirklich geglaubt«, prustete er und brachte die Worte fast nicht heraus, »habt Ihr wirklich geglaubt, ich schieß Euch den Fernseher ab?«

Er lachte, bog sich zusammen, sprang auf, ließ sich fallen und lachte immer noch. Er konnte unglaublich lang lachen. Dann mußten wir ihm alle bestätigen, daß wir ohnedies nie daran geglaubt haben, daß er uns den Fernseher abschießen würde. Wir sagten, wir seien nur einen Moment irritiert gewesen. Da begann er wieder unendlich lange zu lachen, nahm zwischendurch ein Bier aus dem Kühlschrank und lachte weiter. Aber wir hatten nichts versäumt, das Rennen war verloren.

Nach der Herrenabfahrt wurde der zweite Slalomdurchgang der Damen aus Haus im Ennstal übertragen. Grund genug, noch ein wenig sitzen zu bleiben.

»Wer will kein Bier?« Der frisch ernannte Gruppeninspektor fragte immer so verkehrt herum. Die Antwort wäre sinnlos gewesen, ein unnützer Stimmbandverschleiß. Seit es die Gemeinschaftskasse für Wein und Bier gab, deren sorgsame Verwaltung zu den Pflichten des Journaldienstes zählte, schlossen sich immer alle an, wenn jemand Alkohol trank. Schließlich mußte ja auch jeder seinen Monatsbeitrag leisten, oft gab es am Monatsende sogar eine Nachzahlung. Das alte System, bei dem jeder bezahlte, was er gerade trank, hatte sich nicht bewährt. Am Schluß war die Bierkiste leer gewesen und die Kasse auch.

Das zweite Schirennen machte keinen Spaß. Einige begannen, Zeitung zu lesen. Die Titelseiten verkündeten eine *Schlacht*. Sechstausend würden wir sein, stand da. Offenbar wollten unsere Oberen die Chaoten abschrecken. Wären wir nur sechstausend gewesen, dann hätten wir auch Zeit gehabt, im Burggarten nachzuschauen, bei den Entlüftungsschächten der Oper.

Die Bewährungsprobe

Nie im Leben wäre ich auf die Idee gekommen, nach Wien zu übersiedeln. Die Erinnerungen meines Vaters lagen wie Giftschwaden über den grauen, imperialen Fassaden dieser Stadt. Lehrer, die Kindern mit Rohrstöcken auf die Finger schlagen, Polizisten, die auf Arbeiter schießen, Studenten, die Juden aus der Universität prügeln, Sozialisten, die am Abend in einer heimlichen Parteiversammlung den Widerstand proben und am nächsten Tag, mit einem Hakenkreuz am Revers, Hitler entgegeneilen. Das gegenwärtige Wien kannte ich nicht. Zwar war ich über die politischen Verhältnisse einigermaßen informiert, aber es gab selten etwas, was nach einer Reportage verlangt hätte. Österreich wurde für uns erst interessant, als sich Bruno Kreisky, ein breiter Mann mit erhobenem Zeigefinger, in die Weltpolitik einzumischen begann. Ich brachte ihn in einer Reportage über den Palästinakonflikt ins Bild, als er, zum Entsetzen vieler Briten, Arafat umarmte. Der damalige Sekretär des Londoner Büros der Sozialistischen Internationale war ein österreichischer Vielredner. Bei einem Smalltalk fragte ich ihn herausfordernd, ob die österreichische Regierung sich nun wieder den Gangstern zuwende. Er verteidigte Kreiskys Seriosität und Kultiviertheit mit einem Schwall von Argumenten, von denen eines besonders hervorstach: Er sei von Kreisky persönlich beauftragt worden, ihm englische Seidenunterwäsche zu besorgen. Natürlich konnte ich diese Anekdote nicht für mich behalten, was zur Folge hatte, daß der Informationsstrom von der Sozialistischen

Internationale zur Dokumentationsabteilung der BBC kurz darauf versiegte.

Ernsthaft zu tun hatten wir mit Österreich nur nach zwei Terroranschlägen, einem auf das OPEC-Hauptquartier und einem auf die jüdische Synagoge in Wien. In beiden Fällen bekamen wir das Filmmaterial vom Österreichischen Rundfunk zugespielt. Österreich verschwand wieder aus unseren Studios. Bis Kurt Waldheim zum Präsidenten gewählt wurde. Ich wehrte mich mit Händen und Füßen, nach Wien zu fahren. Mein damaliger Chef gab erst nach, als ich sagte: »Ich kann nicht objektiv über eine Bevölkerung berichten, die meine Großeltern achselzuckend ihren Mördern überließ.«

Die Kollegin, die statt meiner nach Wien fuhr, sprach zwar kein Wort deutsch, aber sie brachte eine Menge interessantes Filmmaterial mit. Darunter Interviews mit jungen Leuten, die sich, aus Protest gegen Waldheim, täglich um ein hölzernes Pferd versammelten. Mein Grau-in-Grau-Bild von Wien bekam Farbtupfen. Mehr noch als der Widerstand gegen ein flapsiges Verharmlosen der österreichischen Vergangenheit erstaunte mich der Bildhintergrund dieser Aufnahmen. Bunt bemalte Barockfassaden, Jugendstilcafés, Straßenmusikanten, Marktstände mit südländischer Geschäftstüchtigkeit, davor ein großstädtisches Gewimmel von Menschen unterschiedlichster Gesichter und Kleidungen. Die dumpfe Feindseligkeit, die ich mit Wien immer verbunden hatte, war in der Reportage meiner Kollegin nicht zu finden.

Als ich das Angebot von ETV überdachte, beriet ich mich nicht mit meinen Eltern. Ich konnte mir die Folge gut ausmalen. Mein Vater würde mich zu einer Aussprache in die Bibliothek bitten. Die Bibliothek war der Arbeitsraum meines Vaters. Dort würde er mir großzügigerweise das Rauchen gestatten und beteuern, daß es letztlich meine eigene Entscheidung sei, in die er sich nicht einmischen

wolle. Er würde die finanziellen Vorteile und den Karrieresprung als ein gutes Argument sehen, um mir dann aufs
neue von seinen Erfahrungen mit der österreichischen
Mentalität zu erzählen, die er mir lieber ersparen wolle.
Meine Mutter, deren Liebe zur Heimat nach dem Fall des
Eisernen Vorhangs neu erwacht war, würde mir vielleicht
eine gemeinsame Reise nach Wien vorschlagen, um die
Verhältnisse an Ort und Stelle einmal anzusehen, was ihr
die Gelegenheit zu einem Abstecher nach Prag gäbe. In
der Folge hätte ich jeden Tag mit einem Anruf meiner
Eltern zu rechnen. So nebenbei würde mir mein Vater,
selbstverständlich ohne meine Entscheidung beeinflussen
zu wollen, weitere Erinnerungen an die Abgründe der
österreichischen Seele auftischen.

Bei einer Beratung mit meinen Eltern, so dachte ich damals, würde die Frage, die mich am meisten interessierte,
immer mehr in den Hintergrund gedrängt werden: Wird
ein Wechsel von der ehrwürdigen Institution der BBC zu
einem florierenden Privatunternehmen meinem guten
Ruf als Kriegsberichterstatter nicht letztlich schaden? Es
lag etwas von schmutzigem Geschäft und von persönlicher
Korruptheit in der Vorstellung, ich würde eine Reportage
über den Jugoslawienkrieg unterbrechen, mit einer Miene,
die von stirngerunzelter Ernsthaftigkeit zu einem freundlichen Lächeln wechselt: »Wir werden Ihnen gleich danach die ersten Bilder des bombardierten Dorfes zeigen.
Bleiben Sie dran«, um den Bildschirm Limonaden und
Slipeinlagen zu überlassen.

Nein, nicht Wien war mein Problem. Zwar war es mir
bislang erfolgreich gelungen, Wien zu meiden, aber auf-
grund der neueren Entwicklung in Zentraleuropa war
Wien längst unumgehbar geworden. Aus aller Welt strömten die Journalisten nach Wien, um Rückzugsposten für
ihre Berichterstattung über Jugoslawien zu installieren.
Auch wenn ich die BBC dem neuen Angebot vorgezogen

hätte, wäre ich über kurz oder lang mit zwanzig Aluminiumkoffern in Wien gelandet. Ohnedies wurde ich, seit sich Serben und Kroaten täglich in neue Scharmützel verstrickten, vom beunruhigenden Gedanken verfolgt, daß in Jugoslawien seit Jahren der erste Krieg stattfand, den ich drauf und dran war zu versäumen. Wollte man in den richtigen journalistischen Zusammenhängen stehen, hatte man einfach nach Wien zu gehen, ohne Rücksicht auf familiäre Sentimentalitäten dieser Stadt gegenüber.

Ich sprach damals viel mit Kollegen über die Zukunft der Privatsender. Sie stand außer Frage. Die Privaten gaben längst den Ton an, und wir hatten uns, um einigermaßen die Einschaltquoten zu halten, nach ihren Spielregeln zu richten. In unserem Studio gab es zwei Bildschirme, deren Programm Tag und Nacht lief. Das eine war der amerikanische Nachrichtensender CNN (Cable News Network), das andere der europäische Sender ETV (European Television). Der Teletext der BBC diente vor allem zum Privatgebrauch. Im nachhinein will es mir scheinen, meine Entscheidung war längst gefallen und ich hatte bei den Kollegen nur Unterstützung und Verständnis dafür gesucht, daß ich sie verlassen werde.

Wenn es jemanden gab, der mich im letzten Augenblick noch davon hätte abhalten können, nach Wien zu gehen, dann war das Fred. Die einzige Bedingung, die ich ETV stellte, war, daß Fred in meinem Team einen Job als Kameraassistent bekommt. Sie wurde umstandslos akzeptiert. Fred war zu dieser Zeit in einer Londoner Privatklinik für Drogenabhängige. Die Klinik war sehr teuer, die Rückfallsrate wurde mit 28 Prozent angegeben, was ein ausgesprochen guter Wert ist, aber im Falle von Fred ließ der Erfolg schon in der Klinik auf sich warten. Ich besuchte ihn jeden Abend. Manchmal, allerdings sehr selten, wirkte er ausgeglichen. Er erzählte von zwei Psychotherapeutinnen, die gemeinsam die täglichen Treffen seiner Gruppe leiteten. Die eine liebte, die andere haßte er. Er berichtete mir Details von Filmen, die er im Fernsehen gesehen hatte. Er war stolz darauf, daß es ihm bisher gelungen war, alle Arten von Rohkost zu verweigern, weshalb er täglich mit Vitaminpillen versorgt werde. Immer noch glaubte er an die schädlichen Strahlen, die alles, was in freier Natur wachse, durchdringen. Immer noch rauchte er eine Zigarette nach der anderen. Aber das waren gute Tage, an denen die Ersatzdrogen und beruhigenden Medikamente, die er bekam, ihre Wirkung zeigten.

Meist fand ich ihn in einem trostlosen Zustand vor. Er lag mit Tennisschuhen auf seinem Bett, rundherum alles voller Asche. Blitzschnell sprang er auf, schaute mich entgeistert an und sagte, ich solle sofort verschwinden, hier sei es viel zu gefährlich für mich. Er wurde von der Vorstellung geplagt, man habe ihn in ein Konzentrationslager gesperrt, mit dicken, unzerbrechlichen Glasscheiben, durch die ihm gnadenlos hohe Strahlendosen verabreicht werden. Manchmal vermutete er, ich arbeite mit den als Ärzte verkleideten Wärtern zusammen und sei ein Teil der Verschwörung. Seine Arme zuckten. Ich konnte sein Leiden nicht mitansehen und zweifelte immer mehr am Erfolg der Therapie.

Es gab Momente, in denen ich mit Fred darüber sprechen konnte. Einmal heulte er und meinte, es sei aussichtslos. Er werde es nie schaffen. Dann lief er auf die Toilette und erbrach sich. Die Ärzte wiederum versuchten mir Mut zu machen. Sein Fall sei zugegebenermaßen von einer gewissen Hartnäckigkeit, weil die psychotischen Störungen bei einer Reduzierung der Dosis sofort wieder aufträten, aber er sei, verglichen mit anderen Patienten, bei weitem nicht am schlimmsten dran. Eine langsame, wohldosierte Entzugstherapie bei gleichzeitiger psychischer Betreuung werde seinen Körper und seine Psyche wieder auf normale Lebensverhältnisse umstellen. Man müsse Geduld haben.

Die Zeit verstrich, ich zahlte mein gesamtes Gehalt an die Klinik, und es schien tatsächlich eine Besserung einzutreten. Die guten Tage wurden häufiger. Bis ich eines Abends laute Musik aus seinem Zimmer hörte. Ich klopfte, aber er antwortete nicht. Als ich die Tür öffnete, umgab mich ein Geruch von verkohltem Plastik. Der Kleiderschrank stand vor dem Fenster. Fred saß auf dem Boden und brannte mit der Zigarette Löcher in den feuerresistenten Spannteppich. Ich ging näher. Er bemerkte oder beachtete mich nicht. Ich schaute mir die Löcher am Boden an. Sie bildeten ein unvollendetes Hakenkreuz. Als ich die Musik abstellte, hob er mit mehreren kleinen, ruckartigen Bewegungen den Kopf. Er zog an seiner Zigarette und grinste.

»Ich arbeite jetzt mit ihnen zusammen.«

»Mit wem?«

»Mit den Nazis. Sie sehen ihr Zeichen – und lassen mich in Ruh.«

Er sprach langsam und dehnte die Vokale. Nach »Zeichen« machte er eine Pause.

»Fred«, schrie ich ihn an. »Das bildest Du Dir alles nur ein!«

»Wie bei Vampiren«, fuhr er fort.

»Deine Nazis gibt es ebensowenig, wie es Vampire gibt.«

»Du hast nie daran geglaubt. Aber die Strahlen sind weg.«

»Dann können wir ja den Schrank wieder zurückstellen.«

Er stand auf und wollte mir helfen. Der Schrank war aus leichten Metallplatten gebaut. Fred war nicht in der Lage, ihn auch nur ein Stück zu bewegen.

Ich ging zum diensthabenden Arzt. Er sagte, Fred habe am Nachmittag auf eine Therapeutin eingeschlagen. Sie hätten ihn leider wieder höher dosieren müssen. Es bestehe aber kein Grund zu übertriebener Sorge. Ein kleiner

Rückfall, wie er häufig vorkomme. Ein süchtiger Körper wehre sich gegen den Entzug.

Ich erzählte ihm von den Löchern im Spannteppich.

»Ich weiß«, antwortete er mit beneidenswerter Seelenruhe. »Vor Ihrem Eintreffen habe ich ein paarmal nach ihm gesehen. Fred wird jetzt ohnedies immer müder und bald aufhören mit seinem Löcherbrennen. Dann werden wir lüften, und in ein paar Tagen gibt es einen neuen Spannteppich. Der Schaden ist durch eine Versicherung gedeckt.«

Es gab keine Hoffnung mehr, daß Fred die Klinik verlassen könnte, bevor ich nach Wien ging. Am nächsten Morgen sprach ich mit einer Kollegin darüber. Sie war in unserer Abteilung für Soziales und Gesundheit zuständig. Die Klinik, in der Fred sei, sagte sie, gelte als die beste Englands. Dann erzählte sie mir, sie habe vom amerikanischen Fernsehen einmal einen Bericht über ein Camp für Drogenabhängige übernommen. Das sei eine sehr harte Therapie, weil die Patienten mit Betreuern irgendwo in der Steppe ausgesetzt würden und zwei Monate lang von jedem Kontakt zur übrigen Welt abgeschnitten seien. Aber die Rückfallquote sei ungemein niedrig.

Ich fand die Kassette im Archiv. Obwohl ich dringend für die Abendsendung einen Bericht über die Hintergründe eines Flugzeugabsturzes in Asien zu schneiden hatte, legte ich parallel dazu in den VCR die Kassette über das Überlebenscamp ein. Ich mußte den Schneideraum in einer Stunde anderen überlassen.

Eine Gruppe junger Männer, sechs Drogenabhängige und drei Betreuer, wird mit dem Hubschrauber in eine gottverlassene Gegend im Norden von New Mexico geflogen. Man sieht weit und breit nichts als Steppe und einen Fluß, dessen Ufer grün bewachsen sind. In südlicher Richtung zeichnet sich in der Ferne die majestätische Silhouette der Rocky Mountains ab.

»Der schneebedeckte Gipfel«, so sagt der Kommentator, während die Kamera zoomt, »ist der 11301 Fuß hohe Mt. Taylor. Der Fluß heißt Rio Puerco. Er nimmt das Gletscherwasser der Berge auf und windet sich in unpassierbaren Schluchten hinab zum Rio Grande. Hier kann niemand entkommen. Die nächste Stadt, Albuquerque, liegt achtzig Meilen entfernt, hinter den Bergen.«

Alles, was die Camper bei sich haben, sind Kanister mit Trinkwasser, ein Zelt, Campinggeschirr, mehrere Angeln, Decken und Medikamente. Man sieht sie das Zelt aufbauen und eine Feuerstelle anlegen.

»Ich bin zutiefst erschüttert. Mehr kann ich nicht sagen. Ich bin zutiefst erschüttert.« Die ersten zwei Sätze raus. »... n. Ich bin zutiefst erschüttert.« Noch zwei Millimeter vom Anfang weg. »Ich bin zutiefst erschüttert. Mir tun vor allem die Angehörigen leid. Ich fühle mich verantwortlich für sie, obwohl ich weiß, daß mich keine Schuld trifft. Die Maschine wurde regelmäßig gewartet. Wir haben weit mehr getan, als der Erzeuger vorschreibt. Uns trifft keine Schuld. Auch den Piloten nicht.« Der Fluglinienchef, ein ehemaliger Rennfahrer, macht eine Pause. Unter seiner Baseballkappe mit einer Werbeaufschrift sieht man die Narben von Hauttransplantationen nach seinem schweren Unfall bei einem Formel-1-Rennen. Stop.

Die Drogenabhängigen stehen am Fluß. Einer badet samt seiner Kleidung darin. Ein Betreuer gräbt ein stacheliges Gewächs aus und erklärt, daß die Wurzel eßbar sei. Er wäscht sie im Wasser, beißt ab und reicht die Wurzel weiter. Ein Blonder in weißem T-Shirt probiert. Er verzieht das Gesicht.

»Altes indianisches Wissen wird zur Rettung von gestrandeten weißen Mittelklassekindern«, sagt der Kommentator.

»Wie konnte das Unglück geschehen?«

»Nach allem, was wir bisher wissen, hat sich die

Schub...« Frage raus. Schnitt. »Nach allem, was wir bisher wissen, hat sich die Schubumkehr automatisch eingeschaltet. Die Schubumkehr dient dazu, das Flugzeug nach der Landung abzubremsen. Die Schubkraft des Triebwerks wird dabei durch eine Klappe in die entgegengesetzte Richtung umgeleitet. Das ist während des Fluges geschehen. Die Blackbox beweist das. Der Pilot konnte überhaupt nichts tun. Nicht das Geringste. Wenn die Herr...« Stop. »Nicht das Geringste.« Schnitt. Zuspielband eins über das Einsammeln der Leichenteile.

»Die Bergemannschaften konnten erst nach drei Tagen in das steile Gelände vordringen. Andere waren mit dem Gelände offenbar besser vertraut, denn die Uhren und Wertgegenstände waren großteils verschwunden.« Verwackelte Bilder von tropischen Gewächsen, aufgenommen mit der Handkamera. Raus damit. Schnitt.

Die Camper stehen bis über die Knie im Fluß und reichen Steine weiter. Sie legen einen Damm an, hinter dem sie die Wasserkanister versenken.

Ein Betreuer sagt: »Es ist eine harte, aber erfolgreiche Methode. Die Natur lehrt diese Menschen ein neues Leben.«

Der Hubschrauber fliegt fort. Das Kamerateam darf noch einen Tag bleiben.

Männer mit Masken vor dem Mund, bunten Plastiksäcken in der einen Hand und einer Machete in der anderen bahnen sich einen Weg durch einen dicht verwachsenen Dschungel. Stop. Zurück zum Hauptband.

»Wenn die Herstellerfirma behauptet, es sei ein Pilotenfehler gewesen, dann ist das reiner Selbstschutz.« Unnötige Erklärung. Raus damit.

»Gehen wir davon aus, es war so, daß sich die Schubumkehr automatisch eingeschaltet hat. Hat der Pilot denn richtig darauf reagiert?«

»Sicher hat er richtig reagiert. Er konnte gar nicht anders reagieren. Er hat das getan, was der Erzeuger emp-fiehlt. Wenn Sie das Handbuch der Erzeugerfirma nehmen und nachschlagen, was der Pilot machen soll, wenn das Signal der Schubumkehr aufleuchtet, so steht dort ...« Die Frage und die ersten drei Sätze raus. Schnitt. »Wenn Sie das ...et, so steht dort: Ignorieren. Und das ist auch im Bordcomputer eingespeichert. Der Pilot kann in einer Notsituation nur das machen, was die Erzeugerfirma vor-schreibt. Darauf ist er trainiert. Wie soll er es besser wissen?« Stop. Zuspielband zwei. Manager der Erzeuger-firma: »Ich kann nicht mit Ihnen über Behauptungen reden. Wir können unsere Flugzeuge nicht nach Behaup-tungen und Vermutungen bauen. Fakt ist, Flug und Schub-umkehr schließen sich nach der technischen Bauweise unserer Flugzeuge komplett aus. Es ist technisch absolut unmöglich, daß bei ...« Die ersten beiden Sätze und »Fakt ist« raus. Schnitt. »... unmöglich, daß bei eingefahrenen Rädern die Schubumkehr aktiviert werden kann.«

»Sollte man das nicht doch noch einmal überprüfen?«

»Das wurde hundertmal überprüft. Das schließt sich von der Bauweise her aus. Aber sicher werden sich unsere Techniker noch einmal damit befassen.« Stop.

»Die Menschen«, so erklärt der Betreuer, »müssen sich ihr Leben hier selbst organisieren. Nichts ist vorgegeben. Von uns erhalten sie nur Ratschläge. Zum Beispiel über Nacht keine Lebensmittel im Zelt zu lassen. Es kann schon einmal vorkommen, daß sich ein Bär hierher verirrt.«

»Gibt es keine Konflikte?« fragt eine rothaarige Repor-terin. Sie trägt einen Safari-Anzug mit Short-Hose.

»Am Anfang ständig, besonders in der zweiten Woche. Es geht vor allem um Fragen der Arbeitsteilung. Für an-dere Konflikte ist kaum Zeit. Die Menschen sind den ganzen Tag damit beschäftigt, ihr Überleben zu sichern. Der Trick unserer Entzugstherapie besteht darin, die Pri-märbedürfnisse des Körpers zu aktivieren.«

»Und wenn einmal etwas Ernsthaftes passiert, sagen wir, ein Unfall?«

»Dann haben wir eine Funkverbindung nach Albuquerque. Der Rettungshubschrauber kann in einer halben Stunde hiersein. Dies ist mein fünftes Camp mit Drogenabhängigen. Wir haben den Hubschrauber noch nie benötigt.«

»Warum steht im Handbuch des Erzeugers, der Pilot solle das Schubumkehrsignal ignorieren?«

»Weil es sich nur um ein Versagen im Warnsignalbereich handeln kann.«

»Die Auswertung der Blackbox besagt Ihrer Ansicht nach nur, daß das Signal aufgeleuchtet hat, nicht aber, daß die Schubumkehr wirklich eingeschaltet war?«

»So ist es.«

»Aber aufgefundene Triebwerksteile zeigen eine aktivierte Schubumkehr.«

»Das zeigen sie nicht. Sie müssen sich vorstellen, das Flugzeug ist im Sturzflug heruntergekommen. Der Aufprall war so mächtig, daß es die Umkehrklappen nach vorn gerissen hat.« Stop. Ende Zuspielband zwei.

Das Überlebenslager, so wird gegen Ende der Sendung erklärt, sei von einer Stiftung in Utah finanziert. Es werde nur deshalb in New Mexico durchgeführt, weil man dort ideale Bedingungen vorgefunden habe. Am Schluß wird der Administrator der Stiftung interviewt. Er sagt, von allen Drogenabhängigen, die bislang am Überlebenslager teilgenommen haben, sei bislang nur einer rückfällig geworden. Im Abspann sieht man die Teilnehmer des Überlebenscamps mit ausgezehrten Vollbartgesichtern, aber lachend aus dem Hubschrauber steigen und ihre Angehörigen umarmen.

»Werden Sie Entschädigungen an die Angehörigen zahlen?«

»Ich werde sicher keine Entschädigungen an die ...«

Frage raus. Schnitt. »...tschädigungen an die Angehörigen zahlen. Aber ich werde sie in ihren Ansprüchen gegen die Erzeugerfirma mit allen Mitteln unterstützen. Uns trifft keine Schuld. Ich fühle mich jedoch den Angehörigen verantwortlich, die Vater, Bruder, Tochter, Mutter verloren haben. Sie müssen Entschädigungen kriegen. Und zwar von demjenigen, der die Schuld an dem Unglück trägt.« Vierzehn Sekunden Überzeit. Die letzten drei Sätze raus.

Ich rief beim öffentlichen Fernsehen (PBS) in Salt Lake City an. Aber es war zu früh. Die zuständigen Redakteure lagen alle noch im Bett. Es schien mir nun auch besser zu sein, vorher mit Fred zu reden.

An diesem Abend fand ich ihn in einem durchaus ansprechbaren Zustand vor. Das Zimmer roch noch immer nach verbranntem Plastik. Dem Hakenkreuz fehlte ein Haken, aber Fred behauptete, es beschütze ihn auch so. Den ganzen Tag habe es keine Bestrahlung gegeben. Er fühle sich erstmals richtig frisch.

Ich erzählte ihm von dem Camp in New Mexico, verschwieg ihm aber, wie hart es sein würde. Er sagte: »Da bin ich doch hoffnungslos den Strahlen ausgeliefert.«

»Du kannst Dir ein kleines Hakenkreuz umhängen.«

Die Idee gefiel ihm. Er wollte aus der Klinik raus, egal wohin.

Der Oberarzt war von der Idee weniger begeistert. Er hielt nichts von solchen Brachialmethoden. Man könne dabei einen Menschen zerstören. »In zwei Monaten«, sagte er, »ist Fred auch bei uns wiederhergestellt.«

»Was heißt wiederhergestellt? Meinen Sie, ich kann damit leben, daß mein Sohn mit einem Hakenkreuz herumläuft?«

Noch in der Nacht erreichte ich den Administrator der Stiftung in Provo. Er erklärte mir, sowohl das Frühjahrsals auch das Herbstprogramm seien ausgebucht. Außerdem sei das Camp ausschließlich für Jugendliche aus Utah. Ich sagte, ich werde gerne dafür zahlen.

»Darum geht es nicht. Das Programm ist für die Jugendlichen gratis. Es wird durch Spenden finanziert.«

Ich überlegte kurz, wieviel ich in der Londoner Klinik für weitere zwei Monate bezahlen müßte. Dann bot ich der Stiftung eine Spende von 10 000 Dollar an. Weitere 10 000 Dollar würde ich an die Kirche Jesu Christi der Heiligen der Letzten Tage überweisen.

Seine Antwort: »Ich muß mit den Betreuern darüber sprechen, ob ein zusätzlicher Teilnehmer möglich ist. Rufen Sie mich morgen noch einmal ein. Ihr Sohn müßte schon in neun Tagen nach Moab kommen. Dort startet das Programm.«

Wir kamen nach Moab. Das ist eine Kleinstadt am Colorado-River, südlich des Arches-Nationalparks. Am Flughafen wartete ein junger athletischer Mann mit einem Schild, auf dem »Fred« stand. Seine Begrüßungsfreude war etwas übertrieben, aber er wirkte sympathisch. Er hieß Jerg. Im Kleinbus einer Rafting-Firma fuhr er mit uns den Colorado-River entlang, stromaufwärts. Der hellbraune Fluß lag breit und träg zwischen hohen, roten Felswänden, die an manchen Stellen wie von Pech geschwärzt waren. Der Canyon wurde zeitweise so eng, daß die Straße neben dem Fluß kaum mehr Platz fand. Es gab keine Leitplanken. Fred saß vorne auf dem Beifahrersitz. Die Klimaanlage war nicht eingeschaltet. Trotz geöffneter Fenster wollte die Hitze aus dem Auto nicht weichen. Jerg versuchte mit Fred ersten Kontakt aufzunehmen. Er deutete auf das andere Flußufer.

»Dort drüben ist der Arches-Nationalpark. Ich hoffe, Du hast nach dem Camp noch ein paar Tage Zeit, dann machen wir eine Rundfahrt. Wir können auch den Canyonlands-Nationalpark besuchen und den Dead Horse Point. Das ist alles hier in der Nähe. Du wirst staunen, was es hier gibt.« Fred sagte nichts. Jerg lachte ihn an.

»Ich freue mich, daß einmal jemand von auswärts dabei ist. Das wird unser Campleben sicher bereichern. Du mußt uns von der Alten Welt erzählen. Ich war noch nie dort.«

Bei einer Stelle, an der die Felswand ein wenig zurücktrat, hielt Jerg an.

»Da vorne ist eine Quelle. Sie hat das beste Wasser auf Gottes Erden.«

Er holte eine Plastikflasche unter dem Sitz hervor. Wir stiegen aus und folgten ihm. An der senkrecht aufragenden Wand lehnten zwei Fahrräder. Wir gingen um einen Felsvorsprung herum. Durch ein eingemauertes Eisenrohr floß ein dünner Strahl Wasser aus dem Stein. Daneben, im feuchten Sand, lagen die beiden Radfahrer und erholten sich. Jerg füllte seine Flasche. Wir hielten zuerst unsere Münder, dann die Köpfe unter das Rohr.

Nach etwa zehn Meilen wurde der Canyon breiter. Das diesseitige Ufer des Colorado-River war dicht mit Gebüsch bewachsen. Wir kamen zu einem primitiven Campingplatz, der außer zwei Plumpstoiletten und aufgestellten Eisenröhren mit Grillgittern nichts zu bieten hatte. In der Nähe des Ufers stand inmitten von Bäumen ein großes Zelt, davor einige Autos. Auffällig war ein Pickup-Truck mit fünf Schlauchbooten auf der Ladefläche, die zu einem festgezurrten Turm gestapelt waren, der die Fahrerkabine bei weitem überragte. Am Boden huschten Eidechsen über den Sand.

Das Zelt war leer. Aber dahinter, auf einem schattigen Grillplatz, saßen die Drogenabhängigen mit ihren Familien im Kreis. Zwei Betreuer, so jung und sportlich wie Jerg, standen in der Mitte und erläuterten das Programm. Sie sprachen nicht von Entzug, sondern von Rehabilitation. Wir waren die letzten Ankömmlinge und wurden als die große Ausnahme, als *foreigners*, vorgestellt. Meine Spende an die Kirche Jesu Christi der Heiligen der Letzten Tage wurde ausdrücklich erwähnt und mit Applaus und

Rufen des Entzückens quittiert. »Nice to see you. Nice to have you here.«

Fred und ich setzten uns auf den Boden, Jerg ging zu seinen Kollegen in die Mitte. Sie hießen Jim und Brigham.

Heute sei der Tag des Feierns, sagte Jim. Es werde einen Rafting-Ausflug auf den Colorado-River geben und anschließend ein großes Grillfest. Sich zum Rehabilitationscamp entschlossen zu haben sei ein guter Grund zu feiern, nicht nur für diejenigen, die ihr Schicksal nun in ihre eigene Hand nehmen wollten, sondern auch für ihre Familien.

»Mit diesem Fest«, sagte Brigham und lachte dabei mit der Frische der von allen Sünden gereinigten Natur, »wollen wir einander die Kraft geben, den entscheidenden Schritt aus der Abhängigkeit vom Teufel zu machen.«

Jerg schien mehr für die weltlicheren Dinge zuständig zu sein. Er sagte: »Heute ist alles erlaubt. Selbstverständlich nicht Drogen oder Alkohol. Aber wenn jemand rauchen will, heute wird ihn niemand scheel ansehen. Und morgen beginnen wir das gemeinsame Werk.«

Es stellte sich heraus, daß alle Drogenabhängigen Raucher waren.

Bald darauf wurden wir in die bereitstehenden Kleinbusse verladen. Der Truck mit den Schlauchbooten fuhr voran. Ich schaute zum Fluß hinüber, der hin und wieder zwischen den Büschen zu sehen war. Er sah aus wie ein zäher Sirup. Unser Rafting-Ausflug schien eine müde Angelegenheit zu werden. Aber nach etwa einer halben Stunde Fahrt wurde der Canyon karger, und ich sah die ersten Stromschnellen. Die Fahrt ging jetzt deutlich bergauf, bis wir zu einer Bootsrampe kamen. Dort wurden die Schlauchboote ins Wasser gelassen und Schwimmwesten ausgeteilt. Die Gruppen waren schon festgelegt. Jerg war ganz offensichtlich für Fred zuständig, aber auch noch für zwei andere Jugendliche, die mit ihren Eltern und zwei Geschwistern in seinem Boot Platz nahmen. Drei weitere

Geschwister mußten in eines der beiden zusätzlichen Boote steigen, die von freiwilligen Helfern des Rafting-Unternehmens gesteuert wurden.

Es wurde nicht wirklich eine Wildwasserfahrt. Aber hin und wieder war der Fluß reißend, das Boot knickte nach allen Richtungen, Wasser spritzte herein, wir klammerten uns an die Halteseile, während Jerg lachend mit zwei langen Rudern in der Mitte saß und sein Können unter Beweis stellte. Zwischendurch nahm er einen Schluck aus der an der Quelle gefüllten Plastikflasche. Unsere Füße standen im Wasser, das, je nach der Lage des Bootes, am Boden nach vorn und zurück schwappte. Es gab zwei Container an Bord. Der eine enthielt Trinkwasser, der andere Salzgebäck und Orangen. Wir waren aufgefordert, uns zu bedienen. An einer ruhigeren Stelle fragte Fred, ob er ins Wasser springen könne. Jerg hatte nichts dagegen. Das Wasser sei an dieser Stelle mindestens fünfzehn Fuß tief. Fred sprang. In kürzester Zeit waren wir alle im Wasser. Mehr als vierzig Köpfe glitten, eingebettet in die roten Schwimmwesten, den Colorado-River hinab, während die Betreuer allein in ihren Booten saßen und uns immer, bevor Stromschnellen kamen, an Bord zogen. Es war mittlerweile später Nachmittag. Die Sonne brannte noch so heiß, daß unsere Kleidung schnell trocknete. Jerg machte uns auf die Felsformationen aufmerksam. Einmal war der Kopf eines Indianerhäuptlings zu sehen, dann ein Adler, später ein Drache. Die roten Felsen begannen in der tiefer sinkenden Sonne zu leuchten. »Hier ist es bis nach Mitternacht heiß«, sagte Jerg. »In der Nacht strahlen die Steinwände die tagsüber gespeicherte Wärme ab.«

Als wir uns am Abend beim Grillfest um ein großes Lagerfeuer versammelten, verstanden es die drei Betreuer, eine vertraute Atmosphäre zu erzeugen, als wären wir alle eine Familie. In gewisser Weise waren wir es auch. Jeder sprach mit jedem, und es gab fast nur ein einziges Thema:

die Erfahrungen mit der Sucht. Bei der Erwähnung des Teufels durch Brigham, gleich nach unserer Ankunft, hatte ich befürchtet, das Camp könnte mit religiöser Indoktrinierung verbunden sein. Diese Angst war inzwischen gewichen. Die drei Betreuer begnügten sich mit Gott und dem Teufel. Alles, was mit Natur zu tun hatte, war göttlich. Der Teufel mußte irgendwo in der Gesellschaft nisten, am ehesten in großen Städten.

Fred und ich waren durch die Zeitverschiebung übermüdet. Wir waren die ersten, die im Zelt in die bereitliegenden Schlafsäcke krochen. Fred nahm die Pillen, die ihm von der Londoner Klinik mitgegeben wurden. Die Ärztin hatte gesagt, er müsse sie auch im Camp regelmäßig einnehmen.

Am nächsten Morgen herrschte plötzlich ein anderer Ton. Zum Frühstück gab es nur Wasser, Orangen und ungesalzene Crackers. Fred spülte heimlich seine Pillen hinab. Etwa zweihundert Meter von unserem Platz entfernt landete ein Hubschrauber. Dann ging alles sehr schnell. Noch bevor die Rotorblätter zum Stillstand kamen, wurden unsere Kinder zum Hubschrauber gebeten. Dort wurde ihnen alles abgenommen, was sie bei sich hatten: Ringe, Ketten, Kaugummi, Zigaretten, Medikamente, selbst Taschentücher. Sie ließen es ohne den geringsten Widerstand zu. Sie sollten nichts bei sich haben als die Kleidung, die sie am Körper trugen. Bevor die Tür geschlossen wurde, rief Jerg: »In zwei Monaten sehen wir uns wieder, hier an dieser Stelle. Dann gibt es ein großes Fest.«

Ich stand mitten unter den winkenden Angehörigen und ließ mich von ihren Tränen anstecken. Irgend jemand lud zu einer Gebetsstunde. Ich blieb stehen und sah den anderen zu, wie sie im Zelt verschwanden. Dann warf ich Freds Hakenkreuz und seine Medikamente in die Mülltonne.

Ein Angestellter des Rafting-Unternehmens brachte

mich nach Moab, wo ich mir ein Zimmer nahm und einen Tag lang ziellos herumirrte, bevor ich nach London zurückflog. Vier Tage später war ich in Wien. Den Arches-Nationalpark wollte ich mir das nächste Mal ansehen, dann, wenn Fred seine Qualen endlich ausgestanden hatte.

Am Vortag unserer Reise nach Moab hatte ich meinen Vater angerufen und ihm davon erzählt. Erst am Ende des Gesprächs fand ich den Mut, ihm zu sagen, daß ich in einer Woche nach Wien übersiedeln werde. Er tat zuerst, als hätte er mich nicht verstanden. Dann sagte er: »Nach spätestens einem Jahr wirst Du von den Wienern genug haben.«

Es folgte das, was ich befürchtet hatte. Er rief mich am nächsten Morgen, als ich schon mit der gepackten Reisetasche in der Tür stand, an, um mich zu einem Abendessen einzuladen. Wahrscheinlich hatten meine Eltern die ganze Nacht hindurch über meine Zukunft gesprochen. Ich sagte, daß ich in den drei Tagen, die ich nach der USA-Reise noch in London sein werde, keinen Abendtermin mehr frei hätte. Andererseits wollte ich meine Eltern vor der Abreise noch einmal sehen. So kam ich, als ich aus den USA wieder zurück war, zu einem kurzen Lunch vorbei. Meine Mutter hatte Brotspießchen mit Paprikawurst vorbereitet, wie ich sie von Kindheit an geliebt habe. Mein Vater servierte die Getränke doppelt. Während des Essens ging er ein paarmal mit schleifenden, kurzen Schritten in die Bibliothek. Er hatte Abnützungserscheinungen in den Knien und war schon einmal, mit nur geringem Erfolg, operiert worden. Meine Mutter fragte mich, ob ich wisse, wie es Fred gehe. Woher sollte ich. Sie hielt das Wasserglas mit beiden Händen fest. Ihre Haut war übersät mit braunen Altersflecken. Dann erkundigte sie sich, wo ich in Wien wohnen würde. Ich erwartete als nächstes eine Bemerkung, daß es für mich nicht angemessen sei, ausgerechnet nach Wien zu gehen. Statt dessen sagte sie, es bereite ihr Kopfzerbrechen, daß ich die BBC verließe und zu den Privaten wechselte. Als politischer Berichterstatter ginge ich hin, landen würde ich letztlich in der Werbeabteilung.

Meine Eltern hatten Kabelfernsehen. Aber sie boykottierten ETV ebenso wie CNN. Meine Mutter konnte Werbung nicht ausstehen. Wenn ein Werbeblock kam, drehte sie sofort den Fernseher ab. Nach meiner Lockerbie-Reportage war sie die einzige, die mich kritisiert hatte: »Warum mußt Du die Leichen so genau zeigen? Das hast Du doch nicht nötig.«

Vater ging in die Küche, den Kaffee holen. Mit zittriger Hand füllte er meine Tasse. Er setzte sich hin und sagte: »Wiener Meinl-Kaffee. Du kennst doch meinen Freund, den Maler Buck Dachinger. Er hat ihn aus Gmunden mitgebracht.«

Ich trank Kaffee und aß die wunderbaren Powidltaschen meiner Mutter. »Schmecken sie Dir noch?« fragte sie. »In Wien wird es sicher jede Menge davon geben.«

»Ihr müßt mich bald besuchen.«

Meine Mutter nickte liebevoll, mein Vater schien von dem Gedanken nicht begeistert zu sein. Er lenkte ab. »Ich habe gelesen«, sagte er, »ETV hat CNN mehr als dreißig Prozent der britischen Zuschauer abgenommen. Es ist doch besser, wenn Europa seine eigenen Nachrichten macht.«

Meine Mutter lachte auf. Sie wisperte mir zu, als würde sie eine Sünde verraten: »Er hat heute ETV geschaut.«

Mein Vater verschwand wieder in der Bibliothek und brachte endlich den Grund für seine Rundgänge zum Vorschein. Es war ein handbeschriebenes Blatt Papier. Darauf stand oben seine ehemalige Wiener Adresse: *3. Bezirk, Rasumofskygasse 16 (oder 26?)*. Er erinnerte sich nicht mehr an die Hausnummer. Darunter stand: *Café Zartl. Rasumofskygasse Ecke?* Hier hatte er die Querstraße vergessen. Aufgeführt waren weiterhin ein Schneider in der Geologengasse, ein Bäcker in der Landstraßer Hauptstraße, ein Wirtshaus in der Löwengasse und die Adresse einer Frau in der Salmgasse. Er sagte, als würde es ihm nichts Besonderes bedeuten: »Wenn Du willst, kannst Du den Zettel gleich wegwerfen. Aber solltest Du zufällig einmal Lust und sonst nichts zu tun haben, es würde mich interessieren, ob es die noch gibt. Sie sind alle in der Nähe meines damaligen Wiener Wohnhauses.«

»Landstraßer Hauptstraße?« fragte ich. »Kann das stimmen?«

»Ich habe es so in Erinnerung. Der Bezirk heißt Landstraße.«

Ich versprach ihm, die Adresse zu überprüfen.

»Nein«, wehrte er ab, »nur wenn Du einmal sonst nichts zu tun hast. Die Frau wird sicher nicht mehr dort wohnen. Aber vielleicht Verwandte. Mich würde interessieren, was aus ihr geworden ist, ob sie überhaupt noch lebt.«

»War sie Deine Freundin?«

»Das ist eine lange Geschichte. Die erzähle ich Dir, wenn Du uns das nächste Mal besuchst. Entschuldige, ich habe Dir keinen Aschenbecher gebracht.«

Ich mußte ohnedies schon gehen. Im Hinausgehen sagte mein Vater: »Der Schneider war hervorragend. Wenn es ihn noch gibt, laß Dir dort einen Anzug anmessen.«

Beim Verabschieden umarmte ich meine Mutter, mein Vater hingegen wehrte ab. Als ich ihn dennoch auf die Wange küßte, blitzte mir der Gedanke auf, es könnte unsere letzte Begegnung sein. Während ich zum Wagen ging, zündete ich mir eine Zigarette an. Ich drehte mich noch einmal um. Meine Eltern standen nebeneinander in der Haustüre und schauten mir nach.

Der *Geringste* war anders. Er lebte bedingungslos für seine Mission, für unsere Mission, nein, er selbst war die Mission. Ich habe an ihm keinen einzigen Moment der Mutlosigkeit erfahren. Auch nicht der Angst. Von dem, was er tat, war er hundertprozentig überzeugt. Nicht daß er ohne Zweifel gewesen wäre. Er zweifelte an anderen, nicht an sich selbst. Wenn er sich zu etwas entschlossen hatte, dann führte er es durch. Seine Unbeugsamkeit und seine Entschiedenheit, das, was er dachte, ohne Abstriche zu leben, haben ihn, obwohl er der jüngste von uns war, zum Führer gemacht. Zur Zeit der *Volkstreuen* hatte es keinen einzigen Versuch gegeben, die Führerschaft des *Geringsten* in Frage zu stellen, nicht einmal von Feilböck.

Ich habe das Bild noch vor mir, wie ich ihn das erste Mal sah. Er traf auf dem Gutshof in Rappottenstein ein. Pandabär fuhr den Wagen, neben ihm der Lange. Im Fond saßen der *Geringste* und Feilböck. Der Polier, der Blade, Druckeberger und der Professor eilten ihnen mit Bierflaschen entgegen, ich folgte ihnen. Als die neu Angekommenen ausstiegen, war ich noch im Hof. Das Tor stand offen. Ich wußte nicht, wer von den vieren Joe war, aber ich sah es auf den ersten Blick. Er war knochendürr und hatte dunkles, fast schwarzes Haar. Als er mich erblickte, ließ er alle stehen und kam auf mich zu. »Du bist der Ingenieur?« fragte er. Ich nickte. »So sind wir vollzählig.« Er boxte mich auf die Brust, als ob wir alte Freunde wären. Dann erst nahm er den Begrüßungstrunk.

»So sind wir vollzählig.« Mir war nicht gleich klargewesen, was er damit gemeint hatte. Als wir uns später im High-Tech-Raum zu unserer ersten *Totenmesse* einfanden, wurde es mir deutlich. Totenmesse? Das erkläre ich Ihnen später. Im High-Tech-Raum waren neun Stühle im Kreis montiert. Und ich war der neunte in der Runde. Man hatte mich erwartet. Ich war der letzte, der in die *Bewegung der Volkstreuen* aufgenommen wurde. Ich weiß nicht, warum gerade ich auserwählt wurde. Aber ich habe es immer für eine besondere Auszeichnung gehalten. Später gab es von Feilböck ein paar zaghafte Vorstöße, noch andere miteinzubinden. »Nicht direkt aufnehmen«, sagte er, »aber persönliche Kontakte pflegen.« Feilböck hat immer von einer Vernetzung mit anderen Gruppen geträumt. Der *Geringste* hatte nichts gegen informelle Kontakte, er war sogar begierig danach, zu erfahren, was andere Gruppen dachten und welche Aktionen sie planten. Aber er war strikt dagegen, unser Geheimnis anderen preiszugeben. Er sagte: »Siehst Du noch irgendwo einen Stuhl im Kreis? Wir sind komplett.«

So blieben, sieht man von der Staatspolizei ab, der Gaubeauftragte aus Salzburg und sein Stellvertreter auch die einzigen Besucher, die den High-Tech-Raum sahen. Der *Geringste* war überzeugt davon, daß jede Erweiterung unserer Gruppe uns nur vom Ziel abbringen würde. Er sagte: »Sieben oder neun Personen ergeben die richtige Größe. Darunter ist die Gruppe zu schwach, darüber hat sie keinen Bestand. Und acht geht nicht, weil sie dann in zwei gleich starke Teile zerfallen kann.«

Wie er auf die Zahl Sieben oder Neun kam, ist mir nie ganz klargeworden. Er hat sich immer mit Geheimbünden, Verschwörungen, Ketzer- und Widerstandsgruppen beschäftigt, und mit dem Glauben, der solche Gruppen bis in den Tod zusammenhielt. Vor allem interessierten ihn Ketzergruppen des Mittelalters, aus dem dreizehnten, vierzehnten und fünfzehnten Jahrhundert, die gegen die Herrschaft der Kirche kämpften, für ein drittes, ein tausendjähriges Reich, in dem es keine Knechtschaft mehr geben werde. Keiner von uns hatte davon irgendeine Ahnung, auch Feilböck nicht. Der *Geringste* konnte das alles sehr anschaulich darstellen: wie die Revolutionäre, die nichts anderes predigten als ein einfaches, gottgefälliges Leben, nacheinander von der Kirche ausgerottet wurden. Wie sie gefoltert wurden und, anstatt abzuschwören, noch auf dem Scheiterhaufen die Idee einer neuen Gemeinschaft verkündeten. Der *Geringste* gab unserer kleinen Gruppe der *Volkstreuen* einen großen geschichtlichen Zusammenhang. Wir hatten unzählige Vorfahren, deren Blut nach Rache schrie.

Natürlich beschäftigten wir uns auch mit der Wiederaufnahme der Idee des dritten Reichs bei Moeller van den Bruck und mit den Anfängen der nationalsozialistischen Bewegung. Mit der *Thule-Gesellschaft*, in der Alfred Rosenberg Mitglied war, mit den *Artamanen*, bei deren heimlichen Begegnungen Richard Walter Darré und Heinrich Himmler zusammentrafen. Wir befaßten uns sogar mit Widerstandsgruppen gegen die Nazis. Einmal brachte der *Geringste* den Bericht eines Gefängnisseelsorgers, der fassungslos miterlebt hatte, wie ihm das Mitglied einer kommunistischen Widerstandsgruppe unter dem Galgen das Kreuz aus der Hand schlug und statt dessen »Hoch lebe Stalin!« rief. Wir haßten Kommunisten, aber diese bedingungslose Treue zu einer Idee beeindruckte uns.

Was unser Ziel war? Heute würde ich sagen, in erster Linie waren wir selbst es, der Bestand und Zusammenhalt unserer Gruppe. Der Aufbau unserer Wehrbereitschaft. Unserer Unbesiegbarkeit. Niemand sollte in der Lage sein, uns dreinzureden oder uns von unseren Vorhaben abzubringen. Wir wollten in die Geschichte eingreifen. So hochtrabend das vielleicht klingen mag, so ernst war es uns. Wir wollten uns wehren. Denn eine Erfahrung war uns allen gemeinsam: Wenn wir nichts tun und nur auf bessere Zeiten hoffen, wird alles noch schlimmer. Sollten wir warten, bis wir alle arbeitslos waren? Sollte ich warten, bis auch die ersten bautechnischen Zeichner aus dem Osten, oder gar aus Afrika sich bei uns zum Hungerlohn anbieten?

Welche Aufgaben wir hatten, für welche Zukunft wir eintraten, wurde uns erst nach und nach bewußt. Dazu gab es jeden Sonntag zur Mittagszeit die *Totenmesse*. Wir nahmen mit unseren Vorfahren Kontakt auf. Im High-Tech-Raum wurden die blauen Scheinwerfer eingeschaltet und am Altar die drei Kerzen angezündet. Dann setzten wir uns auf die im Kreis angeordneten Drehstühle. Der *Geringste* ging zum Pult und las aus Schriften und Büchern vor. Danach redete er über das Vorgelesene. Er erklärte die geschichtlichen Zusammenhänge, und er legte dar, was die Texte für uns bedeuteten. Er war immer vorbereitet. »Wer ist die Kirche heute?« fragte er. »Wer ist dafür verantwortlich, daß Du und Du und Du und all die rechtschaffenen Leute im Land keinen Einfluß mehr auf ihr eigenes Schicksal haben? Wer ist schuld daran, daß es heute Millionen von Menschen in Europa verwehrt ist, ehrlich ihr Brot zu verdienen?«

Die Lesung und die Auslegungen dauerten eine bis eineinhalb Stunden. Dann setzte sich der *Geringste* auf den freien Stuhl, und es gab ein Gespräch, das oft bis zu zwei Stunden dauerte. Die Stühle waren nicht fest vergeben. Jeder konnte sitzen, wo er wollte. Der *Geringste* nahm den Platz, der übriggeblieben war. In den Gesprächen spielte Feilböck eine große Rolle. Er neigte dazu, vor allem bei den NS-Schriften, alles wortwörtlich zu nehmen. Der *Geringste* aber sagte: »Die Wahrheit gibt es noch nicht. Es liegt an uns, sie zu finden. Die Toten sind nur Wegweiser. Aber vergessen wir nicht: Sie sind allesamt gescheitert.«

Im Mittelpunkt der Totenmessen standen die Idee der Volksgemeinschaft und die Idee des Aufbaus einer unbesiegbaren Widerstandszelle. Volksgemeinschaft ist der falsche Ausdruck. Ich sollte besser sagen: weiße Völkerge-

meinschaft. Uns war die nordische oder arische Volksgemeinschaft, wie wir sie in den Schriften von Rosenberg
und Darré beschrieben fanden, zu eng gefaßt. Feilböck war
der Meinung, eine weiße Völkergemeinschaft habe sich an
der deutschen Kultur zu orientieren, der *Geringste* lehnte
das ab. Er erzählte uns, daß die Idee der Volksgemeinschaft
auch im Widerstand gegen die Deutschen auftrat, etwa
in der böhmischen Taboritenbewegung. Bei der nächsten
Totenmesse las er Texte über die Ideen der Taboriten vor,
über ihren erbarmungslosen Kampf gegen die Kirche und
gegen Kaiser Sigismund. Da konnte auch Feilböck eine gewisse Bewunderung für Jan Žiska nicht verhehlen.

Über die Rolle der slawischen Völker wurde immer wieder gesprochen. Der *Geringste* war der Meinung, daß sie
prinzipiell zur weißen Völkergemeinschaft gehörten, ebenso wie die Ungarn und Rumänen, daß sie aber zuerst aus
unseren Staaten vertrieben und gezwungen werden müßten, ihre eigene Völkergemeinschaft zu gründen. Dann
werde man sehen, wieweit man mit ihnen zusammenarbeiten könne. An den Slawen verachteten wir am meisten, daß
sie sich willfährig ausbeuten ließen und dadurch alles, was
es an sozialen Sicherheiten bei uns bereits gegeben hatte,
wieder zerstörten. Der *Geringste* fragte: »Wie sollen wir die
Parasiten unseres Volkes bekämpfen, wenn sich ihnen die
Ausländer bereitwillig zur Verfügung stellen?«

Der Kampf gegen die Ausländer war vorrangig. Er war
die Voraussetzung für einen Kampf um das dritte Reich.
»Wenn wir sie nicht rechtzeitig vertreiben«, sagte der *Geringste*, »werden sie sich eines Tages erheben, und sie werden so viele sein, daß sie zu Herren werden und wir zu
Untermenschen. Und ein neues Jahrhundert des Blutver-
gießens steht uns bevor.«

»Denkt an den verzweifelten Kampf von Tom Metzger
und seiner *White Aryan Resistence* in Kalifornien«, sagte
der Professor. »Bei denen ist die Aufgabe kaum noch zu

lösen. Sie müßten zwei Drittel aller Bewohner von Los Angeles vertreiben.«

Wir hatten damals nur einen vagen Plan. Bis zum Jahr Zweitausend wollten wir alle Slawen und alle Ausländer, die nicht der weißen Völkergemeinschaft angehören, aus unserem Land haben. Natürlich wußten wir, daß wir allein dazu nicht in der Lage waren. Daher wollten wir die Ausländer mit gezielten Aktionen dazu bringen, sich zu organisieren und ihrerseits gewalttätig zu werden, um so den Widerstand des Volkes hervorzurufen. Letztlich würden dann die Politiker gezwungen sein, umfassende Vertreibungsmaßnahmen zu beschließen.

Joachim von Fiore hatte die *Apokalypse* so interpretiert, daß das erste Zeitalter, das Zeitalter des Vaters, mit Christi Geburt endete. Dann sei das Zeitalter des Sohnes gekommen, das Zeitalter der Predigt des Evangeliums. Das dritte Zeitalter, das Zeitalter der Liebe, Freude und Freiheit, so sagte er voraus, werde um 1260 anbrechen. Diese Prophezeiung hat zwar viele Anhänger gefunden, aber ihr Kampf war ergebnislos.

»Joachim wollte selbst teilhaben am Kampf um das dritte Zeitalter«, sagte der *Geringste*. »Deshalb ist sein Irrtum verständlich. In Wirklichkeit kämpfte er, ohne es zu wissen, für das zweite Zeitalter. Die *Apokalypse* wurde erst nach Christi Geburt geschrieben. Wenn man die darin enthaltenen Epochen von tausend Jahren ernst nimmt, dann war das erste Zeitalter identisch mit dem ersten Jahrtausend. Es war nicht das Zeitalter des Sohnes, sondern das des Vaters, in dem die Kirche sich gegen ihre äußeren Feinde durchsetzte. Dann erst kam das Zeitalter des aufbegehrenden Sohnes, des Kampfes um die richtige Lehre der Brüderlichkeit. Ein Kampf, der von Jahrhundert zu Jahrhundert härter wurde und im zwanzigsten Jahrhundert die ganze Welt erfaßte. Jetzt stehen wir an der Schwelle zum dritten tausendjährigen Reich.«

Von Totenmesse zu Totenmesse wurde uns bewußter, daß wir einen alten Auftrag zu erfüllen hatten, daß es an uns lag, den entscheidenden Funken zu schlagen für den großen Weltenbrand, aus dem ein neues, tausendjähriges Reich hervorgehen wird. Der Kampf gegen die Ausländer sollte der Anfang sein. *Ihre Zahl ist wie der Sand am Meere. Und sie zogen herauf über die weite Erde und umzingelten das Lager der Heiligen und die geliebte Stadt. Aber es fiel Feuer vom Himmel herab und verzehrte sie. Und der Teufel, ihr Verführer, wurde in den Pfuhl von Feuer und Schwefel geworfen, wo auch das Tier und der Lügenprophet sind; und sie werden gepeinigt werden Tag und Nacht von Ewigkeit zu Ewigkeit.*

Nach der Totenmesse kochten wir gemeinsam das *Fest-mahl.* Wir hatten ja einundhalb Tage fast nichts gegessen, nur Bier getrunken. Der *Geringste* zwischendurch auch immer wieder Kaffee. Das war seine Art. Nach jedem Bier trank er eine Tasse starken Kaffee, auch im Schießkeller, wenn er seine Listen schrieb. War das Wetter gut, bereite-ten wir das Festmahl im Hof zu. Druckeberger hatte einen großen Grill gebaut. Hin und wieder kaufte er von einem Bauern der Umgebung ein Lamm. In Rappottenstein aßen wir nur Lebensmittel, die direkt von den Bauern kamen. Wenn sie etwas Besonderes für uns hatten, riefen sie uns an. Am späten Sonntagnachmittag, nach dem Festmahl, fuhren wir wieder nach Wien. Druckeberger und der Pro-fessor blieben meist zurück. Manchmal auch Feilböck.

Ich war vielleicht zwei Monate bei der Gruppe, da be-schlossen wir, endlich zur Tat zu schreiten. Wir hatten anhand von Videos verschiedene Nahkampfmethoden stu-diert und überlegt, welche am ehesten für uns in Frage kä-men. Jeder sollte seine eigene *Handschrift* finden. Manch-mal unterbrachen wir auch Videovorführungen und stell-ten im High-Tech-Raum bestimmte Kampfsituationen nach, um herauszubekommen, ob sie auch in der Praxis etwas taugten. Der Blade und der Polier schworen auf ihre Muskelkraft, andere wollten sich lieber bewaffnen. Ich kaufte mir ein Springmesser. Der Lange besorgte sich Chaku-Hölzer. Bevor wir gemeinsame Aktionen planten, sollte sich jeder im Kampf bewähren.

Eines Abends trafen wir uns in der Behausung des *Geringsten*. Der Polier, der Blade und ich waren nach der Arbeit zusammengeblieben und hatten im Café Rainer noch ein paar Bier getrunken. Dann fuhren wir mit der 18er Linie der Straßenbahn zur Endstation am Neubaugürtel. Das Trottoir auf der inneren Seite des Gürtels lag noch in der Sonne. Die Fenster der Parterrewohnungen waren geöffnet. Dahinter wohnten meist ausländische Familien. Die Vorabendprogramme der Fernsehapparate konnten die auf drei Fahrstreifen vorbeidonnernden Lastautos kaum niederschreien.

Der Blade sagte: »Da vorne, wo die Bogenbrücken der alten Stadtbahn beginnen, wohnt Joe.«

Das Haus war grau und verschmutzt, wie alle anderen entlang des Gürtels. Wir gingen ein paar Stufen ins Souterrain hinab, und ich sah erstmals jenen Gang, von dem immer wieder die Rede war. Auf kreuz und quer gespannten Schnüren hing Wäsche zum Trocknen. Wir mußten uns an den Strumpfhosen, Hemden und Tüchern im Gänsemarsch vorbeischlängeln. Massenweise standen Schuhe herum, auch Fahrräder, überquellende Mistkübel und leere Kartons. Neben einem ausgedienten Kühlschrank lehnte eine Matratze an der Wand. Aus den Abteilen heraus hörte man mehrere Fernsehprogramme gleichzeitig. Dazu ein Durcheinander von Stimmen in fremden Sprachen. Auf einer Seite weinte ein Kind, auf der anderen stritten zwei Männer. Es roch nach Schimmel und ranzigem Fett, nach Gewürzen, Waschpulver und Schweiß. Vor einer Tür auch nach Babyscheiße. Dort lag eine zusammengeknüllte Windel. Vom Ende des Ganges her hörten wir unsere Kameraden laut auflachen. An den unlackierten Bretterverschlägen und an den Vorhängeschlössern konnte man erkennen, daß die Wohnungen in Wirklichkeit Kellerabteile waren. Mir fiel ein großer heller Fleck auf. Hier war eine Aufschrift weggeschrubbt worden, die man aber noch entziffern konnte: HURE.

Der *Geringste* öffnete die Tür. »Dann kann es ja losgehen«, sagte er. Die anderen prosteten uns mit offenen Bierflaschen zu. Feilböck saß auf einem Stuhl, die anderen auf dem Bett. Während wir uns dazusetzten, sagte Druckeberger: »Pandabär wird alt. Sie haben ihn beim *Organisieren* erwischt, weil er vergessen hat, den Magnetcode zu entschärfen.«

»Und was ist passiert?« fragte ich.

»Gar nichts«, antwortete Pandabär. »Ich habe mich herausreden können. Aber sie wollen mich ab jetzt jeden Tag beim Fortgehen kontrollieren.«

Darauf der Polier: »Laß sie kontrollieren. Joe wird ihnen die Bude ausräuchern.«

Auf den ersten Blick enthielt die Kammer vor allem Bücher. Der Tisch war eine auf zwei Schubladenkästen aufliegende Spanplatte. Darauf stand, inmitten von aufgeschlagenen Büchern, Manuskripten, Kaffeetassen und Gläsern, ein Computer. Neben dem Tisch stand ein kleiner Ölofen. Zwei Ölkanister für je zwanzig Liter standen unter dem Tisch, ganz nahe an der Wand. An einem hing der Nachfüllstutzen. Auch zwei übereinandergestapelte Bierkisten fanden unter dem Tisch noch Platz. Auf einer Kommode bei der Tür war eine Elektrokochplatte, daneben ein paar Töpfe, Pfannen und eine italienische Espressokanne. Auch bei geschlossener Tür war der Lärm aus den anderen Abteilen zu hören. »Dabei habe ich noch Glück«, sagte der *Geringste*, »weil das ein Eckabteil ist. Neben mir wohnt eine Angolanerin. Die höre ich nur am Abend, wenn sie sich herausputzt. Da dreht sie immer eine merkwürdige

Musik auf, mit Stimmen und Trommeln. Heute ist sie schon fortgegangen.«

Er zog unter der Tischplatte eine Bierkiste hervor und teilte die Flaschen aus. Er sagte: »Jetzt schreien wir einmal alle gemeinsam: Gusch!«

Er gab, mit der Bierflasche in der Hand, den Einsatz. Da verstummten die Stimmen für eine Weile.

»Damit kann man sie noch beeindrucken«, sagte er. »Früher hatten sie auch noch die Türen offen. Ich habe auch meine Tür geöffnet und das Horst-Wessel-Lied gespielt. Die Serben kamen heraus und schrien herum. Ich drehte die Platte noch lauter auf. Die Serben wollten zu mir herein und die Musik abstellen. Da habe ich das Brotmesser genommen und mich zur Tür gestellt. Schließlich waren alle Kellerbewohner auf dem Gang. Ich drehte das Horst-Wessel-Lied ab und erklärte ihnen, daß es mich stört, wenn sie ihre Türen geöffnet haben. Am nächsten Tag waren die Türen wieder geöffnet. Ich spielte wieder das Horst-Wessel-Lied, und siehe da, sie wurden nacheinander geschlossen. Das habe ich jeden Tag wiederholt, so lange, bis sie gelernt hatten, daß man bei uns die Türen schließt.«

Die Kellerabteile waren etwa zehn Quadratmeter groß. Sie wurden von bis zu vier Personen bewohnt, die in Stockbetten übereinander und mit Matratzen auf dem Boden schliefen. Nur die rumänische Familie mit ihren vier Kindern hatte zwei Abteile.

»Das ist alles eine jämmerliche Bagage«, sagte der *Geringste*. »Die Negerin nebenan geht für drei Groschen ficken, der Rumäne schickt seine Horde betteln, die zweite Negerin putzt irgendwo. Ihr Mann sitzt den ganzen Tag herum und läßt sich von den beiden Kindern bedienen. Die sind über Frankreich zu uns gekommen. Die ältere Tochter wäre sicher schon schulreif. Die zwei Serben sind besoffene Widerlinge, die nichts anderes im Schädel haben, als die Angolanerin zu ficken. Einmal, spät in der

Nacht, dürfte es ihnen im Waschraum gelungen sein. Jedenfalls hat es sich danach angehört. Wovon sie leben, habe ich nicht rauskriegen können. Manchmal sind sie ein paar Tage weg. Dann kommen sie zurück und spielen die Starken. Wenn ihnen danach ist, verdreschen sie den Bosnier. Der ist, außer mir, der einzige, der legal hier lebt. Er hat dauernd Durchfall. Kommt von der Arbeit heim und verscheißt das Klo. Ein armer Hund, der seine ganze Familie im Krieg verloren hat. Irgendwann wird er die Serben umbringen. Wirklich gefährlich sind nur die beiden Ägypter und der Araber. Denen geht es um mehr als ums Überleben. Sie stecken immer zusammen, trinken nicht. Mehrmals am Tag sieht man sie beten. Sie gehören dem *Ausländerhilfsverein* an. Der Angolanerin haben sie HURE auf die Tür gesprüht. Ich weiß, daß sie es waren, denn ich war noch wach.«

Wir tranken noch ein zweites Bier. Dann losten wir mit Streichhölzern aus, wer beim *Gürtelputzen* der erste sein sollte. Das Los fiel auf den Bladen. Er schien davon nicht begeistert zu sein, aber er sagte nichts. Wir zogen sofort los. Für den Anfang wollten wir uns auf jüngere Ausländer konzentrieren, auf Burschen im Alter von fünfzehn bis fünfundzwanzig Jahren.

Draußen wurde es eben dunkel. Der Verkehr hatte nachgelassen. Man sah kaum mehr Lastautos. Wir klopften dem Bladen auf die Schulter, dann trennten wir uns, blieben aber in Sichtweite. Ein paar gingen voraus, ein paar zum äußeren Gürtel, auf der anderen Seite der Stadtbahnbrücken. Feilböck und ich folgten dem Bladen in größerem Abstand, aber so, daß wir ihn immer sehen konnten. Wir gingen den Lerchenfelder Gürtel entlang bis zum Hernalser Gürtel. Dort schien erstmals alles zu stimmen. Aus einem Auto stieg ein dunkelhäutiger Mann aus. Der Blade ging auf ihn zu. Doch da kamen aus einem Haus gleich neben ihm Menschen heraus, und der Blade ging weiter.

Es dauerte eine Weile, bis er wieder einem einzelnen begegnete. Jede Menge ausländische Familien waren auf dem Heimweg, zwischendurch auch Einheimische, aber irgendwann kam der Geeignete. Er schlenderte daher, die Hände in den Hosentaschen. Der Blade verstellte ihm den Weg. Es gab einen Wortwechsel, dann schlug ihm der Blade die Faust in den Magen.

Der Ausländer krümmte sich zusammen, der Blade drosch ihm eine ins Kreuz, daß er zu Boden fiel. Er begann erst zu schreien, als er Fußtritte verpaßt bekam. Der Blade lief davon. Niemand hinderte ihn. Die Leute wichen ihm sogar aus.

»Dem hat er es gegeben«, sagte Feilböck. Wir gingen weiter. Ein Auto blieb stehen, andere begannen zu hupen. Der Ausländer hatte zu schreien aufgehört. Er wollte aufstehen, brach aber zusammen und rief: »Hilfe! Polizei!« Wir blieben stehen. Ein Mann fragte uns: »Was ist da los?«

»Ich weiß nicht recht«, antwortete Feilböck. »Da ist offenbar jemand zusammengeschlagen worden.«

Daraufhin der Mann: »Das war sicher dieses Ausländergesindel.« Er ging zu unserem ersten Opfer, wo sich inzwischen auch andere einfanden. Wir bogen in eine Nebengasse.

Eine Stunde später trafen wir die anderen in einem Gasthaus am Spittelberg. Dem Bladen war etwas mulmig zumute. Der *Geringste* sagte: »Du bist das erste wirkliche Mitglied in der *Bewegung der Volkstreuen*.« Wir stießen auf ihn an. Feilböck und der Professor sagten dabei »RaHoWa«. Wir lachten. Der *Geringste* hatte beim letzten Treffen in Rappottenstein vorgeschlagen, unseren Trinkspruch, »Heil Hitler«, nur noch zu verwenden, wenn wir unter uns waren.

»Warum?« hatte Pandabär gefragt.

Darauf der *Geringste*: »Weil jetzt unser eigener Kampf beginnt. Wir haben mit den gewöhnlichen Nazibuben nichts zu tun, und wir wollen unsere Aufgabe nicht durch Sprüche gefährden. Schließlich wollen wir ja nicht gegen einheimische *Antifa*-Gruppen und *Autonome* kämpfen, sondern gegen Ausländer.«

Pandabär meinte, wir könnten uns einen neuen Trink-spruch zulegen, damit das Bier auch im Gasthaus schmeckt. Der Professor schlug vor, wir sollten »RaHoWa« sagen, eine Abkürzung für »Racial Holy War«. Dies sei der Kampfruf einer Gruppe aus Florida. Feilböck gefiel die Idee. Die anderen waren nicht so begeistert. Wir sind dann vom Thema abgekommen, ohne uns auf einen neuen Trinkspruch geeinigt zu haben.

Unsere Attacken wurden von Mal zu Mal härter. Ich be-obachtete die Überraschungsangriffe meiner Kameraden und dachte mir, eigentlich sind sie ein Kinderspiel. Wenn der erste Schlag richtig gesetzt wird, ist die Arbeit schon fast getan. Ich war der fünfte, der seine Bewährungsprobe zu leisten hatte. Ausgerechnet bei mir gab es Schwierigkei-ten. Ich setzte in der Gaullachergasse einem Türken, der gerade aus einem Haus gekommen war, das Messer an den Bauch und forderte ihn auf, in die Gehsteigkante zu beißen. Er wollte nicht folgen, sondern wich zurück und packte meine Hand. Ich schlug ihm mit der Linken die Faust ins Gesicht, drehte das Messer nach oben und stach es in seinen Unterarm. Da ließ er los und legte sich auf den Gehsteig. Aus dem zerrissenen Hemdärmel rann Blut.

»Zur Kante!« befahl ich. Ein Tritt in die Niere half nach. Er rutschte auf ein geparktes Auto zu. Da ging hinter mir die Haustür auf, und es kamen Freunde von ihm heraus. Sie stürzten sich auf mich. Ich schlug mit dem Messer herum. Sie wichen zurück und versuchten, mich einzu-kreisen. Ein paar traf ich an den Händen, einen an der Schulter. Dann packte mich einer von hinten, und ich wurde niedergerissen. Ich wehrte mich mit aller Kraft, die einem in solchen Momenten zur Verfügung steht. Es war aussichtslos. Von allen Seiten wurde auf mich eingetreten. Ich spürte die Tritte kaum, war ganz darauf konzentriert, das Messer in Bewegung zu halten. Da donnerte eine Latte auf meinen Schädel. Ich sah sie im letzten Augenblick auf mich zukommen, dann dieser dumpfe Aufprall, der mich aus dem eigenen Kopf hinauskatapultierte. Es war kein Schmerz, sondern nur eine heftige Erschütterung. Dann sah ich meinen Körper bewegungslos daliegen. Ich sah in Zeitlupentempo Ledersohlen und gerillte Gummisohlen, die das Gesicht stempelten, ich sah beschlagene Schuhspitzen, die sich in den Bauch versenkten, ich sah einen Absatz, der die Hoden plattdrückte. Alles was ich fühlte, war ein einziger Wunsch: Sie sollen in dieser Kröte, die es von einer Seite auf die andere warf, einen Hauch von Leben lassen.

Als ich zu mir kam, lag ich auf einer Bank. Der *Geringste* goß mir Mineralwasser über den Kopf. Mein Speichel schmeckte nach Blut. Die Kameraden fragten mich, wie es mir gehe. Ich setzte mich auf und spuckte. Da wurde mir schlecht, und ich legte mich wieder hin.

»Das werden sie büßen«, sagte der Polier. Er erzählte mir, daß die Türken davongelaufen seien, als sie mir zu Hilfe kamen. Später brachten mich der Polier und der Professor heim. Zwei Tage lang konnte ich wegen der entsetzlichen Kopfschmerzen nicht zur Arbeit gehen. Der Professor fütterte mich mit Haferschleimsuppe und achtete darauf, daß ich liegenblieb. Alle paar Stunden wechselte er den kalten Umschlag auf meinem geschwollenen Hodensack. Mein Körper war übersät mit blauen, violetten und gelben Flecken. Am Abend brachte Feilböck eine große Flasche Inalgon-Tropfen. So hatte ich wenigstens keine Schmerzen mehr. Er sagte: »Druckeberger und ich kundschaften gerade aus, wo die Schweine wohnen. Dann wird heimgezahlt.«

Es dauerte zwei Wochen, bis alle ihre Bewährungspro-

ben bestanden hatten. Ich wollte mich ein zweites Mal bewähren. Aber Feilböck sagte: »Keiner hat so tapfer gekämpft wie Du. Nicht Du mußt Dich bewähren, sondern
wir müssen uns jetzt in der Rache bewähren.«

Fritz Amon, Revierinspektor

Drittes Band

Um sechs Uhr hätten wir Dienstschluß gehabt. Der Nachmittag plätscherte friedlich vor sich hin. Kaffee trinken,
Zeitung lesen, irgendwann das Protokoll schreiben, vielleicht noch ein kleiner Patrouillengang, dann würde
Schluß sein. Der erste Opernball ohne mich. Ich wollte mir
daheim die Fernsehübertragung anschauen. Diejenigen,
die am Abend Dienst hatten, waren schon nach dem Schirennen heimgegangen. Sie durften sich, bevor sie zu den
Sammelstellen aufbrechen würden, noch ein wenig ausruhen. Doch dann kam dieses Fernschreiben: Alle in Bereitschaft bleiben!

Mein einführender Kollege meinte: »Da haben wir es.
Das hätte ich ihnen gleich sagen können, daß sie zuwenig
Einsatzkräfte haben. Man braucht nur in die Zeitung zu
schauen. Jetzt kannst du dir die Knochen numerieren.«

»Wir sind sicher keine sechstausend«, antwortete ich.
»Aber woher willst Du wissen, daß wir zu wenige sind?« Er
wartete nur darauf, es mir endlich erklären zu können.

»Wenn der *Ausländerhilfsverein* Rache für Abdul Haman schwört«, sagte er, »sind tausend Polizisten vielleicht
genug. Aber wenn die Zeitungen nichts Besseres zu tun haben, als wochenlang über den Demonstrationsaufruf des
Vereins zu berichten, anstatt ihn einfach zu ignorieren,
werden alle Multikultiwichser und Abenteurer Wiens an-

gelockt – und dreitausend Polizisten sind zuwenig. Mehr sind wir nicht. Jetzt kommt noch das Treffen von Bärenthal, der Mussolini und Brunot dazu. Das heißt, uns wird den ganzen Abend lang diese Antifaschismus-Scheiße auf den Schädel geschmissen. Um heute abend den Karlsplatz in den Griff zu bekommen, müßten wir wirklich sechstausend sein.«

Etwa zwei Monate vor dem Opernball hatte es eine Kundgebung islamischer Fundamentalisten gegeben. Der Anlaß hatte mit unserem Land nichts zu tun, es ging um die Nahost-Politik der USA. Es kam zu einer Auseinandersetzung, weil die Demonstranten nicht bis zur amerikanischen Botschaft vorgelassen wurden. Ich hatte damals keinen Dienst, weiß das alles nur vom Fernsehen, aus der Zeitung und von einem Kollegen aus Ottakring, mit dem ich auf der Polizeischule war. Wir treffen uns manchmal beim Schnitzelwirt. Sie hatten die Boltzmanngasse, in der die Botschaft liegt, zur Gänze abgesperrt. Sie wollten verhindern, daß die Leute in der Botschaft durch die Demonstration gestört werden. Aber diese muslimischen Brüder, oder wie die sich nennen – es stellte sich heraus, daß es vor allem Ägypter waren –, wurden aggressiv. Es gab eine Schlägerei und vielleicht zwanzig Verhaftungen. Insgesamt war das keine große Sache. Zur Demonstration waren nicht einmal dreihundert Teilnehmer gekommen. Die meisten Verhafteten wurden kurz danach in ihre Herkunftsländer abgeschoben, vor allem, wie gesagt, nach Ägypten. Einige mußten wieder freigelassen werden, weil sie schon unsere Staatsbürgerschaft hatten. Sie wurden nur angezeigt. Ein paar Demonstranten wurden verletzt, aber einer von ihnen starb. Das kann schon einmal passieren. Er war unglücklich an der Halsschlagader getroffen worden. Wer ihn getroffen hat, ob einer von uns oder einer von denen, ist bis heute nicht klar. Ein paar Tage nach diesem Unglücksfall war in der Früh die ganze Stadt mit Plakaten zugeklebt. Sie haben davon gehört? »Rache für Abdul Haman«, stand darauf. Es war ein Aufruf zur Opernball-demo. Als Verantwortlicher zeichnete der *Ausländerhilfs-verein*. Der Verein ist mittlerweile aufgelöst. Die Kommission hat alle Unterlagen beschlagnahmt.

Ausländerhilfsverein. Der Name klingt so friedlich, als wäre das eine gute Sache. In Wirklichkeit hatte sich dort der Teufel eingenistet. Wir kannten den Verein. Er hatte sein Lokal in der Nähe des Brunnenmarkts. Mein Kollege hat mir beim Schnitzelwirt erzählt, wer da ein und aus geht: alles radikale Mohammedaner. In Ägypten ausgebildet.

Und die riefen zur Opernballdemonstration auf, als ob der Tod des Abdul Haman mit dem Opernball irgend etwas zu tun hätte. Abdul Haman war so etwas wie ihr Führer. Zufällig hat es ihn erwischt. Daß der ein Obermufti war, hat vor seinem Tod kein Polizist gewußt. Vielleicht haben sie ihn ja selbst umgebracht. Eine Stammesfehde. Oder sie haben sich einen Anlaß schaffen wollen, um auch bei uns mit Terror zu beginnen. Ich traue denen alles zu. Auf ihren Plakaten und Aufrufen haben sie es so dargestellt, als sei ihr Führer von der Wiener Polizei absichtlich exekutiert worden. Und die Presse hat diesen Schwachsinn auch noch aufgegriffen. Aber wie reagieren unser Minister und sein Ohrensausen? Anstatt denen die Demonstration am Abend des Opernballs von vornherein zu verbieten, weil bei uns Rachefeldzüge nicht üblich sind, bekamen wir einen Er-laß, der es uns ausdrücklich untersagte, mit dem Knüppel auf den Hals zu schlagen. Und das, bevor noch irgendeine Schuld erwiesen war.

Gegründet wurde der *Ausländerhilfsverein* von Einheimischen, die sich für die Rechte von Ausländern einsetzten und Asylanten unterstützten. Raten Sie einmal, welcher Rechtsanwalt dort seine Finger im Spiel hatte. Thomas Prader, natürlich. Er war es auch, der einen Asylantrag für

Abdul Haman eingebracht hat. Der war nämlich nur mit einem Touristenvisum eingereist. Wahrscheinlich hat er die Adresse des *Ausländerhilfsvereins* schon im Gepäck gehabt. Wo es etwas zu holen gibt, haben die schnell heraus.

Angeblich gehörte Abdul Haman irgendeiner Moslembruderschaft an, die in Ägypten verfolgt wurde. Die Ägypter werden schon gewußt haben, warum. Der Asylantrag wurde von unseren Behörden abgelehnt, auch die Berufung. Haman hatte zwei Wochen Zeit, unser Land zu verlassen. Aber da kam plötzlich der Thomas Prader mit einem Trauschein daher und leierte diese ganze Menschenrechtsscheiße herunter, Recht auf Familie und all das Zeug. Die vom Asylamt überprüften das. Die Frau gab es wirklich. Es war eine Krankenschwester, die in ihrer Freizeit bei der medizinischen Betreuung des *Ausländerhilfsvereins* mithalf. Haman arbeitete zuerst am Naschmarkt, wo er für einen Türken Lammfleisch verkaufte. Später machte er den Taxiführerschein. Als sein Foto in der Zeitung erschien, meldeten sich ein paar seiner früheren Fahrgäste. Sie erzählten, er habe vor roten Ampeln in arabischen Büchern gelesen. In allen Ablagen, ja selbst auf dem Beifahrersitz lagen der Koran und andere arabische Schriften herum. Eine Zeitung hat auch berichtet, daß Haman für ein paar Monate nach Bosnien kämpfen gefahren ist. Und er soll nicht der einzige gewesen sein. Der *Ausländerhilfsverein* wurde immer mehr zu einem Zentrum islamischer Freunderlwirtschaft. Ich persönlich traue denen alles zu. Man hätte diesen Verein viel früher verbieten müssen. »Rache für Abdul Haman« – man muß sich das vorstellen. Wo sind wir denn? Die bringen nur Ärger in unser Land. Das sind doch, bitte, nicht unsere Probleme! Die sollen ihren Krieg daheim führen. Man hätte sie gleich alle rauswerfen sollen, egal, ob sie mit unseren Flitscherln verheiratet waren oder nicht.

Das nur, damit Sie sich auskennen, warum dieses Fernschreiben, daß wir in Bereitschaft bleiben sollen, eigentlich vorhersehbar war.

»Ich fürchte«, sagte ich zu meiner Frau am Telefon, »aus dem Fernsehabend wird nichts werden.« Dann erzählte ich ihr, daß wir gefilmt worden waren. Ich bat sie, die Opernballübertragung aufzunehmen. Sicher hätte ich sie noch daran erinnert, beim Videorecorder vor dem Drücken der Aufnahmetaste den richtigen Sender einzustellen. Und sie hätte mich wahrscheinlich wieder einmal gefragt, wie man das mache. Einmal hat sie nämlich den Sendersuchlauf gedrückt und nacheinander alle Speicherplätze gelöscht. Doch ich mußte das Gespräch leider beenden, weil über Funk eine Alarmfahndung der Sicherheitsdirektion kam:

»Achtung. Achtung. Zentrale an alle Wiener Kommissariate. Wer kennt eine Gruppe mit dem Namen *Die Entschlossenen*? Wer hat Hinweise auf die Aktivitäten dieser Gruppe? Wer hat Hinweise auf den Aufenthalt eines gewissen Karl Feilböck? Vermutlich kurze schwarze Haare, ca. 185 cm, ca. 25 Jahre, schlank. Gefahr in Verzug. Fernschreiben folgt.«

So etwa hat dieser Funkspruch gelautet. Er war kaum zu Ende, da begann auch schon der Fernschreiber zu rattern. Ich ging hin und las beim Ausdruck mit. Ich lese und lese, plötzlich trifft mich fast der Schlag. Als besonderes Kennzeichen war angegeben: »Dem Gesuchten fehlt der kleine Finger der rechten Hand.«

»Das darf doch nicht wahr sein«, rief ich meinem einführenden Kollegen zu. »Wir laufen über ein Jahr mit einem Finger herum, die Herren wissen, wem er gehört, lassen uns aber blöd sterben. Sagt Dir der Name Feilböck etwas?«

Mein einführender Kollege schmückte gerade die herabhängenden Kabel im Aufenthaltsraum mit Faschingsgirlanden. Er konnte sich an den Namen Feilböck ebensowenig erinnern wie ich. Da die Fahndung nach einer Gruppe, die sich angeblich *Die Entschlossenen* nannte, offenbar auf Angaben von Feilböck beruhte, Feilböck aber selbst gesucht wurde, konnte das nur heißen, daß die Kollegen vom Sicherheitsbüro den Fingerlosen schon einmal gehabt hatten, ohne uns etwas davon mitzuteilen. Mein einführender Kollege sagte: »Ruf sie an, und frag sie, ob ihnen noch zu helfen ist.«

Der Journaldienst schnappte das Fernschreiben. Er lief zu den Kojoten hinaus. Wir hörten ihn schreien und herumschlagen. Einmal brüllte einer der Männer laut auf. Aber sie konnten ihm offenbar nicht weiterhelfen.

»Macht endlich Euer Protokoll«, sagte er, als er zurückkam. »Ich kann dieses Gesindel nicht mehr sehen.«

Eine halbe Stunde später kam eine Durchsage. Wir schrieben gerade das Protokoll. Die drei Kojoten hockten auf einem aus Zimmerböcken und Brettern errichteten Maurerpodest entlang der Wand, mein einführender Kollege und ich saßen mitten im Kabelsalat hinter dem in die Mitte gerückten Schreibtisch. Da dröhnte plötzlich der Zimmerlautsprecher des Zentralfunks: »Achtung, Achtung. Alle Dienstleiter sofort in die Roßauer Kaserne!« Alle paar Minuten »Achtung, Achtung«. Das war über Jahre hinweg dieselbe Stimme, so, wie ich sie Ihnen jetzt vorgemacht habe. Immer begann es mit diesem doppelten »Achtung, Achtung«.

Mein einführender Kollege sagte: »Geht die Scheiße schon los?« Das letzte Mal, daß alle Dienstleiter in die Rossauer Kaserne beordert wurden, lag lange zurück. Das war beim Überfall von Terroristen auf das OPEC-Gebäude. Wir drehten den Fernsehapparat an. Nichts. Wir horchten auf die Radionachrichten. Nichts. Bei uns war zu dieser Stunde mein einführender Kollege Dienstleiter, da die anderen schon nach Hause gegangen waren. Er sagte zu mir: »Du kommst mit!«

Der Journaldienst protestierte: »Erst, wenn er das Protokoll fertiggeschrieben hat. Ihr könnt mich hier nicht allein sitzen lassen.«

»Mach das Protokoll selber fertig«, sagte mein einführender Kollege.

Der Journaldienst meinte: »Aber ich war doch nicht dabei.«

»Ist doch egal«, sagte mein einführender Kollege. »Erregung öffentlichen Ärgernisses, Widerstand und Beleidigung der Staatsgewalt — aber nichts davon richtig, denn Du mußt sie ohnedies laufenlassen. Dann schickst Du die Burschen fort und kannst arschficken, bis Dir der Klöppel raucht.«

Der Journaldienst streckte den Mittelfinger in die Höhe.

Die Frau war bislang unbeteiligt auf dem Maurerpodest gesessen. Plötzlich hob sie den Kopf. Sie sagte: »Wenn mich eines von euch Nazischweinen angreift, beiße ich ihm den Schwanz ab.«

»Gusch!« rief der Journaldienst, »sonst schiebe ich dir nacheinander alle deine Hustensaftflascherl in den Arsch, bis dir die Nase tropft.«

Jetzt schauen Sie nicht so geschreckt! Wir hatten damals diese Ausdrucksweise drauf. Das war ganz normal. Halt ein etwas freierer Umgangston. Heute ginge das nicht mehr. Da würden sich sofort die Kolleginnen aufregen. Nach der Katastrophe haben wir auf allen Dienststellen Frauen bekommen. Aber damals waren wir noch unter uns.

Mein einführender Kollege und ich holten nach der Durchsage unsere Uniformmäntel aus dem Spind und verließen das Wachzimmer.

In der Roßauer Kaserne wurden wir in den Vorführraum beordert. Insgesamt waren es so an die hundert Polizisten, die auf den Klappsesseln Platz nahmen. Der Raum füllte sich von hinten nach vorne. Die ersten drei, vier Reihen blieben frei.

Als der alte Sicherheitsdirektor und Major Leitner hereinkamen, wurde es still. Sie setzten sich in die erste Reihe. Schließlich kam Reso Dorf, wie immer beschwingten Schrittes. Der Mann war ein Phänomen. Egal, wann und wo er auftrat, er wirkte wie einer, der gerade einen erholsamen Urlaub hinter sich gebracht hat. Aber so ist er ja heute noch. Haben Sie ihn einmal im Fernsehen gesehen? Die Hände verschränkt, so als ob er beten würde, das hat er damals schon gemacht. Er war es jedenfalls, der uns begrüßte. »Ich hoffe«, sagte er, »das Ganze ist ein Fehlalarm.«

Er nahm ein gefaltetes Papier aus der Innentasche seines Sakkos und hielt es in die Höhe, ohne es zu öffnen. »Wir haben Hinweise auf eine Lieferung von einer irakischen Munitionsfabrik nach Wien. Wir wissen nicht, was diese Lieferung enthält. Es könnten auch chemische Waffen sein.«

»*Ausländerhilfsverein*«, hörte man einen vorlauten Kollegen sagen.

Reso Dorf lächelte. »Ihre Naivität, Herr Kollege, ist entzückend. Oder halten Sie uns für vollkommen vertrottelt? Seit Tagen tun wir nichts anderes, als alle Mitglieder des *Ausländerhilfsvereins* zu verhören. Wir haben ihnen die Bude auf den Kopf gestellt. Leider ohne Erfolg. Einen einzigen anderen Hinweis haben wir noch. Deshalb habe ich Sie hierhergebeten. Wie Sie wissen, meine Herren« – er hatte das Papier wieder eingesteckt und die Hände verschränkt – »bin ich für die Sicherheit beim heutigen Fest der feinen Pinkel zuständig. Ich will mir nicht den Vorwurf machen lassen, nicht alles unternommen zu haben.«

Reso Dorf kannten alle. Er leitete die *Abteilung für Hochverrat und Kriminaldelikte wider den Staat*. Das war eine spezielle Einheit der Staatspolizei, die nach dem Niedergang des Kommunismus vom Sicherheitsausschuß des Parlaments gegründet worden war, um das weitere Vordringen der russischen Mafia in unser Land zu verhindern. Sie war die bestausgestattete Abteilung überhaupt. Die hatten alles, wovon ein Polizistenherz nur träumen kann.

Die *Abteilung für Hochverrat und Kriminaldelikte wider den Staat* war zwar einerseits ein Teil der Staatspolizei, andererseits aber auch wieder nicht. Sie unterstand nämlich nicht dem Leiter der Staatspolizei, sondern war einzig und allein dem Sicherheitsausschuß des Parlaments verantwortlich.

Von den Amerikanern waren diskrete Hinweise gekommen, daß die russische Mafia nicht nur Teile unserer Wirtschaft kontrollierte, sondern mittlerweile auch begonnen hatte, politische Kontakte zu knüpfen. Reso Dorf, ein gebürtiger Serbe, der urspünglich mit Familiennamen Cerne hieß, sich aber nach seiner Einbürgerung, als er in den österreichischen Polizeidienst eintrat, umbenennen ließ, war der ideale Mann für diese Aufgabe. Kein Mensch hätte ihm den Polizisten angesehen. Er hatte oft eine derbe Ausdrucksweise, so, wie er sie auf unserer Polizeischule gelernt hatte. Bloß redete er auch öffentlich so. Bis heute eigentlich. Man geniert sich manchmal direkt. Aber er war ungemein erfolgreich. Jedes Jahr wurde er mit neuen Titeln und Orden ausgezeichnet. Ich weiß nicht, was er früher, vor seiner Flucht nach Österreich, gemacht hat. Es wurde jedenfalls gemunkelt, daß seine guten Ostkontakte von einer früheren Zusammenarbeit mit der politischen Polizei in Serbien stammen. Unser Postenkommandant sagte, als Reso Dorf wieder einmal eine Auszeichnung bekam und mit dem lächelnden Innenminister an seiner Seite in der Zeitung *Öffentliche Sicherheit* zu sehen war: »Den müssen sie ja befördern, sonst läßt er sie alle auffliegen.«

Reso Dorf zeigte uns zwei Videos, beide von miserabler Qualität. Das erste war von einer Überwachungskamera im Büro des alten Sicherheitsdirektors aufgenommen.

Man sah den Alten hinter seinem Schreibtisch sitzen, davor einen etwa dreißigjährigen, vielleicht auch jüngeren Mann mit einer dick verbundenen Hand. Langsam rollte er mit der anderen Hand den Verband auf. Bald sah man einen Flecken, der von Schicht zu Schicht größer wurde. An dieser Stelle klebte der Verband zusammen. Wenn der Mann am Verband riß, verzog er das Gesicht. Mit dem letzten Ruck kam eine eitrig verkrustete Wunde zum Vorschein – an der Stelle des Mittelhandknochens vom kleinen Finger. Sie zog sich bis zum Handgelenk hinauf. Statt des kleinen Fingers gab es nur ein paar wegstehende Fäden. Was der Mann sagte, war nicht zu hören, weil die Überwachungskamera im Büro des Sicherheitsdirektors ohne Ton war. Später band er die Hand wieder zu. Dabei redete er ununterbrochen mit dem Sicherheitsdirektor, hielt von Zeit zu Zeit mit dem Verbinden inne und machte dann wieder weiter. Als er fertig war, erhob er sich und ging fort. Der alte Sicherheitsdirektor erhob sich ebenfalls. Wieder sah man ihn reden. Der Fingerlose war nicht im Bild. Dann kam er zurück und reichte dem Alten zum Abschied die linke Hand.

Das Licht wurde aufgedreht. Reso Dorf stellte sich vor der Leinwand auf und bat den alten Sicherheitsdirektor, uns möglichst detailgenau zu sagen, was bei dieser Begegnung gesprochen wurde. Der alte Sicherheitsdirektor erhob sich, zog an seinem Hosenbund und drehte sich zu uns. Er zog immer an seinem Hosenbund, weil ihm der Bauch drüberhing.

»Das war vor fast zwei Jahren«, sagte er. »Da hat ständig ein Mann angerufen, der mich persönlich sprechen wollte und behauptete, es gehe darum, eine Katastrophe zu verhindern. Den anderen wollte er nichts mitteilen, nur mir persönlich. Er blieb hartnäckig, bis ich ihn schließlich empfangen habe. Seine Wunde, hat er mir erzählt, habe ihm eine Gruppe zugefügt, die sich *Die Entschlossenen* nennt. Die Gruppe plane einen Anschlag auf den Wiener Opernball. Er selbst sei Mitglied dieser Gruppe gewesen, habe sich aber gegen den Plan gestellt. Deshalb sei er bestraft worden. Man habe ihm den kleinen Finger ausgerissen. Er sei gekommen, um den Anschlag zu verhindern.«

Reso Dorf unterbrach den alten Sicherheitsdirektor. »Und dieser Fetzenfinger hat keinen Hinweis gegeben,wer die sogenannten *Entschlossenen* sind?«

»Leider«, fuhr der Alte fort. »Ich habe ihn dann gefragt, wie er heiße. Aber auch das hat er mir nicht gesagt. Er gab schließlich zu, daß er gar nicht wisse, wie der Anschlag vor sich gehen solle. Aber wenn wir ihm Straffreiheit zusichern, werde er für uns arbeiten und die Details herausfinden.«

»Straffreiheit wofür?« fragte Reso Dorf. Er wußte es natürlich, aber er machte es für uns ein wenig spannender.

»Das habe ich ihn auch gefragt«, sagte der Sicherheitsdirektor. »Aber der Fingerlose wollte es mir nicht sagen. Es war nicht möglich, ihm Straffreiheit zuzusichern, da er weder Angaben über seine Rolle in dieser Gruppe machte noch über begangene Delikte Auskunft geben wollte.«

Der Fingerlose beharrte jedenfalls auf Straffreiheit. Der Sicherheitsdirektor erklärte ihm, seine mögliche Rolle als Kronzeuge oder als V-Mann könne man erst dann diskutieren, wenn wir abschätzen könnten, was wir von ihm zu erwarten hätten.

Sie sind so verblieben, daß der alte Sicherheitsdirektor den Fingerlosen bat, Details über den geplanten Anschlag zu recherchieren und sich wieder zu melden. Er werde in der Zwischenzeit schauen, was er für ihn machen könne. Und jetzt kommt das Ungeheuerliche. Er ließ den Fingerlosen gehen, ließ ihn einfach fortgehen, auf Nimmerwiedersehen. Wahrscheinlich wartet er heute noch darauf, daß er sich meldet. Das war auch die erste Frage, die man an ihn richtete. Normalerweise werden Vorgesetzten keine kritischen Fragen gestellt. Ich hätte mich sicher nicht getraut. Aber in diesem Fall war es einfach zu wichtig. Schließlich hatte einer den Mumm, aufzustehen und unverblümt zu fragen: »Warum haben Sie den Fingerlosen gehen lassen?«

Der Alte antwortete: »Ich war hundertprozentig überzeugt, er würde wiederkommen.«

Deshalb habe er sich an Major Leitner gewandt, »den besten Polizeijuristen von Wien«, wie er ihn nannte, und ihn gefragt, was man dem Fingerlosen für seine Informationen anbieten könne. Im Vorführraum stand nun Major Leitner auf und erzählte, wie es weiterging.

»Ich habe empfohlen«, sagte er, »diesem Mann Straffreiheit zuzusichern – wenn er darauf besteht, sogar schriftlich. Ob das vor Gericht gehalten hätte, ist eine andere Sache – wahrscheinlich nicht. Weiter habe ich empfohlen, die Sache sehr ernst zu nehmen und Reso Dorf damit zu befassen. Immerhin geht es ja um die Sicherheit bedeutender Politiker und internationaler Persönlichkeiten.«

Dann erklärte uns Reso Dorf, er habe, als er den Fall übernahm, darüber keine Auskunft geben können, da auch er noch hoffte, der Fingerlose werde sich wieder melden. Vergeblich.

Am Tag des Balls – das war der Ball ein Jahr vor der Katastrophe – wurde das Opernhaus von Bombenexperten genau durchsucht. Die Zahl der Sicherheitsbeamten unter den Opernballgästen wurde erheblich aufgestockt. Aber es passierte nichts.

Naja, drinnen passierte jedenfalls nichts. Die Demonstration draußen war wieder abgesagt worden. Dennoch hatte es eine Straßenschlacht gegeben, die sich eine Stunde hinzog. Aber unter den Verhafteten war kein einziger, den man mit den *Entschlossenen* in Verbindung bringen konnte. Ein paar versprengte Linke und vor allem Typen aus der Anarcho-Szene, wie immer.

»Der Fetzenfinger«, fuhr Reso Dorf fort, »hat von irgendwelchen *Entschlossenen* gesprochen, von denen wir bis heute nicht wissen, wer sie sein sollen. Aber der Bursche hat uns natürlich nicht verraten, daß er selbst einige Jahre zuvor der *Bewegung der Volkstreuen* angehört hat. Wir kamen dahinter, als seine Mutter wenig später eine Vermißtenanzeige aufgab und Fotos vorlegte. Seit damals wissen wir, wie der Fetzenfinger heißt: Karl Feilböck.«

Reso Dorf meinte, daß es Karl Feilböck gewesen sein könnte, der der Polizei den entscheidenden anonymen Hinweis auf den Gürtelhausbrand gab. Das war, wenn ich mich recht erinnere, vier Jahre vor der Katastrophe. Der Führer der *Bewegung der Volkstreuen* ist geflüchtet und nie wieder aufgetaucht. Zwei Mittäter kamen ins Gefängnis. Sie sitzen heute noch. Die *Bewegung der Volkstreuen* wurde nach dem Gürtelhausbrand verboten. Damals wurde auch Karl Feilböck verhört. Durch eine unsägliche Schlamperei der Kollegen aus Hernals war von Feilböck kein Fingerabdruck gemacht worden, so daß nach meinem Fund in der Karlsplatz-Passage nicht feststellbar war, wem der Finger gehörte.

Reso Dorf erklärte uns, seine Abteilung habe, nachdem der Fingerlose als Karl Feilböck identifiziert worden war, sofort damit begonnen, alle ehemaligen Mitglieder der verbotenen *Bewegung der Volkstreuen* zu überwachen. Es gab nicht das geringste Anzeichen dafür, daß die Gruppe wieder aktiv war. Ein paar, die in der Nähe arbeiteten, trafen einander manchmal zum Mittagessen im Restaurant eines Kaufhauses in der Mariahilfer Straße. Aber selbst diese Begegnungen dürften eher zufällig gewesen sein. Darüber hinaus konnten keine Kontakte registriert werden, auch keine telefonischen. Seit dem Verschwinden ihres Führers gab es die *Bewegung der Volkstreuen* nicht mehr. Mit einer einzigen Ausnahme.

»Vor eineinhalb Jahren«, sagte Reso Dorf, »ein paar Wochen nach Feilböcks Plauscherl mit dem Herrn Sicherheitsdirektor, als wir die Burschen beschatteten, organisierten sie am Johannistag ein Sonnwendfeuer auf einem alten Gutshof bei Rappottenstein. Das war eine Art Nostalgietreffen. Auf diesem Gutshof, der leer steht und dem Onkel eines ehemaligen Aktivisten der *Volkstreuen* gehört, hatten sie sich früher immer getroffen und in der Nacht vom 23. auf den 24. Juni ein Sonnwendfeuer abgebrannt.

Diesmal waren wir mit der Kamera dabei. Die Burschen bereiteten alles vor, schichteten Holz und Stroh übereinander, gossen Benzin darüber und entzündeten das Feuer. Wir warteten gespannt und hofften auf Feuersprüche und Naziparolen. Zu unserer Überraschung kamen plötzlich von allen Richtungen die Menschen, brachten Wein mit, Würstel, Bratkartoffeln und Kekse. Das wurde ein richtiges Volksfest. Ich habe meinen Augen nicht getraut.

Als die Dorflackeln betrunken waren, sprangen sie als Mutprobe über das Feuer. Dabei ist einer in der Glut gelandet. Es hat sofort der Arsch gebrannt. Die anderen haben ihn gelöscht. Er mußte ins Krankenhaus gebracht werden. Wir konnten nicht helfen, weil wir auf dem Hochstand saßen und das Geschehen mit Teleobjektiv observierten. In den Gasthäusern sahen wir später die handgeschriebenen Plakate. Die hatten die ganze Marktgemeinde zum Sonnwendfeuer geladen. Wenn Sie jetzt bitte das Video genau anschauen.«

Reso Dorf setzte sich. Das zweite Video war kaum besser als das erste. Es war offenbar aus großer Entfernung aufgenommen. Sieben oder acht Personen kamen nacheinander ins Bild. Sie brachten Obststeigen mit Stroh und Reisig darin und schichteten sie auf einen Haufen. Man konnte die Gesichter kaum auseinanderhalten. Reso Dorf hielt das Video mit der Fernbedienung an. Dann stand er auf und ging ins Bild.

»Wir kennen sie alle, bis auf einen«, sagte er. Er zeigte nacheinander auf die Köpfe. »Der Lackel hier ist Kranfahrer bei einer Baufirma. Dieses Bürschchen ist bei derselben Firma Polier. Das Haus gehört seinem Onkel. Da gibt es noch einen dritten, den Ingenieur, aber der ist gerade nicht zu sehen. Dieses lange Elend hier arbeitet in einem Restaurant in der Mariahilfer Straße, wo sie sich manchmal zum Essen treffen.«

Er ließ das Video ein Stück weiterlaufen und hielt es wieder an. »Und hier ist der Ingenieur«, sagte er. »Und der Bunker hier, der als letzter gekommen ist, arbeitet in einem Schallplattengeschäft. Aber wer ist der hier?«

Er zeigte auf einen Mann mit Hut, der mit einem Arm voll Holzscheiten kam, die er auf den Haufen warf.

»Der Mormone!« flüsterte ich zu meinem einführenden Kollegen hinüber. Der fand auch, daß er ihm ähnlich sehe. Schließlich sagte er es: »Der schaut aus wie ein Mormone, der auf dem Karlsplatz missioniert.« Auch der Kommandant von der Wachstube Karlsplatz wollte eine frappierende Ähnlichkeit sehen. Das Problem waren die Haare. Der Mormone hatte lange Haare, der Mann mit Hut allerdings kurze.

»Vielleicht hat er die Haare in den Hut gesteckt«, meinte der Kommandant von der Wachstube Karlsplatz. Dann fragte er: »Ihr habt doch die Burschen verhört. Was sagen sie?«

»Daß sie ihn nicht kennen«, sagte Reso Dorf. »Sie behaupten unisono, der Mann sei am Nachmittag gekommen, weil er von einem Sonnwendfeuer gehört habe. Er wollte mithelfen. Sie gaben an, er habe sich als George vorgestellt. Er sei ein Ire. Die Leute von Rappottenstein erzählten, daß er nicht gut deutsch gekonnt und meistens mit der Lehrerin englisch gesprochen habe. Der Hauptschullehrerin hat er offenbar die Augen verdreht. Auch sie behauptet, er sei ein Ire gewesen, der zufällig vom Feuer gehört habe. Er hat ihr vorgeschwafelt, daß diese Tradition aus Irland kommt.«

»Dennoch«, sagten wir. »Er hat eine Ähnlichkeit mit Steven Huff, dem Mormonen vom Karlsplatz.«

»Danke«, sagte Reso Dorf. »Danke. Das ist ja mehr, als wir erwarten konnten.«

Für einen Moment stand Reso Dorf mitten in einem hoch auflodernden Feuer, dann war das Video weg, und das Saallicht wurde aufgedreht.

Reso Dorf verschränkte die Hände zum Gebet. »Also«, sagte er betont ruhig, »dann mitten hinein in die Scheiße. Es kann hunderttausend Gründe geben, warum dieses Gespenst vor eineinhalb Jahren beim Sonnwendfeuer war. Dennoch: Alarmstufe eins für die Fahndung nach dem Mormonen. Sofortige Inhaftierung aller ehemaligen *Volkstreuen*. Darüber hinaus habe ich mit dem Sicherheitsdirektor vereinbart: Alle Postenkommandanten gehen in Zivil zum Opernball. Frackausgabe in der Effektenabteilung. Herr Sicherheitsdirektor?«

Der Alte erhob sich. »Wir müssen natürlich alles tun, was getan werden kann«, sagte er. »Vor allem wegen des ausländischen Hinweises auf die irakische Waffenlieferung. Damit wir nicht nachher dastehen und haben nicht alles getan, was getan werden konnte. Wenn wir wenigstens wüßten, welche Waffen das sein sollen. Wir konnten nicht die geringste Spur sicherstellen. Vielleicht ist alles nur ein Sturm im Wasserglas. Aber wie gesagt: Wir müssen tun, was getan werden kann.«

»Wie hoch ist das Risiko?« fragte ein Kollege.

»Bin ich der liebe Gott?« antwortete Reso Dorf. »Letztes Jahr hatten wir die Warnung vom Fetzenfinger und das Sonnwendfeuer. Wir waren mit dreihundert Zivilisten auf dem Opernball. Nichts war. Die angeblich *Entschlossenen* sind bis heute unauffindbar geblieben. Heuer haben wir den Rache-Aufruf der Kameltreiber und den Hinweis auf den irakischen Waffentransfer, eigentlich eine ganz andere Spur. Der Fetzenfinger-Hinweis sieht immer mehr nach einer Sackgasse aus. Dennoch: Feilböck ist verschwunden, und die irakische Lieferung muß irgendwo gelandet sein. Beißen wir also die Zähne zusammen, und stürzen wir uns in die Scheiße. Morgen können wir einander erzählen, ob es gestunken hat.«

Die Besprechung schloß mit allgemeinem Gelächter. Als wir uns erhoben, schlugen die Sitzflächen der Klappsessel nach hinten. Mitten in diesem Krach ging die Tür auf, und herein kam Hübler, der Polizeipräsident. Er trug Galauniform und salutierte. Wir nahmen Haltung an und salutierten ebenfalls.

»Ruhen!« sagte Hübler. Wir nahmen die Hände wieder herunter. Er gab ein Kommando aus: »Alle verfügbaren Dienstkräfte sammeln sich um acht Uhr dreißig hier im Paradehof der Roßauer Kaserne. Die Journaldienste sollen herumtelefonieren. Wer erreichbar ist, muß kommen. Wir können keinen Aufruf im Fernsehen machen, sonst wird die Situation noch weiter angeheizt. Heute nacht sind die Wachstuben nur mit je einem Journaldienst besetzt. Das müssen wir riskieren.«

Sagte es, und weg war er. Als mein einführender Kollege und ich wieder in unserer Wachstube eintrafen, waren die Arschficker schon fort. Dafür war der Postenkommandant da. Er drückte gerade auf die Fernbedienung.

»Kinder«, rief er, als er uns sah, »habt Ihr gehört, was los ist? Da darf man die Kollegen nicht allein lassen. Ich muß sofort zum Opernball.«

»Wir wurden gerade von den Göttern persönlich instruiert«, sagten wir. »Von Reso Dorf, vom Sicherheitsdirektor, von Major Leitner und von Hübler.«

»O Gott, o Gott, und ich war nicht dabei«, antwortete er. »Hat jemand nach mir gefragt?«

Ich erzählte ihm die Bedeutung meines Fingerfundes,

und wie wichtig es gewesen wäre, wenn ich den Fall weiter verfolgt hätte. Das war ihm sichtlich unangenehm. Er sorgte sich um seinen Ruf: »Du hast doch nicht etwa behauptet, daß ich die Untersuchung behindert habe?«

Ich konnte ihn beruhigen. Viel Zeit hatten wir nicht, um ihm alles zu berichten. Er mußte zur Effektenabteilung fahren und sich seinen Frack abholen.

In unserer Ahnungslosigkeit sagten wir damals: »Zum Ball drinnen die Kommandanten, zur Schlacht draußen die Untergebenen. Das haben sie sich fein ausgedacht.«

Zurück in die alte Welt

Rote Klumpen mit gelben, schmierigen Patzen. Dazwischen weiße Splitter. Zerrissenes Fleisch. Kleidungsfetzen. Dann ein abgetrennter Fuß, gezoomt. Schwenk zu einer zugedeckten Blutlache. Jemand hebt das Papier. Darunter ein Kopf mit einer Schulter und einem Oberarmstummel. Großaufnahme der offenen Augen. Schnitt. Schwarz gekleidete Frauen heulen, stützen einander. Schnitt. Weinendes Gesicht in Großaufnahme. Schnitt. Kinder mit Kalaschnikovs, vor der Kamera posierend.

Immer wieder nur das. Ich hätte solche Szenen nicht oft genug drehen können. Tote, Verwundete, Schreiende, Trauernde, Schießende und Kinder. Am liebsten weinende, blutende oder bewaffnete Kinder. Die Welt konnte nicht genug haben von guten Kriegsdokumentationen. Nicht diese üblichen Aufnahmen hinter den Linien, in denen man Detonationen hört und irgendwo in der Ferne Rauchfähnlein aufsteigen sieht. Im Vordergrund steht meist ein Korrespondent mit kugelsicherer Weste. Er erklärt, daß trotz des vereinbarten Waffenstillstands geschossen werde. Wer damit begonnen habe, sei aber schwer festzustellen. Das war der gewöhnliche Live-Einstieg in eine Nachrichtensendung. Nie hatte jene Seite zu schießen begonnen, die dem Korrespondenten eine kugelsichere Weste verpaßt und ihn zum Standort der Kamera gebracht hatte. ETV zahlte mir nicht den vierfachen Lohn der BBC, damit ich ihnen Allerweltsbilder lieferte. Von mir wollte man den wirklichen Krieg in Großaufnahme. Und sie bekamen ihn.

Mostar und Sarajewo, diesen beiden Städten habe ich es zu verdanken, daß meine neue Position bei ETV unanfechtbar wurde. Ich flog mit einem Kameramann und einem Tontechniker nach Zagreb. Dort wurden wir dem Leiter einer Sondereinheit vorgestellt. Die einzelnen Teile seiner Uniform stammten von verschiedenen Armeen, als hätte er die Restposten bei einem Trödler aufgekauft. Er sprach ein Gastarbeiterdeutsch mit bayrischem Akzent. Verben benutzte er prinzipiell nur im Infinitiv: »Ich genehmigen nur zwei Mann.«

So ließen wir den Kameramann in Zagreb zurück. In zwei Nachtfahrten wurden wir, gemeinsam mit einer kleinen Gruppe österreichischer und deutscher Söldner, ins Kampfgebiet von Mostar gebracht. Unser Quartier war ein Franziskanerkloster. Ich durfte die Söldner nicht filmen. Aber ich tat es trotzdem. Dafür wurde schließlich das Teleobjektiv erfunden. Die Söldner waren schlicht Naziburschen, keiner von ihnen älter als zwanzig. Sie waren gekommen, um dem alten Freund Kroatien gegen den alten Feind Serbien beizustehen. Nun kämpften sie in Mostar aber nicht gegen Serben, sondern gegen bosnische Muslime. Diese verzwickte Lage schien ihren Haß nur noch zu steigern. Alles, was sich bewegte, wurde niedergemacht. Hätte ich ihnen gesagt, daß mein Vater Jude ist, ich hätte die nächste Minute nicht mehr erlebt. Einen von ihnen filmte ich aus großer Entfernung, als er einem moslemischen Mädchen eine Granate schenkte. Er lachte das Kind an und ging in schnellen Rückwärtsschritten aus dem Bild. Ich wollte ihm schon mit einem Schwenk folgen, da kam mir der Gedanke, er könnte den Ring gezogen haben. Das Kind schaut auf die Granate in seiner Hand und weiß nicht recht, was es damit tun soll. Im nächsten Augenblick wird es zerrissen.

Ich schwor mir damals, diesen Burschen vor Gericht zu bringen. Doch die Chancen, daß er noch lebt, sind äußerst gering. Meines Wissens ist es nur einem einzigen Söldner aus dieser Gruppe, einem österreichischen Nazibuben, gelungen, rechtzeitig zu flüchten. Die anderen wurden, als sie ihre Aufgabe erfüllt hatten, irgendwo verscharrt.

»Die Hölle von Mostar« hieß meine Dokumentation. Sie wurde von allen ETV-Stationen gesendet und weltweit verkauft. Und doch war ich nicht zufrieden damit. Ich hatte gute Aufnahmen von den Ruinen der Stadt, von hilflos herumirrenden Menschen, von den zwei ins Nichts ragenden Bögen der alten türkischen Neretva-Brücke, von zerschossenen und niedergebrannten Moscheen. Und dann hatte ich natürlich die berühmt gewordene Handgranatenszene, die selbst in Illustrierten abgedruckt wurde. Die kroatische Sondereinheit und die Söldner kamen darüber hinaus jedoch nur in kurzen, fast belanglosen Ausschnitten ins Bild: als brave Soldaten, die ein Franziskanerkloster verteidigen. Aber in der Nacht zogen sie aus und überquerten, vollbehängt mit Sprengstoff, die Neretva. Sie jagten im Ostteil der Stadt die Moscheen in die Luft. Ich hatte noch immer auf eine Gelegenheit gewartet, ihr Treiben unbemerkt dokumentieren zu können. Nach dem Granatenanschlag auf das Kind war meine Handkamera aber plötzlich mit Gold gefüllt, das ich keinem Risiko aussetzen wollte. Wir ließen uns zu regulären Einheiten bringen, die uns den Rückweg nach Zagreb ermöglichten. Innerhalb von zwei Stunden war der Film geschnitten und kommentiert. Der für den Sendewagen zuständige Techniker überspielte ihn via Satellit nach Paris. Ein erster Ausschnitt, natürlich die Handgranatenszene, wurde noch in den Abendnachrichten gebracht. Der ganze Film ging am nächsten Tag europaweit auf Sendung. Durch die Eile meiner Abreise war es mir nicht möglich, nachzuweisen, daß die alte Brücke von deutschen Nazijungen gesprengt worden war. Sie hatten mit Stolz davon erzählt. Noch in Zagreb erfuhr ich, daß die Franziskaner-Kirche von Mostar in Flammen stehe. Das kroatische Fernsehen zeigte erste Bilder. Der Kommentar wurde mir von einem deutschen Kollegen übersetzt. Es war ein Aufruf zum Endkampf. Damit hatte ich die Attraktivität meines Standorts im Franziskanerkloster von Mostar eigentlich verpaßt.

Dennoch, die Dokumentation war so erfolgreich, daß sich die Wiener ETV von da an selbst finanzieren konnte. Ich hatte schon Angst gehabt, dieses Ziel nicht rechtzeitig zu erreichen und mich deshalb bei der Pariser Zentrale rechtfertigen zu müssen. Als dann auch noch Sarajewo dazukam, war der weitere Ausbau meines Wiener Projekts gesichert, trotz aller Schwierigkeiten, die ich am Anfang hatte.

Als ich nach Wien kam, war, abgesehen von einer Spendenaktion für die notleidende Bevölkerung in Jugoslawien, nichts davon zu bemerken, daß vierhundert Kilometer entfernt Krieg herrschte. Wien war ein wundersames, großes Dorf. Jeder schien hier jeden zu kennen. Das einzige, was die Menschen beschäftigte, war die Frage, wie sie ihr Leben möglichst ohne Anstrengung und doch abwechslungsreich über die Runden bringen könnten. Die Politiker hatten eine zusätzliche Sorge. Ihr ganzes Berufsstreben schien darauf abzuzielen, auf dem ETV-Bildschirm das eigene Gesicht zu sehen. Ich war keine zwei Wochen in Wien, da lud mich der Bundeskanzler zum Tennis ein, seine Frau zum Golf, der Parteichef der Konservativen zu einem Ausflug in die Alpen. Der Chef der Nationalen Partei schickte mir als Einstandsgeschenk einen blauen Seidenschal. Ich schickte ihn zurück mit der Bemerkung, daß ich noch nicht vorhätte, mich zu erhängen. Daraufhin lud er mich zum Abendessen ins Bristol ein. Burgtheater, Akademietheater und Staatsoper drängten mir Gratiskarten für ihre Premieren auf. Bald auch andere Theater. Geschäftsleute, Minister, Parteien, Chefredakteure, Gewerkschaften, Stadträte, alle schienen hier ununterbrochen Feste zu feiern.

Und die Zeitungen und Zeitschriften, kleine, dümmliche Blättchen, wurden nur dann gründlich, wenn sie die stadtbewegende Frage behandelten, wer bei diesen Festen mit wem gesehen wurde.

Es gab noch eine andere Seite der Stadt, die sogenannte Vorstadt. In den Gemeindebauten, einst der Stolz sozialistischer Kommunalpolitik, wilderte nun Jup Bärenthal, der Chef der Nationalen Partei. In der Anfangseuphorie der Öffnung des Eisernen Vorhangs hatte es einen unkontrollierten Flüchtlingsstrom aus osteuropäischen Ländern gegeben. Er war, als man die Grenze – nunmehr von der Westseite – wieder geschlossen hatte, von Kriegsflüchtlingen aus Jugoslawien abgelöst worden. Bis man auch diesen den Zutritt ins Land verwehrte. Mittlerweile hatte sich aber die Vorstadt verändert. Die meist in engsten Raumverhältnissen zusammengedrängten Ausländer stießen auf eine wachsende Feindseligkeit der einheimischen Bevölkerung. Zwei oder drei Jahre vor meinem Eintreffen in Wien hatte es einen Brandanschlag auf ein Wohnhaus gegeben, bei dem 24 Ausländer getötet worden waren. Davon hatte ich in London gehört. Aber die Nachricht ging fast unter in der Fülle der Berichte von ähnlichen Anschlägen in Deutschland.

Die Lage schien sich beruhigt zu haben, als ich nach Wien kam. Die rassistischen Gewalttätigkeiten lagen insgesamt weit unter dem Niveau anderer europäischer Großstädte. Diejenigen, die »Österreich zuerst« und »Österreich den Österreichern« riefen, obwohl sie selbst oft slawischer Herkunft waren, fanden zwar weiter Zulauf. Aber es hatte für mich, von London kommend und an Gewalt auf den Straßen gewöhnt, nichts Bedrohliches.

Für Wien war ich eigentlich gar nicht zuständig, oder höchstens am Rande. Dennoch machte ich meine ersten Recherchen in den Ausländervierteln von Wien, im 16., 17. und 20. Bezirk. Ich dachte mir, die Emigranten werden am besten wissen, wo die Probleme in ihrer Heimat liegen, und so könnte ich mir einen ersten Überblick verschaffen. Doch sie erzählten mir vor allem von den Problemen, die sie hier hatten. Kaum einer war bereit, vor der Kamera zu sprechen, am wenigsten die Frauen. Viele von ihnen waren selbst dann, wenn ihr Mann über gültige Papiere und eine Arbeitserlaubnis verfügte, ohne Aufenthaltsberechtigung. Manche hätten sie wahrscheinlich bekommen, aber sie mieden jeden Kontakt mit den Behörden, aus Angst, sie könnten festgenommen und in ihr Herkunftsland abgeschoben werden.

Während zwischen Kroaten und Serben ein Waffenstillstand nach dem anderen in Kraft trat, unternahm ich Reisen nach Rumänien, Bulgarien, Polen und Albanien. Schließlich war ich für ganz Osteuropa zuständig. Ich fand bloß den Blickwinkel nicht, aus dem diese Länder für ein ETV-Publikum interessant sein könnten. Die ehemals kommunistischen Staaten siechten vor sich hin. Ich filmte die Armut. Ich sprach mit Menschen, die über den Mangel klagten, über die Politiker schimpften und die Neureichen eine »Mafia« nannten. Ach was, dachte ich, mein Sohn ernährt sich von Wurzeln und Schnecken. Ich filmte Neureiche, die die teuersten deutschen Limousinen fuhren und den Armen vorwarfen, sie seien zu träge, hätten keine Initiative und warteten nur darauf, daß der Staat sie füttere. Kommt mir bekannt vor, dachte ich. Wartet nur ab, was aus eurem Land wird, wenn ihr endlich euren Reagan und eure Thatcher habt. Ich filmte Politiker, die alle davon träumten, bald ein Teil Westeuropas zu sein. Es war geradezu rührend, wie sie die freie Marktwirtschaft lobten und gleichzeitig in die Kamera flehten, die reichen Staaten sollten ihnen endlich Geld geben.

Meine ersten Dokumentationen über Osteuropa gehören zum Uninteressantesten, was ich jemals produziert habe. Nicht einmal ETV selbst wollte sie senden. Ich war froh, wenn wir zur deutschen Fassung, die wir selbst ausstrahlten, noch eine englische und, wenn es hochkam, eine französische oder italienische Fassung unterbrachten.

Nach der Anerkennung des autonomen Staates Bosnien-Herzegowina durch die Europäische Gemeinschaft und die USA ging endlich der lang prophezeite Krieg in Bosnien los. Schlagartig war ich in meinem Element. Ich hatte mir, als die Drohgebärden der westlichen Staaten zunahmen, einen zusätzlichen Kanal in einem französischen Nachrichtensatelliten reserviert. Von der Pariser ETV-Zentrale war ich in letzter Zeit aber immer nachdrücklicher bedrängt worden, diesen Kanal aufzugeben, da die tägliche Miete für eine reine Wartezeit einfach zu hoch sei. Da die Pariser Generaldirektion damit drohte, die Kosten auf Wien abzuwälzen, stellte mir nun auch der hiesige Geschäftsführer nach.

»Ich verstehe Euch ja«, sagte ich. »Aber mit Kriegen muß man Geduld haben. Lord Carrington hat aufgegeben. Im Zimbabwe-Konflikt Anfang der achtziger Jahre konnte er eine gute Figur machen, weil der Diktator Ian Smith ohnedies schon am Ende war. Aber dem Schlitzohr Karadžić war er nicht gewachsen. Lord Owen wird es nicht anders gehen.«

»Das sind doch nur endlose Scharmützel. Wen interessiert das noch? Wenn nicht bald etwas Großes daraus wird, schließen wir den Kanal.«

»Ich flehe euch an, wartet noch ein paar Wochen. Karadžić ist kein Politiker. Er ist ein Schriftsteller, der seinen Roman erfolgreich zu Ende bringen will. Und wenn ihm die ganze Welt eine Poetik vorgibt, findet er seine besondere Befriedigung darin, die Regeln über Bord zu werfen. Ein Roman entsteht aus der Lust, die Wirklichkeit zu bezwingen.«

»Ach, so sehen Sie das«, sagte der Geschäftsführer ironisch und sah mich lange an. Immerhin bekam ich eine Frist von vierzehn Tagen.

Ich flog nach Belgrad, um mir eine Route nach Sarajewo zu sichern. Unser Sendewagen mit der Satellitenschüssel war jedoch in Zagreb stationiert, und dort sollte er bleiben. In der kroatischen Hauptstadt hatte mir der Hinweis auf ein freundschaftliches Verhältnis zum österreichischen Außenminister so manche Tür geöffnet. In Belgrad hingegen betonte ich immer wieder, daß die ETV-Zentrale nicht in Wien, sondern in Paris sei. Das Argument wurde um so schwächer, je länger sich die Entscheidung hinzog. Denn mittlerweile übten die Franzosen Druck aus, den Belagerungsring um Sarajewo zu öffnen. Das einzige, was mir half, war, daß auch der serbische Präsident Milosevic den ETV-Bildschirm für seine Zwecke nutzen wollte. Dennoch kam ich zunächst ohne Ergebnis nach Wien zurück.

Da mir eine viertägige Amerikareise bevorstand, um Fred aus Moab abzuholen, verschob ich alle weiteren Bemühungen, nach Sarajewo zu kommen. Zwei Tage vor meiner Abreise kam ein Fax aus Belgrad. Im Sinne der neuesten Genfer Vereinbarung werde einer Delegation des Roten Kreuzes und ausgewählten Journalisten der Zutritt nach Sarajewo gewährt. Treffpunkt Innenministerium in Belgrad am folgenden Tag.

Keine meiner Entscheidungen war je mit so viel schlechtem Gewissen und Selbstvorwürfen verbunden. Ich stellte mir Fred vor, wie er mit dem Hubschrauber in Moab landet, mich unter den winkenden, jubelnden und weinenden Angehörigen sucht, aber nicht findet. Hätte ich Fred nicht die Härte des Überlebenscamps verschwiegen, wäre es mir leichter gefallen, den Flug nach Colorado zu stornieren. So aber hatte ich etwas gutzumachen. In Moab, so überlegte ich, wäre es sicher einfacher, Freds Ärger in Vaterliebe zu ersticken, als später in Wien. Wie sollte er mir auch groß Vorwürfe machen, wenn daneben seine sechs Leidensgenossen ihre Eltern dankbar in die Arme schließen. Und doch bestellte ich das Ticket nach Belgrad. Ich faxte einen

Brief nach Provo, mit der Bitte, ihn Fred sofort nach seiner Ankunft zu überreichen. Schließlich rief ich meine Mutter an und bat sie, Fred von Heathrow abzuholen, ihm Geld zu geben und ihn zum Anschlußflug nach Wien zu bringen. Das Ticket liege am *reservation-desk* der British Airways zum Abholen bereit. In Wien-Schwechat solle Fred ein Taxi zu meiner Wohnung nehmen und bei der Hausmeisterin, an der Klingel links unten, läuten. Meine Mutter wiederholte alles. Vielleicht machte sie sich auch Notizen. Dann wollte sie, daß ich ihr von Wien erzähle. Ich wimmelte sie ab. »Ich habe keine Zeit. Ich fliege morgen nach Sarajewo und muß noch eine Menge Vorbereitungen treffen.«

»Bitte, paß auf Dich auf.«

»Keine Angst, Mutter. In Sarajewo ist Gefechtspause.«

Am Abend stellte ich in Freds Zimmer eine Vase mit roten Rosen, eine Schüssel Obst und eine Flasche Rotwein. Dann schrieb ich einen langen Brief. Ich bat Fred um Verständnis dafür, daß ich ihn reingelegt habe. Ich hätte keinen anderen Ausweg gesehen. Ich versprach ihm, alles zu tun, um sein Leben in Wien angenehm zu machen. Sobald ich zurück sei, könne er seine Stelle als Kameraassistent antreten.

Ich steckte fünftausend Schilling in das Kuvert und lehnte es an die Blumenvase. Einen Reserveschlüssel der Wohnung übergab ich der Hausmeisterin. In der Nacht stand ich noch einmal auf und legte zwei Päckchen Zigaretten neben die Rotweinflasche in Freds Zimmer.

Zu einer guten Kriegsreportage gehört nicht nur Glück. Man muß einen Riecher für das Unglück haben. Ich versuchte mir vorzustellen, welches das grausamste Verhalten des Feindes sein könnte, und machte mich darauf gefaßt. Es war zu erwarten, daß in Sarajewo nichts Aufregendes passieren werde, solange die Delegation des Roten Kreuzes dort war. Mein Ansuchen bei der Pressestelle des Innenministeriums, noch zwei, drei Tage länger in Sarajewo bleiben zu dürfen, wurde nach meiner Ankunft in Belgrad abgelehnt. Am Flughafen wurde jedes Gepäckstück von serbischen Soldaten ausgeräumt und genau kontrolliert. Das einzige, was außer persönlicher Kleidung und Film-material mitgenommen werden durfte, waren zwei Kisten mit Antibiotika und Betäubungsmitteln für das Kranken-haus. Neben meinem Team waren noch Fernsehreporter aus den USA, aus Frankreich und ehemalige Kollegen von der BBC an Bord. Wir flogen auf einer mit der serbischen und bosnischen Regierung vereinbarten Route. Bevor wir zur Landung ansetzten, überquerten wir serbische Artille-rie-Stellungen. Mit mulmigem Gefühl schaute ich aus dem Fenster. Ich traute Karadžić alles zu. Auf einem not-dürftig geflickten Landestreifen kam die Maschine zum Stehen. Der Rest des Flugfeldes bestand aus Trichtern und Betontrümmern. Der Tower und die Empfangshalle waren zerschossen. Am Rande des Flughafengeländes lagen offe-ne Flugzeugrümpfe und abgerissene Tragflächen. Unsere weiß gestrichene UNO-Maschine war das einzige intakte Flugzeug.

Die drei Männer von der Delegation stiegen in eine schwarze Limousine, wir Journalisten nahmen auf der offenen Ladefläche eines Lastwagens Platz. Der Stadtrand von Sarajewo glich einem Ruinenfeld. In Häusern, die nicht ganz zerstört waren, lebten noch Menschen. Dann fuhren wir durch ein Viertel, in dem nur wenige Grana-teneinschläge zu sehen waren. Die Menschen standen auf den Straßen und winkten uns zu. Unser erster Weg führte uns in ein Krankenhaus, dessen obere Stockwerke zerschos-sen waren. Im Keller wurde im Schein von zwei Fahrrad-lampen operiert. Von den spärlichen Lichtquellen führten Drähte in den Nebenraum, wo zwei Burschen sich im Tre-ten eines aufgebockten Fahrrades abwechselten. Auf bei-den Seiten der hinteren Gabel waren Dynamos montiert.

Wir filmten alle dasselbe. Zerschossene Häuser, ausgebrannte Fabriken, zerstörte Moscheen. Herumstreunende Hunde, Schweine und Hühner, die in den Ruinen nach Eßbarem suchten. Die Alleebäume waren längst verheizt. Mittlerweile wurden die Wurzeln ausgegraben. Ehemalige Rasenflächen waren kärgliche Gemüsegärten. An den Häusern klebten Zettel mit den Namen der Getöteten. An zwei Stellen in der Stadt gab es Wasser. Die Menschenschlangen reichten um mehrere Häuserblocks. Wir wurden angefleht, der Welt die Wahrheit zu sagen. Frauen zeigten uns Bilder ihrer getöteten Kinder. In den Straßen lagen Schutthaufen. Vereinzelt fuhren noch Autos. Sie waren alle mit hoher Geschwindigkeit unterwegs. Die Geschäfte waren leer, manche wohl auch geplündert. Aber in unserem Hotel gab es Bier.

In der Nacht vor unserer Abreise hörten wir Detonationen. Ich lief auf die Straße, aber ich konnte nichts sehen. Am nächsten Morgen erfuhren wir, daß der Flughafen gesperrt sei. Wir müßten warten, bis für unsere Sicherheit garantiert werden könne. Auch am Vormittag gab es vereinzelt Granateneinschläge. Burschen liefen mit Gewehren und Patronengürteln durch die Straßen. Während meine Kollegen mit der Delegation des Roten Kreuzes zum Bürgermeister fuhren und der Welt über CB-Funk von der hoffnungslosen Lage der Stadt berichteten, ging ich mit meinem Team zum Markt, um Alltagseindrücke vom Leben in der belagerten Stadt zu sammeln. Mir war klar, wenn mir nicht im letzten Augenblick noch außergewöhnliche Aufnahmen gelingen, ist der Satellitenkanal dahin. Daß der Flughafen ausgerechnet zu der Zeit beschossen wurde, als wir in Sarajewo waren, war ein gutes Zeichen. Mein Instinkt sagte mir: Wenn ich der Stadt zeigen wollte, wer hier der Herr im Haus ist, ich würde nicht weiter auf ohnedies schon zerstörte Gebäude, sondern in die Menschenmenge am Versorgungsnerv der Stadt schießen. Und wieder hatte ich unwahrscheinliches Glück.

Ich zoome mir gerade eine alte Frau heran, die ein Häuflein armseliger Karotten vor sich liegen hat. Plötzlich ein Pfeifen und gleich darauf eine Explosion. Wo die Karotten waren, ist nur noch ein Loch in der Erde. Die Frau ist in zwei Teile auseinandergerissen. Der Stand hinter ihr ist eingestürzt. Die Menschen schreien und laufen. Ich hatte das Rennen gewonnen. Als die anderen Kamerateams eintrafen, gab es nur noch Blutflecken und verzweifelte Gesichter zu sehen.

In der Nacht bombardierten die Amerikaner eine serbische Stellung. Es war nur ein kurzer Einsatz. Wir hörten sechs Bombeneinschläge und Artilleriefeuer. Am nächsten Tag war der Flughafen wieder benutzbar.

In Belgrad saß ich dann fest. Alle hatten sich ihre Leitungen beim serbischen Fernsehen gesichert, nur ich nicht. Unser Sendewagen stand in Zagreb. Ich hatte nicht bedacht, daß es schwierig werden könnte, dorthin zu gelangen. Die Flugverbindungen waren unterbrochen. Der Pressesprecher der UNO sicherte mir zwar zu, daß ich am nächsten Tag mit einem Konvoi nach Zagreb mitfahren könne, aber es sei höchst ungewiß, ob er noch am selben Tag dort ankomme. An der Grenze seien wieder Kämpfe ausgebrochen. Im Moment würden keine Fahrzeuge durchgelassen. Es gibt nichts Schlimmeres für einen Reporter, als gutes Filmmaterial zu haben, es aber nicht überspielen zu können. Die anderen würden aus der Marktplatzgranate mit schlechten Bildern eine große Story machen. Ich hatte die wirkliche Geschichte im Kasten und wurde sie nicht los. Beim serbischen Rundfunk blitzte ich ab. Nächste Woche könne ich eine Leitung nach Wien haben. Alle Kapazitäten seien reserviert. Ich telefonierte mit Paris. Wenigstens das funktionierte. Ich spreche jedoch nicht französisch. Man mußte Glück haben, auf Anhieb jemanden in die Leitung zu bekommen, dessen Englisch verständlich war. Selbst bei Mitarbeitern des Chefsekretariats war es mir passiert, daß ich

erst nach mehreren französischen Sätzen dahinterkam, daß
sie englisch sein sollten. Michel Reboisson hingegen sprach
ein sehr gutes Englisch, besser gesagt, Amerikanisch. Er
war nur leider nicht im Büro. Ich ließ mir die Nummer seines Autotelefons geben, wo ich ihn auch erreichte. Er sagte:
»CNN hat doch einen Sendewagen in Belgrad.«

»Den werden sie sicher mit Begeisterung der Konkurrenz überlassen.«

»Wir schenken ihnen das einmalige Senderecht, zeit-
gleich mit uns, dafür sollen sie den Film in unseren Satelli-
ten einspeisen.«

Die Idee war gut. Ich fuhr zu CNN und zeigte ihnen die
entscheidende Passage meines Films. Der Leiter telefonierte mit Atlanta, und der Deal war perfekt. Im letzten
Moment drohte das Unternehmen noch zu scheitern, weil
es zwischen amerikanischer und französischer Technik
unüberwindbare Hindernisse zu geben schien. Paris meldete ein verzerrtes Bild ohne Ton. Schließlich funktionierte es doch. CNN begnügte sich nicht mit einer einmaligen
Ausstrahlung, sondern brachte die zerrissene Gemüsefrau
jede Stunde auf Sendung. Und in Wien klingelte die Kassa.

Es war ein heißer Julisonntag, als ich nach Wien zurückkam. Die Stadt wirkte ausgestorben. Lediglich auf der
Ringstraße war reger Verkehr. Die Fiaker und Touristen-
busse hatten je eine Fahrspur in Beschlag genommen. Ich
fuhr sofort zu meiner Wohnung in der Museumstraße. Sie
war nicht abgesperrt. Ich öffnete die Tür, zog sie dann aber
wieder zu und läutete. Fred kam nicht. Aber er war hier
eingezogen. Ich konnte es an der ganzen Wohnung ablesen.
In der Küche standen Berge von unabgewaschenem Geschirr. Im Wohnzimmer waren volle Aschenbecher. Asche
lag auch auf dem Parkettboden und war in den türkischen
Teppich hineingetreten. Mein Plattenspieler stellte sich
nicht automatisch ab. Eine auf dem Teller kreisende Platte
von Bob Dylan gab jede Sekunde einen Knackser von sich.

Der Vorhang lag hinter der Sitzbank. Die Karniese war aus der Mauer gerissen. In der Badewanne waren, knapp unter der Höhe des Überlaufs, Dreckränder. Auf den Fliesen lagen benutzte Handtücher. Mein Arbeitszimmer schien, abgesehen von falsch zurückgestellten Büchern, in Ordnung zu sein. Daß der Computer nach der Setup-Disc verlangte, erfuhr ich erst am nächsten Tag.

Es gab keinen Zweifel, ich lebte nach langer Zeit erstmals wieder mit Fred zusammen. Sein Zimmer nahm ich mit Erstaunen zur Kenntnis. Er hatte es geschafft, alles, was gewöhnlich in handgreiflicher Höhe verwahrt wird, auf dem Teppichboden auszubreiten. Mitten drin standen, wie Trophäen, leere Weinflaschen. Ohne daran irgend etwas zu verändern, schloß ich die Tür. Ich lüftete die Wohnung und wusch das Geschirr. Ich saugte die Asche weg, leerte die Aschenbecher. Ich putzte die Badewanne. Und dann wartete ich. Lange stand ich am Fenster. Die wenigen Menschen, die zu sehen waren, gingen entweder in den Bühneneingang des gegenüberliegenden Volkstheaters hinein, oder sie gingen an meinem Hauseingang vorbei zum Bellariakino. Die Pärchen mit den Fotoapparaten waren auf dem Weg zur Nachmittagsruhe in der Pension Museum. Ich kochte mir Kaffee. ETV übertrug den Grand Prix vom Hockenheim-Ring, CNN lobte sich selbst und sendete endlose Listen von Hotels, in denen der Kabelkanal zu empfangen war. Ich schenkte mir einen Whisky ein. Auf dem Anrufbeantworter war die Stimme von Gabrielle, einer dunklen, zierlichen Nachrichtensprecherin, mit der ich ein paarmal ausgegangen war. Sie gratulierte mir zu meiner Sarajewo-Dokumentation. Ich rief im Studio an und erkundigte mich nach den *ratings*. Ich hatte allen Grund zum Feiern. Am besten war die Sendung in Deutschland und Österreich angekommen. Weniger gut, aber immer noch sehr hoch, war die Zustimmung in Frankreich und England. Die Einschaltquoten waren in allen Ländern ausgezeichnet.

Ich legte die Kassette ein und sah mir die Dokumentation noch einmal an. Wenn eine meiner Sendungen erfolgreich war, hatte ich am nächsten Tag Lust, sie mir zehnmal hintereinander anzuschauen. Es war ein schönes Gefühl. Ich konnte mich selbst nicht genug loben. Aber ich sah auch Fehler und Versäumnisse. Aus dem verkohlten Gemäuer eines ausgebrannten Hauses ragte eine lange, im Wind schwankende Antenne, die mir beim Filmen entgangen war. Ich hätte nachschauen sollen, wem sie gehört und wozu sie dient. Offenbar hatte nicht nur der Bürgermeister einen CB-Funk.

Fred kam erst gegen Mitternacht. Er war barfuß und betrunken. In der Brusttasche seines T-Shirts steckten Zigaretten und eine Mundharmonika. Sein roter Bart war struppig. Fred lachte, als er mich im Wohnzimmer sitzen sah. Er sagte: »The old fart is back«, was nicht gerade schmeichelnd war. Ich stand auf und umarmte ihn. Er war spindeldürr. Ich nahm seinen Kopf in die Hände und küßte ihn auf die Stirn. Sein Gesicht sah aus, als wäre es aus ungewachstem rotem Leder, mit tiefen Furchen an den Wangen, die im Gewirr des Bartes verschwanden.

»Wie geht es Dir?«

»Siehst Du doch.«

Er hob die Arme und ließ sie fallen.

»Geht es Dir wirklich gut? Bist Du über den Berg?«

»Ich bin froh, daß ich wieder rauchen und trinken kann. Aber eines ist sicher: Nie wieder im Leben einen Schuß.«

Ich öffnete eine Flasche Beaujolais. Fred leerte sein Glas in einem Zug und schenkte sich nach.

Er sagte: »Wärst Du mir in den ersten drei Wochen unter die Finger gekommen, ich hätte Dich gekillt.«

Am Anfang habe er jede Arbeit und jedes Essen verweigert. Er sei zusammengekrümmt im Zelt gelegen und habe gespürt, wie die Strahlen ihn langsam töten.

»Jerg war immer bei mir«, sagte er, »auch wenn ich ihn

noch so angeschrien habe. Wenn ich Krämpfe hatte, massierte er meine Muskeln. Jerg habe ich es zu verdanken, daß ich von den Toten auferstanden bin.«

Ich hoffte, daß er mittlerweile auch meinen Anteil ein wenig zu schätzen wüßte. Statt dessen sagte er: »Du hast mich einfach abgeschoben. Ich schwöre Dir, ich hätte auch krepieren können.«

Ich schenkte ihm Wein nach. Er lagerte seine dreckigen Füße auf mein türkises Ledersofa. Ich gab mir Mühe, alle pädagogischen Einfälle für mich zu behalten. Zuvorkommend hielt ich den Aschenbecher unter seine Zigarette. Er streifte die Asche nicht ab, wie ich es tat, sondern er klopfte mit dem Zeigefinger auf die Zigarette. Dabei fielen immer Teilchen daneben.

»Ich habe Jerg nach Wien eingeladen. Ich habe gesagt, Du zahlst ihm den Flug.«

»Das ist in Ordnung. Er ist ein sympathischer Bursche. Hast Du meine Sarajewo-Dokumentation gesehen?«

»Man konnte ihr gar nicht ausweichen. Ein starkes Stück.«

Er begann zu lachen. »Hast Du die Alte selbst in die Luft gejagt?«

Ich hielt es für besser, darauf nicht zu antworten.

»Jeder, dem ich meinen Nachnamen nenne, fragt mich, ob ich mit Dir verwandt bin. Das geht mir langsam auf die Eier.«

Das Zusammenleben mit Fred gestaltete sich schwierig. Nicht, daß wir große Konflikte gehabt hätten, aber ich mußte mich ständig zurückhalten. Fred war nur in Ansätzen bereit, sich auf meine Ordnung und Lebensweise einzustellen. So begann er zum Beispiel die Handtuchhalter zu benutzen. Und nachdem er in Hundescheiße gestiegen war, trug er auf der Straße Schuhe.

Jeden Montag kam eine polnische Putzfrau. Ich bestellte sie von nun an zweimal die Woche, weil sie allein mit Freds

Zimmer einen halben Tag beschäftigt war. Einmal war ich daheim, als sie das Bücherregal in meinem Arbeitszimmer abstaubte. Sie nahm jedes Buch heraus und schaute es auf eine Weise an, als kenne sie Bücher nicht nur vom Staubwischen. In englischen Büchern blätterte sie hin und wieder. Ich fragte sie, was sie früher in Polen gemacht habe. Sie antwortete in gutem Englisch: »Actually, I was a pediatrician in a hospital.«

Der Ingenieur

Viertes Band

Auf dem Altar stand ein kleiner, roter Tresor. Davor, auf dem Lesepult, lagen die Bibel und Hitlers *Mein Kampf*. Der *Geringste* trat ans Pult und sah uns lange an, einen nach dem anderen. Im Schein der Kerzen hatten seine Haare helle, flackernde Ränder. Es war so still, daß wir einander atmen hörten. Der *Geringste* kniff die Augen ein wenig zusammen. Dann sagte er:

»Die Zeit der Bewährung ist vorbei. Wir sind reif geworden, für die Wahrheit zu kämpfen. In dieser Stunde ist es uns auferlegt, die Speerspitze einer neuen Volksgemeinschaft zu werden. Dankbar nehmen wir diese Herausforderung an. Wir sind stolz, daß die Geschichte uns auserwählt hat, der Welt das neue Jahrtausend zu bringen.«

Der *Geringste* ging zum Altar und nahm aus dem Tresor ein gerolltes Blatt Büttenpapier, das in einem silbernen Serviettenring steckte. Er zog den Ring ab und rollte das Papier auseinander. Es war mit einem Text bedruckt. Er legte das Papier auf das Pult, wo es sich einrollte. Dann nahm er die Bibel zur Hand und schlug sie an der Stelle des seitlich heraushängenden Lesefadens auf. Er sagte: »Wir werden, wie es Daniel prophezeit hat, *ein Reich errichten, das in Ewigkeit nicht zerstört wird. Dieses Reich wird keinem anderen Volk überlassen; es wird allen anderen Reichen die Auflösung und das Ende bereiten, selbst aber wird es in Ewigkeit bestehen!* «

Er rollte mit der flachen Hand das Büttenpapier wieder auseinander und legte die Bibel auf dessen linken Rand. Dann nahm er Hitlers *Mein Kampf* zur Hand und las daraus zwei ausgewählte Stellen: »*Unterliegt aber ein Volk in seinem Kampf um die Rechte des Menschen, dann wurde es eben auf der Schicksalswaage zu leicht befunden für das Glück der Forterhaltung auf der irdischen Welt. Denn wer nicht bereit oder fähig ist, für sein Dasein zu streiten, dem hat die ewig gerechte Vorsehung schon das Ende bestimmt.*«

»*Die Natur kennt keine politischen Grenzen. Sie setzt die Lebewesen zunächst auf diesen Erdball und sieht dem freien Spiel der Kräfte zu. Der Stärkste an Mut und Fleiß erhält dann als ihr liebstes Kind das Herrenrecht des Daseins zugesprochen.*«

Er legte das Buch auf den rechten Rand des Büttenpapiers. Wieder sah er uns lange an. Keiner sagte etwas. Ich fühlte eine Kraft in mir aufkeimen, wie ich sie nie zuvor verspürt hatte. Als mich der Blick des *Geringsten* traf, war mir, als wäre es der Blick Gottes. Er hätte in dieser Stunde alles von mir verlangen können, ich hätte es getan. Es war die Gewißheit einer großen Bestimmung, und der *Geringste* war nicht einfach ein Freund, sondern er war mein Lebensspender. Er allein war in der Lage, mir meine Bestimmung bewußt werden zu lassen. Den anderen muß es ähnlich ergangen sein, denn wir erhoben uns alle gleichzeitig, ohne daß es jemand verlangt hätte.

Der *Geringste* legte seine Hände auf die Bücher und sprach als erster den Schwur:

»Ich bin seit dieser Stunde Mitglied der Bewegung der Volkstreuen. Ich schwöre bei der Sonne, die auf mich herabscheint, bei der Erde, die mich ernährt, bei der weißen Menschenrasse, für deren Gedeihen zu kämpfen ich mich verpflichte, vor Gott, vor allen Propheten des tausendjährigen Reiches und vor allen, die dafür gekämpft haben, daß ich ab sofort mit aller mir zur Verfügung stehenden Kraft der Bewegung der Volkstreuen dienen und die mir auferlegten Opfer bringen werde.

Ich verpflichte mich zu absolutem Schweigen über alle Belange dieser Bewegung und zum Gehorsam gegenüber ihren Beschlüssen. Meinen Kameraden werde ich bis zum Tode treu zur Seite stehen.

Gott und die Kameraden der Bewegung der Volkstreuen sollen ihr Urteil über mich fällen, wenn ich diesen Eid breche oder ihm zuwiderhandle.«

Nacheinander gingen wir zum Pult und sprachen den Eid. Danach umarmten und küßten wir einander. Der *Geringste* sagte: »Wir haben einen neuen Bund begründet. Nichts auf der Welt kann ihn zerstören.«

Mir war, als wäre ich neu geboren. Ich war nicht mehr allein auf mich gestellt, sondern ich war gleichzeitig meine Kameraden, und meine Kameraden waren ich. Wenn ich jemals ganz ohne Vorbehalt glücklich war, dann war ich es an diesem Sonntagvormittag. Wir waren eins geworden, und der *Geringste* verkörperte die Sprache dieser Einheit.

Er sagte: »Wir werden uns den Trinkspruch nicht mehr zurufen müssen, denn wir werden ihn als äußeres Erkennungszeichen an uns tragen.«

Wieder ging er zum Altar und öffnete den Tresor. Er entnahm ihm ein Fläschchen mit polynesischer Tataufarbe, ein zusammengelegtes weißes Tuch und eine Nadel mit Holzgriff. Der *Geringste* faltete das Tuch auseinander und legte seine rechte Hand darauf. Dann bat er uns, die Nadel in die Farbe einzutauchen und ihm zwei kleine Achten auf das oberste Glied des kleinen Fingers zu tätowieren.

»Acht«, sagte er, »steht für den achten Buchstaben des Alphabets, für das H. Zweimal die Acht ist die Abkürzung für Heil Hitler.«

Feilböck begann. Er tauchte die Nadel in die Farbe und stach in den Finger. Dann gab er die Nadel an den nächsten weiter. Der *Geringste* ließ sich nichts anmerken, als würde er keinen Schmerz spüren. Jeder machte immer nur einen Stich, um sich am anderen Ende des Halbkreises, den wir um den Altar bildeten, wieder anzustellen. Blut und Farbe rannen auf das weiße Tuch hinab. Die zwei Achten waren ein Gemeinschaftswerk, gestochen von den acht Kameraden des *Geringsten*. Als sie fertig waren, reinigte der *Geringste* mit dem Tuch seine blutige Hand. Feilböck war der nächste. Und so ging die Reihe durch, bis wir alle mit zwei Achten tätowiert waren. Am Schluß war das Tuch getränkt von Blut und schwarzer Farbe. Der *Geringste* nahm die Papierrolle mit der Eidesformel, steckte den Silberring darüber, wickelte sie in das feuchte Tuch und legte sie in den Tresor.

»Und nun«, sagte er, »wollen wir den Tresor hinter dem Altar einmauern und den Schlüssel vernichten.«

So geschah es. Wir rückten den Altar beiseite, holten Werkzeug und stemmten die Mauer auf. Dabei fiel das Bild von Darré herab. Der *Geringste* sagte: »Wir nehmen es als Zeichen. Darré hat ohnedies nichts zuwege gebracht.«

Das Bild wurde nie wieder an die Wand gehängt.

Der Blade und der Polier hatten den Tresor so in das Mauerloch gesetzt, daß die Türe mit der Wand abschloß. Der *Geringste* sagte: »Wenn es hier eine Hausdurchsuchung gibt, werden sie als erstes den Tresor aufschweißen und unser Geheimnis lüften. Der Tresor muß ganz verschwinden.«

So wurde das Loch noch tiefer in die alte Steinmauer hineingestemmt. Als es zugemauert war, zerschnitten wir mit der Trennscheibe den Bart des Tresorschlüssels.

Danach gab es, wie jeden Sonntagnachmittag, ein Festmahl. Wir nahmen einander die Lammkeule aus der Hand, bissen ab und reichten sie weiter. Nichts und niemand sollte uns je trennen können.

Und doch gab es schon eine Woche später die ersten Unstimmigkeiten. Bei der Totenmesse las der *Geringste* Ausschnitte aus dem *Buch der hundert Kapitel* vor. Diese Schrift ist in mittelhochdeutscher Sprache abgefaßt und wurde nie in Buchform veröffentlicht. Sie stammt von einem anonymen Verfasser, der von manchen als *Oberrheinischer Revolutionär* bezeichnet wird. Der *Geringste* hat einige Passagen in eine verständliche Sprache übertragen. Er sagte, nach langer Suche habe er eine leider nicht vollständige Abschrift in der Bibliothek der Minoriten gefunden. Aber er wisse mittlerweile, wo die ganze Handschrift aufbewahrt werde, nämlich in Colmar. Der *Oberrheinische Revolutionär* rief dazu auf, am Vorabend des Tausendjährigen Reiches die gesamte Geistlichkeit auszurotten und das Kirchenvermögen den Armen zur Verfügung zu stellen. Auch alle Einkommen aus Grundbesitz und alle Handelsgewinne sollten unter den Armen aufgeteilt werden. Wer sich diesem Gericht widersetze, solle verbrannt, gesteinigt, erwürgt oder bei lebendigem Leibe eingegraben werden.

Bei der Auslegung sagte der *Geringste*: »Der *Oberrheinische Revolutionär* hat schon vor fünfhundert Jahren erkannt, daß Daniels Traum vom neuen Reich nicht für die Juden bestimmt war, sondern für diejenigen, die ihn zu verwirklichen verstehen. Er dachte damals, es seien die Deutschen. An uns liegt es, das große Gericht zu vollziehen. Nicht irgendwelche Völker irgendwo auf der Welt, sondern wir sind beauftragt, den Endzustand dieses Planeten herzustellen. Da wir nunmehr Gewißheit haben, daß darin unser Auftrag besteht, sollten wir keinen Moment länger zuwarten.«

Im Gespräch ging es dann um unsere nächste gemeinsame Aktion. Feilböck wußte, was zu tun war. Er hatte
nämlich herausgefunden, daß die Türken, die mich verdroschen hatten, zwar nicht gemeinsam in einem Haus
wohnten, aber regelmäßig in einem Lokal am Yppenplatz
verkehrten. Er sagte: »Ich bin in der Gegend aufgewachsen, ich kenne das Lokal. Das war früher ein ganz normales
Eckbeisel, in dem sich die Arbeiter zum Bauernschnapsen
trafen. Heute traut sich dort kein Einheimischer mehr
rein. Wenn wir denen die Bude kurz und klein schlagen,
sind wir die Helden des Bezirks. Ich habe mit anderen
Gruppen gesprochen. Sie würden mitmachen. Wir könnten dreißig oder vierzig Mann sein.«

Der *Geringste* schrie nie. In Situationen, in denen andere sich aufregen und die Kontrolle über ihre Stimme
verlieren, sprach er so leise, daß man genau hinhören
mußte. Er verbat sich jede Zusammenarbeit mit anderen
Gruppen.

Feilböck wollte nicht nachgeben. Er sagte, das Lokal sei
zwar nicht groß, doch am Abend sei es gesteckt voll. Allein
würden wir das nicht schaffen. Die Zusammenarbeit mit
anderen Gruppen solle nicht andauern, sondern nur für
diesen einen Zweck bestehen. Wir würden dabei nichts
preisgeben. Feilböck hatte einen genauen Plan entwickelt.
Jedem von uns teilte er eine Aufgabe zu. Nur der *Geringste*
sollte selbst entscheiden, in welcher Form er sich an der
Aktion beteiligen wolle.

Doch Feilböck biß beim *Geringsten* auf Granit. Die anderen schwiegen. Ich persönlich fühlte mich geehrt, daß
Feilböck die Rache für mich so am Herzen lag, war aber andererseits der Meinung des *Geringsten*, daß unsere Bewegung sich allein bewähren müsse. Heute denke ich, es ging
nicht nur darum, ob man mit anderen Gruppen zusammenarbeiten sollte. Es ging darum, ob der unbestrittene
Zeremonienmeister der Bewegung auch sonst das Sagen

hatte. Feilböck und der *Geringste* wurden bei dieser Totenmesse nicht einig. Danach, beim großen Mahl, sprachen
sie nicht mehr davon. Wir hatten vereinbart, Meinungs-
verschiedenheiten nur bei den Totenmessen auszutragen.
Aber die Stimmung blieb getrübt. Gerade waren wir noch
ein Körper gewesen, eine Woche später schien er schon zu
zerfallen.

Einige Wochen lang wollte Feilböck die Aktion *Türkenlokal* nicht aufgeben. Zwar dachte er jetzt auch darüber
nach, wie wir sie allein durchführen könnten, zum Beispiel
mit Hilfe eines Sprengsatzes. Aber damals waren wir für
solche Aktionen noch nicht gerüstet. Der Professor fand im
Internet Informationen über das Herstellen von Bomben
und Zeitzündern. Sie stammten von amerikanischen Kameraden. Doch dann kam alles anders.

Das Hickhack darüber, welche nun unsere nächste Aktion sein sollte, war noch nicht zu Ende, da wurde ich eines
Nachts wach, weil jemand fortwährend auf den Summer
drückte. In der Gegensprechanlage war die aufgeregte
Stimme des Poliers: »Feilböck hat angerufen: Joe ist über-
fallen worden.«

Minuten später raste der Polier mit mir durch Wien.
»Diese Schweine«, sagte er immer wieder. »Jetzt sind sie zu
weit gegangen.«

Wir wollten den Bladen abholen. Er hatte kein Telefon
und keine Gegensprechanlage. Wir warfen Steinchen an
sein Fenster im zweiten Stock. Bevor er wach wurde, weckten wir ein paar andere Bewohner im Haus, deren Fenster
versehentlich getroffen wurden. Sie schrien herab und
drohten, die Polizei zu holen. Es blieb uns nichts übrig, als
auf den Bladen zu verzichten.

Am Lerchenfelder Gürtel stand das Haustor offen. Im
Souterrain brannte Licht, es war ruhig. Wir schlängelten
uns an mehreren behängten Wäscheleinen vorbei. Die Tür
zum Abteil des *Geringsten* war eingedrückt. Jemand mußte

mit Wucht dagegengelaufen sein. Eine schräg genagelte Latte hielt die zersplissenen Bretter notdürftig zusammen. Der *Geringste* lag im Bett. Seine Beine und ein Arm waren bandagiert. Feilböck und Druckeberger saßen neben ihm auf dem blutbefleckten Bettzeug. Aus zwei Schnittlöchern im Inlett kamen Federn heraus. Die Stereoanlage lag zertrümmert am Boden. Druckeberger wies auf das Küchenmesser auf dem Tisch.

»Damit wollten ihn die Serben abstechen«, sagte er. Der vordere Teil der Klinge war braun.

Der *Geringste* erzählte uns, was geschehen war. Er habe wieder einmal das Horst-Wessel-Lied gespielt. Aber anstatt ihre Tür zu schließen, seien die Serben zu seinem Abteil gekommen. Er habe sich mit dem Küchenmesser am Eingang aufgestellt. Plötzlich habe einer der Serben eine Pistole gezogen.

»Ich habe die Tür zugeschlagen«, sagte der *Geringste*, »und mich ganz eng zur Seitenwand gestellt.«

Er setzte sich im Bett auf und deutete mit seinem bandagierten Arm zur linken Ecke neben der Eingangstür, wo seine Lederjacke an der Wand hing. »Dann ging alles sehr schnell«, sagte er. »Plötzlich ein Krach, Bretter fliegen aus der Tür. Eine Hand greift herein. Die Tür ist offen, und der Serbe steht mit der Pistole vor mir. *Messer*, sagt er. *Messer*. Ich weiche zum Bett zurück. Er mir nach. Ich gebe ihm das Messer. Er fängt an, auf mich einzustechen, während der andere den Plattenspieler zertrümmert. Dann hauen sie ab. Die anderen gaffen zur Tür herein. Keiner hilft mir. Ich sage: Schleicht euch, Gfraster. Sie sind alle mitschuldig. Außer der Angolanerin, die nicht da war, haben alle zugesehen.«

Feilböck erzählte, er habe Joe am Nachmittag gefunden. Seine Wunden seien mit Handtüchern und Geschirrtüchern umwickelt gewesen.

»Im großen und ganzen«, beruhigte er uns, »sind die

Verletzungen nicht schlimm, ein paar Schnitte. Nur zwei Stichwunden am Bein sehen übel aus, weil sie tief sind.«

Feilböck war für die medizinische Versorgung zuständig. Er konnte fachgerecht Verbände anlegen. Die Medikamente bezog er von einem befreundeten Apotheker. Er sagte: »Ich habe Joe geraten, zum Arzt zu gehen, dann sind die Serben am nächsten Tag weg. Aber er will nicht.«

»Nein«, sagte der *Geringste*. »Das machen wir selbst. Dazu gibt es uns ja. Ich wollte mir schon eine Pistole in die Bude nehmen. Aber ich habe es mir anders überlegt. Wir haben stärkere Waffen als eine Pistole.«

»Genau«, sagte der Polier. »Das ist jetzt vorrangig. Den Ingenieur rächen wir später.«

»Nur nichts übereilen«, sagte der *Geringste*. »In zwei Monaten wird meine Erbschaft fällig. Dann kann alles hier verbrennen.«

Er fischte ein Kuvert aus dem Regal über seinem Bett. Es war ein Brief des Gemeindeamtes Seewalchen. Darin wurde der *Geringste* eingeladen, sein Erbe von der gerichtlichen Vormundschaft zu übernehmen. Beigelegt war ein Schreiben des Bezirksgerichts.

Der *Geringste* sagte: »Alles, was ich besitze, gehört der Bewegung. In zwei Monaten sind wir reich.«

Darauf tranken wir Bier und kochten für den *Geringsten* Kaffee.

Als wir gingen, bat uns der *Geringste*, einen kleinen Koffer mitzunehmen und ihn gut zu verstecken. »Aber nicht in der Wohnung«, sagte er. »Auch nicht in Rappottenstein. Es sind ein paar Bücher, Disketten und Manuskripte drinnen, die mir wichtig sind. Vor allem die Bearbeitung des *Buchs der hundert Kapitel*.«

Feilböck nahm den Koffer an sich. Er sagte: »Ich habe im Keller meiner Eltern einen eigenen Schrank. Dort ist noch genug Platz.«

Der Gürtelhausbrand war damit eigentlich schon beschlossene Sache. An den folgenden Wochenenden sprachen wir nur noch darüber, wie die Aktion durchgeführt werden sollte. Feilböck war kleinlaut geworden. Immer noch träumte er vom Überfall auf das Türkenlokal. Aber er hatte es aufgegeben, weiter darauf zu dringen. Die Totenmessen waren auf ein einziges Thema reduziert: Rache für Joe.

Wir haben viele Varianten diskutiert. Eines war klar: Der *Geringste* durfte nicht gefährdet werden. Da er aber am Ende des Souterrainganges wohnte, hätte die Aktion, gründlich durchgeführt, dem *Geringsten* den Fluchtweg versperrt. Er mußte also außer Haus sein und brauchte ein unantastbares Alibi. Wir fanden eine Lösung. Der Gürtelhausbrand fand an dem Tag statt, an dem der *Geringste* sein Elternhaus in Litzlberg am Attersee verkaufte. Der *Geringste* hatte uns ein Foto des Hauses gezeigt. Es war geräumig, aber für unsere Zwecke vollkommen ungeeignet. Die Nachbarn, ein Baumeister aus Linz und ein Universitätsprofessor aus Wien, benutzten dieselbe Zufahrt und konnten jeden beobachten, der ein und aus ging. Auf der dem See zugewandten Seite waren in die Außenwand große Glasfenster eingelassen. Durch sie war auch das Innenleben des Hauses für jeden, der am See vorbeifuhr, sichtbar. Der *Geringste* hätte das Haus in den zwei Jahren nach dem Tod seiner Mutter benutzen können, aber er tat es nicht. Er gab den Zweitschlüssel nicht dem Baumeister, der sich aufgedrängt hatte, sondern einem Bauern, dessen Kinder einst seine besten Freunde waren. Der Bauer schrieb alle paar Monate eine Postkarte, auf der er genau auflistete, was er alles repariert oder erneuert hatte. Seine Sommergäste konnten das Grundstück und den Bootssteg benutzen. Gelegentlich brachte er auch Gäste im Haus unter. Einmal las uns der *Geringste* von einer Postkarte den Satz vor: *Habe den unteren Abort rückwärts abgedichtet.* Wenn der Blade furzte, was er mit Leidenschaft tat, sagte

Pandabär zu ihm: »Du gehörst am unteren Abort rückwärts abgedichtet.«

Der *Geringste* zögerte keinen Moment, sein Elternhaus
zu verkaufen. Er wandte sich an mich, da ich im Verkauf
von Wohnungen mittlerweile über einige Erfahrung verfügte. Ich vermittelte ihm eine Wiener Agentur. Kaum
hatten wir eine Projektbeschreibung und ein paar Fotos
abgeliefert, gab es schon die ersten Bewerber, darunter den
Bauern, den Universitätsprofessor und den Baumeister.
Offenbar hatte ein Vertreter der Agentur das Haus noch
am selben Tag besichtigt. Der *Geringste* wollte es gerne
dem Bauern verkaufen, aber der besaß nicht genug Geld.
Der benachbarte Universitätsprofessor wollte damit seine
Töchter versorgen. Der *Geringste* sagte: »Der hat seine
Familie in der Lotterie gewonnen. Früher kam er manch-
mal allein an den Attersee, um an einem Buch zu schrei-
ben. In seinem Einkaufskorb waren nur Bananen und
Schokolade. Fünf Tage später ging er wieder einkaufen:
Bananen und Schokolade. Wenn seine Familie aufkreuzte,
verschwand er.«

Letztlich war auch ihm das Haus zu teuer. Der Baumeister wiederum hatte die Agentur wissen lassen, daß er bereit wäre, andere Interessenten zu überbieten. Ihm wollte
es der *Geringste*, obwohl die Agentur darauf drängte, auf
keinen Fall verkaufen. Ich sagte: »Wir erfinden ein Angebot, das zwei Millionen über dem seinen liegt. Dann soll er
sich ausbluten.«

»Der kriegt es nicht einmal für hundert Millionen«,
antwortete der *Geringste*.

Den Zuschlag bekam ein Werbefritz aus Frankfurt.
Seine Frau hatte angeblich Sehnsucht nach ihrer alten
Heimat. Er wollte das Haus vorerst im Urlaub nutzen und
später ganz an den Attersee übersiedeln.

Pandabär und der Polier, beide ohne polizeilich bekann-
tes Vorleben und in regulärer Arbeit stehend, nahmen sich

einen Tag frei, um mit dem *Geringsten* an den Attersee zu fahren. Sie unterschrieben den Kaufvertrag als Zeugen.

Unser Plan, den wir in allen Details immer wieder durchgesprochen hatten, war dieser: Am Abend geht der *Geringste* mit den beiden Zeugen ins Restaurant Häupl, um ausgiebig und teuer zu essen. Danach feiern sie so lange wie möglich in Seewalchen, Schörfling und Weyregg den Verkauf des Hauses. Druckeberger und der Professor verbringen ein paar Tage in Rappottenstein. Sie bestellen beim Bauern Raffelseder für den Freitagabend ein geschlachtetes und abgezogenes, aber noch nicht ausgenommenes Lamm. Um neun Uhr abends fahren sie zum Gasthaus, in dem, wenn alles glattgeht, Raffelseder, wie jeden Freitagabend, bei seiner Tarockrunde sitzen müßte. Sie entschuldigen sich bei ihm, daß sie so spät dran seien, und fragen, ob sie das Lamm um diese Zeit noch holen könnten. Und sie sagen auch, daß sie, wie üblich, den Kopf und die Innereien zurückbringen würden. Wir konnten damit nämlich nichts anfangen, aber die Bauern bereiteten auch die Innereien zu. Dann fahren sie zum Bauernhof, lassen sich dort Zeit und plaudern in Ruhe mit der Raffelsederin, um gleich darauf nach Wien zu fahren. Während der Fahrt nimmt Druckeberger im Fond des Wagens das Lamm aus und schneidet den Kopf ab. In Wien führen sie mit den beiden im Kofferraum bereitstehenden Benzinkanistern die Aktion durch. Wenn alles geklappt hat, rufen sie mich aus einer Telefonzelle in Heiligenstadt an, lassen das Telefon einmal läuten und legen dann sofort auf. Anschließend fahren sie, so schnell wie möglich, nach Rappottenstein ins Gasthaus, wo, aller Erfahrung nach, Raffelseder immer noch bei seiner Tarockrunde sitzen müßte. Sie bringen ihm einen Eimer mit dem Lammkopf und den Innereien. Sie nehmen Platz, trinken und schauen den Bauern bis zum Ende beim Kartenspiel zu. Zwischendurch reden sie über ein paar Schwierigkeiten beim Ausnehmen eines Lammes und lassen sich Tips geben. Noch am frühen Morgen tranchieren sie das Lamm und braten zum Mittagessen eine Keule. Sie pökeln die restlichen Lammstücke ein und fahren nach Wien. Das war unser Plan.

Alle anderen Kameraden sollten, jeder für sich, am Freitagabend irgendwo hingehen, wo sie gesehen und, wenn möglich, gekannt wurden. Feilböck sagte, er werde eine Veranstaltung der Nationalen Partei besuchen. Ich machte Überstunden. Ich hatte mir eigens Arbeit aufgehoben, aber zufällig war an diesem Tag ohnedies ein Aufriß für einen Umbau zu zeichnen. Die Außenklingel des Telefons hatte ich abgeklemmt. Es fiel mir schwer, mich zu konzentrieren, weil ich dauernd darüber nachdachte, ob unser Plan irgendwo eine Schwachstelle habe. Und es gab eine. Druckeberger und der Professor mußten unbedingt noch vor zwei Uhr nachts im Gasthaus ankommen. Da war nämlich offizielle Sperrstunde. Der Wirt drehte dann das Außenlicht ab und ließ keine neuen Gäste mehr ein. Wenn die beiden aus irgendeinem Grund die Aktion nicht gleich durchführen konnten, mußten sie sich trotzdem im Gasthaus irgendwie bemerkbar machen, sonst brach ihr Alibi zusammen.

Ich zeichnete und wartete. Im Hintergrund lief das Radio. Knapp vor Mitternacht läutete das Telefon einmal. Um halb eins wurde die Musik für eine Sondermeldung unterbrochen: Brand eines Hauses am Wiener Gürtel. Der gesamte Bereich ist großflächig gesperrt. Alle umliegenden Häuser werden evakuiert. Elf Löschzüge sind im Einsatz. Aus den oberen Stockwerken konnten Menschen gerettet werden. Zur Zeit versuchen die Feuerwehrleute ein Übergreifen der Flammen auf benachbarte Häuser zu verhindern.

Ein voller Erfolg. Ich war in Hochstimmung. Druckeberger und der Professor müßten es schaffen, rechtzeitig in Rappottenstein einzutreffen. Ich holte mir eine Flasche

Bier aus dem Kühlschrank und schaltete den Fernsehapparat an. ETV sendete schon um ein Uhr die ersten Bilder. Ein Feuerwehrmann sagte: »Es ist zu früh, um über die Ursachen zu reden. Unsere Experten werden das genau untersuchen. Im Moment kann Brandstiftung nicht ausgeschlossen werden.«

Zwischen halb zwei und zwei – ETV hatte mittlerweile eine ständige Liveschaltung – riefen die Kameraden nacheinander an. Sie sagten *Hallo*, und ich legte den Hörer auf. Um zwei Uhr schloß ich die Außenklingel wieder ans Telefon und ging heim.

Der Gürtelhausbrand war das Medienereignis der nächsten zwei Wochen. Obwohl es schon am zweiten Tag eine Nachrichtensperre gab, waren die Zeitungen täglich voll mit den neuesten Details. Es wurden 23 verkohlte Leichen geborgen. Später starb noch eine Frau im Krankenhaus. Die meisten Leichen konnten nicht identifiziert werden. Der Hausbesitzer wurde verhaftet. Einige der geretteten Hausbewohner waren, so stellte sich heraus, Ausländer, die sich illegal im Land aufhielten. Sie wurden verhört und in ihre Herkunftsländer abgeschoben.

Vom Souterrain des Gürtelhauses dürfte nur die Angolanerin überlebt haben. Sie und der *Geringste* waren nebeneinander in einer Zeitung abgebildet. Darunter stand: *Die Glücksvögel im Unglück. Sie verbrachte die Nacht bei Freunden, er feierte eine Erbschaft am Attersee.* Später wurde die Angolanerin verhört. Dabei kam nach und nach der wahre Grund ihrer Abwesenheit ans Tageslicht. Sie machte auch Aussagen über den *Geringsten* und über andere Bewohner des Souterrains. Beim Prozeß konnten ihre Angaben jedoch nicht überprüft werden. Es stellte sich heraus, daß die Fremdenpolizei sie längst abgeschoben hatte. Der Richter sagte damals zum Oberst der Fremdenpolizei: »Sie sind etwas übereifrig, Herr Kollege.«

Wir hatten uns eine zweimonatige Kontaktsperre auferlegt. Nur mit dem Polier und dem Bladen sprach ich manchmal leise im Baucontainer. Der Polier sagte: »Joe hat ein felsenfestes Alibi. Wir waren die ganze Nacht unterwegs, von einem Lokal ins andere. Um Mitternacht sind wir zum Sommerfest nach Nußdorf gefahren. Stell Dir vor, wen wir dort getroffen haben: Waldheim. Es gab eine Waldheim-Bar. Wir gingen hinein. Da saß er tatsächlich auf einem Fauteuil. Wir haben ihn natürlich sofort in ein Gespräch verwickelt. Aber ich fürchte, bei seinen amtsbekannten Gedächtnislücken wird er ein schlechter Zeuge sein.«

Der Polier fuhr an den Wochenenden allein nach Rappottenstein. Er entfernte die Dekoration des High-Tech-Raums und schaffte die Waffen zu seinem Onkel nach Wien.

Etwa zehn Tage nach dem Gürtelhausbrand wurden Druckeberger und der Professor verhaftet. Ich las es in einer Zeitung im Café Rainer. Am Abend stand es auch in allen anderen Zeitungen. Der Polier fuhr sofort nach Rappottenstein, um die Videos und Disketten zu holen. Da er nicht wußte, wo er sie verstecken sollte, brachte er sie zu Feilböck. Am nächsten Tag sagte er: »Feilböck war nervös. Ich hoffe, er hält durch. Zuerst wollte er die Videos gar nicht nehmen. Er sagte: Die Aktion war ein Fehler. Ich habe ihm den kleinen Finger vor die Nase gehalten. Dann hat er mir das Zeug doch abgenommen. Er wollte es noch in der Nacht zu seinen Eltern in den Keller bringen.«

Warum der Professor und Druckeberger verhaftet wurden, habe ich nie herausbekommen. Es ergab sich auch nicht aus der Gerichtsverhandlung. Druckebergers Auto wurde kriminaltechnisch untersucht. Im Fond wurden Spuren der Innereien des Lammes gefunden, und im Kofferraum Spuren von zwei Ölkanistern. Es wurde sogar nachgewiesen, daß nicht Öl, sondern Benzin in den Kanistern war. Ein Tankwart bezeugte, daß der *Geringste* sein Heizöl mit Ölkanistern gekauft hatte, wie sie beim Brandanschlag verwendet wurden. Im verkohlten Abteil des *Geringsten* fand sich der zerschmolzene Einfüllstutzen. Die Kanister fehlten. Der *Geringste* war längst auf der Flucht.

Nach dem Verbot der *Bewegung der Volkstreuen* habe ich unsere Abmachung für den Fall von Verhaftungen gebrochen und den Professor einmal im Gefängnis besucht. Das war unmittelbar vor seiner Berufungsverhandlung. Ich durfte ihn nur eine Viertelstunde durch eine Glasscheibe sehen. Unser Gespräch wurde von einem Beamten überwacht, der hinter dem Professor auf und ab ging. Das Gesicht des Professors war voll eitriger Pickel. Er sagte: »Die verweigern mir meine Hautmedikamente.«

Ich drückte die Sprechtaste und fragte: »Mit welcher Begründung?«

Der Professor lachte. »Das ist ein Gefängnis und kein Schönheitssalon. Basta.«

Ich schaute ihn an und wartete, ob er mir irgendein Zeichen geben würde. Aber es kam nichts. Die Stille machte den Beamten aufmerksam. Ich drückte wieder die Sprechtaste: »Wie konntet ihr Euch nur einen solchen Blödsinn einfallen lassen!«

Er schlug mit der Faust auf die Resopalplatte und sagte etwas, was ich nicht verstehen konnte. Dann drückte er die Taste: »Verdammt noch mal, ich war es nicht.«

»Aber warum seid ihr angeklagt worden?«

»Das weiß nur Gott allein.«

Er wußte es wirklich nicht, sonst hätte er es mir angedeutet. Es kann auch sein, daß er mir sagen wollte: Nur der *Geringste* weiß, von wem der Hinweis kam. Wir auf der Baustelle waren sicher, daß der Professor und Druckeberger schweigen würden. In der Berufungsverhandlung wurde das Urteil *lebenslänglich* bestätigt, ohne daß einer von ihnen auch nur ein Wort gesagt hatte.

Nach dem Verbot der *Bewegung der Volkstreuen* hatte ich mit Ausnahme des *Geringsten*, dessen Gedanken über den Verrat ich damals noch nicht kannte, jeden im Verdacht. Selbst der Polier und der Blade könnten Verräter sein. Dieses Mißtrauen wurde ich auch nach der Wiederkehr des *Geringsten* nicht los. Nach Feilböcks Verrat der Aktion *Harmagedon* traute ich es ihm zu, daß er auch für den Gürtelhausbrand den entscheidenden Hinweis gegeben haben könnte. Wahrscheinlich dachten alle so. Aber darüber wurde nicht mehr offen gesprochen – die Totenmessen von Rappottenstein waren vorbei. Andererseits hatte Feilböck, als klar war, daß die Rache für mich verschoben wird, den Gürtelhausbrand eifrig mitgeplant. Ich habe keinen Anhaltspunkt dafür, daß Feilböck schon damals umgefallen ist. Es könnte auch ein anderer gewesen sein. Ich war es nicht, wenigstens das weiß ich sicher.

Heute ist mir sogar unklar, wie es überhaupt zu unserem ersten Anschlag kam. Ich halte es für möglich, daß der *Geringste* sich die Verletzungen selbst zugefügt hat. Er hatte das Zeug dazu, er schonte sich nicht. Feilböck wollte sich zum Kampfstrategen unserer Gruppe machen. Mit dem Gürtelhausbrand hat der *Geringste* ihn besiegt. Die Aktion Türkenlokal ging ihm gegen den Strich. Im Grunde war er nicht der Mann, der sich mit Ausländern prügelte. Das war für ihn widerliche Kleinarbeit. Er dachte im großen. Natürlich absolvierte er, als das Los auf ihn fiel, wie alle anderen seine Bewährungsprobe. Das geschah im letzten Waggon der U6, als der Zug in die Haltestelle Thaliastraße einrollte. Da hat er blitzschnell einen Ausländer, der allein auf der hinteren Plattform stand, mit dem Kopf an die Kante des Fahrscheinentwerters geschlagen. Wir waren alle im Zug. Plötzlich sehe ich den *Geringsten* seelenruhig über den Bahnsteig gehen. Ein paar von uns waren sogar im selben Waggon. Die hatten es nicht mitgekriegt. Der Ausländer hatte keinen Muckser gemacht. Erst als andere Fahrgäste zustiegen, wurde der Vorfall auch im Waggon bemerkt. Der Mann saß mit blutiger Nase am Boden und weinte. Ein jämmerlicher Waschlappen. Jemand lief vor zum U-Bahn-Fahrer. Die Rettung wurde verständigt. Nacheinander stiegen alle Fahrgäste aus und schauten in den letzten Waggon hinein. Wir machten uns davon. Es gab wieder Grund zum Feiern.

Fritz Amon, Revierinspektor

Viertes Band

Es war ein zermürbendes Katz-und-Maus-Spiel geworden. Draußen auf dem Karlsplatz wollten die Kollegen die Wildgewordenen einzeln einsammeln. Planlos wirbelten sie herum, versuchten es einmal von dieser, dann von jener Seite, ließen ein paar blutende Schädel zurück, ein paar blaue Flecken und Beulen – aber ohne Erfolg. Wenn sie einen Chaoten festnahmen, wurde er ihnen nach ein paar Metern schon wieder abgenommen. Zu dieser Zeit schien es, als wären wir chancenlos. Wir waren einfach zu wenige.

Niemand hatte erwartet, daß so viele Demonstranten von Anfang an die Konfrontation suchen würden. Die einen waren gekommen, um gegen den Opernball zu demonstrieren. Das hatte schon Tradition. Aber diesmal schienen sie es ernsthaft darauf angelegt zu haben, den Ballgästen den Zugang zur Oper zu verwehren. Sie wurden unterstützt von den Antifaschis, wie sie sich nannten, denen die Zusammenkunft der drei nationalen Führer ein gefundenes Fressen war. Unter ihnen gab es einige, die gute Beziehungen zur Presse hatten. Schon Tage vor dem

Opernball war es ihnen gelungen, die Aufmerksamkeit der Medien auf ihren Protest gegen das Treffen von Bärenthal mit der Mussolini und mit Jacques Brunot zu lenken. Andere waren dem Racheaufruf für Abdul Haman gefolgt. Sie wollten es uns heimzahlen. Abgesehen von ein paar amtsbekannten Altlinken sah ich nur Jugendliche. Sie stürzten sich auf uns wie eine Horde von Raubtieren. Keine Taktik funktionierte mehr. Wir waren in viele Gruppen auseinandergerissen, wir irrten herum, versuchten wenigstens, uns gegenseitig zu Hilfe zu kommen, wurden aber nach allen Richtungen abgedrängt. Es war verheerend. Wir konnten uns der Meute nicht erwehren. Das Wichtigste und wahrscheinlich das einzige, worum es noch ging, war: Keiner von uns durfte ihnen einzeln in die Hände fallen. Irgendwie sprach sich durch, das Kommando, die Demonstranten zu zerstreuen, sei zurückgenommen worden. Wir sollten uns aus der Menge ausklinken und wieder in der Passage sammeln. Das gelang schließlich auch. Einige fehlten. Wir hofften, daß sie sich zu den Kollegen auf der anderen Seite des Karlsplatzes durchgeschlagen hatten, die von der Ringstraße her die Demonstration zu zerstreuen suchten, genauso vergeblich wie wir. Von dort meldeten sie sich schließlich über Funk: »Stipitz haben sie die Waffe abgenommen«, hieß es. »Sie haben ihn verprügelt. Er ist auf dem Weg ins Krankenhaus.«

Ich kannte Stipitz nicht. Aber mir war klar, Stipitz könnte auch ich sein. Wer weiß, was sie alles mit ihm gemacht haben. Da schoß mir plötzlich eine ungeheure Wut ein. Ich stellte mir vor, wie sich alle auf mich stürzen und mich niederreißen, wie sie auf mir herumtrampeln, mir ins Gesicht treten. Rache, denkst du. Das mindeste, was Stipitz von uns erwarten kann, ist, daß wir ihn rächen. In diesem Moment hätte ich sie am liebsten alle erschlagen.

Wir waren in die Passage hineingeflüchtet und stellten

uns in der Formation Bögl auf. Die ist benannt nach einem ehemaligen Polizeipräsidenten, der sie ausgetüftelt hat. Es geht darum, eine sichere Verteidigungsstellung zu finden, aus der heraus man problemlos in den Angriff übergehen kann und umgekehrt. Beim Bögeln, wie wir seither unsere Einsätze in dieser Formation nennen, werden jeweils ein Schutz- und ein Eingreiftrupp miteinander verbunden. Die Männer des Schutztrupps bilden die ersten Reihen. Sie tragen hohe Plexiglasschilde. Es müssen mindestens zwei, können aber auch vier oder fünf Reihen hintereinander sein. Sie bilden eine Rundung, fast einen Halbkreis, der an den Flanken gut abgesichert wird. Die Aufstellung darf nicht zu eng sein, um es den Männern vom Eingreiftrupp möglich zu machen, jederzeit nach vorne durchzustoßen, aber auch, um Demonstranten, die sich zu weit vorwagen, von ihren Mitkämpfern abschneiden zu können. Die Männer des Eingreiftrupps tragen keine Schilde. Sie operieren von der Mitte der Formation aus. Ihre Aufgabe ist es, Verhaftungen vorzunehmen. Sie laufen zwischen den Reihen nach vorne, holen sich einzelne Demonstranten und ziehen sie nach hinten. Dadurch, daß wir in der Bögl-Formation nicht sehr eng beisammenstehen, können wir jederzeit zu laufen beginnen, ohne einander auf die Füße zu treten.

Noch außer Atem, schrien wir durcheinander und fluchten, als wir uns in der Passage neu aufstellten. Die Wilden waren uns nicht nachgelaufen, so hatten wir wenigstens Zeit, uns auf die nächste Etappe des Kampfes vorzubereiten. Während wir uns in die Reihen einordneten – wir hatten es oft genug geübt –, sprachen wir uns gegenseitig Mut zu.

»Jetzt mauern wir uns ein«, sagten wir, »aber wenn Verstärkung kommt, dann werden wir sie niederbügeln, daß ihnen Hören und Sehen vergeht.« Eines war uns allen klar. Draußen hatten wir vorläufig keine Chance. Wir mußten in der Passage bleiben. Hier würden wir die Position halten können. Solange die Kollegen auf der Ringstraße die Abgänge zur Passage unter Kontrolle hatten, mußten wir nicht befürchten, von der Rückseite angegriffen zu werden.

Dann die dreimalige Durchsage: »Kein Schußwaffengebrauch!«

Da war es plötzlich unheimlich still. Es mußte irgend etwas vorgefallen sein, das wir nicht mitgekriegt hatten. Hatten die Wahnsinnigen begonnen, die Waffe von Stipitz zu benutzen? Von diesem Funkspruch an war uns allen klar, jetzt wird es ernst. Diesmal würden wir mit Bögeln nicht durchkommen. Wir rückten enger zusammen. Keiner sagte ein Wort. Es war, als hätte sich der Lärm in unser Inneres hineinverschlagen. Die Luft schien zu zittern. Die Sprechchöre hatten aufgehört. Was geht vor da draußen? Warum geschieht nichts? Wo bleiben die bloß?

Von der Resselpark-Seite kamen fünfzehn, zwanzig Chaoten in die Passage herein, merkwürdig friedliche, verspielte Gestalten, denen es an Angriffslust fehlte. Sie schwenkten eine schwarze Fahne und blieben vor unseren Plexiglasschilden stehen, überrascht, oder fast ein wenig geehrt von so viel Aufwand. Wir hatten die Passage neben dem Abgang zur U-Bahn dicht abgeriegelt. Sie ist dort nicht breiter als fünf Meter. Jede Taktik und jeder Angriffsbefehl war zurückgenommen. Es galt nur noch unsere Leitweisung, wie sie bei der Vorbesprechung genannt wurde. Und die lautete, alles zu unternehmen, um ein Zusammentreffen von Opernballgästen und Chaoten zu verhindern. Für einen Angriffsschlag viel zu eng zusammengedrängt, ein Block von gut hundert Mann, standen wir in Bögl-Formation da und harrten. Die vorderen Reihen mit erhobenen Schlagstöcken. Ich stand in der zweiten Reihe und überlegte, was jetzt auf uns zukommen würde. Die Situation war mir neu. In all den Jahren war von Schußwaffe keine Rede gewesen und nun ein ausdrücklicher Befehl, sie nicht zu gebrauchen. Das konnte doch nur heißen, daß es allen Grund gab, zu schießen. Aber was war der Grund? Noch nie fühlte ich mich mitten im Kampfeinsatz so im Stich gelassen. Allen ging es so, das war zu spüren. Wir hatten keine Ahnung, was bei den Kollegen vor der Oper und auf der Ringstraße los war. Sie verkehrten mit der Befehlszentrale auf einem anderen Funkkanal. In irgendwelchen Einsatzwagen, durch irgendwelche Telefone wurde zweifellos fieberhaft beraten. Man ahnte das Geschrei des Sicherheitsdirektors, konnte sich vorstellen, wie der Innenminister nach Worten ringt, hörte förmlich die hektischen Lungenzüge seines Kabinettchefs. Ich malte mir aus, wie es zu diesem merkwürdigen Funkspruch hatte kommen können.

»Wir lassen uns nicht unsere Leute abmurksen«, schreit der alte Sicherheitsdirektor. »Hör dir das an.«

Er dreht das Funkgerät lauter, hält es dem Minister entgegen. »Das ist nicht mehr so wie letztes Jahr. Die sind nicht nur zehnmal so viele, die haben in der Margaretenstraße eine ganze Baustelle abgetragen. Wenn du es verantworten kannst, daß die uns erschlagen? Oder gar erschießen? Gib uns freie Hand, und in fünf Minuten ist eine Ruh.«

»Du läßt dich dann von deinen Leuten feiern, und ich muß zurücktreten.«

»Du mußt auch zurücktreten, wenn du uns im Stich läßt. Es wird ernst, Parteifreund. Die Stunde deiner Entscheidung ist gekommen.«

»Wozu habt ihr denn diesen gottverdammten riesigen Apparat, wenn ihr nicht in der Lage seid, abzuschätzen, was auf euch zukommt.«

»Wer hat denn immer heruntergespielt, wer hat denn immer gespart? Seit Jahren sage ich dir, du nimmst auf die falschen Leute Rücksicht. Jetzt haben sie dich. Jetzt sitzen wir in der Scheiße.«

»Das bringt doch jetzt nichts«, murmelt der Kabinettchef und saugt sich dabei die Lungen voll. »Wir haben alle Reserven mobilisiert. In Graz wird gerade eine ganze Kompanie zusammengestellt. In spätestens zwei Stunden kriegt ihr das hin.«

»Und was sollen wir so lange machen?«

»Abriegeln und warten.«

»Genau«, sagt der Minister, »abriegeln und warten. Das werdet ihr doch können.«

»Und wenn wir es nicht schaffen? Ich brauche Vollmachten. Meine Leute müssen sich rühren können, wenn es zu eng wird.«

»Ihr werdet das schaffen«, murmelt der Kabinettchef.

»Ihr schafft das«, sagt der Minister. »Und noch eins, damit da kein Mißverständnis entsteht: Ich will, daß du sofort durchsagst: Noch kein Gebrauch von der Schußwaffe. Und jetzt entschuldige mich einen Moment.«

Doch kaum ist er aus der Tür draußen, kommt er zurück, eine Hand schon im Hosentor. »Nicht *noch* sagen, auf keinen Fall *noch* sagen. Kein Gebrauch von der Schußwaffe, nein, kein Schußwaffengebrauch, so heißt die Order.«

Vielleicht war der Innenminister aber auch noch gar nicht verständigt. Vielleicht trank er gerade ein Glas Champagner mit Alessandra Mussolini, oder er sprach mit Jacques Brunot über das Ausländerproblem in Frankreich. Vielleicht wußten die Grazer noch gar nichts von unserer Lage. Vielleicht waren die Herren von der Wirksamkeit der Bögl-Formation so überzeugt, daß sie darauf verzichteten, Verstärkung anzufordern. Wir hingegen waren draußen. Wir wußten, was auf uns zukommen kann. Wenn die sich zusammentun, schieben sie uns die ganze Passage entlang und quetschen uns durch das Kellerfenster der Oper.

Aber noch standen wir. Unser Riegel war nicht zu passieren. So einfach waren wir nicht wegzubringen. Sie wichen aus, schienen kein sonderliches Interesse zu haben, es mit uns aufzunehmen. Anfangs tanzten sie um eine schwarze Fahne, die von einer Frau euphorisch in die Luft geworfen wurde und dabei aus der Kassettendecke der Passage Bauschutt und Staub herabregnen ließ.

»Der schönste Ball ist der Krawall«, schrien sie. Klar, sie wollten uns provozieren. Ohne direkt angegriffen zu werden, durften wir nicht losschlagen. Aber gerade jetzt wäre es möglich gewesen. Mit diesen paar Hanseln wären wir leicht fertig geworden. Ab mit ihnen und dann den nächsten Schwung. So wäre es gegangen. Die Chaoten kannten offenbar unsere Regeln. Sie wollten uns zum Kochen bringen.

Natürlich wußten wir, das ganze Land steht hinter uns. Aber was haben wir davon, wenn die vielen, die es nicht erwarten können, daß endlich zurückgeschlagen wird, keine Ahnung haben, in welcher Lage wir sind. Bis die das erfahren, ist alles vorbei. Es war knapp vor zehn. Gleich würde die Ballübertragung beginnen. Man sollte am Beginn der Sendung die Menschen einladen, zu uns zu kommen. Statt dessen diese ständigen Aufforderungen, die Gegner mit Glacéhandschuhen anzufassen. Nichts als Hirngespinste. Wir sind das Kanonenfutter, während die am Opernball Weltoffenheit spielen. Dem fehlt doch jeder Rückhalt. Die Menschen warten nur darauf, bis es endlich soweit ist. Denen steht die Wut bis zum Hals. Wenn man im Gasthaus mit den Leuten spricht, hört man nur eines: Macht ein für allemal Schluß mit dieser Quälerei von rechtschaffenen Bürgern.

Das etwa ist mir und sicher auch den anderen durch den Kopf gegangen. Ich habe auf das Fernsehen gehofft. Wenn die Leute sehen, daß wir in Bedrängnis sind, kommen sie mit den Schrotflinten. Das war doch auch an den Ostgrenzen so gewesen. Der Grenzschutz und das Militär waren überfordert. In jedem Rübenfeld lagen ein paar halbverhungerte Slawen. Und man konnte sie nicht ein-

mal zurückjagen, weil die Caritas sie vorher noch aufpäp-
peln wollte und ihnen bei der Gelegenheit auch gleich
einen Asylantrag in die Hand drückte. Bis es den Menschen eines Grenzdorfes zu bunt wurde. Sie griffen zur
Selbsthilfe. Am Abend zogen die Burschen mit Schrotflinten, Schlachtschußapparaten und Mistgabeln aus. Innerhalb kürzester Zeit war der Spuk vorbei. Seither hat das
Dorf Ruhe vor Flüchtlingen.

An diese Burschen dachte ich. Ich stellte mir vor, wie sie
singend mit Traktoren und Miststreuern die Ringstraße
heraufziehen, vor den Demonstranten eine kleine Kurve
machen und anhalten, den Rückwärtsgang einlegen, Gas
geben und die Streuwalzen einschalten, bis alle von Kopf
bis Fuß mit Scheiße bedeckt sind. Wenn die Burschen dann
mit ihren Schrotflinten aus den Fahrerkabinen auf die
Dächer klettern, springen die Chaoten fort wie die Hasen,
bevor ein einziger Schuß fällt. Dann setzen sich die Bauern
vor der Oper auf die Straße, packen ihren Speck aus, trinken Most und sagen zu den staunenden Opernballgästen:
»Denen haben wir gezeigt, wie man mit der Geiß ackert.«

Der Kreis von tanzenden Gestalten schwoll rasch an,
wurde mit jeder Drehung größer und dichter und fiel in
Gleichschritt zum Rhythmus des Sprechchors: »Der schönste Ball ist der Krawall.«

Bald war der Platz vor uns mit Menschen gefüllt, der
Kreisel hörte auf, sich zu drehen. In der Mitte eingezwängt, stak noch die Fahne heraus. Der Tanz war in ein
heftiges Stampfen übergegangen, Füße, die sich in Win-
deseile zu vermehren schienen. Vom Resselpark kamen
immer mehr Menschen herein, drängten nach vorne, fielen mit ihren Schritten in den Rhythmus, drückten in
unsere Richtung. Es wurde lauter und lauter. »Der schönste Ball ist der Krawall.«

Bald standen sie so dicht, daß sie aufhören mußten zu

stampfen, weil sie einander auf die Füße zu treten begannen. Langsam bewegten sie sich auf uns zu, ganz langsam. Man sah deutlich, einige lehnten sich zurück, sie wollten stehenbleiben, aber sie wurden weitergeschoben. Je näher sie kamen, desto lauter und gehetzter schrien sie. »Der schönste Ball ist der Krawall.«

Sie müssen sich das vorstellen: Die langsam vorrückende Wand und der immer schneller werdende Sprechchor, der bald aus dem Rhythmus kam und sich überschlug. Wir sahen ihre Münder aufschnappen, wir sahen Hunderte Fäuste wie Pleuelstangen in die Luft hämmern. Wir hielten die Schlagstöcke noch höher und standen, zehn Linien hintereinander, in Drohgebärde.

»Los, reißen wir ihnen den Arsch auf«, zischte es hinten. Das waren junge Grenzpolizisten, die von der Opernseite als Verstärkung geschickt worden waren. Ungestüme Burschen, die von hinten Druck erzeugten und auf die Chaoten zudrängten. Für sie war das eine neue Herausforderung. Sie konnten es nicht mehr erwarten, das dumpfe Geräusch ihrer Schlagstöcke zu hören.

Den Entgegenkommenden schien der Mumm vergangen zu sein. Sie lehnten sich stärker in die eigenen Reihen zurück, von wo sie aber unaufhaltsam weitergeschoben wurden. Aus den fünfzehn, zwanzig herumhüpfenden Fahnenanbetern war mittlerweile eine riesige Walze geworden, die mit lautem Dröhnen auf uns zurollte, »Der schönste Ball ist der Krawall«, eine riesige Maschine im Kriechgang, aber unbeirrbar in ihrer steten Bewegung.

Einige Köpfe in den ersten Reihen trugen Motorradhelme oder waren mit Palästinensertüchern umwickelt. Ein etwa dreißig Zentimeter langes Kantholz, gehalten von kräftigen Lederhandschuhen. Es wippte im Rhythmus des Sprechchors drohend auf und ab. Einige Arme waren ineinander eingehakt, manche Hände waren hinter den Rücken verborgen. Wir blickten ihnen in die Augen, versuchten auszuloten, wer gefährlich ist. In einer Hand ein Pflasterstein, ein anderer in der Tasche eines geflickten Anoraks, deutlich erkennbar. In der zweiten Reihe einer mit hängenden Armen; er hatte uns die Handrücken zugedreht. Ich sah ihn an und dachte mir: »Mit deinen Steinen werde ich dir die Eier zerquetschen.«

Man denkt sich solche Sachen. Manche murmeln es auch vor sich hin. Das stachelt an, gibt Mut.

Auffällig war ein Blonder, ohne Vermummung, ohne Kopfbedeckung, mit rotglühenden Ohren. Gesteppte Jeansjacke, die Hände in den Taschen. Skandierte nicht mit, sondern hielt die Lippen fest zusammengepreßt.

»Sofort ausschalten!« Das Kommando kam genau in dem Augenblick, als ich es mir dachte. Ich weiß nicht genau, warum. Es war ein Gefühl: Der hat die Pistole von Stipitz. Hunderte Male hatten wir diese Situation geprobt. Aber wenn die von den Psychologen ausgewählten Typen im Breitwandformat auf uns zumarschierten und wir unsere Simulatorenknöpfe drückten, war es doch jedesmal anders als in Wirklichkeit. Die konnten noch so schreien: »Nazischweine an die Leine«, oder: »Fegt die Straßen frei von der Polizei«, es war eine andere Stimmung, es war einfach leichter, die Nerven zu behalten und in Ruhe auszuwählen. Aber wenn es ernst war, hatte man überhaupt keine Wahl. Man drosch auf das ein, was man gerade erwischte. So plötzlich ich diesen Blonden vor mir gehabt habe, so schnell habe ich ihn wieder verloren.

Kaum stürmten wir los, liefen auch die Chaoten. Jemand hatte gerufen: »Zur U1!«, und wie auf Kommando rannten sie fort. Sie entglitten uns unter den Stöcken, schlüpften unter den Schilden weg.

Die Abdul-Haman-Geschichte steckte uns noch allen in den Knochen. Mein einführender Kollege sagte: »Ich habe noch nie jemandem auf die Halsschlagader geschlagen, aber sollte mir der Innenminister in die Hände fallen, müßte ich mich schon sehr zurückhalten.«

Der Innenminister und sein Ohrensausen waren, wie ich Ihnen schon sagte, nicht sehr beliebt bei uns. Aber seit dem Knüppelerlaß, wie wir ihn nannten, war er untendurch. Der Fall war noch völlig ungeklärt, es hatte nur ein paar Presseschmierereien gegeben, aber der Minister tat so, als wäre unsere Schuld erwiesen. Es hatte noch nicht einmal ein Prozeß stattgefunden. Übrigens bis heute nicht. Ich hatte erwartet, diesmal würden zur Opernballdemo besonders viele Ausländer kommen. Das war aber nicht der Fall. Mir jedenfalls sind kaum welche untergekommen. Im Fernsehen soll man eine Gruppe gesehen haben, die Fotos von Abdul Haman hochhielt. Aber mir sind sie nicht begegnet. In Wirklichkeit wollten die nicht demonstrieren, sondern auf ihre Weise die angekündigte *Rache für Abdul Haman* nehmen. Wenn Sie mich fragen, die Opernballkatastrophe und die Abdul-Haman-Geschichte hängen zusammen. Giftgas aus dem Irak. So viel weiß man mittlerweile. Na, wer kann das gewesen sein? Die haben zur Opernballdemo aufgerufen, damit wir beschäftigt sind und sie in Ruhe ihrer Blutrache nachgehen können.

Und wir waren weiß Gott beschäftigt. Die Stiegen und Rolltreppen zu unserer Rechten waren überfüllt mit hinablaufenden Menschen, genauso die heraufführenden Rolltreppen, bei denen offenbar der Nothalt betätigt worden war. Die Phalanx hatte blitzartig an Schubkraft verloren. Weg die zusammengekniffene Lippe des Blonden, weg das Kantholz, der Pflasterstein im Anorak, die Eierquetsche, die wir nun doch nicht bedienen konnten, fort auch die ineinandergehakten Arme, die sich gerade noch vor uns aufgebaut hatten. Soweit wir an sie rankamen, zogen wir ihnen von hinten ein paar über. Natürlich schonten wir die Hälse und konzentrierten uns auf Köpfe und Rücken. Wir blieben aber praktisch ohne Gegenwehr. So ließen wir bald die Arme sinken.

Die fühlten sich bleiern an. Auch wenn sie kaum gearbeitet hatten. So, als hätte sich die vorgestellte Anstrengung in die Muskeln eingegraben, als hätte jener Kampf, dem wir gerade entgangen waren, wirklich stattgefunden. Die Helme klebten uns auf den Köpfen. Wir waren abgehetzt, erschöpft, verschwitzt. Doch es blieb uns nicht einmal Zeit, die Helmriemen zu lockern. Wir wurden zum Opernaufgang der U1 beordert. Blitzartig wurde uns klar: Wenn die hier in die U-Bahn hinunterlaufen, dann machen sie das sicher nicht, um nach Hause zu fahren, sondern um auf der anderen Seite wieder heraufzukommen – und dann wären wir eingekreist. Wir liefen die Passage entlang bis unterhalb der Ringstraße, wo uns ein Reporterteam mit Scheinwerfern anstrahlte. Das war nicht ETV, sondern das öffentliche Fernsehen. Diesmal waren die Grenzschützer vorne, das war gut für unsere Sicherheit, aber schlecht für unseren Ruf. Niemand konnte die vom Bahnsteig der U1 heraufkommenden Chaoten die steile Rolltreppe hinunterknüppeln und dabei die Opernballgäste schonen. Es war unmöglich, sie fein säuberlich zwischen den Reihen passieren zu lassen. Den Grenzschützern war das am wenigsten zuzutrauen. Und das Ganze, schließlich war ja Fernsehen da, möglichst noch mit unsichtbarer Gewalt.

Das Geschrei der Chaoten dröhnte aus dem Schacht herauf. Es hörte sich an, als wären einige in Auseinandersetzungen mit Fahrgästen, offenbar mit Ballbesuchern, geraten. Als die ersten Gestalten zur Rolltreppe kamen, wurde diese vom Überwachungsraum aus abgeschaltet. Wir warteten auf unseren Einsatz.

Doch die Zuschauer der Abendnachrichten sollten etwas anderes vorgeführt bekommen. Einer der Gründe, warum an diesem Abend nichts weiterging, warum es immer aussichtsloser wurde, war das Fernsehen. Um Mitternacht herum gab es ja bald so viele Fernsehleute und Berichterstatter wie Demonstranten. Das konnte nicht gutgehen. Wenn du dich bei jedem Schlag vergewissern mußt, ob du den richtigen triffst und auch nicht auf die Halsschlagader, kannst du den Knüppel gleich einstecken. Die Fernsehkameras machen alle verrückt. Das fängt schon bei den Befehlen an. Die Einsatzleiter bekommen Angst vor der eigenen Courage.

Wir standen auf dem Treppenabsatz neben dem Briefmarkengeschäft. Das Fernsehen stand schräg rechts von uns und leuchtete uns an. Stieg einer von uns eine Stufe hinab, wurde er vom zivilen Einsatzleiter, der sich, um nicht ins Bild zu kommen, neben der Kamera aufhielt, zurückgepfiffen. Wieder hatten wir auf die deutliche Provokation zu warten. ›Deutlich provoziert‹, hieß es immer. Nur wenn wir ›deutlich provoziert‹ würden, dürften wir losschlagen.

Die Eisentreppen dröhnten unter den Schritten der heraufstürmenden Chaoten. An der Kamera begann ein rotes Licht zu blinken. Sie kamen immer näher. Ein Rudel herangaloppierender Pferde. Und schon tauchten die ersten Sturzhelme auf, die ersten Gesichter, bis über die Nase mit Tüchern umwickelt. Wir schoben die Schilder vor und erhoben die Schlagstöcke. Da ging direkt vor uns das massive Rollgitter herab, und wir schauten durch die Eisenstäbe auf die vom vielen Stiegensteigen schnaufenden Chaoten.

»Hier ist Harmagedon, unser Auftrag wird sichtbar. Wir sind die Heiligen der letzten Tage. Wir sind die Speerspitze des großen Erlösungsplans. Mit leidenschaftlicher Hingabe, mit wachem Verstand und mit Mark in den Knochen werden wir unser Werk vollenden und die Wende der Zeit. Unsere Feinde glauben, sie haben einen Sieg errungen. Doch dieser vermeintliche Sieg der Feinde dient der Zeitenwende, der Vollendung unseres Werks. Er ist es, der den Knochen das Mark gibt, den Verstand weckt und die Hingabe leidenschaftlich macht. Er gehört zum Erlösungsplan, damit die Speerspitze noch härter geschmiedet wird. Erst an den letzten Tagen wird sich zeigen, wer die Heiligen sind. Dann, wenn erkennbar geworden ist, was unser Auftrag war. Harmagedon ist hier.«

So redete der *Geringste* nach seiner Wiederkunft. Er trug nun lange Haare und einen Seehundbart. Die Nase war schmaler geworden und spitzer. Man hätte ihn für einen übriggebliebenen Hippie halten können. Vom Gürtelputzen wollte er nichts mehr wissen. Er plante den großen Umsturz, den Befreiungsschlag. Anfangs hielten wir ihn für übergeschnappt. Wir dachten, die Amerikaner haben ihm nicht nur das Gesicht operiert, sondern gleich den ganzen Kopf verdreht. Wir sollten aber schnell merken, daß das, was uns irritierte, eine Rolle war, die er einstudiert hatte, eine Missionsrolle.

Vor der christlichen Religion hatten wir immer Achtung gehabt. Sie ist die Religion der Europäer, der Nährboden der überlegenen europäischen Kultur. Und sie enthält die Botschaft des kommenden tausendjährigen Reiches. Anders war es mit der katholischen Kirche. Sie trägt diese Botschaft in sich, aber sie ist gleichzeitig der alte Feind dieser Botschaft. Der *Geringste* hatte mit der Kirche, die ihn erzogen hatte, nichts mehr im Sinn. Anders Feilböck. Nach der Auslegung von kirchenkritischen Texten durch den *Geringsten* war es ihm immer wichtig gewesen zu betonen, daß sich der Kampf damals gegen die alte Machtkirche richtete, die in unseren Breiten längst in Agonie liege. Die Kirche sei heute nicht mehr der Feind. Er warnte uns davor, die Kirche zu verspotten.

»Wer das macht«, sagte er, »auch wenn er ihr persönlich nicht angehört, spielt dem Feind in die Hände. Es gibt nur eine wirkliche Religion, und das ist die christliche. In ihre unterschiedlichen Lehren mischen wir uns nicht ein.«

Und dann verwendete er ganz überraschend das Wort Toleranz. Sonst hatte er über Toleranz immer nur gespottet. »Ein Toleranzi hier und ein Toleranzi dort, und am Schluß sind wir Neger. Toleranz heißt, sehenden Auges der eigenen Vernichtung entgegengehen«, hatte er gesagt. Nur einen einzigen sinnvollen Gebrauch für dieses Wort ließ er gelten.

»Toleranz«, sagte er, »hat ihren Ursprung in der gegenseitigen Achtung der christlichen Lehren. Dort ist sie entstanden, nur dort hat sie Gültigkeit. Niemals darf der wahre Volkspolitiker der einen Religion widersprechen. Niemals darf er sich in ihre internen Konflikte einmischen.«

Der wahre Volkspolitiker. Das war typisch Feilböck. Davon träumte er. Nachdem alle seine Pläne, unsere Gruppe auszuweiten, beim *Geringsten* abgeblitzt waren, kam er uns mit der Kirche. Ich erinnere mich noch gut an die Totenmesse, als er plötzlich aufstand und einen Vortrag hielt. Er war gut vorbereitet, aber er wagte es natürlich nicht, ans Pult zu gehen. Das war dem *Geringsten* vorbehalten. Feilböck stand nur auf. Aber auch das war schon ungewöhnlich genug. Und er hielt Hitlers *Mein Kampf* in der Hand. Während er redete, schlug er das Buch auf.

»Die Kirche«, sagte er, »ist das Brot der einfachen Leute. Die tiefreligiösen Menschen auf dem Land sind die natürlichen Verbündeten gegen die Überfremdung des Kontinents. Schaut euch unsere Bauern hier in Rappottenstein an. Die Kirche steht auf unserer Seite im Kampf gegen die alten und neuen Parasiten in Europa. Auch wenn der eine oder andere Kirchenmann sich in linker Verblendung gefällt und Beelzebub füttert mit den Gaben des Herrn, uns hat die Geschichte der Kirche gelehrt, daß der Kampf, will er erfolgreich sein, mit Feuer und Schwert zu führen ist. Die ständige Niederlage des Tausendjährigen Reiches schreit nach Rache, aber heute ist nicht mehr die Kirche der Feind. Hitler hat Jesus den *großen Gründer der neuen Lehre* genannt. Er hat ihn bewundert, denn Jesus *machte aus seiner Gesinnung dem jüdischen Volke gegenüber kein Hehl, griff, wenn nötig, sogar zur Peitsche, um aus dem Tempel des Herrn diesen Widersacher jedes Menschentums zu treiben.*«

So sprach und las Feilböck. Und so weit folgte ihm der *Geringste*. Mit einer Ausnahme. Der Kampf gegen die Juden war für ihn nicht wichtig. Er sagte: »Heute ist der Antisemitismus vor allem die Haltung der größten Feinde der weißen Kultur, der islamischen Fundamentalisten. Mit ihnen kann es keine Verbrüderung geben.«

Doch Feilböck wollte davon nicht lassen. Er hatte seinen Judenhaß aus der Jugendorganisation der Nationalen Partei mitgebracht. Wenn er von Feinden sprach, waren die *jüdischen Parasiten* immer darunter. Wir haben jedoch gegen Juden nie irgendeine Aktion unternommen. Ich sage das jetzt nicht, weil Sie Jude sind. Woher ich das weiß? Wollen Sie hören, daß ich es rieche? Der *Geringste* ist uns in Rappottenstein ein paarmal mit Ernst Bloch gekommen. Das hat sich interessant angehört. Joachim von Fiore und Bloch, das paßte gut zusammen. Aber Feilböck hat rebelliert. Weil Bloch Jude war und Kommunist noch dazu. Das hätte zuviel Streit gegeben, deshalb hat der *Geringste* Bloch versickern lassen. Aber ich erinnere mich an das Foto, das er uns gezeigt hat. Bloch hatte dieselbe Nase wie Sie. Sind Sie mit ihm verwandt? Aber jetzt im Ernst: Mit Türken, Zigeunern, Serben, Bosniaken und Negern hatten wir tagtäglich zu tun, Juden kannten wir nur aus dem Fernsehen.

Wenn sie auch oft stritten, im Prinzip widersprach der *Geringste* Feilböck nicht. Beide interessierte an der kirchlichen Tradition vor allem eines: die Erlaubnis, ja die Aufforderung, gegen die Feinde mit der Peitsche vorzugehen. Aber Feilböck wollte mehr. Er suchte Kontakt zu kirchlichen Organisationen.

»Versteht mich nicht falsch«, sagte er. »Ich will Euch da nicht hineinziehen. Die sollen gar nicht erfahren, daß es uns gibt. Aber es kann doch unserem Kampf nur nützen, wenn ihn andere mit ihren Mitteln unterstützen. Im Moment finde ich allerdings noch keinen Zugang.«

Über Kontakte zu alten Freunden hatte er erfahren, daß es Pfarrer gab, die den deutschnationalen Kampf unterstützten. Mehrmals versuchte er den *Geringsten* zu bewegen, ihm für seine Missionsarbeit, wie er das nannte, eine Brücke zu bauen.

»Ich kann das als meine Privatsache betreiben«, sagte er. »Ich brauche Dich dann nicht mehr dazu. Es geht nur um den Anfang. Du kennst die Brüder, Du weißt, wie man sie anpackt. Ein riesiger PR-Apparat liegt brach. Nur Du kannst ihn für uns in Bewegung bringen.«

Doch der *Geringste* zeigte keine Neigung für Feilböcks Missionsarbeit. Er weigerte sich auch, nach Kremsmünster zu fahren, um einen möglichen Ansprechpartner ausfindig zu machen. Er sagte: »Ich habe in meinem Leben genug ministriert.«

Auch wenn uns Feilböcks Argument, daß man keine Chance ungenutzt lassen dürfe, einleuchtete, waren wir uns immer bewußt, daß die *Bewegung der Volkstreuen* nicht Feilböck zum Führer hatte, sondern den *Geringsten*. Er sagte zu Feilböck: »Du hast einen widerlichen Hang zum Lehrer. Du wirst unsere Bewegung noch zu einem langweiligen Bildungsverein machen, der das Gesindel mit dem Abc bekämpfen will statt mit TNT. Für den körperlichen Ausgleich kannst Du Dir dann ein Zimmerfahrrad aufstellen.«

Ihr Streit war einmal so heftig, daß Feilböck drauf und dran war, auf den *Geringsten* mit den Fäusten loszugehen. Wir hatten alle Mühe, ihn abzuhalten.

»Wozu die Kräfte unnütz verschleißen«, riefen wir. »Im Kern seid Ihr Euch doch einig. Gehen wir lieber Gürtelputzen.«

Feilböck ließ sich leicht provozieren, besonders von jemandem wie dem *Geringsten*, der, bevor er auf eine Herausforderung einging, lieber noch einen Schluck Kaffee trank und dann in aller Ruhe, fast so, als würde es ihn nichts angehen, seine Pfeile abschoß. Den Höhepunkt erreichte ihr Konflikt während der Planung des Gürtelhausbrands. Damals sagte der *Geringste* den Satz: »Auch wenn der Kamerad *Feig*böck das anders sieht, möchte ich daran festhalten.«

Da war der Faden für einen Moment gerissen. Feilböck sprang auf und schrie: »Du bist für mich gestorben.« Dann lief er hinaus.

Der *Geringste* fuhr fort, als ob nichts gewesen wäre. Nach zwanzig Minuten kam Feilböck zurück und entschuldigte sich. Der *Geringste* sagte: »Bei einem Bruder braucht man sich nicht zu entschuldigen.«

Als der *Geringste* aus Amerika zurückkam, hatte alles eine neue, größere Dimension.

»Harmagedon, unsere Entscheidungsschlacht, ist näher, als Ihr denkt«, sagte er. »Für den Spaß, für das Gürtelput-

zen und Türkenklatschen, ist schnell einer zu haben. Aber
für Harmagedon brauche ich Entschlossene, die jede Zelle
ihres Körpers, jede Regung ihres Geistes und jede Empfin-
dung ihrer Seele der gemeinsamen Sache weihen. Nur
wenige sind auserwählt.«

Immer wieder zitierte er die Bibel. Adolf Hitler schätzte
er jetzt nicht mehr so wie früher.

»Hitler«, sagte er, als er aus Amerika zurück war, »hat
viel Richtiges gesagt, aber auch viel Scheiß gebaut. Er hat
sich mit seinem Kampf gegen die Juden hoffnungslos ver-
rannt. Deshalb hat er auch verloren. Die Bibel gibt es seit
Tausenden von Jahren, ihre Grundwahrheiten sind unbe-
siegbar. Die Zeit, in der Gericht gehalten wird, kommt
unaufhaltsam auf uns zu. Und wir sind auserwählt, sie zu
vollziehen.«

Siehe, ich komme bald. Diese Botschaft erfuhren wir,
wenn wir den Fernsprechauftragsdienst der Post wählten
und eine bestimmte Telefonnummer nannten.

»Moment«, sagte die Frau am anderen Ende der Leitung, »die Nachricht lautet: *Siehe, ich komme bald.*«

Es war seine letzte Botschaft aus Amerika. Mehr als zwei
Monate lang blieb sie gleich. Täglich hofften wir auf neue
Nachrichten durch den Fernsprechauftragsdienst oder
über Computer. Doch es hieß nur: *Siehe, ich komme bald.*

Bis plötzlich die Verständigungskette in Gang gesetzt
wurde, ausgelöst von Feilböck. Der *Geringste* hatte zu unserer Überraschung ausgerechnet mit ihm Kontakt aufgenommen. Wir hatten nicht vereinbart, wer das erste Glied
der Kette sein würde. Vereinbart war nur, wer für welchen
Kameraden zuständig war und daß es eine Mitteilung über
den Fund eines Gegenstandes sein sollte. Fundort, Datum,
Uhrzeit, Telefonnummer. Rechnete man acht Tage und
acht Stunden dazu, hatte man das exakte Datum des Tref-
fens. Dann mußte man nur noch von einer Telefonzelle
aus, auf keinen Fall vom Privattelefon, die Nummer wäh-

len und sich vergewissern, daß es sie nicht gab. Es hätte ja
zufällig die Mitteilung über einen wirklichen Fund sein
können. Die nicht funktionierende Telefonnummer war
unser Erkennungszeichen.

»Schöne große Angorakatze gefunden. 16. April, 13 Uhr.
Schweizer Garten. Tel.: 65 82 583.«

So lautete die Mitteilung, die ich nach zweieinhalb
Monaten *Siehe-ich-komme-bald*-Vertröstung am Baum vor
meiner Haustür fand. Sie bedeutete: Treffen 24. April,
21 Uhr, Schweizer Garten.

Wählte man die Telefonnummer, hörte man eine Folge
von drei Pfeiftönen. Ich schrieb die Mitteilung in den
Computer und druckte sie aus. Dann löschte ich den file.
Vor Feilböcks Haus gab es keinen Baum. Ich überlegte, den
Computerausdruck am Mitteilungsbrett in Feilböcks Haus
anzubringen, ließ mir dann aber eine andere Lösung einfallen. Auch wenn ich nicht das Gefühl hatte, überwacht zu
werden, konnte ich nicht ausschließen, daß mein Lebens-
wandel in Stichproben kontrolliert wurde. Eine Fahrt zu
Feilböcks Haus wäre zu auffällig gewesen. Immerhin war
ich ehemaliges Mitglied einer verbotenen Organisation.
Daher schnitt ich die Mitteilung klein aus und klebte sie
auf ein Plakat an der Eingangstür eines Lokals, in dem
Feilböck oft verkehrte. Am einfachsten war Pandabär zu
verständigen. Gleich neben dem Eingang des Schallplat-
tengeschäfts, in dem er arbeitete, stand eine Litfaßsäule.
Für ihn war der Polier zuständig. Bei uns wurden die
Mitteilungen auch an den Absperrplanken der Baustelle
angebracht. Sobald wir die Nachricht gelesen hatten, ent-
fernten wir sie. Kein Zettel wurde zweimal verwendet.
Kopien waren nicht erlaubt. Für Mitteilungen benutzten
wir weder das Telefon noch Kopieranstalten, noch die
Hauszustellung der Post. Postfächer, so war unsere Vereinbarung, sind nach spätestens zwei Monaten wieder aufzugeben.

In der *Bewegung der Volkstreuen* waren damals, als die Angorakatze gefunden wurde, noch sieben Kameraden aktiv, denn Druckeberger und der Professor saßen ja im Gefängnis. Ob wir wirklich sieben waren, stand in den Sternen. Wir konnten nicht wissen, wer noch bereit war, mitzumachen.

Im Schweizer Garten fanden wir schnell zusammen. Alle waren gekommen. Aber wer waren sie? Waren sie noch dieselben? Wie konnte ich sicher sein, daß der andere nicht mittlerweile ein Polizeispitzel war? So, wie die Dinge nach dem Gürtelhausbrand gelaufen waren, lag die Vermutung nahe, daß es in unseren Reihen einen Verräter gab.

Wir gingen mehrfach aneinander vorbei, als ob wir uns nicht kennen würden, und suchten die Umgebung nach fremden Personen ab. Es gab nicht viele. Um diese Uhrzeit war, trotz des lauen Abends, kaum jemand unterwegs. Das am Rande des Parks gelegene Wirtshaus, dessen Gastgarten in der Abenddämmerung gut gefüllt war, bildete den Hauptanziehungspunkt für die wenigen, die um diese Zeit von den asphaltierten Hauptwegen auf die kleineren Kieswege abbogen. Zum Gasthaus gab es von der Seite des Arsenals, diesem ehemaligen Waffendepot der K.u.K.-Armee, eine Zufahrt. Ah, Sie kennen das Gasthaus. Gelegentlich stieg dort jemand ins Auto und fuhr weg. Dann haben Sie vielleicht auch den umzäunten Spielplatz, schräg gegenüber vom Gasthaus, gesehen. Das Tor stand offen. Ich ging hinein, Feilböck folgte mir.

»Hallo, Feilböck«, sagte ich. Er antwortete: »Guten Abend, Herr Ingenieur. Da sind wir wieder.«

Ich fragte ihn: »Wer hat den Ort ausgewählt?«

Er sagte: »Ich habe zwei Mitteilungen bekommen. Hoffen wir, daß die erste von Joe war.«

Wir untersuchten das Baumhaus und die Lokomotive. Beide waren leer. Draußen hatten inzwischen auch die anderen miteinander zu reden begonnen. Immer noch drückten sie sich aneinander vorbei, doch auch sie begannen im Vorbeigehen die ersten Worte zu wechseln. Pandabär war dick geworden, dicker als der Blade. Der sagte zu ihm: »Na, Du alter Freßling.«

Pandabär antwortete: »All die guten Lämmer habe ich allein essen müssen. Und kein Ausgleichssport am Gürtel.«

Ein mit Bänken gesäumter Fußweg führte vom Spielplatz ostwärts in die Gegend der Einfahrt zum Schnellbahntunnel. Auf einer Bank saß ein heruntergekommener Mann. Er trug zerschlissene Jeans, hielt den Kopf gesenkt und schien vor sich hin zu dösen. Seine langen schwarzen Haare wurden von einer verkehrt herum aufgesetzen roten Baseballkappe aus dem Gesicht gehalten.

Sollte er der Grund sein, warum wir hierherbestellt wurden? Wollte der *Geringste* zum Einstand einen Kulturputz vornehmen? Sollten wir einen Dealer klatschen? Wir ließen ihn nicht aus den Augen, suchten aber weiter die Umgebung ab und warteten auf den *Geringsten*. Er kam nicht. Als wir uns zusammenstellten, um zu beraten, ob wir noch länger warten sollten, stand der Dealer auf, kam mit leicht schleppenden Schritten auf uns zu und sagte: »Mein Name ist Judas.«

Das Wort Judas sagte er in englischer Aussprache: Dschudäs.

Der Blade antwortete: »Willst eine in die Goschn, Süchtler?«

Doch der Langhaarige blieb unbeeindruckt. »Dschudäs«, sagte er, »der Verräter. Der *Geringste* unter den Jüngern von Dschisas.«

Wir waren drauf und dran, ihm eine runterzuhauen. Der Blade schnappte ihn vorne am T-Shirt, wir traten von hinten an ihn heran und packten ihn am Genick. Er legte seine rechte Hand auf Feilböcks Arm. Am obersten Glied des kleinen Fingers, nahe der Handwurzel, waren zwei schwarze Achter zu sehen. Im ersten Moment erschrak ich.

Gleich darauf war ich überzeugt, daß der Mann ein Polizeispitzel war. Die Achter waren nicht eintätowiert, sondern aufgemalt.

Der Mann fuhr fort: »Das Tausendjährige Reich braucht nicht nur Propheten, es braucht auch Kämpfer. Nun ich bin gekommen.«

Die Sprache war es, die Stimme, an der wir ihn wiedererkannten. Auch wenn er sich einen amerikanischen Akzent zugelegt hatte, klang seine Stimme eben doch, wie wenn der *Geringste* mit amerikanischem Akzent sprach. Aber es war ein fremdes Gesicht. Ein langer Seehundbart bedeckte die Oberlippe. Bekannt hingegen waren uns der blauädrige Handrücken und die wurstigen Finger. Wir ließen ihn los.

»Mein wirklicher Name«, sagte er, »ist Steven Huff. Ich bin Mormone auf Missionsreise durch Europa. Mein Missionsname ist: der *Geringste*. Ich bitte Euch, mich so zu nennen von jetzt an. Nur so. Wenn Euch jemand fragt, mit wem Ihr habt gesprochen, Ihr antwortet: mit einem Spinner, dem mormonischen Missionar Steven Huff.«

Weil wir ihn ungläubig anschauten, zeigte er uns seinen amerikanischen Paß. Er war auf Steven Huff ausgestellt. Geboren in Arizona. Das Foto stimmte mit seinem Gesicht überein. Er zeigte mit dem Finger auf das Geburtsdatum und sagte, nunmehr akzentfrei: »Siehe, ich komme bald.«

Rechnete man zu dem im Paß eingetragenen Geburtsdatum 88 Tage dazu, kam das wirkliche Geburtsdatum des *Geringsten* heraus.

Da klopften wir ihm auf die Schulter.

»Toll«, sagten wir. »Phantastisch, Joe.«

Er legte einen Finger an den Mund.

»Steven Huff«, sagte er, »oder der *Geringste*. Meine Identität ist lupenrein. Ich habe studiert in Princeton. Nachweislich.«

»Okay. Ist ja gut«, meinte der Polier. »Wie hast Du das geschafft? Niemand wird Dich wiedererkennen.«

Wir schauten uns seine Nase an. Sie wirkte echt. An der Wurzel waren zwei Fältchen zu sehen. Aber da mußte man schon genau schauen. Der Blade zog an seinen Haaren. Sie waren echt. Er sagte: »Man muß sich ja fast genieren mit Dir. Paß bloß auf, daß Dir keiner die Federn rupft.«

Pandabär schlug vor, ins Gasthaus zu gehen und die Wiederkehr zu feiern. Darauf der *Geringste*: »Mormonen trinken keinen Alkohol. Gefeiert wird nach der Arbeit.«

Er sah uns nacheinander an. So wie früher, bevor wir Gürtelputzen gingen.

»Diesmal«, sagte er, »wir gehen aufs Ganze. Aber zuerst wir mussen uns vergewissern, wer noch dazugehört.«

»Alle«, sagten wir. »Jetzt, wo Du wieder da bist, selbstverständlich alle.«

»Alle«, sagte Feilböck, »das weißt Du doch. Wenn Du bloß normal reden würdest.«

»Wir werden sehen«, meinte der *Geringste*. »Bisher haben wir gespielt, aber jetzt geht es um den heiligen Krieg.«

»Was heißt das«, fragten wir, »was ist der Unterschied zu früher? Du bist wieder da, und wir kämpfen gemeinsam weiter.«

Der *Geringste* sagte: »Ich habe mitgebracht einen Plan. Er heißt *Harmagedon*. Wir dürfen uns nicht leisten den kleinsten Fehler, dann wir werden sein siegreich. Leisten wir uns einen Fehler, dann wir werden sein erledigt ein für allemal. Das ist der Unterschied zu früher.«

»Sag einmal, kannst Du nicht normal mit uns reden?« fragte der Polier. »Ist doch niemand weit und breit.«

Der *Geringste* schaute ihn an und ließ sich, so wie früher, mit der Antwort Zeit. »Erst wenn wir werden haben gesiegt. Dann alles wird sein anders. Und die Auserwählten werden sehen, sie sind Auserwählte, und sie werden reden anders.«

Er steckte den kleinen Finger in den Mund und kaute daran. Als er ihn wieder herauszog, waren die zwei Achten verschwunden. Statt dessen sah man ein Brandmal.

»War nur aufgemalt«, sagte er. »Damit Ihr mich wiedererkennt. Ihr versteht, ich bin Steven Huff aus Arizona, genannt der *Geringste*.«

Er blieb nicht einmal zwanzig Minuten. Er nannte uns Zeit und Ort der nächsten Zusammenkunft. Sie war für den bevorstehenden Samstag angesetzt. Wir sollten in Abständen von jeweils einer Viertelstunde beim sogenannten Neugebäude eintreffen. Aber wir sollten nicht mit dem Auto kommen, sondern jeder für sich mit öffentlichen Verkehrsmitteln. Er werde als erster dort sein. Feilböck solle festlegen, wer wann eintreffe. Der *Geringste* drückte jedem von uns ein mormonisches Flugblatt in die Hand. Er sagte: »Ihr geht jetzt auseinander. Jeder für sich.«

Dann verließ er uns. Er schlenderte langsam am Gasthaus vorbei in Richtung Museum des Zwanzigsten Jahrhunderts.

Wir standen da mit unseren Flugblättern. Sicher hatte sich jeder von uns die Wiederkehr des *Geringsten* anders vorgestellt. Ich sah uns Bier trinken und schießen und in das Lachen der Unbesiegbaren ausbrechen. Statt dessen standen wir stumm da, wie die Apostel, denen der Auferstandene in die Wolken entschwindet. Als die rote Baseballkappe nicht mehr zu sehen war, nannte Feilböck die Reihenfolge unseres Eintreffens bei der nächsten Versammlung. Er selbst wollte der erste sein, danach kam der Polier. Dahinter folgten der Blade, Pandabär, ich und der Lange. Sagte es, und ging fort. Wir taten es ihm gleich. Grußlos. Irgendwo las dann jeder sein Flugblatt. Wahrscheinlich war ich nicht der einzige, der befürchtete, daß die Verhaltensregeln der *Heiligen der letzten Tage* – kein Alkohol, kein Nikotin, kein Tee, kein Kaffee, kein außerehelicher Sex – bald unsere eigenen werden könnten.

Und noch etwas war von diesem Abend an anders. Ich habe Feilböcks spontaner Aufzählung eine große Bedeutung beigemessen. Sie wirkte für mich wie die Festlegung einer neuen Hierarchie. Das wirkte sich auf mein Verhältnis zum Polier aus, ohne daß ich hätte sagen können, was sich geändert hat. Jetzt, im nachhinein, weiß ich es. Vielleicht hatte Feilböck nur aus alter Dankbarkeit für Rappottenstein den Namen des Poliers gleich hinter seinen gereiht, aber ich fühlte mich seit diesem Aprilabend im Schweizer Garten vom Polier überwacht.

Zwei Tage später trafen wir uns in den Ruinen des *Neugebäudes*. Kennen Sie nicht? Der Name ist irreführend. In Wirklichkeit handelt es sich um ein leerstehendes altes Schloß, das vor einigen Jahren von Kindern in Schutt und Asche gelegt worden war. Die Stadt konnte sich nicht entschließen, was sie mit dem zerstörten Komplex machen sollte. Der *Geringste* hatte unter den Ruinen einen intakten Kellerraum ausfindig gemacht. Als ich eintraf und nicht wußte, wohin ich gehen sollte, trat Pandabär hinter einer Mauer hervor. Er zeigte mir den Keller, in dem bei Kerzenlicht der *Geringste* und vier Kameraden im Kreis saßen. Der *Geringste* hatte seine Haare hinten zu einem Schweif zusammengebunden. Pandabär setzte sich dazu, ich ging hinaus, um auf den Langen zu warten. Er brachte einen Karton Bierdosen mit.

Der *Geringste* fragte ihn: »Hast Du das Flugblatt nicht gelesen?«

Darauf der Lange ganz entgeistert: »Aber wir sind doch keine Mormonen.«

»Nein, sind wir nicht. Aber wir werden nur wenige Versammlungen haben, immer an einem anderen Ort. Dazu brauchen wir einen hellen Kopf. Bei Harmagedon kann der kleinste Irrtum tödlich sein.«

Der *Geringste* hatte sich wieder zwei Achter auf den kleinen Finger gemalt. Nacheinander ging er zu jedem von uns, hakte seinen kleinen Finger in den seines Gegenübers ein und küßte ihn auf die Wange. Dann sagte er: »Bei unseren Versammlungen werde ich in der gewohnten Sprache zu Euch reden. Aber überall, wo ein Fremder auch nur ein Wort aufschnappen könnte, bin ich Amerikaner. Daran werdet Ihr Euch gewöhnen müssen.«

Er steckte seine Hände in die Hosentaschen und ging innerhalb unseres Sitzkreises auf und ab. Dann blieb er stehen und sagte: »Wer von Euch Geld braucht, kann es von mir haben. Die Summe ist egal, wenn sie nicht die oberste Verhaltensregel verletzt. Und die lautet: Ein unauffälliger Lebensstil. Das heißt: Keine Schulden. Aber es heißt auch: Kein sichtbarer Luxus, keine Polizeikontakte, keine Arbeitskonflikte. Zweite Regel: Keine engen Freundschaften zu Außenstehenden. Dritte Regel: Ein nüchterner Kopf und ein voll einsatzfähiger Körper, der durch keine Abhängigkeiten beeinträchtigt wird. Und viertens eine Übergangsregel: Kein radikaler Bruch mit bisherigen Gewohnheiten, die diesen Regeln nicht entsprechen, sondern deren langsamer, aber steter Abbau.«

»Muß das sein?« fragte Pandabär.

Der *Geringste* schaute ihn lange an. Er gab ihm keine Antwort. Statt dessen sagte er: »Wir haben uns durch einen Schwur für unser Leben aneinander gebunden. Doch wir konnten die *Bewegung der Volkstreuen* nicht geheimhalten. Sie wurde verboten. Als Zeichen, daß der alte Schwur noch Gültigkeit hat, wollen wir uns von nun an die *Entschlossenen* nennen.«

Er zog aus der hinteren Hosentasche einen zerknüllten Zettel. Darauf stand der Eid, den wir in Rappottenstein abgelegt hatten, mit einer Änderung. Die *Bewegung der Volkstreuen* war durch die *Entschlossenen* ersetzt. Der *Geringste* gab den Zettel an Feilböck weiter. Er sagte: »Lest den Schwur noch einmal Wort für Wort durch. Wer Probleme damit hat, soll hinausgehen und uns nie wieder vor die Augen treten. Wenn er sich an seine Schweigepflicht hält, soll ihm nichts geschehen.«

»Und was ist mit Druckeberger und dem Professor?« fragte Feilböck.

Der *Geringste* antwortete: »Absolute Kontaktsperre. Wenn Harmagedon gelingt, werden sie befreit. Würden wir sie jetzt befreien, wäre die Gruppe ein für allemal erledigt. Wir müßten alle untertauchen, doch wir hätten keine Chance, durchzuhalten. Zu viel ist der Polizei über uns bekannt.«

Feilböck reichte den Zettel weiter. Mir waren zwar alle Punkte des Eides in Erinnerung, aber ich hatte die Formulierungen vergessen. Als alle den Eid gelesen hatten, deutete der *Geringste* mit einer Handbewegung zum Ausgang. Ich erwartete, daß einer von uns aufstehen und fortgehen würde. Wir schauten uns an. Wer würde es sein? Aber keiner ging. Der *Geringste* löschte alle Kerzen, bis auf eine. Um diese stellten wir uns eng im Kreis auf und legten die Arme einander über die Schultern. Die Köpfe beugten wir vor, so daß sie sich berührten. Ich weiß nicht, ob es Zufall war, aber ich stand auf der linken Seite des *Geringsten*. Zu seiner Rechten stand Feilböck. Der *Geringste* drückte mich eng an sich. Dann sagte er: »Ich bin seit dieser Stunde Mitglied der *Entschlossenen*.«

Wir wiederholten im Chor: »Ich bin seit dieser Stunde Mitglied der *Entschlossenen*.«

Dann wieder der *Geringste*: »Ich schwöre bei der Sonne, die auf mich herabscheint.«

»Ich schwöre bei der Sonne, die auf mich herabscheint.«

Und so gingen wir den ganzen Eid durch. Der *Geringste* konnte ihn auswendig. Dann nahm er den Zettel an einer Ecke und hielt ihn über die Kerze. Er hob das flammende Papier, ließ es im letzten Moment los und fing den wie eine Feder herabschwebenden schwarzen Rest mit beiden Händen auf. Er zerrieb die Asche mit den Innenflächen der Hand und gab sie an Feilböck weiter. Am Schluß reichten wir einander die geschwärzten Hände. Der *Geringste* sagte: »Nichts auf der Welt kann diesen Bund zerstören. Harmagedon wird ihm Ewigkeit verleihen.«

Damit war unser Treffen beendet. Was Harmagedon war, sollte sich uns erst nach und nach enthüllen.

Der *Geringste* sagte: »Wir verlassen den Ort in der umgekehrten Reihenfolge des Eintreffens. Und vergeßt nicht, Eure Hände im Gras abzustreifen. Erste Regel: Unauffälligkeit.«

Als der Lange ging, begannen wir von früher zu reden. Der Polier sagte: »Die Polizei hat alles auf den Kopf gestellt. Der High-Tech-Raum sieht aus wie eine Trümmerhalle. Aber die Geräte wurden nicht beschlagnahmt. Was wir brauchen, kann ich herbeischaffen.«

Rappottenstein, das war unsere Jugend. Wir erinnerten uns an die Wochenenden im Schießkeller, an die Totenmessen und an die Gelage im Hof. Der *Geringste* sagte: »Dieses Paradies ist für uns verloren. Wir werden ein größeres und dauerhafteres schaffen.«

Die Viertelstunde war schnell um, und ich mußte gehen.

Der Kontrakt

Fred war Kameraassistent in der Klatschabteilung. Um uns alle Diskussionen über Bevorzugung oder Benachteiligung zu ersparen, hatten wir uns darauf geeinigt, daß er nicht in meinem Team arbeitet. Die Abteilung Gesellschaftsreportage, wie sie sich selbst nannte, konnte ihn brauchen. Am Vormittag besuchte er, mit erstaunlicher Regelmäßigkeit, an der Universität einen Deutschkurs für Ausländer. Hin und wieder verschlief er. Er wollte nicht, daß ich ihn wecke. Am Abend war er mit den beiden Gesellschafts-reportern unterwegs. Er kam erst spät in der Nacht heim, meist betrunken. Manchmal brachte er Freunde mit. Dann war es laut. Ich wachte auf und hörte, obwohl ein Zimmer dazwischen lag, die Bässe gegen die Wand trommeln, zwischendurch ein Auflachen. Ich konnte es regelrecht fühlen, wie die Alkoholvorräte schwanden, so als würden sie meinem Körper entzogen. Freds Freundinnen und Freunde hatten einen unbestechlichen Sinn für die teuersten Weine.

Im großen und ganzen kamen wir zu Rande. Die Wohnung hatte hundertfünfzig Quadratmeter, wir konnten einander aus dem Weg gehen. Fred kaufte sich ein Auto. Wenn er frei hatte, war er meist irgendwo unterwegs. Mehrfach kündigte ich an, in Zukunft für Miete und Lebensmittel Geld zu verlangen, ohne es aber dann wirklich einzufordern. Von selbst kam Fred offenbar nicht auf die Idee, etwas zum gemeinsamen Haushalt beizutragen.

Bei unserem ersten großen Krach ging es um ein Coq au vin. Es ging um mehr, aber das Coq au vin war der Anlaß.

Ich hatte Gabrielle zum Abendessen eingeladen. Leider stellte sich heraus, daß ich an diesem Tag länger im Studio bleiben mußte. So bereitete ich das Essen schon in der Früh. Einen Tag in Bordeaux zu baden, dachte ich, kann dem Huhn nur guttun. Einzig die Champignons wollte ich erst beim Aufwärmen dazugeben, damit sie nicht zu weich würden und ihren Geschmack verlören. Als ich nach der Arbeit abgehetzt in die Wohnung kam, fand ich am Küchentisch dreckiges Geschirr, die Reste eines opulenten Mahls. Das Coq au vin war aufgegessen. Lediglich die Champignons standen, fein geputzt, auf dem Fensterbrett.

Ich ging mit Gabrielle in ein Restaurant. Langsam legte sich meine miese Laune. Wir sprachen über die Neonazis und den scheinbar unaufhaltsamen Aufstieg von Jup Bärenthal. Ich sagte, daß in London die Rassisten viel gewalttätiger seien als hier. Sie erinnerte mich an den Gürtelhausbrand vor einigen Jahren. Damals, sagte sie, sei sie drauf und dran gewesen, die Koffer zu packen. Später interessierte sie sich für meine Eltern. Auch Verwandte von ihr waren ins englische Exil gegangen. Wir versuchten herauszufinden, ob es gemeinsame Bekannte gab, und stießen dabei auf den Maler Buck Dachinger, den Gabrielle allerdings nur vom Hörensagen kannte. Sie sammelte Bilder von Wiener Aktionisten. Mit Jan Friedl war sie befreundet. Schon lange wolle sie ihm ein Bild abkaufen, aber er habe sich hoffnungslos einem Brotfabrikanten ausgeliefert, der die Hand auf alle seine Werke halte. Manchmal nahm ich, während sie sprach, die Finger ihrer linken Hand und streichelte sie. In der rechten Hand hielt sie meist eine Zigarette. Wenn sie lachte, bildeten sich unter ihren Augen Tausende kleine Fältchen. Sie beugte den Kopf zurück und streifte ihre langen, schwarzen Haare aus dem Gesicht. Später begleitete ich sie heim. Die Wohnung war vollgehängt mit Bildern von Günter Brus und Hermann Nitsch. Während sie mir in der Küche einen Bourbon mit Eis einschenkte, horchte sie den Anrufbeantworter ab. Es meldete sich einer dieser jungen, gelackten Pressejournalisten, die sich selbst für wichtiger nahmen als das, was sie zu berichten hatten. Ich kannte ihn von einem Journalistenlokal in der Bäckerstraße. In seiner Zeitung hatte er sich zuletzt mit einer Haßtirade gegen die Grünen hervorgetan. Mit Musik von Mozart im Hintergrund fragte er, ob er noch heute nacht vorbeikommen könne. Gabrielle drückte schnell auf die Taste, aber das hatte nur zur Folge, daß der Widerling dieselbe Frage noch einmal stellte. Da zog sie den Netzstecker.

Hätte ich Dich daheim vorgefunden, Fred, diesmal hätte ich Dich verdroschen.

Ich suchte für Fred eine Wohnung und meinte schon, großes Glück zu haben, weil zufällig in unserem Haus eine frei wurde. Die Hausbesitzerin zeigte jedoch kein Interesse, sie an mich zu vermieten. Sie wolle die Wohnung erst renovieren, und dann werde man weitersehen. Ich sagte, wir würden die Wohnung selbst renovieren. Da fuhr sie mich an: »Sie können die Wohnung nicht haben. Verstanden?«

Ich hatte nicht verstanden. Gabrielle lachte, als ich ihr davon erzählte. »Selbstverständlich kannst Du die Wohnung haben«, sagte sie. »Du mußt der Frau nur Geld anbieten. Gib ihr 200 000 Schilling, und Fred kann morgen schon einziehen.«

Ich probierte es mit der Hälfte. Die Antwort der Hausbesitzerin: »Kommen Sie mit dem Geld zu mir. Dann machen wir einen Mietvertrag. Aber keinen Scheck bitte.«

Als ich sie fragte, wie das nun mit dem Renovieren sei, antwortete sie: »Sie wollten die Wohnung doch selbst renovieren.«

Es war eine kleine Wohnung mit zwei Zimmern, Küche und Bad. Fred gefiel sie. Die Miete war niedrig, weil es keine Zentralheizung gab. Ich ließ eine einbauen. Nach etwa zwei Monaten konnte Fred einziehen.

In der Zeit, als die Handwerker in Freds Wohnung arbeiteten, bekam ich ein Fax aus Paris. Michel Reboisson ließ anfragen, ob die Übertragungsrechte für den nächsten Opernball schon vergeben seien. Ich fühlte mich dafür nicht zuständig und gab das Fax an die Klatschabteilung weiter. Ein paar Tage später erhielt ich das nächste Fax. Ich solle mich persönlich um die Übertragungsrechte für den Opernball kümmern. ETV wolle daraus ein großes Ereignis machen.

Ich faxte zurück, ob von einem Ball in der Budapester oder Bukarester Oper die Rede sei. Schließlich sei ich für Osteuropa zuständig. Das Papier hatte kaum die Maschine verlassen, da war Michel Reboisson persönlich am Telefon. Wir bräuchten ein großes europäisches Gesellschaftsereignis, Osteuropa miteingeschlossen. Wien sei in dieser Hinsicht entwickelbar, weil die Stadt immer noch einen guten Ruf als Musikmetropole genieße und weil sie von der geographischen Lage her am geeignetsten sei, auch die Reichen Osteuropas anzulocken. ETV Paris würde sich um attraktive Lockvögel aus Aristokratie und Showprominenz kümmern. Meine Aufgabe bestehe einzig und allein darin, bei der zuständigen Stelle um die Übertragungs- und, so weit wie möglich, auch Gestaltungsrechte zu pokern.

»Überzeugen Sie die Direktion, daß wir den alten Kasten an der Ringstraße zu einem kulturellen Mittelpunkt Europas machen können.«

Ich ging zum Direktor des Bundestheaterverbands, jenem Mann, der sich seit meiner Ankunft in Wien mit Freikarten meiner Weiterbildung angenommen hatte. Er schloß für einen Moment die Augen, als müsse er die Ungeheuerlichkeit meines Ansinnens erst verdauen. Dann griff er in seinen Hemdkragen und zog daran.

»Das ist ein Sakrileg«, sagte er. »Wir sind eine staatliche

Anstalt. Nicht mit dem öffentlichen Rundfunk zu kooperieren wäre, na, sagen wir, politisch inopportun. Sie verstehen, was ich meine. Im Prinzip sind Sie zwar an der richtigen Stelle, aber der Minister würde mich lynchen, wenn ich darauf auch nur irgendeine Antwort gäbe, ohne ihn vorher zu fragen.«

So widerlich mir diese ganze Opernball-Geschichte auch war, nach dem Gespräch mit dem Direktor hatte ich eine gute Idee. Ich rief Michel Reboisson an.

»Blendend«, sagte er. »Wird sofort gemacht.«

Ein paar Tage später ging ich in einem Haus am Minoritenplatz eine barocke Stiege hinauf und folgte den Wegweisern, an Festsälen und Standaschenbechern vorbei, zum Ministerbüro. Ich war mit dem Kunstminister, einem jungen Mann mit ausgefeilten Manieren, gelegentlich zusammengetroffen. Einmal hatte er mir geschmeichelt: »Wenn heute in Jugoslawien UNO-Truppen stationiert sind, dann ist das zu einem guten Teil Ihrer Mostar-Reportage zu verdanken.«

Ein andermal wollte er Details über meine Herkunft und die Emigrationsgeschichte meines Vaters wissen. Ich erzählte, daß er zu den Befreiern von Bergen-Belsen gehört und bald darauf einen Versuch unternommen hatte, nach Wien zurückzukehren. Ich verschwieg nicht die Bitternis, mit der mein Vater seither von Wien sprach. Das kenne er, antwortete der Minister. Es sei nur allzu verständlich.

Kaum hatte ich mich im Vorzimmer angemeldet, kam er aus seinem Büro und streckte mir die Hand entgegen.

»Die gute Nachricht zuerst. Ich habe Ihren Vater nach Wien eingeladen.«

»Wie bitte?«

»Wir machen eine große Veranstaltung mit Exilierten aus aller Welt, vor allem natürlich aus den USA und aus England.«

»Und hat er zugesagt?«

»Soviel ich weiß, ja. Gertrud, hat der Herr Fraser zugesagt?«

Hinter dem Minister erschien eine Frau mit kurzem, dunklem Haar. Sie lächelte mich an und reichte mir die Hand.

»Wollen Sie wissen, was er geantwortet hat? Nein, ich sollte es Ihnen lieber nicht sagen. Aber er wird kommen.«

»Und was ist die schlechte Nachricht?« fragte ich den Minister.

Er machte eine einladende Handbewegung in die Richtung seines Büros. »Das besprechen wir lieber hinter verschlossenen Türen.«

Auf der Sitzgarnitur saßen der Direktor des Bundestheaterverbands und der Operndirektor. Beide erhoben sich, als wir eintraten. Ganz im Gegensatz zum Minister wirkten sie abgekämpft, so, als hätten sie eine hitzige Debatte hinter sich. Gertrud bot mir Kaffee an.

»Die schlechte Nachricht«, begann der Minister, »ist ganz simpel: Ich kann das nicht machen. Sosehr ich mit dem Vorschlag sympathisiere, damit wir uns richtig verstehen. Medienpolitik ist eine heikle Angelegenheit. Da wurden in der Vergangenheit schon zu viele Fehler gemacht. Ich brauche Ihnen ja nichts über unsere Zeitungen zu erzählen. Und die Staatsoper ist nicht irgendein Opernhaus. Sie ist ein nationales Symbol. Wenn ich den Opernball dem öffentlichen Fernsehen wegnehme, haben wir eine Regierungskrise.«

»Machen Sie einfach eine Ausschreibung«, schlug ich vor. Der Operndirektor sagte resigniert: »Das war auch mein Vorschlag.«

Daraufhin der Minister mit sanften Armbewegungen, die in einem merkwürdigen Mißverhältnis zu seinem entschiedenen Ton standen: »Das darf nicht einmal ansatzweise diskutiert werden. Morgen schon hätte ich das halbe Parlament im Genick. Weder Ihr Projekt, mit dem ich, wie gesagt, sympathisiere, noch ich würden das durchstehen. Alle würden aufschreien: Man verscherbelt nicht das Familiensilber.«

»Gut«, sagte ich. »Dann machen wir den Deal mit Prag.« Der Operndirektor sank, wie von einer Ohrfeige getroffen, zusammen. Er murmelte: »O Gott, jetzt haben wir den Palawatsch.«

»Mit Prag?« fragte der Minister.

»Ja, mit Prag. Die warten nur darauf, die Hauptstadt Mitteleuropas zu werden. Von der Lage her ebenso attraktiv wie Wien.«

Der Minister saß schweigend da, eine Hand auf dem Kinn. Dann streckte er den Rücken und legte die Hände in den Schoß: »Ich nehme an, Sie haben mit Prag schon gesprochen.«

»Nicht ich, sondern Michel Reboisson, mein Chef. Mit Prag gibt es keine Probleme.«

»Geben Sie mir zwei Tage Zeit. Ich werde mit dem Bundeskanzler reden.«

Im Hinausgehen lief mir Gertrud nach. »Warten Sie noch einen Moment, Herr Fraser. Ich zeige Ihnen etwas.«

Sie brachte mir einen Brief meines Vaters. Er bedankte sich für die Einladung, die er, wie er sich ausdrückte, gerne vor 49 Jahren erhalten hätte. Wenn er ihr nun aber dennoch entspreche, dann deshalb, weil er seinen Sohn besuchen wolle, den er nicht habe davon abhalten können, nach Wien zu gehen.

Besonders schön fand ich den letzten Absatz: »Zumal das Sammeln von Pässen nicht zu meinen Hobbies gehört und ich ohnedies einen Passport habe, der meinen Reisewünschen bislang nie im Wege stand, erlaube ich mir, von Ihrem großzügigen Angebot keinen Gebrauch zu machen. Ich weiß aber, daß es in Ihrem Land viele Menschen gibt, für die ein solches Dokument einer Wiedergeburt gleichkäme. Sie würden einem ehemals Vertriebenen wie mir, den Sie erfreulicherweise nunmehr wieder als ihresgleichen anzuerkennen bereit sind, einen großen Gefallen tun, wenn Sie den zur Disposition stehenden Paß einem der heutigen Vertriebenen in Ihrem Land zur Verfügung stellten.«

Am übernächsten Tag rief der Pressesprecher des Ministers an. Er war kurz angebunden, so als wäre er mir böse darüber, daß ETV seinen Chef in Kalamitäten bringe. Seine kurze Zusammenfassung der getroffenen Entscheidungen klang wie die Ausgabe einer Schlachtordnung: »Machen Sie mit dem Herrn Operndirektor einen Vertrag. Zwei Bedingungen: Die dekorative und architektonische Gestaltung des Hauses bleibt der Direktion überlassen. Und: Keine Werbung in der Oper.«

Natürlich hatten wir dennoch Werbung in der Oper. Aber das war Eigenwerbung auf eigenem Equipment. Jedes Mikrophon, jede Kamera, jeder Reporter trug unser Logo. Ursprünglich war von einer Stunde Sendezeit die Rede. Man war sich in Paris offenbar nicht sicher, ob man auf das richtige Pferd setzte. Vielleicht gab es auch Widerstände. Das Opernballprojekt wurde intern als eine Art Probegalopp gehandelt, der Vertrag ausdrücklich nur für den nächsten Opernball geschlossen, mit Optionen für die folgenden Jahre. Durch die in der Vorbereitungsphase gezielt ausgestreuten Gerüchte, wer zum Opernball kommen werde, gelang eine unerwartet hohe PR-Akquisition. Bald sprach man von zweieinhalb Stunden Sendezeit. Anfang Dezember stand fest, die Sendezeit wird auf vier Stunden ausgeweitet, um eine für europäische Zuschauer erträgliche Balance von Livesendung und Werbeblocks herstellen zu können.

Vorher stand leider noch etwas anderes fest. Ich hatte mich bis zuletzt dagegen gewehrt. Meine Aufgabe hinsichtlich des Opernballs sah ich mit der Einfädelung des Vertrags als beendet an. Das war ein Irrtum. Michel Re-

boisson bestand darauf, daß ich die Sendeleitung übernehme. Ich dachte an die Worte meiner Mutter: »... landen wirst Du letztlich in der Werbeabteilung.«

Ich erklärte Michel Reboisson in einem Brief, warum
ich den Opernball nicht übernehmen könne. Ich würde
eine neue Jugoslawienreportage vorbereiten, und ich
müsse mich dringend in den Kaukasus einarbeiten, wo ein
vergessener Krieg stattfinde. Mit einer großen Kaukasus-
Reportage hätte ETV die Nase vorne. Dann erinnerte ich
ihn, daß ich, laut Dienstvertrag, für politische Berichterstattung aus dem Osten zuständig sei, aber nicht für
Klatsch aus dem Westen.

Die Antwort kam schon ein paar Tage später in einem
eingeschriebenen Expreßbrief. Der Wiener Opernball werde von ETV als ein eminentes politisches Ereignis von ge-
samteuropäischer Dimension verstanden. Ich sei nicht nur
ausgesucht worden, weil man großes Vertrauen in mein
Können habe, sondern vor allem, weil ich der einzige sei,
der auf eine effiziente Weise Osteuropa in die Live-Be-
richterstattung miteinbinden könne. Der Brief schloß mit
den Sätzen: »Laden Sie alle Präsidenten und Ministerprä-
sidenten Osteuropas nach Wien ein. Der Opernball muß zu
einem jährlich stattfindenden Wiener Kongreß werden.
Dies ist ein Dienstauftrag.«

Ich zerknüllte den Brief und schleuderte ihn an die
Wand. Dann ging ich ans Werk. Unerwartete Unterstützung fand ich im Bundeskanzleramt. Der Pressesprecher
rief mich bald jeden Tag an und fragte, welche Politiker zugesagt hätten. Er schickte eigene Einladungsbriefe aus
und begann ein Protokoll für Logenbesuche zu erstellen.
Jeder bedeutende Politiker sollte irgendwann im Laufe der
Ballnacht dem Bundeskanzler einen informellen Besuch
abstatten. Der Bundeskanzler wollte sich zum Gastgeber
machen. Das führte zu Spannungen mit dem Bundespräsidenten, der sich als der eigentliche Hausherr fühlte. Sein

Pressesprecher traktierte mich mit Revisionen des vom Bundeskanzleramt erstellten Protokolls. Irgendwann platzte mir der Kragen, und ich sagte den beiden Herren, daß ich mit dem Protokoll erst wieder zu tun haben wolle, wenn es endgültig sei. Was sie aber keineswegs davon abhielt, mir bei Abendessen und Smalltalks auf Festen ihre guten Ratschläge weiterhin zur Verfügung zu stellen.

Mitten in einer hektischen Woche erreichte mich ein Brief meines Vaters, in dem er mir kurz und sachlich mitteilte, was ich ohnedies schon wußte. Er wolle mir in Wien nicht zur Last fallen, schrieb er, aber er wünsche sich natürlich, mich während der vier Tage seines Aufenthalts wenigstens einmal zu sehen. Die Sache war mir insofern unangenehm, weil ich in Bratislava und Budapest Interviews mit Politikern arrangiert hatte, ohne auf das Datum zu achten. Die Interviews gehörten zu einer Reportage über die ungarische Minderheit in der Slowakischen Republik. Ich rief meinen Vater an und sagte ihm, daß ich am Beginn seines Wienaufenthalts nicht hier sein werde. Er sei aber dennoch herzlich eingeladen, bei mir zu wohnen.

»Nein, nein«, sagte er, »das ist mir zu umständlich. Ich werde vom Flughafen abgeholt und ins Hotel Wandl gebracht. Dort habe ich alles, was ich brauche.«

»Ich hole Dich am letzten Tag vom Wandl ab. Wir können dann irgend etwas unternehmen. Anschließend bringe ich Dich zum Flughafen.«

Er war einverstanden. Wie es schien, hatte mein Vater vor, allein zu kommen. Mir fiel ein, daß er mir vor meiner Abreise nach Wien ein paar Adressen aufgeschrieben hatte. Am Wochenende fand ich Zeit, mich darum zu kümmern. Den Zettel fand ich in einem Stoß von Unterlagen, der so, wie ich ihn vor Monaten ausgepackt hatte, im Bücherregal lag und dort höchstens ein paarmal von meiner polnischen Kinderärztin abgestaubt worden war.

Die Frau, nach der sich mein Vater erkundigt hatte,

hieß Rosa Novotny. Ich blätterte im Telefonbuch. Es gab viele Novotnys, manche mit leicht abweichender Schreibweise – Novotni, Nowotny, Nowotni –, aber keine einzige Person dieses Namens in der Salmgasse. Ich fuhr mit dem Auto hin, in der Hoffnung, daß wenigstens die Nummer stimmte. Immerhin hatte sich mein Vater an die Hausnummer der Rosa Novotny besser erinnert als an seine eigene. Die Salmgasse war mit dem Auto gar nicht so leicht erreichbar, wie es auf dem Stadtplan ausgesehen hatte. Durch ein undurchschaubares System von Fußgängerzonen und Einbahnstraßen wurde ich von meinem Ziel abgehalten und zu einer längeren Rundfahrt im dritten Bezirk gezwungen. Bis ich auf einmal vor dem Café Zartl stand. Ich bog nach links ab in die Rasumofskygasse und parkte.

Der Wind riß die Blätter von den Bäumen. Sie wirbelten durch die Straße und stauten sich an den geparkten Autos. Es war Samstag nachmittag. Die Geschäfte hatten geschlossen. Wenn die Ampel beim Café Zartl umschaltete, kamen zwei, drei Autos, dann war es wieder ruhig. Die Gasse führte leicht bergauf in Richtung Landstraßer Hauptstraße. Kurz davor müßte die Salmgasse abzweigen. Was mich überraschte, waren die vielen alten Ahornbäume, weiter oben auch Linden und Rotbuchen. Mein Vater hatte sie nie erwähnt. Ich ging an einer kleinen Filiale der Anker-Bäckerei vorbei und stand plötzlich vor der Nummer 16. Ich las die alten Klingelschilder. Auf der anderen Straßenseite war das Geologische Institut. Wenn mein Vater anderen Emigranten erzählte, wo er gewohnt hatte, sagte er immer: »Im dritten Bezirk, Rasumofskygasse, direkt gegenüber vom Geologischen Institut.«

Es gab keinen Zweifel. Ich stand vor dem Haus, in dem er seine Kindheit und Jugend verbracht hatte. Einen Moment überlegte ich, ob ich einfach irgendwo klingeln sollte. Da ging die Tür auf, und heraus kam ein junges Pärchen mit Fahrrädern. Ich trat zur Seite. Der Junge hatte eine Stehfrisur, die über den Ohren ausrasiert war. Er trug eine modische Trachtenjacke.

»Kann ich Ihnen helfen?« fragte er.

»Nein, danke. Oder doch. Kennen Sie zufällig einen Feuerbach?«

»Nie gehört. Soll der hier wohnen?«

»Vielleicht.«

Er hob den Fuß über die Fahrradstange. Das Mädchen sagte: »Ich wohne nicht hier. Tut mir leid.«

Mit ihren langgelockten, blonden Haaren sah sie aus wie ein Engel. Der Junge wandte sich noch einmal zu mir. »Gehen Sie hinein und klingeln Sie im ersten Stock bei Pfeiffer. Meine Mutter kennt alle.«

Ich bedankte mich und sah ihnen nach, wie sie gegen die Einbahnstraße zum Café Zartl hinabfuhren. Um ihre Füße wirbelte das Laub.

Nach kaum zweihundert Metern zweigte rechterhand die Salmgasse ab. Am gelb gestrichenen Eckhaus war eine Tafel angebracht: *Robert-Musil-Wohnung*. Darunter stand: *Grazer Autorenversammlung*. Ob mein Vater Robert Musil gekannt hatte? Vielleicht hatten sie einander beim Schneider in der Geologengasse getroffen.

Die Salmgasse war schmal und mit Steinen gepflastert. Meine Schritte hallten in die Vergangenheit, als wären sie die Schritte meines Vaters. Aber auch hier wurde ich nicht fündig. Es gab, wie ich befürchtet hatte, kein Schild mit dem Namen Novotny. Ich klingelte beim Hausmeister. Ein älterer Mann kam heraus.

»Wohnt in diesem Haus eine Rosa Novotny?«

»Hier nix Novotny.«

»Sie hat vor fünfzig Jahren hier gewohnt.«

»Ich nix lange hier. Nix Novotny.«

»Gibt es einen alten Menschen im Haus, der mir weiterhelfen könnte?«

Er überlegte einen Augenblick.

»Alt Mensch ist Neumann. Ist Frau. Frau Neumann in zweiter Stock.«

Der alte Lift war nur mit einem Schlüssel benutzbar. So ging ich die breite Treppe hinauf, die sich um den Liftschacht herumwand. Im ersten Stock stand auf einer Tafel *Hochparterre*, im zweiten Stock *Mezzanin*. Dann erst kam der erste Stock. Das goldene Türschild mit der Aufschrift *Ing. Neumann* war also in Wirklichkeit im vierten Stock. Kaum hatte ich auf die Klingel gedrückt, sagte direkt hinter der Tür eine Frau: »Ja, bitte?«

»Entschuldigen Sie, aber ich brauche eine Auskunft. Der Hausmeister hat mich an Sie verwiesen. Ich suche jemanden, der früher in diesem Haus gewohnt hat.«

Während ich sprach, hob sich die Klappe des Türspions, und ein Auge schaute heraus. Dann wurde die Tür ein Stück geöffnet. Auf halber Höhe spannte sich eine dicke Kette. Hinter dem Spalt stand eine kleine, weißhaarige Frau in einem beigen Regenmantel. Sie musterte mich von oben bis unten.

»Wer sind Sie?«

»Ich heiße Kurt Fraser. Ich möchte wissen, was aus einer Frau namens Rosa Novotny geworden ist. Sie soll einmal in diesem Haus gewohnt haben. Sie war eine Bekannte meines Vaters.«

Sie sah mich mißtrauisch an.

»Wie heißt Ihr Vater? Fraser?«

»Ja, aber damals hieß er Feuerbach, Kurt Feuerbach.«

Sie schloß die Tür. Ich hörte, wie sie die Kette entfernte.

»Kommen Sie bitte herein.«

Sie führte mich in einen Salon.

»Sie müssen entschuldigen«, sagte sie und schaute dabei auf ihren Regenmantel. »Ich wollte gerade einen Spaziergang machen. Ich liebe die späten Herbsttage. Wahrscheinlich, weil ich selbst schon in den späten Herbsttagen bin. Setzen Sie sich, bitte. Was darf ich Ihnen anbieten, Kaffee, oder ein Glas Wein?«

»Danke, gar nichts. Ich will Ihnen keine Umstände machen. Nur eine kleine Auskunft für meinen Vater.«

»Der Spaziergang läuft mir nicht davon. Ich habe nur einen einzigen Termin, und der ist am Abend im Musikverein. Bis dorthin werden Sie hoffentlich erfahren haben, was Sie wissen wollen. So setzen Sie sich doch.«

Sie ging ins Vorzimmer und zog den Regenmantel aus. Dann verschwand sie in einem anderen Raum. Sie war zweifellos im Alter meines Vaters. Aber ihr Gesicht wirkte jugendlich. Auch war sie offensichtlich bei bester Gesundheit. Ich setzte mich auf ein Biedermeiersofa. In der einen Hälfte des Raumes stand ein Bösendorfer-Flügel, in der anderen die Biedermeier-Sitzgruppe. Zwei Glasvitrinen enthielten Gläser, Porzellan und Tafelsilber. Die Frau kannte meinen Vater. War sie gar selbst Rosa Novotny?

Sie kam mit einem Silbertablett zurück, auf dem eine geschliffene Karaffe und zwei Gläser standen.

»Sie trinken doch Sherry?«

»Gerne.«

Sie stellte das Tablett auf ein Tischchen. Als sie den gläsernen Stöpsel aus der Flasche zog, fragte ich sie unverblümt: »Sind Sie Rosa Novotny?«

Sie ließ die Flasche auf das Tablett zurücksinken. Dann setzte sie sich schräg gegenüber von mir auf einen Stuhl, der in derselben bronzenen Farbe gepolstert war wie meine Bank. Den gläsernen Verschluß hielt sie in der Hand.

»Sie sehen Ihrem Vater ähnlich. Da, wo Sie sitzen, ist vor 55 Jahren Ihr Vater gesessen. Hier meine Mutter. Und ich bin immer wieder hinausgelaufen und habe...« Sie hielt inne und schmunzelte. »Geheult. Ja, geheult habe ich, wie ein Schloßhund. Meine Mutter hat Kurt unterstützt. Sie versuchte vernünftig mit mir zu reden. Damals habe ich das alles nicht verstanden. Ich war ein dummes Mädchen.«

Sie stand vom Stuhl ihrer Mutter auf und schenkte Sherry ein. Sie machte das sehr bedächtig. In mein Glas goß sie deutlich mehr ein als in ihr eigenes.

»Ist er in England geblieben?« fragte sie. »Wie geht es ihm? Ein halbes Jahr lang hat er mir geschrieben. Es mußte so kommen. Alles andere wäre Lüge gewesen.«

Sie stellte die Sherry-Gläser auf silberne Untersätze. Wir prosteten einander zu. Ich erzählte ihr von meinem Vater. Sie hörte mir aufmerksam zu. Wenn sie von sich sprach, tat sie es immer mit einem Hauch von Ironie. Ihr Mann war vor zehn Jahren gestorben. Sie hat drei Kinder. Die Tochter lebt mit ihrer Familie in Deutschland, ein Sohn im Salzkammergut. »Der zweite Sohn«, sagte sie, »muß hin und wieder die Mutter ertragen. Er wohnt im siebten Bezirk. Wenn er Zeit hat, begleitet er mich in den Musikverein.«

Dann lachte sie. Ihre Wangen wölbten sich dabei nach vorne. Das gab ihr ein spitzbübisches Aussehen.

»Sie werden mich jetzt für eine hoffnungslose Traumtante halten. Aber mein zweiter Sohn heißt Kurt. Das erzählen Sie Ihrem Vater aber lieber nicht.«

Wir saßen den ganzen Nachmittag beisammen. Sie bereitete Kaffee und bot mir eine Obsttorte an. Ich erzählte ihr, daß mein Vater nach Wien komme.

Sie aß mit Bedacht ihr Stück Kuchen. Dann sagte sie: »So sollen wir alten Deppen also noch einmal zusammentreffen.«

Ich erzählte ihr, daß es bei dem Exilantentreffen eine Diskussion im Auditorium Maximum der Wiener Universität geben werde, bei der mein Vater auf dem Podium sitze. Ich fragte sie, ob ich ihm ihre Telefonnummer geben solle.

»Nein, sagen Sie ihm gar nichts von unserem Gespräch. Ich werde ins Auditorium Maximum kommen. Dann werde ich ja sehen, ob er mich noch erkennt, oder erkennen will.«

Beim Abschied umarmte ich sie.

Daheim saß Fred im Wohnzimmer. Ich erzählte ihm von meinem Besuch.

»Oh, là là«, sagte er. »Die Familie bekommt Zuwachs.«

Später fragte er mich: »Warum hast Du mich eigentlich nicht Kurt getauft?«

Bevor ich mit meinem Vater zusammentraf, sah ich ihn im öffentlichen Fernsehen. Er wurde vorgestellt als »Kirk Fraser, Vater des bekannten Osteuropa-Reporters Kurt Fraser«. Dann war ein kurzer Ausschnitt aus seinem Podiums-Beitrag zu sehen. Er mußte das Tischmikrophon mit seinem Nachbarn teilen. Anstatt es an sich heranzuziehen, lehnte sich mein Vater schräg über den Tisch und hielt es mit der ausgestreckten linken Hand fest. Während er sprach, glitt sein Daumen immer wieder über das Schutzgitter des dynamischen Mikrophons und unterstrich seine Worte mit Kratzgeräuschen. »Heute sehe ich viel klarer als damals, bei meiner Flucht, daß dieses Land nur eine einzige Zukunft für mich hatte, nämlich die, ermordet zu werden. Aber heute sehe ich auch, daß dieses Land aus seinem Schatten herausgetreten ist. Ich habe in den letzten Tagen viele junge Menschen getroffen. Auch in meiner alten Schule in der Boerhaavegasse. Es erfüllt mich mit Freude, sagen zu können, daß diese Menschen meine Geschichte auch als die ihre anzuerkennen bereit sind. Und das ist mir wichtiger als alle offiziellen Akte, die um unsere Anwesenheit herum gesetzt wurden.«

Das war ein neuer Ton. Ich sollte noch mehr staunen, als ich meinen Vater am nächsten Vormittag traf. Er bildete in der Rezeptionshalle des Hotels Wandl den Mittelpunkt einer kleinen Gesellschaft. Etwa zehn alte Menschen, alle siebzig Jahre und darüber, tauschten Jugenderinnerungen aus. Man war sich einig, daß mein Vater am Podium das Richtige gesagt hatte. Ich wurde allen vorgestellt. Einige sprachen mit englischem oder amerikanischem Akzent.

Eine Frau tat sich schwer, die Worte zu finden. Sie sagte, sie habe seit über fünfzig Jahren nicht deutsch gesprochen.

»Was machen wir nun«, fragte ich meinen Vater, als er sich – die Adressen waren längst ausgetauscht – endlich von seinen Schicksalsgenossen freireden konnte.

»Wenn Du Zeit hast, und es Dir keine zu großen Umstände macht, ich würde gerne den Wienerwald wiedersehen.«

So fuhren wir durch Ottakring hinauf zur Jubiläumswarte. Mein Vater war begeistert, wie schnell das ging. Ich war noch nie dort gewesen. Wir parkten das Auto neben einem Restaurant.

»Das ist neu«, sagte mein Vater und deutete auf einen Betonturm mit Wendeltreppe, der schon deutlich vom Verfall gezeichnet war. »Die wirkliche Jubiläumswarte steht da hinten.«

Er zeigte auf einen restaurierten Turm mit Spitzdach, der nicht höher war als die Bäume, die ihn umgaben. Ich bot Vater meinen Arm an. Er hängte sich ein, und wir gingen in kleinen Schritten einen Wanderweg entlang. Er erzählte mir, daß er die halbe Regierung kennengelernt habe. Besonders angetan war er vom Kunstminister.

»Das ist der richtige Mann«, sagte er. »Der müßte Bundespräsident werden, dann würde das Land seinen schlechten Ruf als Nazihochburg verlieren.«

Je länger er sprach, desto freundlicher redete er über sein Herkunftsland und über die Leistungen der Sozialdemokratischen Partei. Dabei hatte er vor seiner Emigration die Sozialdemokratische Partei enttäuscht verlassen und war zu den Kommunisten gegangen. Beeindruckt hatte ihn offenbar auch der Finanzminister. Er sagte: »Das ist ein Sozialist, der die Welt versteht. So einer fehlt uns in England. Er hat mich gefragt, wie ich die Probleme mit der Ostgrenze beurteile. Ich habe geraten, massiv in die Regionen hinter der Grenze zu investieren. Dann werde sich das

Flüchtlingsproblem mit der Zeit von selbst erledigen. Er hat geantwortet: ›Sie haben vollkommen recht, Herr Fraser. Aber um einen wirklichen Effekt zu erreichen, müßte man beträchtliche Budgetmittel heranziehen. Es wird schwer sein, unsere Bevölkerung dafür zu gewinnen.‹ Das alte Problem. Aber der Mann weiß, daß man die Welt nicht mit der Polizei ordnen kann. Übrigens muß ich jetzt damit leben, daß ich der Vater des Reporters Fraser bin. Ehrlich gestanden, bin ich sogar ein wenig stolz darauf.«

Nach etwa einer Stunde Fußmarsch bogen wir vom Wanderweg ab, nach links in den Wald hinein. Gelegentlich bückte ich mich und räumte einen Ast beiseite. Wir kamen zu einer Lichtung. Nebeneinander setzten wir uns auf zwei Baumstümpfe. Auf dem Boden lag ein Plastiksack. Vor uns fiel das Gelände steil ab in ein bewaldetes Tal, durch das auf einer nicht einsehbaren Straße Lastautos fuhren.

»Am Sonntag sind wir mit den Fahrrädern zur Jubiläumswarte gefahren. Hier war einmal der ruhigste Platz auf Gottes Erden. Da drüben ist die Sophienalpe. Und daneben, das ist, warte einmal, fällt mir nicht mehr ein. Hier, wo jetzt alles abgeholzt ist, war Wald. Aber da vorne, an der Bergkante, stand eine Bank. Sie war aus rohen Baumstämmen gemacht. Jemand muß sie privat gezimmert haben, weil ja auch damals kein Weg hierhergeführt hat.«

»Und da hast Du mit Rosa Novotny gesessen.«

»Gesessen? Ja, am Anfang gesessen.«

Er schwieg. Dann schaute er mich an und atmete tief durch. Er lachte.

»Rosa sagt, Du siehst mir ähnlich.«

»Rosa ist eine wunderbare Frau. Geh doch mit ihr zum Opernball. Ich kann Dir Karten besorgen.«

»Bist Du verrückt? Es mag altmodisch sein. Aber ich weiß, wo ich hingehöre.«

Mit Jan Friedl war ich schon ewig verbunden. Als ich ihn kennenlernte, war er ein zerzauster, ruppiger Bursche, der sich über seine eigenen Aktionen so aufregte, daß er kaum ein Wort herausbrachte. Er war ein Mann der Tat, nicht einer des Wortes. Daß er später ein Museum leitete und sogar eine Professur bekam, kann nur damit zusammenhängen, daß keiner verstand, was er sagte.

Ich ging, es ist wie gesagt schon lange her, zu einem Kreditinstitut am Hohen Markt. Da ich unmittelbar vor Sitzungsbeginn noch keine Ahnung hatte, ob ich den Krediten für ein Überseegeschäft zustimmen oder dagegen sprechen sollte, ließ ich mich am Sirk-Eck absetzen, um mir auf dem Weg durch die Kärntner Straße die Sache durch den Kopf gehen zu lassen. Da traf ich Jan Friedl. Er war ein Hund, kroch auf allen vieren und bellte. Seine Freundin hielt ihn an der Leine. Gelegentlich ermahnte sie ihn. Ich ging eine Weile hinter ihnen her und achtete auf die erstaunten oder verärgerten Passanten.

»Haben Sie aber einen schönen Hund«, sagte ich schließlich.

»Seien Sie vorsichtig«, antwortete die Frau mit der Hundeleine. »Ich habe ihn scharf abgerichtet.«

»Darf ich ihm etwas zu fressen geben?«

»Ja, aber geben Sie acht, er beißt.«

Ich kniete mich ein paar Meter vor Jan Friedl auf den Boden. Langsam kroch er auf mich zu, beschnupperte dabei das Pflaster. Als er direkt vor mir war, hob er den Kopf und bellte mich an. Ich steckte ihm ein paar Tausender in den Mund.

»Schau dir diese Trotteln an«, sagte ein Mann. »Die sollen lieber etwas arbeiten, anstatt die Leute zu produzieren.«

Er sagte: produzieren. Das erinnerte mich an das Übersee-Geschäft. Schnell stopfte ich dem verdutzten Hund einen weiteren Tausender in den Mund, dann machte ich mich davon.

In der Sitzung fragte ich den herausgeputzten Projektleiter, der es nicht mehr erwarten konnte, vom dreißigsten Stockwerk auf New York hinabzusehen, ob er bereit wäre, als Hund auf allen vieren durch die Kärntner Straße zu kriechen, wenn ich ihn an der Leine führte. Er bekam einen roten Kopf und lachte mich blöd an.

»Damit«, so sagte ich zu den Aufsichtsräten, »ist meine Haltung klar. Als Hund durch die Kärntner Straße zu kriechen ist wesentlich weniger riskant als das vorliegende Amerikageschäft. Wenn Ihr mir einen neuen Projektleiter präsentiert, können wir noch einmal darüber reden.«

Am nächsten Tag bat ich meine Sekretärin, die Zeitungen zu kaufen und herauszufinden, wer da am Vortag als Hund unterwegs war. Schon eine Stunde später hatte ich ein Bündel Zeitungsausschnitte auf dem Schreibtisch liegen, zwei aus dem Kulturteil, die meisten aus dem Chronikteil, einen gar von der Titelseite. *Bissiger Köter will Künstler sein.* Immerhin, so beruhigte uns die Zeitung, sei niemand verletzt worden. Zum Schluß stellte der kurze Bericht noch die Frage, ob es nicht angebracht gewesen wäre, Jan Friedl mit gleichen Mitteln zu begegnen und die Ordnung von einem Polizeihund wiederherstellen zu lassen.

Ich lud Jan Friedl zum Mittagessen in ein japanisches Restaurant ein. Es wurde ein mühsames Gespräch. Jan war zweifellos der radikalste Feminist in Wien. Er begriff seinen Aktionismus als Feminismus. Die Projekte sprudelten aus ihm heraus, bunt durcheinander. Sein Kopf war voll davon. Meine Brotfabrik hätte er am liebsten in die Luft gejagt, als ich ihm den Stundenlohn unserer Arbeiterinnen nannte. Ich sagte: »Und wenn ich dem Hund regelmäßig ein paar Tausender zu fressen gebe?«

Da blickte er mich lange an, vollführte ein paar eckige Bewegungen.

»Das geht nicht. Dann bin ich erledigt.«

»Heimlich«, sagte ich.

Darauf Jan Friedl: »Dann bin ich heimlich erledigt.«

Bevor wir auseinandergingen, gab ich ihm meine Visitenkarte.

»Denken Sie darüber nach«, sagte ich. »Mir gefallen Ihre Projekte. Wenn Sie einen Sponsor brauchen, rufen Sie mich an. Warten Sie, ich schreibe Ihnen noch meine Privatnummer drauf.«

Er bedankte sich wie ein netter Junge. Am Schluß wiederholte er sich: »Ihre Brotfabrik gehört in die Luft gejagt!«

»Eigentlich schon«, antwortete ich. »Aber meine Arbeiterinnen würden dann für Sie lebenslänglich verschärften Zwinger verlangen, bei Kloakenwasser und trockenen Hundekeksen. Und wer sollte Sie in solchem Zustand noch sponsern?«

Als er forteilte in seinem langen, schwarzen Schnürlsamtmantel, der hinten vom Dreck der Schuhabsätze bespritzt war, ging ich zu meinem Türken hinüber. Der rief, wie immer, wenn ich nach dem Mittagessen aus einem fingerhutgroßen Kupfertäßchen Kaffee trank, meinen Chauffeur an. Ich war mir ziemlich sicher, daß Jan Friedl sich melden würde. Er hatte Unmengen von Sushi gegessen.

Ich muß gestehen, an Kunstskandalen habe ich meine wahre Freude. Es gab in den letzten fünfzehn Jahren kaum einen, in dem nicht mein Geld steckte. Natürlich konnte es passieren, daß irgendwelche Bezirksrichter die Aufführung eines Stücks untersagten, weil es ihnen zu pietätlos war. So etwas war kein Skandal, sondern eine Blödheit. Aber die wirklichen Skandale, die einer gründlichen Vorbereitung bedurften, sind auf meinem Geld gewachsen.

Erinnern Sie sich, als vor einigen Jahren eine Prozession von Priestern und Ministranten in den Stephansdom einzog? Drinnen verbeugten sie sich dreimal vor dem Hochaltar, drehten sich um und öffneten die prachtvollen Meßgewänder. Die entsetzte Katholikenschar und einige Touristen blickten auf nackte Frauenkörper mit blutverschmierten Beinen. Meßgewänder kann man im Handel kaufen. Zum Beispiel gleich neben der Vinothek am Stephansplatz. Sie kosten bloß verdammt viel Geld. Aber ich brauchte ohnedies Meßgewänder für die Nikoläuse, die ich am Wochenende um den sechsten Dezember unseren Firmenangestellten als kleines Extra zur Verfügung stelle. Niemandem ist bisher aufgefallen, daß die Meßgewänder unserer Nikoläuse die Meßgewänder der Skandalpriesterinnen gewesen sind, obwohl sie hundertfach in Zeitungen abgebildet waren.

Warum ich Skandale finanziere? Weil sie die Gesellschaft weiterbringen. Wissen Sie, ich bin ein konservativer Mensch. Meine Brotfabrik ist ein traditionsreiches Unternehmen. Mehrmals in diesem Jahrhundert wurde sie von hungernden Massen geplündert. Bei einem blutigen Streik in den zwanziger Jahren ist mein Großvater nur knapp einem Anschlag entkommen. Die hatten in den Spülkasten der Cheftoilette eine Bombe eingebaut. Durch das Betätigen der Spülung, damals mußte man noch an einer Strippe ziehen, sollte sie gezündet werden. Nun war mein Großvater ein sparsamer, ich würde sagen, geiziger Mensch, so geizig, daß er nach dem Urinieren kein Wasser nachspülte, weil er das für Verschwendung hielt. Außer ihm benutzte nur noch der Prokurist die Cheftoilette. Gott hab ihn selig.

Bevor die Leute Bomben werfen oder in ihrer Verzweiflung Bischöfe abmurksen, sollen sie sich lieber in der Kunst austoben. Wenn sie Glück haben, kriegen sie dabei sogar ihre Botschaft durch, was bei Anschlägen so gut wie nie der

Fall ist. Das ist der Grund für mein Engagement. Dem Banausen reicht das Lob der Medien, und er fühlt sich am Höhepunkt seiner Karriere, wenn er den Staatspreis kriegt. Das Genie sucht die Konfrontation. Jan Friedl war ein Genie. Das sind Menschen, die nicht zwischen privat und öffentlich unterscheiden können. Die fühlen sich persönlich verstoßen, wenn die Behörden einen fahnenflüchtigen Ausländer ins Kriegsgebiet zurückschicken. So atheistisch können die gar nicht sein, daß sie nicht beleidigt sind, wenn Frauen von der Priesterzunft ausgeschlossen werden.

Thomas, mein Ältester, ist vom Traunstein gefallen. Es war ein Unfall. Seine Verlobte war dabei. Kennen Sie den Traunstein? Er ist im Grunde nicht schwer zu begehen. Aber es gibt da ein paar sehr steile und verdammt enge Stellen. Daneben fallen die Felsen fast senkrecht ab. Wer ausrutscht, hat keine Chance. Ich frage mich: Warum gerade er? Fragen Sie sich das auch bei Ihrem Sohn? Es gibt keine Antwort darauf, aber gerade deshalb wird man die Frage nicht los. Sie verfolgt einen. Der Traunstein wird jährlich von Hunderten bestiegen. Warum mußte gerade er ausrutschen? Sie kennen das. Hatten Sie ein gutes Verhältnis zu Ihrem Sohn? Ich leider gar nicht. Und dann kommt mir der Gedanke: Vielleicht hat er es absichtlich gemacht. So absurd das klingt, zumal es den Angaben seiner Verlobten vollkommen widerspricht, ich leide immer wieder unter dieser Vorstellung. Manchmal träume ich von Thomas. Immer sind es Alpträume. Sein Unfall erscheint mir manchmal wie eine Anklage, oder wie eine letzte Rache, der man nichts mehr entgegenstellen kann. In die ganze Welt habe ich ihn studieren geschickt. Ich habe gehofft, er würde sich etwas anderes suchen. Er war aufgeweckt, damals noch voller Interessen, aber von Anfang an geizig wie sein Urgroßvater. Seine Interessen schienen sich zusehends auf ein einziges einzuschränken:

Alles, was er tat, verstand er als Einübung in das Management der Brotfabrik. Ein Sohn, ganz nach dem Geschmack eines Direktors, aber nicht nach meinem Geschmack. Ich hätte ihm entweder gleich alles überschreiben oder ihn mit allen Mitteln von der Firma fernhalten müssen. Alles andere konnte nur ein Unglück werden. Als er in Frankreich studierte, stand er eines Tages überraschend mit einer Verlobten vor der Tür. Keine Französin, sondern ein braves Mädel aus Hietzing, das zu meiner damaligen Frau *Küß die Hand* sagte. Aber das erste, was er tat, als er hereinkam, war nicht, mir seine Verlobte vorzustellen, sondern er fragte: »Wie stehen die Finanzen?«

Ich dachte zuerst, das sei ein versteckter Hinweis auf seine bevorstehende Hochzeit.

»Wenn Ihr Euch ein Haus in Honolulu bauen wollt«, antwortete ich, »werden wir das hinkriegen.«

Aber da lag ich gründlich daneben. Er dachte gar nicht an Hochzeit. Er hatte sich auch nur verlobt, weil die Mutter seiner Freundin, eine Hofratsgattin, auf anständige Verhältnisse Wert legte. In Wirklichkeit war er längst mit der Firma verheiratet. Sie war der Mittelpunkt seines Lebens. Ich beging einen schweren Fehler, indem ich nachgab und ihn Schritt für Schritt in die Geschäfte einweihte.

Wie ein Geier war Thomas hinter allen Ausgaben her. Irgendwann konnte ich ihm die Beträge, die ich in Kunstskandale investierte, nicht mehr verheimlichen. Er war entsetzt. Er hielt mich für verrückt.

»Wenn das Geld schon nicht von der Steuer absetzbar ist«, meinte er, »muß es doch wenigstens mit einer Werbung für die Brotfabrik verbunden sein.«

Ich versuchte ihm zu erklären, daß man für den eigenen Vorteil auch in die Zukunft einer Gesellschaft investieren müsse, und dabei spiele das Firmenlogo überhaupt keine Rolle. Meinem Sohn war diese Logik zu verschroben.

»Du investierst in Kunst«, sagte er, »aber nicht ein einziges Bild hängt an der Wand. Dein Geld ist totes Kapital. Es verpufft im Wind, und Du mußt auch noch darauf achten, daß Dich dieser Wind nicht eines Tages verweht. Das erzbischöfliche Palais zählt zu unseren Stammkunden.«

»Dann habe ich deren Geld sinnvoll ausgegeben«, antwortete ich. Doch mit Thomas war nicht zu scherzen. Er drohte mir mit der Presse. Letztlich war er zu gierig, um es wirklich zu tun. Bei Cognac und Whisky war der Konflikt nicht zu lösen. Wir gönnten uns einen Tennisnachmittag bei einem Bekannten in Grinzing, der einen Sportplatz besitzt, oben an der Himmelstraße. Da konnten wir uns in aller Ruhe anschreien. Das Dienstmädchen, das uns Getränke anbot, verstand nur englisch, und die Bauern drüben an den Hängen des Kahlenbergs waren mit ihrer Ernte beschäftigt. Auf diesem Sportplatz hatte ich Thomas einst die ersten Bälle zugeworfen. Wenn er gut zurückspielte, bekam er einen Dollar, traf er schlecht, zog ich ihm einen ab. Ich hatte es natürlich in der Hand, sein Dollarkonto in bescheidenem Rahmen zu halten.

Jetzt war ich chancenlos. Das war gut, denn im Erfolg – auch hier ähnelte Thomas ganz meinem Großvater – war er durchaus großzügig. Bei 6:2, 6:2 leuchtete ihm ein, daß man einem Genie kein Brotlogo umhängen kann. Dennoch mußte ich Zugeständnisse machen. Als ich ihm versicherte, ich werde künftig darauf achten, daß Bilder an der Wand hängen oder sonstiges Verwertbares sich ansammelt, gönnte er mir ein Break. Der Sieg war ihm nicht zu nehmen, aber ich hatte mein Prinzip verteidigt.

Noch gehörte die Fabrik mir. Ich konnte jedoch nicht verhindern, daß er als Juniorchef in meine Etage einzog. Ich haßte ihn, wenn er hinter meinem Rücken mit dem Prokuristen neue Abmachungen traf. Ihn interessierte nur das Geld. Das Betriebsklima war ihm einerlei. Wer nicht spurt, wird entlassen. Er wollte den Akkordlohn für Handsemmerl herabsetzen. Die von Hand geformten Semmeln waren unser einziges Produkt, das wir mit Verlust verkauften. Wir konnten den Preis nicht erhöhen, weil er von der Konkurrenz vorgegeben war, wir konnten das Produkt aber auch nicht vom Markt nehmen. In Wien gibt es dafür eine respektable Kundschaft. Die kauft prinzipiell nur in Bäckereien, in denen es Handsemmerl gibt. Daneben kauft sie freilich auch noch Kipferl, Salzstangerl, Brot, Topfengolatschen, Krapfen und so weiter, wodurch wir mit den Handsemmerlessern insgesamt ein sehr gutes Geschäft machen. Aber Thomas wollte mit allen Mitteln die Handsemmeln aus den roten Zahlen bringen, auch wenn das nur auf Kosten der Arbeiter gehen konnte. Ich unterstützte den Betriebsrat. Thomas hatte wieder einmal den Prokuristen überzeugt. Aber sie kamen nicht durch. Von da an waren Thomas und ich, geschäftlich gesprochen, Feinde. Und dann erhielt ich an einem Samstagnachmittag den Anruf aus Gmunden. Da stehst Du plötzlich sprachlos da. All diese Hickhacks, die wir ausgetragen haben, sind auf einmal lächerlich.

Ohne Thomas wäre es nie zu dem Vertrag mit Jan Friedl gekommen. Ich hätte ihn einfach so finanziert. Jan Friedl hat seinen Aufstieg mir zu verdanken. Keine staatliche Stelle hätte es damals gewagt, einen Künstler zu unterstützen, dessen Diskussionsbeitrag bei einem öffentlichen Kunstgespräch darin bestand, aufs Podium zu scheißen. Jan Friedl wäre nicht der einzige Sechzigerjahre-Aktionist gewesen, der an Armut und Alkoholismus zugrunde ging. Ich hatte mit ihm, um das Problem endlich aus den Firmenbesprechungen raus zu haben, einen Kontrakt für zwanzig Jahre geschlossen. Damals besuchte ich Jan in seiner außerhalb Wiens gelegenen Scheune. Oft schlief er auch dort. Er arbeitete an merkwürdigen dreidimensionalen Bildern, aus denen benutzte Tampons und Binden heraushingen. Ich kaufte alles, was an der Wand hing oder herumstand. Jan Friedl war damals von der Kunstwelt ausgeschlossen. Man kannte ihn als Aktionisten, aber niemand wollte ihn bezahlen. Er galt als unberechenbar. Auch Aktionismus braucht einen Rahmen, in dem er Anerkennung findet. Aber Jan Friedl torpedierte alles, was nach einem geordneten Rahmen aussah. Seine Bilder und Objekte waren gänzlich unbekannt. Ich kaufte sie und lagerte sie ein. Im sechsten Jahr unseres Kontrakts hatte ich ihn so weit, daß er einer Ausstellung zustimmte. Denn natürlich litt er darunter, daß seine Werke keinerlei Öffentlichkeit hatten. Die Ausstellung hatte ich mit einer renommierten Galerie vereinbart. Sie fand großen Zuspruch. Jan Friedl hatte den Sprung geschafft. Was das Publikum nicht wußte: Keines der Bilder und Objekte war käuflich. Alle waren in meinem Besitz. Dennoch wurden Angebote eingeholt. Am Schluß der Ausstellung galten alle Objekte als verkauft.

Unser Vertrag sah vor, daß jährlich mindestens ein Objekt dazukommen müsse, wenn es mehr wären, dann eben mehr. Aber alle mußten zuerst mir angeboten werden. So konnte ich verhindern, daß irgendeines auf den Markt kam.

Natürlich würde er mich reinlegen. Das war mir von Anfang an klar. Welcher Künstler will sich schon mit Haut und Haaren verkaufen. Aber welcher Künstler hält es zwanzig Jahre aus, seine Werke nicht zu zeigen? So konnte ich hoffen, daß er mir erst gegen Ende der zwanzig Jahre bedeutende Werke vorenthalten würde. Tatsächlich hat er mich reingelegt. Aber, entgegen meinen Erwartungen, auf eine besonders niederträchtige Weise. Das wurde erst jetzt, nach seinem Tode, deutlich. Mein Anwalt läuft Sturm.

Und ich habe Jans Lebensgefährtin, die nun gierig mit einem Testament und einem Falsifikat meines Kontrakts herumfuchtelt, auch noch alle Begräbnisunkosten abgenommen. Jetzt weiß ich, warum sie immer beteuerte, daß ihr das peinlich sei. Sie war mit von der Partie.

Eine Zeitlang hat sich Jan Friedl in Paris herumgetrieben. Natürlich mit meinem Geld. Aber er brachte eine Menge Bilder mit, die ich alle kaufte. Die beiden Paris-Jahre haben ihm gutgetan. Er kam zurück und hatte plötzlich einen legendären Ruf. Kaum jemand stieß sich noch an seinen früheren Provokationen. In Ljubljana wurde ihm eine halbe Professorenstelle angeboten. Sie war schlecht bezahlt, aber er nahm sie an, ohne zu zögern. Das hat selbst mich überrascht, wie schnell das ging. Diese Stelle hat er übrigens nie aufgegeben. Selbst als er zum Leiter des Wiener Teils der Sammlung Ludwig bestellt wurde, wie ich zugeben muß, nicht ohne daß ich meinen ganzen Einfluß geltend gemacht hätte, verbrachte er zwei Tage in der Woche in Ljubljana. Das war nicht weiter schlimm, war ihm doch ein guter Kurator an die Seite gestellt. Was ich jedoch nicht wußte: Jan Friedl unterhielt in Ljubljana auch ein Atelier und scheint sich mehr dort als in der Akademie aufgehalten zu haben. Das Atelier war vollgestopft mit Werken, die, folgt man der zweifelhaften Signatur, angeblich von Jan Friedl in den letzten zwölf Jahren geschaffen worden waren.

Ich bewahre seit langem alle meine Terminkalender und einen Teil der Privatkorrespondenz auf. Nicht gerade so, daß die Finanzbehörde darauf Zugriff hat. Aber es gibt diese Unterlagen. Auch wenn ich dadurch so nebenher einiges preisgeben muß, was nicht für die Öffentlichkeit bestimmt war: Anhand dieser Unterlagen kann ich beweisen, daß die angeblichen Originale von Jan Friedl entweder nicht von ihm stammen oder nicht in Ljubljana geschaffen wurden. Es würde mich nicht wundern, wenn seine gierige Lebensgefährtin in ein paar Jahren mit Jans Pariser Werken daherkommt, von denen ich bislang annahm, daß ich sie alle gekauft habe.

Im Grunde wäre das eine Nebensache. Jan Friedl war ein Spieler, das wußte ich. Und das war es ja, was mich an ihm fasziniert hat. Aber ich hätte ihm nicht zugetraut, daß er mich regelrecht aufschlitzen wollte. Die bei der letzten Verhandlung vorgelegten graphologischen und chemischen Gutachten waren verheerend. Seither traue ich Jan Friedl alles zu. Ich saß da, der Anwalt nahm mich bei der Hand, und ich hätte nur noch schreien mögen. Oder weinen. Mit einem Mal wurde mir eine langjährige Freundschaft um die Ohren geschlagen, an die ich immer geglaubt hatte. Ist das Fundament untergraben, stürzt alles ein. Nichts bleibt. Nur eine Erkenntnis, auf die ich gerne verzichtet hätte: Freundschaft ist das größte menschliche Desaster. Sie funktioniert auch in der Lüge, im Verrat. Jedenfalls, solange man nichts davon ahnt.

Die gerichtlichen Gutachten besagten, daß die Unterschrift auf dem Vertrag, den Jans Lebensgefährtin vorgelegt hat, aller Wahrscheinlichkeit nach von mir stamme, mit Sicherheit aber aus meiner Füllfeder. Nach genauer Prüfung fänden sich keine Indizien dafür, daß an dem Vertrag etwas manipuliert worden sei. Tatsächlich war der Vertrag mit demjenigen, den ich in Händen hielt, in allen Punkten identisch. Mit einer Ausnahme. Im Abschnitt »Vorkaufsrecht« enthielt der andere Kontrakt die zwei zusätzlichen Wörter »in Wien«. Mein Vorkaufsrecht war nach dieser Version nur für die von Jan Friedl in Wien geschaffenen Werke gültig. Da war es nur folgerichtig, wenn sich schließlich herausstellte, daß Jan Friedl den überwiegenden Teil seiner Werke in Ljubljana geschaffen hat, oder hat schaffen lassen, oder sie dorthin hat schaffen lassen. Ich komme mir vor wie einer, der um ein Schwein kämpft, das er selbst gemästet hat.

Zum Ball. Ich bin dort Stammgast, habe eine Stammloge. Nicht ich frage bei der Gnädigen Frau nach, sondern sie schreibt mir jedes Jahr, gleich nach ihrem Urlaub um Ostern herum, ein nettes Briefchen mit der Frage, ob ich ihr wieder die Ehre geben werde und wie viele Karten sie für mich reservieren dürfe. Seit Jahren ist es meine Gewohnheit, ich sollte besser sagen: war es meine Gewohnheit, je einen Künstler und einen Geschäftspartner mit Begleitung zum Opernball einzuladen. Diesmal, so wurde bei der TV-Übertragung berichtet – Sie erinnern sich sicher daran –, hätte ich auf einen Geschäftspartner verzichtet und statt dessen zwei Künstler eingeladen.

Das war ein Irrtum. Mein Geschäftspartner hieß Jan Friedl. Aber das konnten Sie damals nicht wissen. Sie wußten es? Woher? Gabrielle, Gabrielle, helfen Sie mir, ist das die Fernsehsprecherin? Hat er also doch geplaudert. Wir hatten natürlich strikte Diskretion vereinbart.

Als ich zu Beginn unseres Kontrakts Jan Friedl das erste Mal zum Opernball einlud, weigerte er sich, mitzukommen. Jahrelang sah ich keinen Grund, die Einladung zu wiederholen, weil ich davon ausging, daß er sie ohnedies nicht annehmen würde. Mein Geld hatte ihn sozialisiert, aber deshalb läuft man doch nicht gleich zum Opernball. Eigentlich habe ich ihn letztes Jahr nur so nebenbei gefragt, weil ich, als wir wieder einmal beim Japaner saßen, gerade das Schreiben der Gnädigen Frau bekommen hatte. Ich war verblüfft, als er ja sagte. Denn ich hatte mir schon überlegt, den Generaldirektor eines Schweizer Lebensmitteldiscounters einzuladen, mit dem ich in geschäftlichen Verhandlungen stand. Er hätte mit Catherine Petit in einer gemeinsamen Chartermaschine fliegen können. Aber der Generaldirektor und Jan Friedl an einem Tisch, dieser Kombination wollte ich nicht recht trauen. Dafür war mir das Geschäft zu wichtig. Catherine Petit Fürstin Kropotkin, wie sie mit vollem Namen heißt, hatte am Abend, wie Sie wissen, Vorstellung in Basel. Ich charterte das Flugzeug für sie allein. Es landete in Schwechat nachts um halb eins. Sie wollte ohne Begleitung kommen, was mir, warum soll ich es verschweigen, nicht unangenehm war.

Catherine Petit ist eine Urenkelin des russischen Revolutionärs Fürst Peter Kropotkin. Als der 1917 wieder nach Rußland ging, ließ er in Paris einen Sohn zurück, vermutlich weil er ihn aus den Revolutionswirren heraushalten wollte. Möglicherweise hat der Sohn sich aber auch geweigert, den anarchistischen Flausen seines Vaters zu folgen. Schließlich kannte er Rußland nicht, wenngleich er russisch sprach und in hohem Alter auf seinen Vater sehr stolz war, wie mir Catherine erzählte. Im englischen Exil geboren, war er mit seinem Vater nach Frankreich übersiedelt, wo er später als Professeur in einem Pariser Lycée arbeitete und eine seiner Schülerinnen heiratete. Sie hatten mehrere Kinder. Noch vor dem Einmarsch der Deutschen zog die ganze Familie in die Schweiz. Das war für sie relativ leicht, weil ein kleiner Teil des ehemaligen Kropotkinschen Vermögens noch immer auf einer Schweizer Bank lag und von den Behörden zur ökonomischen Sicherstellung akzeptiert wurde. Es muß ein merkwürdiges Leben gewesen sein. Bis nach dem Zweiten Weltkrieg war es der ganzen Familie untersagt, in der Schweiz zu arbeiten.

Ein Sohn wurde, wie es sich gehört, Peter getauft. Der gründete in der Nachkriegszeit mehrere Geschäfte, die alle nicht erfolgreich waren. Er schrieb das seinem Namen zu. Kein guter Schweizer wollte mit Peter Kropotkin Geschäfte machen. In der Liebe war er erfolgreicher. In Lausanne heiratete er die Konzertpianistin Dominique Petit. Um ihrer gemeinsamen Tochter Catherine eine Wiederholung seines eigenen Scheiterns zu ersparen, bekam sie den Familiennamen der Mutter. Diese Kombination erlaubte es, auf diskrete Weise an die russische Tradition anzuschließen: Katherina die Kleine. Ich nenne sie Fürstin Kropotkin. Manchmal sage ich auch *Ihre Hoheit*. Anfangs fühlte sie sich dadurch verspottet. Aber ich blieb dabei, bis sie es kommentarlos zuließ. Meine Briefe beginnen immer mit der Anrede: *Vielschöne hohe Fraue*. Immer in dieser altmodischen Formel. Sie stammt von Eichendorff. Ihrer Hoheit gefällt das. Übrigens wurde ihr Vater doch noch ein erfolgreicher Geschäftsmann. Merkwürdigerweise als Generalimporteur von russischem Tee. Als solcher durfte er auch in der Schweiz Peter Kropotkin heißen.

Während Ihre Hoheit in Basel gerade zum Flugzeug eilte, saß ich mit Jan Friedl allein in meiner Loge. Es war natürlich eine Seitenloge, nicht eine dieser unerträglichen Bühnenlogen, in der besoffene Baumeister ihre Schwiegertöchter begrapschen. Schon mein Vater war ein regelmäßiger Opernballgänger. Er hat 1956, beim ersten Opernball nach dem Krieg, die Familienloge begründet. Mein Großvater hätte die Chance gehabt, 1935 beim ersten Opernball überhaupt dabeizusein, aber er war nach dem Bombenanschlag für öffentliche Vergnügungen nicht mehr zu haben. Er war zu feige geworden für das Leben, sparte lieber heimlich vor sich hin. Seine Anzüge hat er zwanzig Jahre getragen, wenn nicht länger.

Wir saßen also in unserer traditionellen Seitenloge und ließen die Eröffnung über uns ergehen. Beim Opernball hat man von dort den besten Saalblick. Die Eröffnung war immer das Schlimmste am Opernball. Ich kann mir nicht vorstellen, daß diese verkrampfte Gleichschreiterei irgend jemandem gefallen soll, außer vielleicht den Offizieren von der Militärakademie, die daran in Uniform teilnehmen. Sicherheitshalber flößte ich Jan Friedl vorweg ein paar Gläser Champagner ein. Oder sagen wir besser: Er trank sie von selbst, und ich hatte Mühe, rechtzeitig Nachschub zu ordern. Bei Jan Friedl war es immer wichtig, daß er guter Stimmung war. Sonst neigte er nach wie vor dazu, ausfällig zu werden. Mir machte das ein wenig Sorge wegen der Nachbarlogen, beide ebenfalls Stammlogen. Vor allem wegen der Loge rechterhand. Sie gehörte der alt-österreichischen Offiziersfamilie Hilzendorfer. Seit Menschengedenken gab es in dieser Familie nur Offiziere und

Generäle. Ich kenne drei Generationen von ihnen. Sie gehören zu den feinsten Österreichern, die man sich denken kann. Glühende Patrioten. Äußerst gebildet. Der alte Hilzendorfer diente als junger Mann bei den Alliierten Streitkräften. Er wurde 1944 als Agent nach Wien geschickt, um die Verteidigungsanlagen zu erkunden. Sein Vater war einer der wenigen österreichischen Generäle, die gegen Hitler mit allen Mitteln Widerstand leisten wollten. Die Politiker ließen es nicht zu. Gleich nach dem Einmarsch der deutschen Truppen wurde er verhaftet und nach Dachau deportiert. Da für ihn auch regimetreue Militärs intervenierten, wurde er nach einem halben Jahr aus dem Lager entlassen. Er sollte herabgestuft und in die Deutsche Wehrmacht eingegliedert werden. Doch er floh mit seiner Familie nach England.

Phantastisch, sagte Jan Friedl, als von oben ein Flugblätterregen niederging. Es waren dünne schwarze Seidenpapierblätter im Format A5, die, abgesehen von einem kleinen Stapel, der zusammenblieb und auf das Parkett klatschte, sich durch die Luft tragen ließen und ihr Spiel miteinander trieben, sich einmal auf diese Seite neigten, dann auf jene, sich kreuzten und überholten, um sich schließlich sanft in den Logen, auf den Blumengestecken, den Beleuchtungskörpern und vor allem auf dem hellbraunen Spiegelparkett niederzulassen. Das war noch vor zehn, als Sie noch nicht auf Sendung waren. Noch während die Blätter herabflatterten, konnte man lesen, was in dicker roter Schrift auf ihnen geschrieben stand: WIR SIND DER LETZTE DRECK! Es war, als hätten alle einen Moment lang den Atem angehalten. Dann begann ein allgemeines Kopfschütteln, auch Schreie waren zu hören. Alle schauten auf eine der Logen über uns, wo es offenbar irgendein Gerangel gab. Im Saal unten fingen ein paar Menschen zu laufen an, auch von den Gängen draußen war Getrampel zu hören.

Bei uns waren gleich mehrere dieser Blätter gelandet. Unter dem Satz WIR SIND DER LETZTE DRECK! stand in kleiner Schrift: *Ausländerhilfsverein*. Jan Friedl faltete Flieger aus den Blättern und schickte sie in den Saal hinab.

»Hören Sie bitte auf damit«, sagte die Kellnerin.

Der letzte Dreck wurde, unter dem Applaus von Ausländern, von livrierten Ausländern mit erstaunlich breiten Besen zum hinteren Ausgang gekehrt, wo er in Plastiksäcken verschwand. Dann setzte ohnedies die Musik ein, und der Saal füllte sich mit Krönchen und Fracks, die, ganz anders als die Seidenpapierblätter, mit nur leichten Abweichungen und Verzögerungen alle dieselben Bewegungen vollführten.

»Das ist so blöde, daß ich mir gar nichts Schöneres vorstellen kann«, sagte Jan Friedl.

Noch während der Polonaise begann er, von Bruno Kreisky zu reden, der auf dem Opernball immer merkwürdige Interviews gegeben habe, über die guten Seiten der monarchistischen Tradition und so.

»Alles Quatsch«, sagte er. »In Wirklichkeit ist das hier nichts, eine Anhäufung von nichts. So viel Aufwand für so wenig Bedeutung, das ist schlicht genial. Wenn es ein großer Scheißhaufen wäre, könnte man dafür sein oder dagegen. Aber es ist nichts.«

Begeistert beobachtete er den ganzen Abend lang die tanzenden Menschen unter uns. Besonders die Ordensträger gefielen ihm. Auf einen, der die ganze Brust mit Orden gespickt hatte, machte er mich aufmerksam.

»Wenn Du den erschießen willst«, sagte er, »brauchst Du eine Kanone.«

Manchmal lachte er hell auf. Immer wieder stieß er das Wort »phantastisch« hervor. Alles war für ihn phantastisch. Meine Angst, daß es einen Konflikt mit der rechten Nachbarloge geben könnte, war vollkommen unbegründet. Wir grüßten hinüber und verabredeten uns für später.

Obwohl es über die Brüstung leicht möglich wäre, ist es beim Opernball vollkommen unüblich, zur Nachbarloge die Hand hinüberzureichen. Man grüßt und gibt einander später die Ehre. Nur die Baumeister in den Bühnenlogen verrenken sich beim Händeschütteln an den Trennwänden vorbei.

Jan Friedl war vollkommen in die Beobachtung des Treibens versunken. Einmal begann er, vor sich hin zu reden, ohne mich dabei anzuschauen. Es war fast ein Vortrag, in seiner Art eben, schnell gesprochene, oft abgehackte Sätze, dazwischen längere Pausen. Gedanken, die nicht vorbereitet wirkten, sondern wie ein Schwarm Fledermäuse aus der Mundhöhle flohen. Es war ein Ausfall gegen seine früheren Freunde. Er wollte mir oder auch nur sich selbst erklären, warum ein einst so geschmähter Aktionskünstler nun auf dem Opernball herumsaß und das Champagnerglas gar nicht mehr abstellte. Nur sinngemäß kann ich das wiedergeben.

Er sagte: »Wir haben es verdammt schwer gehabt, unser Geld auszugeben. Wir waren nicht von dieser Welt. Falsche Sozialisation. Jedes bessere Auto, jedes teurere Abendessen haben wir vor den Menschen, denen wir uns zugehörig fühlten, zu verbergen gesucht. Hier in Wien war das besonders schlimm. Weil die Revolte so schwach war. Darum hat auch die Erlösung so lange gedauert. Nur wer richtig revoltiert, den können wir erlösen. Wie in Frankreich. Es kommt nicht darauf an, wer wann was gedacht hat, sondern, wann welche Ideen wirksam werden. Verstehst Du, ich kann Champagner trinken und Revolutionär sein. Es geht nicht um Moral, sondern es geht um ein Spiel, dessen Regeln man verändern kann. Wer erfolgreich Kunst produziert oder eine Sammlung leitet, landet auf dem Opernball. Wer erfolgreich Brot bäckt, kauft sich eine Loge. Die Künstler sind Fallensteller. Aber sie fangen sich nur gegenseitig ein. Moralisten durch und durch. Wir haben doch nicht vorgehabt, Franziskaner zu werden. Die Franzosen haben das früher kapiert. Sie saßen auch früher an den Geldtöpfen. Der alte Sartre mußte noch mehr Trinkgeld geben, als die Rechnung ausmachte, um sich selbst über seine fetten Tantiemen zu trösten. Als er dann von einem Tag auf den anderen zur langweiligsten Interviewfrage für Simone de Beauvoir wurde, hat ihm der Kellner eine rote Rose auf den Stammtisch gestellt und dezent dafür gesorgt, daß sich kein Touristentrottel dort hinsetzt. Aber Sartre war ein Fossil des Marquis. Oder eine Yuka. Die blühen nur, wenn jemand in der Familie heiratet. Letztlich wußte der Alte Bescheid. Aber er konnte doch nicht einfach sagen: Natürlich, Herr Foucault, Sie haben vollkommen recht, ich habe mich wieder einmal geirrt. Wenn er blühte, war er dazu in der Lage. Kennst Du seine Flaubert-Arbeit? Lies das, dann wirst Du verstehen, daß er Foucault im Grunde recht gegeben hat.«

Das Geld hatte es Jan Friedl angetan. Nicht jenes Geld, das ich ihm seit unserer ersten Begegnung in der Kärntner Straße Jahr für Jahr in den Mund steckte. Damit konnte er leben, solange ich nicht den geringsten Versuch machte, auf sein Werk Einfluß zu nehmen. Das Geld, das er nun selbst verdiente, machte ihm zu schaffen. Sein Leben hatte einen ordentlichen Rahmen gefunden, und er war unfähig geworden, ihn abzustreifen.

»Opernball«, sagte er, »ist heute kein Problem mehr. Eine Provokation für die Habenichtse. Aber die werden doch mit jedem Blick aus dem Fenster provoziert. Viel zu viele Achtundsechziger sind Kunstkritiker geworden, das ist der Skandal. Aus Gesellschaftskritikern wurden mangels revolutionärer Gesellschaft Kunstkritiker. Haben jede Menge Geld, aber beim Ausgeben werden sie zu Geheimniskrämern. Weil es rundum nach Hundescheiße stinkt. Opernball kommt für sie nicht in Frage. Eigentlich sind sie Geldboten in geistigen Panzerfahrzeugen, die heimlich zwischen Medienkonzernen und Gourmettempeln pendeln. Da sitzen sie dann mit hochroten Schädeln und öffnen unter den Seidenkrawatten die Hemdkragen. Hat je ein Meisterbäcker das getan? Er trägt eine Krawatte, oder er trägt keine. Ein anständiger Mensch geht seinen Weg, selbst wenn er Kinder schändet. Aber diese Widerlinge, die dazugehören und gleichzeitig zeigen wollen, daß sie nicht dazugehören. Parfümierte Arschlöcher.«

Dann sprach Jan Friedl noch von einer Skulptur, die er in Amerika gesehen habe. Sie hieß *Joy of Motherhood* und sei phantastisch kitschig gewesen. Kein Kunstkritiker würde das bei uns durchgehen lassen. Die seien alle nach kurzer Ehe von zu Muttertieren mutierten Emanzen geschieden und fühlten sich nun berufen, den vergeblichen Kampf zu verklären, den ihre Frauen gegen sie geführt hätten. Einmal hat mir Jan Friedl von einer Amerika-Reise − als Museumsdirektor fuhr er oft in die USA − eine Karte geschickt, auf der Hemingway mit einem etwa zehnjährigen Buben abgebildet war. Beide sitzen am Strand und halten Gewehre in der Hand.

»Ich habe beschlossen«, schrieb Jan auf der Rückseite, »künftig auf Fische zu schießen.«

Im Laufe des Abends, es waren nur etwa zweieinhalb Stunden, die wir zusammen waren, die restlichen 45 Minuten verbrachte ich mit anderen Menschen, war auch vom Krieg die Rede. Alle Kriege des zwanzigsten Jahrhunderts, selbst die in Fernost, führte Jan Friedl auf die Unfähigkeit von Kaiser Franz Joseph zurück. Der Mann habe in seinem Altersstarrsinn Europa zerstört. Hätte man sich seiner um die Jahrhundertwende entledigt, alles wäre anders gekommen. Mit Blick auf die Westfront im Ersten Weltkrieg vertrat Jan Friedl eine merkwürdige These. Er sagte, das Wunder an der Marne sei kein Wunder gewesen und habe nichts mit dem deutschen Nachschub zu tun gehabt. Die braven Soldaten hätten bloß die Champagnerkeller leergesoffen und so den Franzosen Zeit gelassen, ihre Abwehrstellungen aufzubauen. Den Champagner nicht rechtzeitig fortgeschafft zu haben sei der raffinierteste Schachzug der französischen Kriegstaktik gewesen.

Das ist es im wesentlichen, woran ich mich erinnere. Jan Friedl schaute vor allem in den Saal hinab. Einmal machte er mich auf eine Frau aufmerksam, deren Kleid aus Schnittblumen und anderen Gewächsen gemacht war.

»Ist das nicht eine phantastische Lösung«, sagte er. »Die Frau stellt sich nach dem Ball einfach auf den Komposthaufen und läßt die Hüllen fallen.«

»Phantastisch, phantastisch«, so ging das in einem fort.

Begegnungen gab es vor allem beim Hineingehen. Schon an der Garderobe habe ich eine Menge Bekannte getroffen, Geschäftsleute, Politiker, sogar einen unserer Angestellten. Mit Kommerzialrat Peter Schwarz, einem Kollegen, habe ich mich für später verabredet, einem Konkurrenten, wenn Sie so wollen. Ihm gehörte die Brotfabrik in Floridsdorf. Die Marktanteile waren aber praktisch vergeben. Echte Konkurrenten waren wir eigentlich nur bei den neuen Supermärkten. Da versuchte natürlich einer den anderen auszutricksen. Das war wie ein Familiensport. Im Industriellenverband arbeiteten wir zusammen.

Ein besonders tragischer Fall, weil praktisch die ganze Familie auf dem Opernball umgekommen ist. Ja, es gibt Gespräche, aber entschieden ist nichts. Eine Tochter hat überlebt. Sie ist in Deutschland verheiratet und hat offenbar kein Interesse, die Firma weiterzuführen. Das Geschäftliche würde verlangen, daß man sofort entscheidet, damit kein Schaden entsteht, aber das Familiäre ist in diesem Fall so entsetzlich, daß man es schwer hintanstellen kann. Wie ich höre, gibt es noch andere Interessenten, einen italienischen Konzern zum Beispiel. Ich habe zu einem Herrn vom Kartellamt gesagt: »Wenn die Italiener den Zuschlag kriegen, haben wir die Mafia endgültig im Haus.«

Wissen Sie, was der geantwortet hat? »Wenn das Brot dadurch billiger wird, soll es mir recht sein.«

Wahrscheinlich hat er gehofft, daß ich ihn schmieren werde. Aber da hat das Freundchen bei mir Pech gehabt. Lieber suche ich mir einen neuen Jan Friedl.

Fritz Amon, Revierinspektor

Fünftes Band

Wir hatten um die am Boden liegende Frau einen dichten Kordon gebildet, konnten die Stellung aber kaum halten. Von links und rechts stürmte es in regelmäßig wiederkehrenden Druckwellen auf uns ein, so heftig, daß wir Mühe hatten, die Frau nicht zu zertrampeln.

»Mörder«, riefen sie. »Mörder, Mörder.« Immer nur das eine Wort. Sie machten sich und uns verrückt damit. Ich habe auch heute noch keine Ahnung, wie das passiert ist. Plötzlich lag sie unter unseren Füßen. Vielleicht ist sie gestolpert, oder sie wurde niedergerissen. Wir konnten gar nicht anders, als auf ihr herumzusteigen, weil es keinen Platz gab und die Chaoten nicht nachließen. Die vorderen Reihen wurden gegen unsere Schilde gepreßt, ob sie wollten oder nicht. Wir stemmten uns dagegen, und da spürte ich plötzlich, daß da unter meinen Füßen ein Körper lag. Ohne daß ich es wollte, mußte ich mehrmals draufsteigen, weil ich sonst keinen Halt fand. Es wurde gerade mit aller Kraft geschoben. Schließlich ging es wieder vorwärts, die Chaoten wichen unter dem Ansturm der Knüppel zurück, und die Kollegen vom Eingreiftrupp konnten sich um die Frau kümmern. Sie verständigten einen Rettungswagen.

Doch dann passierte ein Mißverständnis. Während wir

uns um die Verletzte herum zu einem Ring formierten, zogen sich die Grenzschützer, so, wie es ursprünglich vereinbart war, auf den Platz vor den Musikverein zurück. Sie übersahen, daß wir bei der Verletzten bleiben mußten und auf uns allein gestellt zu schwach waren, um einem größeren Ansturm standzuhalten. Und da kam er auch schon. Die Demonstranten hatten mitbekommen, daß zwischen unseren Füßen eine Verletzte lag. Vielleicht gab das auch jemand durch das Megaphon bekannt. Im Chaos achtete ich nicht auf die ohnedies meist nur provokanten Megaphonsprüche. Mit einemmal stürmten sie von allen Seiten auf uns ein. Und sie schrien: »Mörder, Mörder.«

Das lockte wieder andere an. Innerhalb kürzester Zeit waren wir eingekreist. Dann eine Druckwelle, und noch eine. Und immer dieses herausfordernde »Mörder, Mörder«, das einen zum äußersten trieb, an die Grenze der Selbstkontrolle. In der Polizeischule hatten sie uns gelehrt, man solle den Demonstranten in so einem Falle nicht ins Gesicht schauen. Dann könne man sich besser beherrschen, könne vernünftiger überlegen, wie man der Herausforderung begegne. Niemals, egal, was passiert, die Grenze der Selbstkontrolle überschreiten.

»Angespuckt wird nur die Uniform, und das kann man abwischen«, hat uns ein alter Beamter in der Polizeischule gesagt. Ich erinnerte mich an diesen Satz. Ich sagte ihn vor mich her, schaute den Chaoten nicht ins Gesicht. Aber ich schaffte es nicht mehr, mich an irgendwelche psychologischen Regeln zu halten. Ich hatte keine Kraft mehr dazu. Den ganzen Abend waren wir immer wieder als Faschisten bezeichnet worden, als die Mörder von Abdul Haman, oder schlichtweg als Schweine. Man warf mit Steinen nach uns, mit Verkehrsschildern, Bierflaschen, dann mit Eisenschellen, Latten und Brettern von einer Baustelle in der Margaretenstraße. Wenn man ständig herausgefordert wird, sich aber ständig vorsagen muß, ruhig, ruhig, die wollen dich nur herausfordern, entsteht irgendwann der brennende Wunsch in dir, endlich Ernst zu machen.

»Jetzt nur nicht die Nerven wegschmeißen!« haben wir uns selbst gut zugeredet. Es war ein ständiges Wechselbad von Gefühlen. Uns wurde das bei Schulungen oft und oft erklärt. Es wurde uns genau gesagt, warum wir wie reagieren. Und wenn man sich das im nachhinein überlegte, mußte man zugeben, es stimmte.

Wenn es gerade wüst hergegangen war und ich ein paar Momente zum Verschnaufen hatte, konnte es sein, daß mich die Angst überkam. Aber die darf man sich nicht eingestehen. Schon gar nicht darf man die eigene Angst den anderen zeigen. Sie würden dich sofort einen »Waschlappen« nennen, oder einen »Hosenscheißer«.

Bei meinem ersten Einsatz mit der Waffe hatten wir einen Bankräuber verfolgt. Wir vermuteten, daß er sich in einem Haus versteckt hielt. Als ich nicht als erster hineingehen wollte, sagte mein Vorgesetzter: »Brauchst einen Vogerldoktor oder Honigmilch?«

Was er damit meinte? Ein Vogerldoktor ist ein Psychologe. Er kümmert sich sozusagen um deinen Vogel. Na, und Honigmilch verstehen Sie ja. Seither weiß ich, Angst gibt es bei uns nicht. Am besten überwindet man sie, indem man sich und die anderen anfeuert.

»Jetzt schlagen wir ihnen die Goschn ein!« sagten wir, bevor wir am Karlsplatz losstürmten, und: »Los, reißen wir ihnen den Arsch auf!« Wenn wir im Bereitschaftsbus saßen und Demonstranten zusahen, konnte es sein, daß wir uns jeder einen aussuchten und einander erzählten, was wir mit ihm machen würden, wenn wir ihn erwischen. Als ich das erste Mal dabei war, hat mich das schockiert. Da gingen Demonstranten an unserem Bus vorbei. Einer schaute besonders auffällig herein. Ohne daß es einen Grund zum Eingreifen gab, sagte der Kollege neben mir: »Schau nur herein! Gleich werde ich dir einen

Tunnel in den Schädel schießen und ihn ausblasen wie ein Osterei.«

Das hat mich schockiert. Ich habe mir den Kollegen angesehen und gedacht: Der hat ihm doch gar nichts getan. Ich mußte erst lernen, daß auch dieses gegenseitige Aufputschen dazugehört. Heute fällt es mir nur noch bei neuen Sprüchen auf. Sicher, die Sprüche wurden brutaler. Aber das besagte eigentlich das Gegenteil. Es hing damit zusammen, daß wir nicht das tun durften, was wir längst hätten tun müssen. Bei der Opernballdemo sagte unser Truppleiter: »Jetzt versetzen wir dieser Schweinepest den Gnadenstoß!«

Im Grunde war das nichts anderes als eine Ermunterung, so gut wie möglich zu sein. Man zog den Chaoten den Knüppel dann vielleicht etwas stärker über und wählte das Ziel nicht lange aus, man gab ihnen, wenn es sich gerade anbot, einen Tritt in den Bauch, in die Eier, vielleicht auch in die Schnauze, aber eigentlich nur, um etwas mehr Eindruck zu hinterlassen. Sicher nicht, um jemanden zum Krüppel zu schlagen, oder gar zu töten.

Aber dann kenne ich noch ein anderes Gefühl, das es bei einem Demonstrationseinsatz eigentlich nicht geben dürfte. Es ist der dringende Wunsch, dich deines Gegners zu entledigen. Du willst dieses Hundevolk nicht nur einfach verscheuchen, du willst kurzen Prozeß mit ihm machen. Aber dieses Gefühl darfst du nicht haben, du darfst es nicht äußern, und schon gar nicht darfst du es ausleben. Du mußt versuchen, es irgendwie unter Kontrolle zu kriegen, du mußt mit allen Mitteln diesseits der Grenze bleiben. Die Grenze ist hauchdünn. Diesseits bist du ein guter Polizist, jenseits bist du ein Krimineller. Normalerweise, wenn man in Ruhe darüber nachdenken kann, kennt man diese Grenze. Wenn es hart hergeht, verliert man sie aus den Augen. Gewöhnlich passiert dann nichts. Hat man halt einen bewaffneten Kriminellen erschossen. Das ist nicht weiter schlimm. Die Zeitungen stehen in so einem Fall felsenfest hinter dir. Die Gerichte fragen nicht nach. Bei Demonstrationen hingegen ist es besonders schwierig. Weil man von diesem Revoluzzergesindel viel mehr herausgefordert wird als von jedem bewaffneten Gangster und weil man nichts Wirksames dagegen unternehmen kann.

Die Entwicklung dieser Opernballdemo muß man so sehen. Ich weiß nicht, ob Sie mich verstehen. Ich habe Ihnen doch erzählt, wir haben uns den ganzen Abend hindurch nichts zuschulden kommen lassen. Wir haben uns trotz drückender Unterlegenheit diesseits der Grenze gehalten und jede Provokation über uns ergehen lassen. Und dann, als hätten wir den ganzen Abend wild um uns geschossen, dieses dauernde »Mörder, Mörder«. Das war zuviel. Es war nicht mehr auszuhalten. Da hast du plötzlich das dringende Bedürfnis, ihnen zu zeigen, was ein Mörder ist.

Über Funk forderten wir die Grenzschützer wieder an, die uns irrtümlich im Stich gelassen hatten. Sie versuchten, sich vom Musikverein her zu uns durchzuschlagen. Es sah aber nicht danach aus, als ob sie Erfolg hätten. Das immer lauter werdende »Mörder«-Geschrei lockte mehr und mehr Chaoten an. Unser Truppleiter schrie verzweifelt ins Funkgerät: »Wir brauchen dringend Hilfe!«

Die Antwort: »Grenzschutztrupp Skorpion ist unterwegs. Sonst sind keine Reserven frei.«

»So hört euch doch das an«, schrie unser Truppleiter. Er hielt die Taste ein paar Sekunden gedrückt, damit die Sprechchöre durchkamen. Dann fuhr er fort: »Ihr hört doch, sie sind narrisch geworden. Wenn ihr nicht sofort Hilfe schickt, kann ich für nichts garantieren.«

Es gab keine Antwort. Die Menge wurde immer dichter und unübersehbarer, preßte sich von allen Seiten gegen uns. Wir waren drauf und dran, erneut auf die Verletzte zu treten und sie zu zerdrücken. Lange hätten wir nicht mehr durchgehalten.

Zum Glück kam das Rettungsauto. Die Chaoten gaben einen Korridor frei. Der Wagen blieb neben der Verletzten stehen, hinten wurde die Doppeltür aufgerissen, und heraus sprangen gut zwanzig Kobramänner in ihren Kampfanzügen. Die Kobra ist unsere Antiterroreinheit. Die Sanitäter und der Rettungsarzt waren in der Fahrerkabine zusammengepfercht. Es gab ein furchtbares Pfeifkonzert, dann begann wieder dieses »Mörder«-Geschrei.

Das Mädchen lag noch da, so, wie die Kollegen vom Eingreiftrupp sie hingelegt hatten. Sie hatte sich seither nicht gerührt. Seitlich, ein paar lange Haarsträhnen im Gesicht, auf der Stirn eine Platzwunde. Sonst war keine Verletzung zu sehen. Unter ihren Kopf hatte jemand ein herumliegendes Palästinensertuch geschoben. Die Rettungsmänner beugten sich über die Frau.

»Moment«, sagte der im weißen Mantel, offenbar der Rettungsarzt, und hielt die anderen zurück. Er holte aus dem Auto einen Packen Einweghandschuhe, die sie überstreiften. Dann erst zog er der Frau das Augenlid hoch und leuchtete mit der Taschenlampe auf die Pupille.

»Die lebt noch«, sagte er. »Schnell einladen!«

Im Gedränge war es den Sanitätern nicht möglich, mit der Tragbahre durchzukommen. Sie trugen die Frau mit den Händen zum Auto.

»Ausweichen, ausweichen«, schrie der Fahrer. Er betätigte das Signalhorn. Als sie die Frau verladen hatten, warfen sie uns die Einweghandschuhe vor die Füße. Sie waren die Feineren. Wir hatten die Dreckarbeit zu erledigen, dann kamen sie und machten sich in der Scheiße wichtig. Rettungsleute sind meistens Angeber. Das ist meine Erfahrung. Aber sie hatten uns die Kobra gebracht. Die wurde aktiv, sobald das Rettungsauto sich wieder in Bewegung gesetzt hatte. Und sie machte ihrem Namen alle Ehre. Sie biß wild um sich. In kürzester Zeit waren die Chaoten der ersten Reihen zu Boden gekrümmt. Das ging zack, zack. Wie Dominosteine fielen die um. Kein Schlag-stock, kein Schild, nichts, einfach mit der Faust in den Magen und mit der Handkante ins Kreuz. Und wir Revier-inspektoren standen blöd da mit unseren Schilden. Eben waren wir noch in schlimmster Bedrängnis gewesen, plötzlich hatten wir nichts mehr zu tun. Es war einfach herrlich, der Kobra zuzuschauen. Kein Geschiebe und Ge-stoße mehr. Ein paar kräftige Hiebe, die ersten Reihen wurden gefällt, und die anderen liefen davon. Man konnte neidisch werden. Plötzlich merkten wir, daß Bögl-Forma-tion und all die anderen Taktiken, die wir hin und wieder geübt hatten, nur dazu dienten, die Wahrheit zu verber-gen: Wir waren ausgebildet im Kinderwagen- und Roll-stuhltragen, konnten uns vielleicht noch ganz gut helfen bei Wirtshausraufereien, hatten alle Jahre eine Schieß-übung zu absolvieren, aber im Kampf auf der Straße waren wir Nieten.

Und doch blitzte da mit einemmal auch eine Hoffnung auf. Die Kobra war in der Lage, uns aus der Scheiße raus-zuholen. Dieser kleine Trupp war effektiver als eine ganze Kompanie Revierinspektoren aus Graz, auf die wir immer noch vergeblich warteten. Da wurde nicht lange gefackelt, die mähten sich einfach durch, und wer noch nicht am Bo-den lag, nahm die Beine in die Hand. Ich war fassungslos und hellauf begeistert. Asterix und Obelix, dachte ich. Da gibt es eine Polizeigruppe, die in der Lage ist, ein Ende zu machen mit unseren Nöten. Der Kampf konnte nicht nur heute, er konnte für immer entschieden werden. Diese unerträgliche Aufsässigkeit der Giftler, Chaoten, Arsch-ficker, Sandler, und was sonst sich noch an Gesindel in der Karlsplatz-Passage herumtrieb, war beendbar. Es gab Mit-tel dagegen, und, ich konnte es kaum fassen, es war sogar möglich, sie anzuwenden. Ein neuer Rettungswagen wurde bestellt.

Da krachte es plötzlich. Ein heller Knall. Ich wußte sofort, es war ein Schuß. Vor ein paar Minuten hatte ich geradezu gewartet darauf. Aber jetzt wollte ich es nicht glauben. Wer schießt da, die unseren oder die anderen? Der Knall war aus der Richtung Musikverein, Künstlerhaus gekommen, aus jener Gegend, von der aus die Grenzschützer versuchten, zu uns durchzukommen. Haben sie geschossen? In solchen Situationen kann man alles gleichzeitig denken. Ich überlegte, was von einem Dach auf die Straße gefallen und ein solches Geräusch verursacht haben könnte. Es ist komisch, ich hatte, so wie meine Kollegen, sofort den Knüppel weggesteckt und die Pistole aus dem Halfter gezogen, aber ich dachte darüber nach, welchen Grund es geben könnte, damit wir jetzt nicht schießen müßten. Ich habe nie gerne geschossen. Das können Sie mir glauben. Als Kind habe ich immer zugesehen, wenn mein Vater mit dem Flobertgewehr eine Sau erschossen hat. Viermal im Jahr war das. Es hat mich fasziniert, daß man die Sau töten konnte, ohne sie berühren zu müssen. Mein Vater drückte auf den Abzugshahn, es krachte nicht einmal sonderlich laut, die Sau hatte plötzlich ein schwarzes Loch zwischen den Augen und fiel um. Einmal habe ich geträumt, ich sei eine Sau. Mein Vater zielte auf mich, aber ich konnte ihm nicht verständlich machen, daß ich sein Sohn bin. Ich muß geschrien haben, weil meine Mutter mich weckte. »Alles in Ordnung«, sagte sie. »Ist ja schon gut. Du hast nur geträumt.«

Später, als ich schon in die Polizeischule ging, habe ich ein paarmal die Sau erschossen. Das ist schon ein komisches Gefühl. Weil die Sau so unschuldig ist und einem absolut nichts getan hat. Zuerst füttert man sie, pflegt sie, redet mit ihr. Eines Tages schießt man sie einfach tot und ißt sie. Eigentlich finde ich das brutaler, als auf Verbrecher zu schießen. Die könnten sich ja anständig benehmen, dann würde niemand auf sie schießen. Aber die Sau hat keine Chance.

Die Chaoten begannen, nach allen Richtungen zu laufen. Da krachten erneut Schüsse, vier, fünf hintereinander.
Diesmal auf der Seite der Sezession. Kurz war es, als ob alle
den Atem anhalten würden. Und wieder zwei Schüsse.
Dann begann ein lautes Geschrei, ein Durcheinander von
umherlaufenden Menschen und Stimmen, die langsam
wieder zum Sprechchor zusammenfanden, der lauter und
lauter wurde und sich selbst neue Kraft gab: »Mörder!
Mörder! Mörder!« Erneut stürmte eine Gruppe auf uns zu,
mit diesem »Mörder-Mörder«-Geschrei im Mund, und da
war uns mit einemmal klar, daß unser Trupp in Wirklichkeit bisher verschont worden war. Plötzlich prasselten
nicht nur Steine auf uns nieder, Latten und Bierflaschen, es
regnete auf einmal Molotow-Cocktails. Wir gingen hinter
den Schilden in Deckung. Mitten in einem Feuerball. Wir
liefen auseinander. Ich schlug auf einen Kollegen ein, dessen Rücken brannte. Ein anderer Kollege lag am Boden
und schrie um Hilfe. Unser Truppleiter schoß in die Luft.
Wir taten es ihm gleich. Ich feuerte das ganze Magazin
leer.

Der Ingenieur

Sechstes Band

Meist traf ich den *Geringsten* in der Nacht – wenn das
Wetter es zuließ, im Freien, aber auch in Gasthäusern.
Häufig sogar in Ausländergasthäusern am oder in der
Nähe des Gürtels. Inmitten von Serben, Kroaten, Bosniern,
Mazedoniern, Montenegrinern, Slowaken, rumänischen
Zigeunern. Speisekarten voller Rechtschreibfehler und
Gaststuben, in denen kein Wort deutsch gesprochen
wurde, hatten auf den *Geringsten* eine magische Anzie-

hungskraft. Er nannte das *Feldforschung*. Das Lesen der Speisekarte nannte er *Quellenstudium*. Nach seiner Wiederkunft habe ich ihn kein einziges Mal lächeln sehen. Er war immer ernst und distanziert. Und konzentriert. Doch in diesen ausländischen Gasthäusern wurden seine Gesichtszüge weicher. Es schien, als würde er sich ausgerechnet hier wohl fühlen. Manchmal, wenn er sich zurücklehnte, der Musik lauschte und die Menschen beobachtete, war mir, als würde er auf seine kaum bemerkbare Art lächeln. Mir fiel auf, daß sich in diesen Gasthäusern die Männer immer kannten. Oft berührten sie einander, legten eine Hand auf die Schulter des Nachbarn. So saßen oder standen sie zusammen – und heckten Pläne aus. Das war ihnen deutlich anzusehen. Manchmal waren sie sich uneinig und wurden laut. Dann wieder warfen sie uns scheele Blicke zu oder sprachen uns in fremden Sprachen an, als wollten sie sich überzeugen, daß wir auch wirklich nichts verstanden. Es kam auch vor, daß sie uns zuprosteten oder uns einluden, mit ihnen zu trinken. Der *Geringste* blickte sie an und schüttelte den Kopf.

»Wir werden bringen unser Werk zu Ende«, sagte er gerade so leise, daß sie ihn nicht hören konnten, »bevor eure Ernte aufgeht. Wir werden euch jagen über die Ostautobahn zurück in eure Dörfer. Dort könnt ihr dann konspirieren nach Lust und Laune und verkaufen den Negern eure Zwiebel.«

Zur Kellnerin, die uns zwei Radenska brachte, sagte er: »Was immer wir tun, tun wir für euch.«

Sie lachte.

»Aber seid vorsichtig. Unsere Mann sind sehr eifersichtig.«

Der *Geringste* war allwissend. Er hatte, das wurde uns nach und nach klar, beste Kontakte zur Polizei. Von wem er Informationen erhielt und wie die Verbindung zustande gekommen war, wußte ich damals noch nicht. Allem An-

schein nach war es eine gute Quelle mit einem verläß-
lichen Zufluß aus der Abteilung von Reso Dorf. Als der *Geringste* die ersten Andeutungen machte, daß Harmagedon
etwas mit dem Wiener Opernball zu tun haben könnte,
war er über die Sicherheitsvorkehrungen bestens informiert. Er kannte die Kompetenzverteilung innerhalb der
Exekutive, und er kannte die Zuständigkeiten bei der
Staatspolizei. Er wußte, welche Beamte für uns ein Auge
zudrücken würden und welche scharf auf uns waren. Nur
einen Namen nannte er uns, Major Hofrat Dr. Leitner. Das
war ein Polizeijurist. Nach ihm sollten wir im Falle einer
Verhaftung verlangen.

Wir benötigten ihn nicht. Es gab keine Verhaftungen.
Wir waren über die Maßen vorsichtig. Daß wir einander
nicht treffen durften, verband uns mehr, als wenn wir ständig zusammengehockt hätten.

Von Anfang an lud der *Geringste* nur selten zur *Kommunion*. So nannte er jetzt die gemeinsamen Treffen.

»Jede Gemeinsamkeit ist eine Risiko«, sagte er. Wir
kannten den Harmagedon-Plan nur in groben Umrissen.
Aber jeder wurde mit seiner eigenen Aufgabe, auf die er
sich gründlich vorzubereiten hatte, langsam vertraut gemacht. Ich hatte eine große Reisetasche aus steifem Kunstleder zu besorgen. Ich sollte mich vorher in Kaufhäusern
umsehen, welche Sorte es besonders häufig gab. Und dann
hatte ich auch noch einen einsam gelegenen Schotterteich
ausfindig zu machen. Er sollte nicht zu weit von Wien entfernt und mit dem Auto gut und unauffällig erreichbar
sein. Wofür die anderen zuständig waren, wußte nur der
Geringste. Vielleicht auch Feilböck. Jedenfalls wußte er
mehr als die anderen Eingeweihten. Feilböck war damals
die rechte Hand des *Geringsten*. Und sein einziger Kritiker.
Feilböck war altmodisch. Er wollte alles diskutieren. Er
verlangte nach Zusammenkünften wie früher.

»Nenne es von mir aus Kommunion«, sagte er zum *Ge-*

ringsten während einer Kommunion in einem aufgelassenen Fabriksgelände in Floridsdorf. »Hauptsache, wir treffen einander und können über alles reden.«

»Nein«, antwortete der *Geringste*. »Zusammenkünfte gibt es nur, wenn sie strategisch unbedingt nötig sind und wenn wir einen absolut sicheren Ort dafür finden.«

Darüber, daß er das letzte Wort hatte, gab es keinen Zweifel, und so wurden Feilböcks Einwände nicht weiter besprochen. Der *Geringste* traf uns vor allem zu Einzelgesprächen. »Einzelabspeisungen«, nannte Feilböck das später. Wann und wo diese stattfanden, erfuhren wir immer erst knapp davor. Wer vom *Geringsten* die Botschaft erhielt, machte sich frei, egal, was er gerade vorgehabt hatte. Immer noch gab es die fingierten Suchanzeigen, aber auch mündliche Botschaften, die einer, der vom *Geringsten* kam, dem Betroffenen bestellte. Wenn die Suchanzeigen nur für einen einzelnen bestimmt waren, war das Wort Telefon mit Großbuchstaben geschrieben. Solche Zettel tauchten natürlich nie an der Baustelle auf, da wir sonst nicht gewußt hätten, wer gemeint ist.

Eigentlich hätte es, um Harmagedon nicht zu gefährden, keine privaten Zusammenkünfte von Eingeweihten geben sollen. Es stellte sich aber heraus, daß Begegnungen kaum zu vermeiden waren. Der Lange war Kellner im Restaurant eines Großkaufhauses in der Mariahilferstraße. Pandabär arbeitete in einem Schallplattengeschäft in der Neubaugasse, also gleich um die Ecke. Wir wiederum, der Bautrupp, wie man uns nannte, sahen einander ohnedies jeden Tag. In der Zeit, als wir zu *Entschlossenen* wurden, renovierte unsere Firma gerade das Apollo-Kino. Ich meldete mich zu dieser Baustelle, als technischer Assistent des Baumeisters. Als ich in der Früh zum Gerüstbau eintraf, standen dort auch der Polier und der Blade. Auch sie hatten sich zu dieser Baustelle gemeldet, ohne daß wir das vorher abgesprochen hatten. Das Apollo-Kino liegt in der Nähe der Mariahilferstraße. Offenbar hat es jeden von uns in diese Gegend gezogen, wo die Wahrscheinlichkeit, einen anderen *Entschlossenen* zu treffen, am größten war.

Wem sollte schon etwas auffallen, dachten wir, wenn wir, meist nicht einmal gemeinsam, ein paarmal die Woche in das Großkaufhaus zum Mittagessen gingen. Wer wollte es Kollegen verargen, an einem gemeinsamen Tisch zu sitzen? Das Selbstbedienungsrestaurant war zur Sportabteilung hin offen. Die orange Farbe der Wände und Sitzbezüge zog die Kaufhauskunden an. Aber kaum hatten sie ihr Essen geholt und sich an einen Tisch gesetzt, hielten sie die Farbe nicht mehr aus und gingen so schnell wie möglich ins Kaufhaus zurück. Man erreichte das Restaurant entweder direkt mit dem Aufzug oder mit der Rolltreppe durch die Sportabteilung. Dienstags und donnerstags räumte ein uns bekannter, äußerst freundlicher Herr von den Tischen die Tabletts ab. Montags, mittwochs und freitags saß eben dieser Herr an der Kassa und gab uns unauffällig Rabatte, weshalb wir uns vor allem an diesen Tagen trafen.

Bei solchen Treffen sprachen wir niemals über den *Geringsten*. Wir schlossen nicht aus, daß wir beobachtet oder belauscht wurden. Aber selbst, wenn wir uns sicher gefühlt hätten, wäre ein Gespräch über den *Geringsten* nicht möglich gewesen. Jeder meinte, die anderen stünden ihm näher, wüßten über seine Verbindungen genauer Bescheid, seien womöglich in die Informationsbeschaffung eingebunden. Da ich damals so wenig von Harmagedon wußte, dachte ich, der *Geringste* traue mir nicht ganz. Ich erzählte ihm alles, schon allein um dieses spürbare Mißtrauen abzubauen. Aber ich ging davon aus, daß auch die anderen dem *Geringsten* alles erzählten. Es mußte auch welche geben, denen der *Geringste* uneingeschränkt vertraute. Aber wer waren diese ganz Eingeweihten? Gehörte Feilböck dazu? Ja, vermutlich war Feilböck dabei. Aber vielleicht auch der Polier. Wenn der dem *Geringsten* erzählte, ich sei der Ansicht, er würde mir mißtrauen, wäre das nicht in Wirklichkeit der schlagendste Beweis für *mein* Mißtrauen?

Es war ratsam, die Spielregeln einzuhalten. Über den *Geringsten* zu sprechen hätte bedeutet, irgend etwas an ihm in Frage zu stellen. Es gab nichts in Frage zu stellen. Alles war gut so, wie es war. Wir waren mit allem einverstanden. Wir hatten es selbst so gewollt. Abgesehen davon, hatten wir geschworen, nirgendwo, und wenn wir uns noch so sicher fühlten, Harmagedon und den *Geringsten* auch nur zu erwähnen.

Wir sprachen vor allem von früher und davon, wie es wäre, wenn wir noch die alten sein könnten. Irgendwie, ohne daß dies offen ausgesprochen wurde, schien jeder von uns zu bedauern, daß es mit dem Gürtelputzen vorbei war. Wir mußten zuschauen, wie die Braunhäute von Tag zu Tag frecher wurden. In den Gasthäusern am Gürtel, aber auch hier in der Mariahilferstraße. Sie konspirierten, und sie nahmen sich einfach, was sie brauchten.

Wir hatten noch nicht ganz aufgehört zu trinken, aber immerhin den Alkoholkonsum auf einen gespritzten Wein beim Mittagessen reduziert. Ob sich jemand von uns, wenn er am Abend allein war, noch zusätzlich, so wie früher, ein paar Biere gönnte, konnte ich nicht wissen. Ich jedenfalls hielt mich an die Abmachung.

Einmal kamen wir beim Mittagessen in Hochstimmung. Der Polier sagte in Anspielung auf ein eben gegründetes *Regierungskomitee gegen neonazistische Umtriebe*: »Wir sollten ein Komitee zur Resozialisierung braunhäutiger Ladendiebe gründen und dem Kaufhaus unsere Dienste anbieten.«

Der Blade aß gebackenen Seefisch und spann den Gedanken weiter. »Man müßte uns«, sagte er, »im zweiten Kellergeschoß dieses Kaufhauses Arbeitsräume einrichten. Mit zehn Prozent der Summe, die sich das Kaufhaus durch unsere segensreiche Tätigkeit ersparen würde, wären wir voll zufrieden.«

»Eine super Idee«, sagte Pandabär. »Zuerst würden wir die ertappten Braunhäute fragen, ob sie Hunger hätten, denn nur bei Hunger sei es ihnen erlaubt zu stehlen. Wenn so eine angeschissen dastehende Braunhaut die Frage bejahte, würden wir sie zwingen, das gesamte Diebsgut zu fressen.«

»Bevor du nicht alles gefressen hast, samt Verpackung, darfst du das Haus nicht verlassen, würden wir sagen«, meinte der Blade. »Friß, würden wir brüllen, und der Braunhaut die Käsescheiben, den Nagellack und den Kugelschreiber ins Maul stecken. Was sie nicht fressen könnte, würden wir ihr hinunterstopfen, und wenn es eine lange Eisenfeile, eine Raspel oder ein Schraubenschlüssel wäre.«

Wir kamen in Fahrt und bestellten einen zweiten Wein. Wir malten uns weiter aus, was wir alles täten, wenn wir noch die alten aus Rappottenstein wären. Wir würden der Braunhaut die Hände zurückbinden und ihr den Mund aufreißen. Dann würden wir ihr mit voller Wucht die Feile, die Raspel oder den Schraubenschlüssel in die Speiseröhre rammen und den Mund zudrücken, bis das Blut aus der Nase herausquillt. Messer und andere spitze Gegenstände würden wir der Braunhaut auf direktem Weg durch die Bauchdecke einverleiben. Weiblichen Braunhäuten würden wir gestohlenes Besteck Stück für Stück in die Möse stoßen und am Schluß die Schamlippen mit Gabelzinken zusammenklemmen. Bei sperrigen Gegenständen würden wir der Braunhaut den Bauch aufschlitzen, Bücher, CDs, Walkmen, Gameboys und Bohrmaschinen gut in die Scheiße einbetten und wieder zunähen. In Radiorecorder würden wir vorher noch eine Kassette einlegen und auf volle Lautstärke drehen. »Fertig«, würden wir dann sagen, »du kannst jetzt gehen. Sollte es bei der

Ausgangskontrolle piepsen, sag schöne Grüße von uns. Dein Bauch gehört dir.«

Wir waren vielleicht zwei Wochen beim Apollo-Kino beschäftigt, da kam der Lange einmal während des Essens zu unserem Tisch und flüsterte: »Da hinten.«

»Wer? Was?« fragten wir. Er wies mit dem Kopf zu einem Tisch beim Fenster. Dort saß Feilböck. Er beachtete uns nicht. Abwechselnd blickte er in eine Zeitung, die er neben dem Teller liegen hatte, und zum Fenster hinaus. Darüber schien er beinahe das Essen zu vergessen. Er saß am anderen Ende des Raumes, im Rayon einer Kollegin des Langen. Später bestellte er noch Kaffee. Wir hatten längst aufgehört, Kaffee zu trinken. Das war uns am leichtesten gefallen. Wollte Feilböck uns mit seinem Verhalten etwas sagen? Während er trank, las er weiter in der Zeitung. Nie sah er zu uns herüber. Den hat uns der *Geringste* geschickt, dachte ich zuerst. Er soll uns auf unsere Fehler aufmerksam machen. Aber Feilböck hätte auch reden können. Oder wollte er uns mit seinem Schweigen zu verstehen geben, daß wir beschattet wurden? Von der Polizei? Feilböck ging an uns vorbei zum Ausgang, ohne eine Bemerkung und ohne einen Blick.

In den nächsten Tagen wechselten wir uns beim Mittagessen im Kaufhaus ab. Tag für Tag war von Feilböck zu berichten. Er kam, setzte sich ins Rayon der Kellnerin und vermied jeden Kontakt mit uns. Bis eines Tages der Blade mit der Botschaft zurückkam: »Freitag, 15 Uhr, Anton-Benya-Park.«

Feilböck hatte uns mißtraut. Er dachte, wir würden uns jeden zweiten Tag im Auftrag des *Geringsten* treffen und einen Plan verfolgen, von dem er ausgeschlossen sei, der sich vielleicht sogar gegen ihn richte. Er wollte uns zeigen, daß er alles durchschaut habe.

Aber damals hatten wir vor Feilböck noch keine Geheimnisse – und keinen Grund dazu. Unsere Vereinbarung schien zu halten. Oder doch nicht? Die Wahrheit sollte ich erst später begreifen. Wenn der *Geringste* die Leine locker ließ, dann nicht, weil er uns vertraute, sondern um uns zu beobachten. Er rechnete immer mit dem Verrat. Vielleicht wollte er ihn sogar ermöglichen.

Ich sorgte dafür, aber wahrscheinlich taten die anderen es mir gleich, daß der *Geringste* von unseren Begegnungen erfuhr, von denen im Kaufhaus und von denen im Anton-Benya-Park. Der *Geringste* erfuhr alles. Es war nicht möglich, ihm gegenüber ein Geheimnis zu haben. Er hakte seinen kleinen Finger in den meinen und zog daran.

Niemand konnte sich ihm widersetzen. Diese ineinandergehakten Finger waren die Beschwörung unseres Bundes. Sie öffneten mir den Mund, auch wenn ich gerade noch vorgehabt hatte, das Verhalten von Feilböck lieber noch eine Zeit zu beobachten. Der *Geringste* ließ den kleinen Finger erst wieder los, wenn ich ausgesprochen hatte.

»Zu verschweigen eine Intrige«, sagte er, »ist schlimmer als die Intrige selbst. Der Intrigant ist mutig, er handelt, er verfolgt ein Ziel. Der schweigende Zuseher ist ein Feigling, er überläßt sein Schicksal anderen. Der Schweigende muß bestraft werden schlimmer als der Handelnde.«

Obwohl es kaum Interessantes zu berichten gab, erzählte ich dem *Geringsten* alles. Vielleicht sogar ein wenig mehr, um zu größerem Vertrauen zu gelangen. Lügen, Verleumdungen kamen nicht in Frage, Übertreibungen hingegen hatten etwas Persönliches. Sie waren eine versteckte Empfehlung. Aber ich mußte vorsichtig sein. Manchmal ließ der *Geringste* den kleinen Finger plötzlich los, und ich bekam einen Klaps auf den Kopf, oder einen Fauststoß auf die Brust. Da war es besser, die Erzählung abzubrechen, weil sie ihn offenbar überhaupt nicht interessierte. Das änderte sich, als die Geschichten mit Feilböck begannen. Ich nahm meine Chance wahr, ganz für mich allein, ohne den anderen etwas zu sagen. Der *Geringste* ließ sich nicht anmerken, ob er bereits etwas wußte. Vielleicht glaubte damals jeder von uns, ihm allein komme das Verdienst zu, einen Abtrünnigen verraten zu haben.

Spätestens ab der zweiten Maiwoche war klar, daß man Feilböck am Freitagnachmittag im Anton-Benya-Park treffen konnte. Zeit dafür hatten nur wir drei vom Bautrupp, denn Pandabär und der Lange mußten arbeiten. Der Park war nicht überlaufen. Er wurde nur von Kindern und gebärsüchtigen Müttern frequentiert, nicht von Ausländern. Einmal zog eine Schar slawischer Kinder durch den Park, entzündete Knallkörper und köpfte Rosen. Wir sagten, wir seien von der Fremdenpolizei. Dann gaben wir jedem Kind ein paar Ohrfeigen.

»Wenn ihr euch hier noch einmal blicken laßt«, sagten wir, »kommt ihr sofort in Schubhaft.«

Da liefen sie und rieben sich die Backen. Ansonsten war das der friedlichste Park von Wien. Auf den Bänken oder am Rande der Sandkiste saßen Frauen im Alter von zwanzig bis fünfunddreißig Jahren und erzählten einander alles, was ihre Kinder taten. Vom Frühstück bis zum Abendessen, von den Zicken beim Anziehen der Unterhose bis zu den Kaprizen beim Zähneputzen am Abend ließen sie keinen Moment unerwähnt. In ihren rechten Händen hielten sie Eisteepackungen, in ihren linken Pullover und Westen, die ihre Kinder prinzipiell nicht anziehen wollten, auch um sechs Uhr abends nicht, wenn die Sonne hinter das Dach des Rundfunkgebäudes tauchte und die Erzählungen der Mütter in ein monotones »Jetzt zieh endlich Deinen Pullover an, es wird schon kalt!« übergingen. Im übrigen ließen sie in ihren Bäuchen, über die sie manchmal verstohlen mit den Händen streichelten, neue Kinder wachsen. Gegen sieben Uhr abends kamen ein paar Väter mit Vollbärten und nahmen den Müttern die Westen und Getränketaschen ab.

Im hinteren Teil des Parks, wo auch nachmittags nur selten Mütter mit Kinderwagen und Kinder mit Fahrrädern vorbeikamen, saß Feilböck. Der Polier, der Blade und ich trafen getrennt ein. Ich war von der U-Bahn-Station Karlsplatz die Argentinierstraße hinaufgegangen, der Polier hatte sein Auto irgendwo in der Nähe des Elisabethplatzes geparkt, der Blade war mit der Autosbuslinie 13A gekommen. Es wurde schon beim ersten Treffen deutlich, daß Feilböck gegen den *Geringsten* Stimmung machte. Nicht, daß er ihn direkt angriff, aber er schwächte ab, er wollte dies und jenes berücksichtigt wissen, er brachte Überlegungen und Taktiken ins Gespräch, die der *Geringste* zu wenig beachtet habe. Von Treffen zu Treffen sprach er offener mit uns.

»Steven Huff ist großartig«, sagte Feilböck, »doch er neigt zum Putschismus. Das ist seine Stärke und seine Schwäche gleichzeitig. Nichts gegen Harmagedon. Der *Geringste* konzentriert sich ganz auf dieses Ziel. Jedes Detail wird genau geplant, kein Jota bleibt unbedacht. Aber was kann dabei rauskommen? Ohne Menschen hinter uns werden wir die Machtprobe nicht bestehen. Das Christentum hat nicht gesiegt, weil es Hexen und Häretiker verbrannte, sondern weil die Menschen zu Tausenden zu den Hinrichtungen strömten und applaudierten.«

Daß Feilböcks Vorbehalte gegen den *Geringsten* plötzlich verschwunden wären, hatte keiner von uns angenommen. Keinesfalls hatten wir jedoch damit gerechnet, daß er sie aussprechen würde. Und dann der eklatante Bruch des Abkommens. Feilböck scheute sich nicht, sowohl Harmagedon als den *Geringsten* in einem öffentlichen Park zu erwähnen. Jeder, der es einigermaßen intelligent anstellte, hätte Zeuge dieser Gespräche werden können. Zum Glück waren den Müttern unsere Treffen offenbar egal. Niemand schien sich für uns zu interessieren. Tatsächlich gab es nur einen Zeugen. Er war nicht anwesend, aber ihm wurden die Gespräche gleich mehrfach berichtet. Der *Geringste* riet mir, Feilböck entgegenzukommen. Nicht allzusehr, damit er keinen Verdacht schöpfe. Aber wenn ich ein wenig auf seine Argumente einginge, sollte ihn das dazu bringen, noch offener zu reden. Offenbar hatte er dasselbe auch den anderen geraten.

»Gut und schön«, sagten wir, »willst Du jetzt auf die Feuertaufe verzichten und wieder Gürtel putzen?«

»Nein, nicht verzichten«, antwortete er, »wir können es aber nicht dabei belassen. Angenommen, der Plan gelingt, und die Macht liegt am Boden. Wir sind aus dem Nichts aufgetaucht und müssen, wenn wir Pech haben, genauso schnell wieder verschwinden. Wo bleibt der Anspruch auf die Führung? Nicht anvertrauen, aber zutrauen muß man sie uns. *Eine Bewegung mit großen Zielen muß deshalb ängstlich bemüht sein, den Zusammenhang mit dem breiten Volke nicht zu verlieren. Sie hat jede Frage in erster Linie von diesem Gesichtspunkte aus zu prüfen.* Wir aber verstecken uns.«

»Wie meinst Du das«, fragten wir. »Was sollten wir tun? Willst Du Flugblätter verbreiten und herausposaunen, daß wir einen Anschlag auf den Opernball planen?«

»Stellt Euch nicht dümmer, als Ihr seid«, fuhr er uns an. »Oder wollt Ihr die Dummen nur spielen?«

Seine Stimme war laut geworden. Viel zu laut. Er sah uns nacheinander an, und wir fühlten uns nacheinander durchschaut.

»Warum stellt Ihr Euch so blöd an?« fragte er.

»Das muß doch jedem Schwachkopf einleuchten«, fügte er hinzu, leise, fast unhörbar.

»Was?«

»Daß es nicht genügt, einen Feind zu haben. Es geht darum, ihn kenntlich zu machen.«

»Aber genau das«, sagten wir, »soll Harmagedon doch bewirken!«

»Soll Harmagedon bewirken, und kann es bewirken«, sagte Feilböck, »aber wird es nicht bewirken. Der Feind fällt nicht vom Baum wie ein reifer Apfel. Da würde ihn niemand bemerken, er wäre einer unter vielen. Ein Feind muß wie ein alter Dorfbrunnen der Mittelpunkt des Lebens sein. Er muß gehegt und gepflegt werden. Er muß eine einfache, einprägsame Figur darstellen. Aller Wildwuchs an ihm ist auszumerzen. Wenn nur eine Daumenbreite von ihm sichtbar wird, muß jeder sofort seine riesige, bedrohliche Gestalt vor sich sehen und darf eine Schrecksekunde lang nichts anderes denken als: Das ist er. Um in der nächsten Sekunde erleichtert aufzuatmen: Endlich zeigt er sich. Auf, ans gemeinsame Werk! Aber so, wie Harmagedon sich entwickelt, wird der Feind seine ganze Brust entblößen, und die Menschen werden darüber streiten, wer er ist. Nur dann kann der Feind sich zeigen, wenn sein Bild schon anwesend ist.«

»Was heißt das«, fragten wir scheinheilig. »Heißt das, wir müssen auf Dich verzichten?«

»Nein, das heißt es nicht«, sagte er. Ausdrücklich betonte er das noch einmal: »Ich bin voll und ganz dabei. Wir bilden eine eherne Faust. Was ich Euch seit Wochen klarmachen will, hat nichts mit Harmagedon selbst zu tun. Aber die eherne Faust ist zuwenig. Wir müssen wie ein Boxer mit zwei Fäusten arbeiten. Die eine, die starke, bleibt in Deckung und bereitet den entscheidenden Schlag vor. Soweit sind wir. Was uns fehlt, ist die andere Faust, die den Gegner reizt und herausfordert, die ihn auf Touren bringt und aus der eigenen Deckung lockt, die den Gegner erst zum Gegner macht. Lange vor dem entscheidenden Schlag sollten die Leute schon wissen, hier findet ein Kampf statt. Dann der Schlag – und das ist der Sieger. Die Menschen laufen nur Siegern nach.«

»Wir werden die Sieger sein«, warfen wir ein. »Wir werden den Gegner vernichten. Genau darum geht es doch.«

»Das Geniale am Plan des *Geringsten*«, sagte Feilböck, »besteht darin, daß unser Schlag als solcher unsichtbar sein wird. Er wird sichtbar in verkleideter Gestalt, als barbarischer Schlag gegen unschuldige Menschen. Mit diesem Trick werden wir den Gegner aus der Arena fegen. Aber gerade deshalb können wir uns nicht danach hinstellen und behaupten: Wir sind die Sieger. Die Menschen müssen uns kämpfen sehen. Und sie müssen den Feind, den unser Schlag demaskiert, verjagen. Nicht wir selbst, sondern das Volk muß uns zum Sieger erklären, weil es von halbherzigen Lösungen genug hat. Die Menschen werden erkennen, daß das eingetreten ist, wovor wir immer schon gewarnt haben: Der demokratische Wildwuchs führt in die Katastrophe.«

Ich nahm mir ein Herz und sagte: »Feilböck, Du hast den Eid gebrochen.«

»Ich weiß«, antwortete er, »ich habe den Eid gebrochen. Doch nur, um den Sinn des Eides zu retten, den Sieg des Dritten Reichs der weißen Völker.«

Claudia Röhler, Hausfrau

Erstes Band

Immer, wenn um fünf Uhr früh das Telefon klingelte, wußte ich, das ist mein Vater. Es war eine nervende Angewohnheit von ihm. Offenbar galt alle paar Tage, mindestens einmal in der Woche, sein erster Gedanke mir. Ich weiß nicht, ob er auch andere so früh anrief. Meine Schwester jedenfalls nicht. Einmal hob ich nicht ab. Da rief er dann am Nachmittag an und war beleidigt. Richtig gekränkt, wie ich ihn selten erlebt habe.

So weit ich mich erinnere, war mein Vater immer schon

in aller Früh in seinem Arbeitszimmer. Niemand durfte ihn stören. Beim Aufstehen mußte ich an seinem Arbeitszimmer vorbeischleichen. Manchmal, wenn ich ein Geräusch hörte, blieb ich an der Tür stehen. Er ging auf und ab. Unter seinen schweren Schritten knarrte der Boden, in ganz gleichmäßiger Folge, vom Schreibtisch zur Tür und wieder zurück. Wie ein Tiger in einem Käfig. Meine Mutter winkte, als könnte ich ihn irritieren, wenn ich vor der Tür stehe.

»Laß ihm seine Ruhe«, flüsterte sie, »er denkt nach.«

Das Badezimmer roch nach Eau de Cologne. Er rieb sich jeden Morgen das Gesicht damit ein. Um Viertel nach sieben, bevor ich zur Schule aufbrach, klopfte ich an seine Tür, um ihm einen Abschiedskuß zu geben. Er küßte mich nicht, sondern er hielt seine frisch rasierten Eau-de-Cologne-Wangen zu mir herab, die ich beidseitig mit meinem Mund berührte. Hatte ich die Lippen nicht ganz eingezogen, spürte ich danach, während ich mit der Schultasche die Stiegen hinabging, einen bitteren Geschmack.

Als er mich in Frankfurt anrief und in aller Herrgottsfrüh sagte, er wolle uns zum Opernball nach Wien einladen, habe ich ihn brüskiert.

»Wir gehen doch nicht zum Opernball! Was sollen wir dort? Herbert wird davon bestimmt nicht begeistert sein, und mir gefällt der Gedanke, ehrlich gestanden, auch nicht.«

Herbert lag neben mir und schüttelte den Kopf. Aber Vater ließ nicht locker. Ein paar Tage später, am ersten Weihnachtsfeiertag brachten wir ihm die Geschenke nach Berlin. Seit er allein war, habe ich ihm mehrmals vorgeschlagen, den Heiligen Abend bei uns zu verbringen. Das wollte er nicht. Ich dachte zuerst, es liege an Herbert, aber er wollte auch nicht zu Sigrid, meiner Schwester, nach Wien fahren.

Unsere beiden Söhne kamen erstmals nicht mit. Sie fuhren mit Freunden in unser Haus an den Attersee. Wir brachten sie gegen Mittag zum Hauptbahnhof, dann fuhren wir nach Berlin. Mein Vater hatte damit gerechnet, daß die Kinder mitkommen würden. In Sigrids Zimmer hatte er ihnen zwei große Pakete auf die Betten gelegt. Er war enttäuscht. Früher hatte er sich nie sonderlich um sie gekümmert, er hatte sie meiner Mutter überlassen. Nach ihrem Tod begann er, sich für seine Enkel zu interessieren. Er verwickelte sie in lange Gespräche. Danach gab er mir Ratschläge.

Mein Vater ließ sich nicht abhalten, im Restaurant anzurufen, um einen kleineren Tisch zu bestellen. Da saß er uns dann gegenüber mit seinen schneeweißen Haaren, hielt sich mit beiden Händen am Tisch fest und redete.

Es war immer dasselbe. Am Anfang wollte er uns zuhören. Er wollte Neuigkeiten aus unserem Leben erfahren, und er wollte wissen, wie es mit unserer Beziehung stehe. Er fragte das unverblümt. Am Schluß redete nur noch er. Er konnte, besonders, wenn er getrunken hatte, unglaublich lange reden. Dazwischen gab es Momente, in denen er offenbar befürchtete, langweilig zu werden. Er griff über den Tisch nach unseren Händen. Dabei sagte er: »Sokrates hat angeblich auf die Frage, ob man heiraten solle oder nicht, geantwortet: ›Was von beiden du auch tust, du wirst es bereuen.‹«

»Hast Du nicht früher gesagt, das stamme von Kierkegaard?« fragte ich.

»Der hat es übernommen, aber ursprünglich wird der Satz Sokrates zugeschrieben.«

Mein Vater hat diesen Satz hundertmal zitiert, sogar in seiner Tischrede bei unserer Hochzeit. Dabei hat er immer Kierkegaard als Quelle genannt. Wahrscheinlich hat ihn irgend jemand auf den Irrtum aufmerksam gemacht.

Und dann kam er plötzlich wieder auf den Opernball zu

sprechen. Er erzählte, daß 1939, als er ein junger Dozent in Wien war, der Opernball zufällig an seinem Geburtstag stattgefunden habe, am 21. Februar. Er war damals in eine Assistentin der Theaterwissenschaft verliebt und lud sie zum Opernball ein.

»Die Leute«, sagte er, »trugen zwar ihre Hakenkreuze zur Schau, auch hat es ein paar Reden von Obernazis gegeben, dennoch ist es eine herrliche Ballnacht geworden. Deine Mutter wird mir verzeihen, wenn ich sage, es war die schönste Ballnacht, der schönste Geburtstag meines Lebens.«

Er muß das Mädchen wie eine Göttin verehrt haben, denn er schwärmte in einer Weise von ihr, als wäre meine Mutter, mit der er ein halbes Jahrhundert verheiratet war, nur eine Verlegenheitslösung gewesen. Woran die Beziehung zur Assistentin zerbrochen ist, war aus ihm, trotz mehrmaligen Nachfragens, nicht herauszubringen. Sie wurde in Wien Professorin und ist längst emeritiert. Das war alles, was wir erfuhren.

»Der diesjährige Opernball«, sagte mein Vater, »findet zufällig wieder an meinem Geburtstag statt.«

Herbert berührte mich mit seinem Fuß und nickte leicht vor sich hin.

»Einverstanden, Vater, aber ich fürchte, Du wirst furchtbar enttäuscht sein ohne Deine Assistentin.«

»Die habe ich doch im Kopf«, sagte er. Wieder griff er nach unseren Händen und bedankte sich. Das sei sein schönstes Geburtstagsgeschenk.

»Wißt Ihr, ich bin so alt, daß es nicht mehr viele Wünsche gibt, die Ihr mir erfüllen könnt.«

Unsere Zusage machte ihn fröhlich. Immer wieder bestellte er neue Getränke. Danach ging er mit uns noch in eine Hotelbar. Nie in den letzten Jahren habe ich ihn so voller Lebenskraft erlebt. Er bestellte Cognac und Wasser. Schnaps vertrug er nur noch, wenn er viel Wasser nachtrank. Eine rot livrierte Band spielte schummrige Tanzmusik. Weil kein anderer Platz mehr frei war, setzte sich ein Mann zu uns an den Tisch. Mein Vater verwickelte ihn sofort in ein Gespräch. Es war ein Matrose aus der ehemaligen DDR, der jetzt für eine Versicherung als Kundenwerber arbeitete und dabei gut verdiente. Offenbar gab es zur Zeit ein großes Bedürfnis nach Sicherheit. Aber er redete vor allem von der See und erzählte von den rauhen Umgangsformen und der eisernen Disziplin, die auf dem Schiff herrschten. Ganz unvermittelt unterbrach ihn mein Vater und sagte: »Ich weiß jetzt, daß ich mein Buch noch zu Ende bringen werde.«

Er hatte bald nach seiner Pensionierung ein Buch veröffentlicht, das offenbar in Fachkreisen nicht gut angekommen war. Ich merkte es an seinem ganzen Verhalten. Er wollte darüber nicht reden. Über Niederlagen sprach mein Vater nie. Er hatte nur noch ein großes Ziel, sein Versagen wettzumachen. Jeden Tag um fünf Uhr morgens ging er an seinen Schreibtisch. Sein Arbeitszimmer war vollgestopft mit Büchern. Das war schon immer so. Alle Wände, bis zum Plafond hinauf, voller Bücher. Später füllte sich langsam auch das Schlafzimmer mit Büchern. Ich erinnere mich, wie er das erste Regal ins Schlafzimmer stellen wollte. Mutter war dagegen. Eine Zeitlang konnte sie es verhindern, bis die Bücher auch im Vorzimmer keinen Platz mehr fanden. Jedes Jahr wurde der Tischler gerufen, um das Regal weiterzubauen. Mein Vater wollte, daß er es rot anstreicht. Die unterschiedlichen Rottönungen des Schlafzimmerregals waren wie Jahresringe. Vor fünf Jahren, nach dem Tod meiner Mutter, änderte sich das Aussehen seines Arbeitszimmers. Früher war es immer ordentlich aufgeräumt gewesen. Alle Gäste wurden zuerst auf einen Aperitif dorthin geführt. Mein Vater wußte immer schon Eindruck zu machen. Aber nach dem Tod meiner Mutter wuchs das Arbeitszimmer zu. Kein Gast hätte dort noch irgendein Plätzchen gefunden. Der Tisch, die Sessel, die Ablagen, die Couch, der Ölofen, alles war bedeckt mit Büchern und Manuskripten, die sich bald auch auf dem Fußboden stapelten. Vom Schreibtisch zur Tür hatte er einen schmalen Korridor freigehalten. Vielleicht ging er dort immer noch auf und ab. Langsamer wahrscheinlich, und vielleicht auf der Suche nach einem Gedanken, den er gerade noch gehabt hatte.

Wollte man ihn vormittags telefonisch erreichen, mußte man um Punkt neun Uhr anrufen. Vorher kam er nicht ans Telefon. Und danach ging er ins *Café Einstein* frühstücken. Früher hatte er daheim gefrühstückt. Dennoch war er danach ins Café Einstein gegangen, wo er noch eine weitere Tasse Kaffee trank. Er sagte, diese Angewohnheit habe er aus seinen Wiener Jahren beibehalten. Meine Mutter behauptete aber, in Wien sei er selten ins Kaffeehaus gegangen. Zur regelmäßigen Gewohnheit sei das erst in Berlin geworden. Das Café Einstein hatte er nicht ausgewählt, weil es den Namen seines berühmten Fachkollegen trug, sondern weil es in der Nähe unserer Wohnung lag und weil es, wie er öfter betonte, dort eine österreichische Wochenzeitschrift gab. Meine Mutter erinnerte ihn daran, daß er schon viel länger ins Einstein gehe, als es die Zeitschrift *Profil* überhaupt gebe, und daß er es gewesen sei, der gedrängt habe, das Zeitschriftenangebot um ein österreichisches Magazin zu erweitern. Wenn ich in Berlin war, verabredeten wir uns im Einstein. Ich mußte später kommen, nicht schon um neun. Er wollte etwa eine Stunde mit seinen Zeitungen allein sein.

Einmal kam ich zu früh. Ich habe genau gesehen, daß er mich bemerkt hat. Aber er beachtete mich nicht. Ich setzte mich an einen anderen Tisch und schaute ihm beim Zeitunglesen zu. Es waren immer dieselben drei Zeitungen: die *Süddeutsche*, die *Neue Zürcher* und die *Herald Tribune*. Sein Englisch war nicht gut, es war mehr ein

Fachenglisch, das Englisch von Mathematikkongressen. In der *Herald Tribune* las er kaum mehr als die Überschriften. Selten, daß er vor einer Seite länger verweilte. Am ausführlichsten befaßte er sich mit der *Süddeutschen* und einmal in der Woche mit dem *Profil*. Bis zuletzt interessierte ihn die österreichische Politik mehr als die deutsche, obwohl er fünfunddreißig Jahre in Berlin lebte. Sigrid, meine Schwester, die nach Wien zurückgegangen ist, mußte ihm stundenlang von Österreich erzählen. Zum Lesen trug er eine große Hornbrille. Als er sie neben die Kaffeetasse legte, war das für mich das Zeichen, daß ich zu ihm hinüberkommen könne. Er tat so, als würde er mich erst jetzt bemerken, nahm mich an beiden Händen und ließ sich die Wangen küssen. Er war ungemein großzügig. Jedes Treffen mit meinem Vater war eine kleine Feier. Immer wollte er, daß ich möglichst viel bestelle.

Wenn wir vom Café Einstein in die große Wohnung heimgingen, in der er die letzten fünf Jahre allein wohnte, blieb er auf der Straße oft stehen und ergriff meinen Arm. Er konnte nicht gleichzeitig reden und gehen. In letzter Zeit sprach er viel von seiner Schulzeit, von den Lehrern im Gymnasium *Stubenbastei*. Seine Erinnerungen wurden zusehends freundlicher. Früher hatte er eine ausgesprochen harte Meinung von seinen Lehrern gehabt. Einer Schar schwerer Neurotiker sei er ausgeliefert gewesen. Er könne von sich nicht behaupten, daß er dort irgend etwas Wertvolles gelernt habe. Das Gymnasium *Stubenbastei* hatte er eine Verdummungsanstalt genannt, die Schüler mit den besten Anlagen systematisch zerstört habe. Vor allem Qualen waren es gewesen, von denen er erzählt hatte. Aber das änderte sich in letzter Zeit. Immer mehr meinte er seinen Lehrern zu verdanken.

Es kam vor, daß wir fünf Minuten auf der Straße standen, er hielt meinen Arm und redete. Früher, als er noch an der Technischen Universität Mathematik lehrte, habe ich ihn manchmal vom Einstein zur Vorlesung begleitet. Das war ein langer Weg. In der Stadt ging er fast immer zu Fuß. U-Bahnen und Autobusse mied er. Wenn der Weg zu weit war, nahm er ein Taxi. Er war früher sehr schnell unterwegs. Ich hatte Mühe, mit ihm Schritt zu halten. Um so auffälliger war es, wenn er plötzlich stehenblieb, um mir etwas zu sagen oder mir eine Frage zu stellen. Mehrere Jahre lang kam eine Frage immer wieder: »Was ist, wenn Tito stirbt?«

Ich habe versucht, ihn zu beruhigen. »Gar nichts wird passieren. Die werden sich auf ein anderes Staatsoberhaupt einigen, und alles wird weitergehen.«

Das schien ihn nicht zu überzeugen. Er brummte nur. Wenn ich das nächste Mal mit ihm unterwegs war, ergriff er wieder meinen Unterarm und fragte: »Was ist, wenn Tito stirbt?«

Er fürchtete schon damals, in den siebziger Jahren, daß nach Titos Tod die jugoslawischen Völker auseinanderfallen würden. Und dann, so war er überzeugt, würden die Russen einmarschieren. Es war ihm nicht auszureden, jedenfalls war ich dazu nicht in der Lage.

An manchen Tagen, wenn seine Vorlesungen schon um neun Uhr vormittags begannen, hatte er keine Zeit, ins Einstein zu gehen. Dann kaufte er die Zeitungen. Den ganzen Tag über fand er keine freie Minute, sie zu lesen. Sie stapelten sich neben seinem Schreibtisch. Meine Mutter durfte sie nicht wegwerfen, weil er meinte, er würde noch dazu kommen, sie durchzusehen. Meine Mutter versuchte den Stapel in Maßen zu halten, indem sie hin und wieder von unten einen Packen herauszog und zur Mülltonne hinabtrug.

Als wir am zweiten Weihnachtsfeiertag nach Frankfurt am Main zurückfuhren, unterhielten wir uns über den merkwürdigen Wunsch meines Vaters.

»Vielleicht hofft er«, sagte Herbert, »daß auch die emeritierte Professorin der Theaterwissenschaft kommen wird. Oder vielleicht hat er sich sogar heimlich mit ihr verabredet. Wer weiß, vielleicht hat er sich all die Jahre mit ihr getroffen, wenn er auf Kongressen in Wien war.«

Ich dachte darüber nach, ob er die Kongresse in Wien gegenüber anderen bevorzugt hatte. Mit einem Mal schien es mir so. Aber das könnte auch wegen meiner Schwester gewesen sein. Mein Vater hat immer Heimlichkeiten gehabt. Hin und wieder habe ich ihn auf der Straße mit einer Frau gesehen. Wenn man nicht direkt auf ihn zuging, nahm er einen nicht wahr. Er war immer so mit seiner eigenen Welt beschäftigt, daß er die auffälligsten Dinge nicht sah. Das las er dann in den Zeitungen nach. Als Anfang der achtziger Jahre die Grundkreditbank gebaut wurde, gab es eine Auseinandersetzung um die Architektur. Ein Kritiker hatte von einem faschistoiden Bunker gesprochen. Mein Vater wollte sich den Bau ansehen. Ich sagte: »Aber Du gehst doch jeden Tag daran vorbei!«

Einmal, als ich meinen Vater mit einer Frau sah, folgte ich ihnen. Er blieb mit ihr genauso auf dem Gehsteig stehen, wie er es mit mir tat. Während er redete, hielt er auch sie am Unterarm. Ich ließ sie nicht aus den Augen, bis sie in einem Restaurant verschwanden. Mein Vater hatte zwei Freundeskreise, einen, in dem auch meine Mutter verkehrte, und einen, den sie nicht kannte, von dem er auch nie erzählte.

Bald nach Weihnachten war wieder Fünfuhrläuten. Mein Vater sagte, er habe zwei Zimmer im Hotel *Imperial* reserviert.

»Warum wohnen wir diesmal nicht bei Sigrid«, fragte ich. »Die hat doch genug Platz für uns alle.«

»In meinem Alter«, antwortete er, »kann ich nicht ausschließen, daß es mein letzter Opernball ist. Und da will ich im *Imperial* wohnen. Aber es ist mir lieber, wenn ich weiß, daß Ihr im Nebenzimmer seid.«

»Langsam wird das richtig spannend«, sagte Herbert. »Wir müssen zu Hervé Leger gehen, Du brauchst ein Kleid.«

»Fängst nun auch Du zu spinnen an?«

Wir gingen zu Hervé Leger. Herbert arbeitet in einer Werbeagentur. Er verdient gut. Aber es war das teuerste Kleid, das ich je gekauft habe. Apricotfarben, eng anliegend, aber bodenlang, mit Schlitzen bis zum Schritt und rund um die Taille, tief dekolletiert. Wenn ich das Kleid trug, war auf den ersten Blick der Unterschied zwischen Haut und Stoff nicht erkennbar.

»Das richtige Kleid für einen Barbesuch nach Mitternacht, aber nicht für den Opernball«, sagte ich.

»Auffällig und schamlos«, sagte Herbert, »so wollen wir mit Deinem Vater zum Opernball gehen.«

»Werden die mich überhaupt reinlassen?«

»Dann werde ich sagen, ich bin Prinz von Hohenlohe, und das ist die Gräfin Tutu.«

Am Anfang des Jahres sah es plötzlich so aus, als ob wir doch nicht zum Opernball gehen würden. Mein Vater hatte wieder einmal angerufen. Im Frankfurter Schauspielhaus wurde Thomas Bernhards *Heldenplatz* in einer Gastvorstellung des Wiener Burgtheaters aufgeführt. Er wollte das Stück unbedingt sehen. Er war ein begeisterter Theaterbesucher. Für zeitgenössische Stücke konnte er sich allerdings nur selten erwärmen. Thomas Bernhard interessierte ihn erst seit dem Stück *Heldenplatz*, das er jedoch in Berlin versäumt hatte. Er kaufte sich, durch Zeitungsberichte neugierig gemacht, die Textausgabe und verwickelte Sigrid immer wieder in Gespräche über dieses Stück. Sigrid war von der Wiener Inszenierung enttäuscht gewesen. Mein Vater meinte, Bernhard beschreibe genau jenes Land, das er kenne.

Ich wollte ihn mit dem Auto vom Bahnhof abholen. Herbert fuhr deshalb mit der S-Bahn zur Arbeit. Wir wohnen in Eschborn, außerhalb von Frankfurt. Ich wollte meinem Vater nicht die hohe Stiege beim S-Bahnhof zumuten. Leider war an diesem Tag ein Unfall auf der Autobahn. Ich steckte im Stau. Auf die Minute genau kam ich zum Bahnhof, aber ich fand keinen Parkplatz. An keinem Bahnhof der Welt ist es schwerer, einen Parkplatz zu finden. Ich stellte mich dann einfach vor den Südausgang und riskierte, daß mein Auto abgeschleppt sein würde, wenn ich zurückkäme. Der Bahnsteig leerte sich langsam, mein Vater war nirgendwo zu sehen. Ich ging die Waggons entlang. Da ich meinen Vater nicht fand, lief ich zurück Richtung Kassenhalle. Es ist auch kein Bahnhof so unübersichtlich wie der in Frankfurt. Hatte ich meinen Vater versäumt? Und wenn, wohin war er gegangen? Zum Nordausgang, zum Südausgang, oder durch die Kassenhalle? Vor der Bahnhofspizzeria, am Ende des Bahnsteigs, stand ein Rettungswagen, daneben ein paar Menschen. Sie schauten zu zwei Lokomotiven, die auf nebeneinanderliegenden Gleisenden standen. Dazwischen stieg ein Arzt auf die Plattform herauf, ihm folgten zwei Sanitäter mit einer Tragbahre. Darauf lag mein Vater.

Er war auf der falschen Seite ausgestiegen. Die Tür hätte geschlossen sein müssen, aber sie war offen. Mein Vater fiel auf den Schotter und brach sich den rechten Oberschenkel. Er wurde in die Universitätsklinik gebracht. Ich war jeden Tag bei ihm. Am Anfang freute er sich darüber, aber bald wurde ich ihm lästig. Er schämte sich für das Mißgeschick.

»Man muß die Bahn verklagen«, sagte er, »weil die falsche Tür offen war.«

»Herbert wird sich darum kümmern«, antwortete ich. Er tat es wirklich. Aber bald wollte uns der Sinn einer solchen Klage nicht mehr einleuchten. »Wir leben nicht in Amerika«, sagte Herbert. »Wenn wir klagen, wird vielleicht ein Bahnbediensteter entlassen, aber reich wird Dein Vater nicht dabei.«

Allerdings war der Fall vom Krankenhaus schon der Polizei gemeldet worden. Es gab eine Untersuchung. Wie sie ausging, haben wir nicht erfahren, weil mein Vater auf Genugtuung verzichtete. Ich glaube, er fürchtete, vor Gericht als tolpatschiger, alter Mann dazustehen.

Er wollte aus dem Krankenhaus entlassen werden, aber sie ließen ihn nicht gehen. Seine Blutwerte seien schlecht, war die Begründung. Bei einer Visite sagte der Oberarzt, ich solle ihn wegen der Entlassungsformalitäten in einer Stunde aufsuchen. In zwei Tagen könne ich den Herrn Professor zu mir nach Hause nehmen.

»Wozu gibt es eine Entlassungsabteilung?« fragte mich danach mein Vater.

»Du bist eben ein besonderer Patient«, antwortete ich.

Der Oberarzt teilte mir mit, daß mein Vater Krebs habe. Sein Körper sei voller Metastasen. Angesichts seines hohen Alters und da er zur Zeit nicht sonderlich darunter leide, halte er eine Behandlung noch nicht für zweckmäßig.

»Es gibt alte Menschen«, sagte er, »die leben ewig mit ihrem Krebs und sterben oft nicht einmal daran.«

Ich mußte mich setzen. Er setzte sich neben mich und las mir einen langen Brief an die Universitätsklinik in Berlin vor. Bei einigen Fachausdrücken fügte er mündliche Erklärungen hinzu. Am Schluß fragte er mich, ob er mir den Brief geben oder ob er ihn schicken solle. Ich nahm ihn an mich. Der Oberarzt legte mir eine Hand auf den Rücken.

»Das kann lange dauern«, sagte er.

Mit einem Krankentransport wurde mein Vater zwei Tage später nach Eschborn gebracht. Wir quartierten ihn im Gästezimmer ein. Er hatte einen Liegegips. Zur Toilette mußten wir ihn tragen. Er verweigerte die Bettpfanne. Ich mietete einen Rollstuhl, aber der erwies sich als unbrauchbar. Meine Schwester bot sich an, nach Frankfurt zu kommen. Mein Vater war dagegen. Er wollte nicht zum Pflegefall für die ganze Familie werden. Tim, mein ältester Sohn, er studiert Betriebswirtschaft, konnte es sich so einteilen, daß er mir behilflich war. Er trug seinen Großvater und ich das Gipsbein.

Obwohl wir uns alle Mühe gaben, ihn gut zu betreuen, wurde mein Vater immer unzufriedener. Er wollte nach Berlin zurück.

»Das ist unmöglich«, sagte ich. »Du kannst Dir allein nicht helfen.«

Dem konnte er schwer widersprechen. Ich merkte, daß es die Arbeit war, die ihm fehlte, und bot ihm daher an, die wichtigsten Unterlagen aus Berlin zu holen.

»Ich brauche alles«, sagte er, »alles, was in meinem Arbeitszimmer offen herumliegt. Aber das gäbe ein so hoffnungsloses Durcheinander, daß ich es nie wieder richtig auseinandersortieren könnte.«

In aller Früh, noch vor der Morgentoilette meines Vaters, fuhr ich nach Berlin. Tim blieb daheim. Ich kaufte mir einen Packen rotes Kopierpapier. Als ich die Wohnung aufsperrte, war da dieser Geruch meiner Kindheit. Ein Geruch, den es nirgendwo sonst gab, nur in unserer Wohnung. Ich ging von Zimmer zu Zimmer. Auf einmal mußte ich weinen. Ich kroch unter das Klavier und heulte. Wenn ich als Kind eine Geburtstagsparty hatte, kaufte mein Vater immer viele Bonbons. Er verstreute sie am Boden. Dann mußte ich hinausgehen. Er einigte sich mit den anderen Kindern auf ein bestimmtes Bonbon. Ich wurde hereingeholt und begann Stück für Stück die Bonbons einzusammeln. Bis ich das in die Hand nahm, auf das sie sich geeinigt hatten. Da schrien alle gemeinsam: »Maus!« Dann kam das nächste Kind dran. Einmal schrien sie schon beim zweiten Bonbon. Ich kroch unter das Klavier und weinte. Obwohl ich genau wußte, mein Vater würde mir am nächsten Tag die übriggebliebenen Bonbons geben. Ich habe damals so viel geheult, daß die Kinderparty abgebrochen werden mußte. Als ich mich daran erinnerte, weinte ich mit dem Kind noch eine Zeit mit, dann mußte ich plötzlich lachen. Ich trocknete im Bad mit einem Papiertaschentuch meines Vaters die Tränen, tuschte die Wimpern neu und zog die Lippen nach.

Im Arbeitszimmer zeichnete ich zuerst einen genauen Plan, an welchen Stellen Bücher und Manuskripte lagen. Ich numerierte die Stellen von 1 bis 56. Dann sammelte ich, mit Platz eins beginnend, die Manuskripte ein. Stapel ließ ich in der vorgefundenen Reihenfolge. In aufgeschlagene Bücher legte ich Lesezeichen. Auf jeden Stapel legte ich ein rotes Blatt mit der entsprechenden Platznummer. In mehreren Stunden füllte ich auf diese Weise fünf Koffer. Manchmal hatte mein Vater englischsprachige Artikel geschrieben, die übersät waren mit Formeln. Er machte unendlich viele Kopien davon, die er in alle Welt verschickte. Die Kopierapparate konnten damals noch nicht sortieren. Wenn mein Vater die Kopien ordnete, legte er sie im Arbeitszimmer nebeneinander auf den Boden. Dann sammelte er sie ein und versah jedes Manuskript mit einer persönlichen Widmung, bevor er sie ins Kuvert steckte. Als ich einmal zu Sigrid nach Wien fuhr, gab er mir einen Artikel für einen Kollegen mit, den ich persönlich übergeben sollte. Er hatte in großer Schrift mit dem Füllhalter daraufgeschrieben: ›Für meinen lieben Freund und geschätzten Kollegen Hofmann-Ostenhof als bescheidenes Zeichen der Erinnerung an gemeinsame Tage.‹

Seine Widmungen waren immer überschwenglich. Auch wenn er sich in ein Gästebuch eintrug. Immer tat er es in großer Schrift und mit ausladenden Worten.

Die Koffer wollte ich nicht aufstellen, damit die Manuskripte nicht durcheinanderrutschten. Ich gab dem Hausmeister zwanzig Mark. Er half mir, die Koffer zum Auto hinunterzutragen.

Noch in der Nacht räumten wir Herberts Zimmer aus. Es liegt neben dem Gästezimmer. Herbert war nicht begeistert, gab aber schließlich nach und half mit. Er bekam einen notdürftigen Arbeitsplatz im Wohnzimmer. Er arbeitete in letzter Zeit ohnedies selten daheim. Ich ergänzte die Einrichtung von Herberts Zimmer an manchen Stellen mit Stühlen und Hockern. Dann legte ich die Manuskripte und Bücher in genau derselben Ordnung aus, wie ich sie in Berlin vorgefunden hatte. Es lohnte nicht mehr, schlafen zu gehen. Ich begrüßte meinen Vater um fünf Uhr morgens mit einer Tasse Kaffee und öffnete die Tür zu Herberts Zimmer. Mein Vater war zunächst sprachlos. Dann sagte er etwas Seltsames.

»Du bist die geborene Frau für einen Forscher.«

Es dauerte noch eine Weile, bis er einen Gehgips bekam und sein neues Arbeitszimmer benützen konnte.

Damals sagte er auch, Tim habe Theaterblut in sich. Wenn er schon bei seiner Ökonomie bleibe, solle er wenigstens versuchen, kaufmännischer Direktor des Burgtheaters zu werden. Burgtheater. Nichts darunter durfte es bei ihm sein.

Als er endlich den Gehgips hatte, humpelte er in aller Früh mit seinen Krücken ins Nebenzimmer, und es war wie in meiner Kindheit. Ich wollte sogar Herbert abhalten, den Raum zu betreten, wenn er für seine Arbeit irgend etwas aus einem Schrank oder Regal benötigte. Eines Morgens rief mich mein Vater um fünf Uhr morgens an. Herbert hat in seinem Arbeitszimmer einen Apparat mit eigener Telefonnummer. Er sagte: »Wir gehen doch zum Opernball.«

Die Vorfreude hat die Heilung seines Beines beschleunigt. Am achtzehnten Februar wurde ihm der Gips herabgeschnitten. Danach konnte er nicht einmal mit Krücken gehen. Aber er trainierte hartnäckig. Am zwanzigsten teilte er uns beim Frühstück mit, er werde jetzt nach Berlin fahren und am nächsten Tag von Berlin nach Wien fliegen. Das ließen wir nicht zu. Es stellte sich heraus, daß es ihm vor allem darum ging, in Ruhe seine Garderobe auszuwählen. Ich brachte ihn mit dem Auto nach Berlin und begleitete ihn zur Wohnung hinauf. Ich bat ihn, sich Zeit zu lassen. Ich würde erst ein wenig bummeln und dann im Café Einstein auf seinen Anruf warten. Und wenn es Abend werden würde, mache es auch nichts, ich hätte ein Buch mitgenommen, das ich schon lange lesen wolle. Als ich ins Einstein kam, saß mein Vater schon dort und las seine Zeitungen.

»Ich habe ohnedies nur einen einzigen Frack, der in Frage kommt«, sagte er. »Ein Hemd habe ich mir neu gekauft.«

Er überreichte mir die Tasche einer Herrenboutique vom Breitscheidplatz, und ich bewunderte sein neues Hemd. Dann stand er auf und ging ohne Krücken zur Toilette. Nach kurzem Weg griff er nach allem, was in Reichweite war. Aber er ging weiter.

Der Ingenieur

Siebtes Band

Als ich das erste Mal bei ihm in der Wohllebengasse war, hielt mich der *Geringste* am kleinen Finger fest und kniff die Augen zusammen.

»Feilböck hat gesündigt«, sagte er. Ich nickte.

»Du weißt, was das heißt?«

Ich nickte.

»*Wenn einer mit dem Schwerte getötet werden soll, so muß er mit dem Schwerte getötet werden.*«

»Ich bin zu jeder Strafaktion bereit«, sagte ich. Der *Ge-*

ringste ließ meinen Finger los. Mir fiel plötzlich auf, daß er das erste Mal in einem Einzelgespräch ohne amerikanischen Akzent zu mir sprach. Ich hatte mich an den amerikanischen Akzent längst gewöhnt. Sein alter, wienerischer Tonfall, durch den man das Oberösterreichische heraushörte, hatte etwas Fernes und Vertrautes zugleich, wie eine Kindheitserinnerung, die einem plötzlich das Gefühl gibt, daß man eigentlich einem anderen Leben angehört. Er hat mich auserwählt. Der Gedanke setzte sich in mir fest. Er hat mich auserwählt. Am liebsten hätte ich den *Geringsten* umarmt, aber ich durfte keinen Fehler machen. Während er mich ansah, als wollte er prüfen, ob ich des Vertrauens würdig war, wich ich zurück und setzte mich auf einen Fauteuil. Mir war, als wäre in meinen Lebensfilm eine andere Spule eingelegt worden. Ich war in den inneren Kreis zugelassen. Die große Prüfung ist bestanden, dachte ich. Ich sitze in der Wohnung des *Geringsten*. Er hat mir den Vorzug gegeben. Ich bin zu allem bereit. Er soll sagen, was ich zu tun habe. Ich stehe zu seiner Verfügung.

Als ich am späten Nachmittag mit der Rolltreppe von der U-Bahn zum Reumannplatz hinaufgefahren war, hatte ich Steven Huff mit ein paar Flugblättern in der Hand neben der roten Stahlkonstruktion, die den Eingang überdachte, stehen sehen.

»Jesus ist immer bei Dir«, hörte ich ihn sagen. »Er hat Dir gegeben einen Vorschuß an Liebe und Vertrauen. Aber Du hast zu fragen Dich selbst, ist Dein Leben auch würdig? Beten ist nicht Aufsagen von Formeln. Dein Leben muß sein ein Gebet. Einst Du wirst nicht gefragt: Bist Du gegangen regelmäßig in die Kirche? Nein, Du wirst erkannt werden an Deinen Werken.«

An seinem T-Shirt steckte ein Button mit der Aufschrift »Jesus loves you«.

»Auch Dich liebt Jesus«, sagte er, als ich, ohne ihn anzusehen, vorbeigehen wollte. Er drückte mir ein kleines

Flugblatt in die Hand. Ich ging langsam weiter und las dabei den Zettel. Er trug die Überschrift: »DIE ENDZEIT STEHT BEVOR. Christus sucht seine Streiter für die letzten Tage.« Neben mir ging auf einmal der *Geringste*. Er sagte leise: »Heute nach Mitternacht, Wohllebengasse 9.«

Dann sprach er laut: »Von Tag zu Tag werden sie deutlicher und sichtbarer, die Zeichen für die Wende unseres Schicksals, für den Umbruch der Welt. Wir sind gewarnt. Christus will uns geben eine Chance, wir können gehören zu den Auserwählten. Weil Christus liebt uns. Wir müssen uns entscheiden, ob wir für ihn oder gegen ihn ... «

Ich schüttelte den Kopf und beschleunigte meinen Schritt: »Lassen Sie mich in Ruhe mit Ihrem Christus!« Der *Geringste* blieb stehen und verteilte seine Zettel an andere.

Die kleine, ebenerdige Wohnung war im Stil der sechziger Jahre eingerichtet. Das Wohnzimmer war ausgefüllt mit einer für den Raum viel zu großen braunen Sitzgarnitur. Zwei Wände waren mit einem um die Ecke verlaufenden Einbauschrank verdeckt, in dessen freien Öffnungen ein Fernsehapparat, ein Videorecorder und eine Stereoanlage standen. Ich saß im Fauteuil und versuchte, die Inschriften auf den Rücken der in mehreren Regalen übereinander aufgereihten Bücher, Schallplatten, CDs, Audio- und Videokassetten zu entziffern. Lexika, Computerfachbücher, Kunstbände, die Bibel, das »Buch Mormon«, »Das neue irdische Paradies«, Bücher über Architektur, noch eine Bibel, klassische Musik, Volksmusik, esoterische Musik, gregorianische Choräle, jeweils ein Stapel der Zeitschriften »Spiegel«, »Time« und »Geo«, die Zeitschrift »Exekutive« und das Gewerkschaftsblatt. Im Nebenraum, der durch eine offene Flügeltür einsehbar war, stand ein Doppelbett. An der Wand gegenüber ein Schreibtisch mit Fax-Gerät, Computer und dem Ladegerät für das Funktelefon, das im Bett lag. Neben dem Schreibtisch stand das kleine, drehbare Bücherregal. Alles war irritierend normal. Ich hatte von einer sogenannten Untergrundwohnung völlig falsche Vorstellungen gehabt. Ich hatte mir etwas Schlimmeres als die Kellerbehausung des *Geringsten* am Lerchenfelder Gürtel vorgestellt, womöglich nur durch einen dunklen Gang mit Taschenlampe zu erreichen. Der *Geringste* sagte: »Hier wohnen manchmal Polizeibeamte. Vor allem Besucher aus den Bundesländern und aus dem Ausland. Ich habe noch Ausweichquartiere.«

»Polizeibeamte?«

Er öffnete einen kleinen Kühlschrank, der in den Wandverbau eingelassen war, und nahm eine Flasche Whisky heraus.

»Eis?« fragte er.

Seit seiner Wiederkehr hatte es bei keiner einzigen Zusammenkunft Alkohol gegeben. An der Baustelle hatte der Polier gelegentlich ein Bier getrunken. Aber nur eines, was für seine Verhältnisse einem großen Verzicht gleichkam. Und in letzter Zeit schien es mir, als hätte er überhaupt zu trinken aufgehört. Der Blade trank an der Baustelle ohnedies nicht. Bei mir im Bürocontainer wurde normalerweise nur Kaffee getrunken. Manchmal, nach Neuabschlüssen, gab es auch Sekt. Aber das kam selten vor. Weil lukrative Verträge meist im Verwaltungsbüro oder in Anwaltskanzleien unterzeichnet wurden. Wenn es Sekt gab, füllte ich mir zum Anstoßen das Glas halb ein. Ich nippte ein paarmal daran, ohne wirklich zu trinken. Mit Kaffee hatte ich aufgehört, ohne daß es irgend jemand bemerkt hätte. Seit Feilböck sich auflehnte und eines Tages im Restaurant demonstrativ Kaffee bestellte, tranken wir auch beim Mittagessen keine Gespritzten mehr. Sein Ausscheren machte uns den Verzicht leichter.

Und jetzt bot mir der *Geringste* Whisky an, als hätte nicht er selbst das Alkohol-Verbot erlassen. War es eine Prüfung? Wollte er einfach testen, ob ich in jeder Situation der Aufgabe der *Entschlossenen* gewachsen war? »Eis?« hatte er gefragt. Darauf mußte ich eine Antwort geben.

»Wenn Du willst«, sagte ich schließlich, »trinke ich ein Glas mit Dir.« Er schien meine Antwort gar nicht zu beachten. Mittlerweile hatte er eine andere Tür des Einbauschranks geöffnet. Zu sehen war ein beleuchtetes Fach mit verspiegelter Rückseite. Im oberen Regal standen Gläser, im unteren Schnapsflaschen zuhauf. Der *Geringste* ergriff zwei Gläser.

»Eis?« fragte er noch einmal.

»Ja, Eis«, sagte ich. Er ging in die Küche. In einem unteren Ablagefach des Glastischchens neben meinem Fauteuil lagen Tageszeitungen und Wochenzeitschriften und obenauf, sofort ins Auge stechend, ein Luftpostbrief aus Florida. Den Absender konnte ich nicht lesen, er war in einem gleichmäßigen Auf und Ab der Linien und ohne Schlingen geschrieben, so daß man die Buchstaben schwer entziffern konnte. Ich drehte das Kuvert um. Es war adressiert an Major Leitner. Als ich die Eisschranktür zufallen hörte, griff ich schnell unter den Tisch und drehte das Kuvert so, wie es gelegen hatte. Doch da stand der *Geringste* schon neben mir.

»Der Brief ist für mich. Major Leitner ist der Name meiner Postadresse. Unter Steven Huff bekomme ich nur Post, die ich mir selber schreibe. Major Leitner wohnt übrigens hier im Haus, im zweiten Stock. Das ist seine Gästewohnung. Leitner hat sie sicher verwanzt. Aber ich habe vor ihm keine Geheimnisse. Er liest die Post. Was mir gehört, bringt er mir.« Der *Geringste* drückte mir das reichlich gefüllte Whiskyglas in die Hand.

»Auf ein reines Europa!« sagte er und hob dabei sein Glas.

»Auf ein reines Europa!« antwortete ich. Er wartete, bis ich trank. Einen Moment lang kam mir der Gedanke, es könnte etwas anderes als Whisky sein. Ich blickte den *Geringsten* an und meinte auf seinem Gesicht einen Anflug von Häme zu erkennen. War ich untragbar geworden, weil ich Feilböck gesagt hatte, was ich mir dachte? Oder wollte er mir beweisen, wie schwach ich war? Ich schloß die Augen und stürzte das Getränk hinunter. Mir war, als würde es mich von der Kehle bis in den Magen aufreißen. Ich konnte kaum atmen. Mein Bauch krampfte sich zusammen. Ich drückte mit beiden Händen fest darauf.

Der *Geringste* brachte mir ein Glas Wasser. Ich hatte sechs Stunden nichts gegessen und schon längere Zeit ohne Alkohol gelebt. Der *Geringste* hatte sein Glas auf den Tisch gestellt, ohne daraus zu trinken. War ich eben bei einer Prüfung durchgefallen? Oder hatte ich bestanden? Der *Geringste* nahm mir gegenüber auf einem Fauteuil Platz. Er blickte mich an und schwieg. Ich saß da, klein und dumm, und wartete darauf, daß er mich aus meiner Verlegenheit erlöste. Doch er tat es nicht.

»Und was geschieht mit Feilböck?« fragte ich schließlich.

Der *Geringste* antwortete leise und schob dabei das Whiskyglas hin und her. »Leitner war für Auslöschung«, sagte er. »Er hält Feilböck für gefährlich. Ich habe Leitner widersprochen. Einem Mann der ersten Stunde, habe ich gesagt, muß man eine Chance geben. Wir löschen nur seine Runen, nicht sein Leben. Er hat die Wahl, seine Runen wiederzuerringen, oder zu verschwinden.«

»Ist das nicht zu großzügig?« fragte ich. »Er wollte Dich entmachten.«

»Man kann mich nicht entmachten. Ich habe keine Macht.«

»Aber Feilböck ...«

»Ist ein gefallener Engel. Wir nehmen nur den Finger. Nach Feilböcks Bestrafung sind die Treffen im Anton-Benya-Park beendet. Und zu Mittag wird wieder getrennt gegessen. Der neue Engel, der alles überwacht und für Ordnung sorgt, bist Du.«

»Ich?« fragte ich mit kaum verhohlener Freude.

»Du. Deine erste Aufgabe: die Bestrafung Feilböcks vorbereiten.«

Er ging hinaus und schüttete seinen Whisky in den Abwasch. Ich ging nach.

»Wer ist Leitner?« fragte ich.

Da er mir nicht gleich antwortete, fuhr ich fort: »Ist das der Polizeijurist, nach dem wir verlangen sollen, wenn wir verhaftet werden?«

Der *Geringste* stülpte das Glas auf den Abtropfständer. »Wir werden uns zwar jetzt häufiger sehen«, sagte er. »Aber es ist besser für Dich, wenn Du nicht alles weißt. Nur so viel: Leitner war nach dem Gürtelhausbrand mit meiner Zielfahndung beauftragt. Er hat mich in Florida ausgeforscht. Seither sind wir Verbündete. Er ist nicht allein, er hat Helfer.«

»Wissen Leitner und die anderen von ...« Ich wagte es nicht auszusprechen, schließlich hatte der *Geringste* gesagt, die Wohnung sei verwanzt.

»Ja, sie stehen bedingungslos dahinter. Ohne sie wäre Harmagedon nicht mehr als ein Wort aus der Apokalypse. Allein könnten wir zwar den Schlag führen, aber ihm würde keine Zeitenwende folgen. Wir haben den ersten Teil zu vollführen, Leitner und die Seinen den zweiten. Sie werden uns zur Macht verhelfen.«

»Weiß Feilböck das nicht?« fragte ich.

Der *Geringste* legte mir die Hand auf die Schulter. »Nein«, sagte er und zog mich dabei langsam ins Vorzimmer, »ich habe Feilböck nie vertraut. Er war nie hier in Leitners Gästewohnung. Aber ich habe oft mit ihm über die Lage gesprochen. Feilböck will immer noch alte Revolutionen nachspielen. Er will nicht begreifen, daß in den letzten Jahrzehnten in Europa eine gigantische Polizei aufgebaut wurde, gegen die wir keine Chance haben. Doch in der Polizei gärt es. Sie will nicht länger Laufbursche der Politiker sein. Sie fiebert einem Anlaß entgegen, um wie ein erwachsener Mensch selbständig handeln zu können. Und den werden wir ihr bieten. Tausende Polizisten warten auf den Befreiungsschlag. Wem er gelingt, dem gehört das Land. Feilböck wird das schließlich einsehen. Er wird zu uns zurückfinden.«

Kurz darauf stand ich draußen auf der Straße. Während ich durch eine verregnete Nacht den ganzen Weg bis zum Reumannplatz zu Fuß ging, wurde mir meine neue Funktion langsam bewußt. Auf der einen Seite gab es eine Gruppe von hohen Polizisten und vielleicht anderen Personen, die eine Neuverteilung der Macht anstrebten. Auf der anderen Seite gab es uns, die *Entschlossenen*, die Harmagedon vorbereiteten. Der *Geringste* war der Verbindungsmann zwischen diesen beiden Seiten, gleichsam der Mittelteil des Flügelaltars. Und ich war sein neuer Adjutant, verantwortlich für das reibungslose Zusammenspiel der beiden Seiten. Damit wußte ich mehr als die anderen Eingeweihten. Das hieß aber, wurde mir beim Heimgehen plötzlich bewußt: Wenn ich in meiner Aufgabe versagte, würde mir das drohen, was Leitner für Feilböck gefordert hatte, die Auslöschung.

In den nächsten Wochen traf ich den *Geringsten* in der Wohllebengasse immer wieder, insgesamt vielleicht zwanzigmal. Ich durfte ihn jeden Tag nach Mitternacht besuchen. Wenn er mich nicht treffen konnte, weil er schon anderen Besuch hatte oder nicht zu Hause war, hing am Gitter des Kellerfensters rechts von der Eingangstür ein kupferner Drahtring. Das meiste, was ich über die Jugend des *Geringsten* weiß, habe ich bei diesen Treffen nach Mitternacht erfahren. Die Geschichte seines Vaters, seiner Mutter, und die enge Beziehung zum Abt von Kremsmünster. Ich glaube, daß er mir dieser Abt sein wollte. Immer, wenn ich ihn besuchte, bot er mir Alkohol an. Er trank nie. Vielleicht war ich sein einziger Freund. Oft sprach er vom Verrat als einer wichtigen Entscheidung, als einer Erfahrung, ohne die man nicht erwachsen werden kann. So, als wollte er mich zum Verrat ermutigen, was seltsam war, weil sich unsere ersten Treffen in der Wohllebengasse hauptsächlich um die Frage drehten, wie wir mit dem Verräter Feilböck abrechnen.

Die Bestrafung sollte heimlich erfolgen und doch auf eine unanzweifelbare Weise Leitners Freunden bekannt werden. Die Polizei mußte davon erfahren, aber durfte keine Anhaltspunkte für eigene Recherchen haben. Der *Geringste* hatte sich mit Leitner über die Art der Bestrafung verständigen können. Von Auslöschung war keine Rede mehr. Die Strafe mußte aber abschreckend sein. Leitner wollte offensichtlich seinen Verbündeten deutlich vor Augen führen, wie wir, die *Entschlossenen*, oder wie immer er uns nennen mochte, mit Verrätern umgehen. Feilböcks Tod war damals kein Thema für uns. Ich kann bezeugen, daß der *Geringste* alles unternommen hat, um Feilböck zu retten. Es ging vor allem darum, Feilböck eine Chance zu bieten, sich alles noch einmal in Ruhe zu überlegen. Er brauchte einen sicheren Fluchtort. Da Leitner in diesem Fall nicht nur als Helfer ausschied, sondern nicht einmal davon wissen durfte, daß wir für Feilböck ein Versteck organisierten, war diese Aufgabe kaum zu lösen. Es begann schon damit, daß wir in der Wohllebengasse darüber nicht sprechen konnten.

Der *Geringste* stellte den Computer an und sagte: »Schauen wir uns um, was es in der Mailbox Neues gibt!«

In Wirklichkeit ging er nicht ins Netz, sondern schrieb mir auf dem Bildschirm eine Botschaft, die ich beantwortete. Und so unterhielten wir uns.

»Bist Du sicher«, schrieb ich, »daß Leitner nicht mitlesen kann?«

Der *Geringste* machte Bemerkungen, als würde er ein fremdes Mailing lesen:»Da schau, was der Luchs wieder schreibt. Schön langsam kommt er in unsere Gasse. Den werde ich ein bißchen ausreizen.«

Dann schrieb er auf den Bildschirm:»Leitner kann aller Wahrscheinlichkeit nach nicht mitlesen. Unsere Computer sind nicht direkt, sondern nur über das internationale Netz verbunden. Leitner hat keinen Zugang zum Beta-alternate-mailing. Das entsprechende Modem habe ich selbst angeschlossen. Als ich es ihm gezeigt habe, hat er geantwortet: Mir ist das alles noch zu wild, kümmere Du Dich darum. Leitner ist nicht im Netz. Ich kenne die Handschrift seines Computers.«

Da es im Hinblick auf Harmagedon nicht ratsam erschien, alte internationale Kontakte zu erneuern, machten wir uns im Beta-Netz, das uns ohnedies schon vertraut war, auf die Suche nach einem möglichen Versteck für Feilböck.

Das Beta-alternate-mailing wurde gerade in einigen europäischen Staaten als Alternative zu den von Amerika dominierten internationalen Netzen aufgebaut. Es hatte wahrscheinlich noch nicht einmal 10 000 Teilnehmer und wurde vor allem von den europäischen Grünparteien finanziert. Am stärksten waren die Deutschen darin vertreten. Der *Geringste* hielt es für wichtig, von Anfang an dabeizusein. Wir tauchten unter *Mormon 1* bis *Mormon 7* auf. Im Beta-Netz brachten wir die Idee des Tausendjährigen Reichs in Umlauf und mußten uns rabiate Kritik gefallen lassen: Nazis raus aus dem Netz! Kein Platz für Nazis! Aber wir beharrten auf unserem Standpunkt. *Mormon 4* war unser vehementester Verteidiger. Wir schrieben die Mailings abwechselnd:»Die Idee des Tausendjährigen Reichs ist viel, viel älter als Hitler. Daß er uns diese Idee stehlen wollte, ist um so mehr Grund, sie zu retten. Steht zusammen, Ihr Gerechten, denn nur Ihr habt Einlaß ins Tausendjährige Reich!«

Darauf hagelte es wieder Proteste. Aber nach und nach meldeten sich die ersten fremden Verteidiger. Das Tausendjährige Reich war bald eines der am häufigsten diskutierten Themen. Schließlich kamen uns sogar Religionswissenschaftler zu Hilfe. Eine Theologin aus Tübingen schrieb, das Tausendjährige Reich sei ursprünglich eine jüdische Idee, die das frühe Christentum übernommen habe. *Mormon 4* antwortete: »In unserem Tausendjährigen Reich wollen wir nur Gerechte und keine Juden.« Das war die Handschrift von Feilböck. Daraufhin war eine Nacht lang wieder der Teufel los.

Über das Beta-Netz fanden wir schließlich einen möglichen ersten Fluchtplatz für Feilböck. Ein Bühnenbildner aus Bremen, oder einer, der sich Bühnenbildner nannte, bot ein einsam gelegenes Objekt auf Mallorca für mindestens ein halbes Jahr zur Miete an.

»Ideal für Künstler und solche, die es werden wollen«, hatte er dazugeschrieben. Ich rief ihn aus einer Telefonzelle an. Das Objekt gehöre nicht ihm, sondern einer Literaturprofessorin aus Hannover, die aber keinen Zugang zum Beta-Netz habe. Er beschrieb das Haus. Eine alte Finca in der Nähe von Santanyi, aus Steinen erbaut, inmitten von Mandelbäumen gelegen, etwa zehn Kilometer vom Meer entfernt, gut ausgestattet, mit Moped und Fahrrad inklusive. Erreichbar sei das Haus nur über einen kilometerlangen Feldweg. Ich sagte, ich sei in zwei Wochen zufällig in Palma und wolle mir die Finca gerne anschauen. Wie ich zum Schlüssel komme und wie ich den richtigen Weg finden würde. Er sagte: »Die Finca ist immer offen.«

Dann beschrieb er mir ausführlich den Weg. Als ich ihn fragte, ob sich überhaupt niemand um das Haus kümmere, sagte er: »Es gibt eine Frau in Santanyi, eine Deutsche, die gelegentlich nach dem Rechten sieht.«

Er gab mir ihren Namen und ihre Adresse. Ich versprach, mich nach der Besichtigung, die sich unter Umständen um ein paar Wochen verzögern könnte, wieder zu melden.

Als ich das dem *Geringsten* in den Computer schrieb, nahm er aus der Schreibtischlade ein gefüttertes Kuvert und gab es mir. Es enhielt hundert Fünftausender, also insgesamt eine halbe Million. Er schrieb zurück: »Für die in nächster Zeit anfallenden Spesen. Die Finca wird sofort gemietet und im voraus bezahlt.«

An einem Freitagnachmittag wollte ich, bevor ich zu Feilböck ging, den *Geringsten* am Karlsplatz treffen. Ich hatte das schon zweimal zuvor gemacht. Normalerweise war er um diese Zeit dort. Die Treffen gingen so vor sich, daß ich ihm kurz beim Predigen zuhörte und dann langsam weiterging. Er folgte mir und sprach mich, wenn er die Luft für rein hielt, zehn Minuten später an. Dann konnten wir im Gehen ein paar Worte wechseln.

Diesmal war er nicht da. Ich schaute mich um, beobachtete die Obdachlosen und Drogenhändler, die Jugendlichen, die in Gruppen zusammenstanden und rauchten. Einige von ihnen waren ziemlich schwach auf den Beinen. Sie fielen anderen um den Hals oder setzten sich auf den Boden. Dann hatte ich keine Zeit mehr, weil ich in den Schwarzenbergpark gehen mußte.

Feilböck gab noch immer nicht auf. Er war vorsichtiger geworden und weniger drängend, aber immer noch versuchte er, uns auf seine Seite zu bringen. Er hatte vorgeschlagen, daß wir uns künftig im Schwarzenbergpark treffen sollten. Der sei öffentlich nicht zugänglich. Er habe sich aber gegen eine Jahresgebühr den Schlüssel geholt und könne uns aufsperren. Im Schwarzenbergpark standen hohe Bäume und Sträucher. Es gab sogar einen kleinen Teich. Man traf nur wenige Menschen, auch hier vor allem Mütter mit Kindern. Aber die Anlage war so geräumig, daß wir keine Mühe hatten, einen ungestörten Platz zu finden.

Feilböck hatte einen Rucksack mitgebracht, prallvoll. Er breitete ein Tuch aus und plazierte auf mehreren Holzbrettern genüßlich Schinken, Salami, Blutwurst, Käse, Brot, Paprika, Radieschen und Paradeiser. Nicht einmal Salz und Kren hatte er vergessen. Zuletzt nahm er aus dem Rucksack vier Dosen Bier und stellte sie in die Mitte. Wir begannen zu essen. Die Bierdosen blieben zunächst stehen. Schließlich sagte der Blade: »Ein Picknick ohne Bier wäre zu auffällig.«

Er nahm eine Dose und öffnete sie. Sein Adamsapfel hüpfte beim Trinken auf und ab. Dann atmete er stöhnend aus.

»Es ist prachtvoll«, sagte er und schüttelte sich plötzlich vor Lachen. Noch nach Luft ringend, erklärte er uns: »Eigentlich wollte ich sagen: Es ist vollbracht.«

Es dauerte nicht lange, bis auch wir unsere Bierdosen öffneten.

»Heil Hitler«, sagte Feilböck.

»Heil Hitler«, antwortete der Polier. Da lachten wir alle. Feilböck erinnerte uns daran, wie wir einer vermeintlich südamerikanischen Hure einen *Intimspray* verabreichen wollten. Wir nannten das nur so. In Wirklichkeit wollten wir ihr eine Flasche Coca-Cola in die Möse spritzen. Als wir sie ansprachen, sagte sie in breitestem Wiener Dialekt: »Seids deppert. I nimm nua a Burli aufs Zimma.«

Druckeberger sagte zu ihr: »Brauchst einen Nasenspray?«

Sie kannte sich nicht aus. Wir schnappten sie. Feilböck hielt ihr den Mund zu. Druckeberger schüttelte die Flasche und setzte ihr die Öffnung an die Nase. Sie hustete den braunen Saft zwischen Feilböcks Fingern heraus. Eine andere Hure, die das beobachtet hatte, schlug Alarm. Wir liefen quer durch den fünfzehnten Bezirk zum Westbahnhof.

Der Blade meinte: »Mich habt Ihr abgehängt, Ihr Schweine. Fast hätten mich die Zuhälter erwischt.«

Feilböck gab ihm zur Antwort: »Du hast eben schon immer zuviel Bier getrunken.«

Es stellte sich heraus, daß Feilböck für jeden noch eine zweite Dose mitgebracht hatte. Zwischendurch, während wir aßen, tranken und lachten, wurde mir klar, daß es für Feilböck, ohne daß er es wissen konnte, eine Art Henkersmahlzeit war. Ich ließ mir jedoch nichts anmerken. Harmagedon und der *Geringste* wurden von Feilböck an diesem Nachmittag nicht einmal erwähnt.

Als ich fortging, sagte ich: »Feilböck, wir treffen uns nicht mehr.«

Er antwortete: »Niemand hat Dich gezwungen zu kommen.«

In der Nacht erfuhr ich, warum ich den *Geringsten* am Karlsplatz vergeblich gesucht hatte. Er sagte, ohne auf die Wanzen seines Zimmers Rücksicht zu nehmen: »Leitner hat keinen Charakter. Er hat einem Polizeispezialisten für Sekten mitgeteilt, daß ich vorübergehend bei ihm zur Untermiete wohne. Er möge mich überprüfen. Und das geschah heute nachmittag. Der Spezialist stellte sich eine Spur zu plump an. Zuerst wollte er mich auf eine Tasse Kaffee einladen, dann auf Tee, schließlich bot er mir sogar eine Zigarette an. Das einzige, was ihn gestört haben dürfte, waren meine langen Haare. Ich sagte, ich sympathisiere mit den Reorganisierten Mormonen, die auf Joseph Smiths Sohn zurückgehen. Die dürfen die Haare, so wie früher die anderen Mormonen auch, lang tragen. Der Spezialist kannte die Reorganisierten nicht einmal. Leitner will sich nach allen Richtungen absichern.«

Dann wechselte der *Geringste* abrupt das Thema. Er fragte mich, ob ich schon einen Ort für die Sühnekommunion wisse. Ich bejahte.

»Geht es schon am Sonntag?« fragte er. Er wollte nach dem, was ich ihm vom Nachmittag erzählt hatte, nicht mehr warten.

»Ja«, antwortete ich. Noch in der Nacht setzte ich die Verständigungskette in Gang.

Diese verdammte Erinnerung

Seit Fred seine eigene Wohnung hatte, kamen wir gut miteinander zurecht. Nicht, daß wir viel gemeinsam unternahmen, aber wir gingen uns auch nicht aus dem Wege. Gelegentlich trafen wir einander in der Kantine. Er erzählte dann den neuesten Schwachsinn aus seiner Abteilung. Seine Arbeit nahm er nicht ernst. Er lachte darüber. Er betrachtete sie als eine Art Spiel. Sie hatte keinen Zweck, aber gerade das schien ihm daran zu gefallen. Im Grunde hielt er die Abteilung Gesellschaftsreportage für vollkommen überflüssig. Seine Freunde, meist Techniker und Mitarbeiter aus seiner Abteilung, sahen das nicht anders. Sie konnten stundenlang vor sich hin blödeln. Sie redeten, ohne dem, was sie sagten, irgendeine Bedeutung beizumessen.

Manchmal lud mich Fred zum Essen ein. Vielleicht auch, weil er wußte, daß ich guten Wein mitbringe. Wenn ich zum Gruppenwitz seiner Freunde auch kaum etwas beitragen konnte, fand ich doch die Art, wie sie über ETV sprachen, durchaus amüsant. Gleichzeitig war ich aber froh, daß sie nicht in meiner Abteilung arbeiteten. Wenn im Laufe solcher Abende irgendwann das Wort dann doch an mich kam, nahm das Gespräch meist einen ernsteren Verlauf. Fred mochte es nicht, wenn sich alles nur noch um meine Erlebnisse im Irak und in Mostar drehte. Die Versuchung war groß. Wir Kriegsberichterstatter sind die Großwildjäger unter den Journalisten. Selbst diejenigen, die sich damit begnügen, aus der Deckung heraus ihre Bilder zu schießen, wollen spätestens, wenn sie die Beute zu

Markte tragen, auch ihr eigenes Abenteurertum und die Gefahr, in die sie sich begeben haben, gewürdigt sehen. Das Berufsethos verlangt jedoch, daß man sich in der Dokumentation mit seiner heilen Haut nicht allzusehr in den Vordergrund drängt, wenn daneben Menschen erschossen werden. Deshalb stehen Kriegsberichterstatter privat unter einem notorischen Erzählzwang. Ich habe das in zahllosen Hotels, in denen wir auf unseren Fronteinsatz warteten, beobachten können. Es braucht nur ein neues Gesicht dazuzukommen, und schon wird dieselbe Geschichte noch einmal erzählt. Wenn dann auch noch der Alkohol die Zuhörer zu einer einzigen Resonanzmasse verschmilzt, ist die Gefahr, sich bis zur Lächerlichkeit zu wiederholen, besonders groß.

So mochte es Fred mit mir ergehen. »Warum sind bloß die anderen nicht so clever wie Du?« Oder: »Soll *ich* jetzt weitererzählen?« Oder: »Überlebst Du auch dieses Mal?« Das waren kleine Bemerkungen, auf die ich in Freds Anwesenheit immer gefaßt sein mußte. Mir ging es mit ihm nicht viel anders. Es fing schon damit an, daß er meist dasselbe kochte, ein chinesisches Eintopfgericht. Es schmeckte gut, und ich hatte den Eindruck, daß seine Freunde gerade deshalb besonders gern zu ihm kamen, weil sie wußten, was sie erwartete. Die Nachspeise war abwechslungsreicher, weil sie meist jemand mitbrachte. Aber da war noch eine andere Sache, in der sich Fred von mir gar nicht so sehr unterschied. An den hellblau gestrichenen Wänden seines Wohnzimmers gab es nur eine einzige Dekoration, eine Kaktuswurzel aus New Mexico. Sie schien aus dem Rahmen der Schlafzimmertür herauszuwachsen und schlängelte sich zum Fenster. Fred hatte sie so geschickt befestigt, daß nicht zu sehen war, was sie an der Mauer hielt. Immer wieder lieferte sie den Anlaß für Fragen. Und dann erzählte Fred von seiner Heroinsucht und vom Überlebenscamp in New Mexico. Er ging dabei in alle

Einzelheiten. Wenn sein deutscher Wortschatz nicht aus-
reichte, mußte ich dolmetschen. Da konnte es schon vorkommen, daß auch ich einmal zu seinen Zuhörern sagte:
»Keine Angst, die Franzosen werden ihn beschützen.« Er
nahm mir das nicht übel.

Beruflich war Fred gut vorangekommen. Er arbeitete in
der Klatschabteilung mittlerweile als Kameramann. Der
Opernball war das erste Ereignis, bei dem wir beruflich zu-
sammenarbeiteten. Sosehr ich mich anfangs dagegen gewehrt hatte, die Sendeleitung zu übernehmen, so sehr
klemmte ich mich nun dahinter, daraus etwas Großes zu
machen. Um die Einladungen brauchte ich mich nicht
mehr zu kümmern. Der Bundeskanzler und der Bundespräsident hatten ihren Protokollstreit zumindest nach
außen hin beigelegt. Sie verschickten einen gemeinsamen
Einladungsbrief für informelle Logenbesuche. ETV-Paris
nannte die ersten Namen von Prinzessinnen, Prinzen,
Showstars und Politikern, die beim großen europäischen
Spektakel dabeisein würden. Von da an bedurfte es keiner
Einladungen mehr. Schon Anfang November war die Oper
offiziell ausverkauft. Die Warteliste wurde täglich länger.
Für spezielle Gäste gab es ein Reservekontingent an Logen
und Tischplätzen. Die Opernballdame, die in früheren
Jahren für den Ablauf verantwortlich gewesen war, achtete
darauf, daß die traditionellen Ballgäste auch diesmal zu
ihren Karten kamen.

Einer meiner Mitarbeiter hatte sich mit einem Team
nach Sarajewo begeben, wo, trotz mittlerweile stationier-
ter UNO-Truppen, erneut Kämpfe ausgebrochen waren.
Eine Kollegin schickte ich nach Mostar. Nicht weil es dort,
außer ein paar Wohnhäusern auf der Westseite, noch etwas
zu zerstören gegeben hätte. In Mostar wurde, trotz der
neuen Gefechte ringsum, unter der Leitung eines Deutschen der Wiederaufbau geplant. Mein Instinkt sagte mir,
das könne nicht gutgehen. Einen neu eingestellten Mitar-

beiter schickte ich in den Kaukasus, um erste Recherchen anzustellen. Die eigentliche Reportage nahm ich mir als erstes Projekt nach dem Opernball vor.

Von Redaktionskonferenzen und internen Problemen abgesehen, konnte ich mich darauf konzentrieren, für den 21. Februar, den Ballabend, ein Regiekonzept zu erstellen. Wie viele Kameras werden wir brauchen? Wo werden wir sie aufstellen? Wer leitet die Technik? Wie viele Mitarbeiter braucht er? Wie viele Sendewagen? Welche Gesellschaftsreporter sind für den Ballabend einsetzbar, ohne daß es peinlich wird? Wer muß unbedingt interviewt werden? Welche Einspielungen sind vorzubereiten? Welche Reisen zu organisieren? Das TV-Publikum will den Leuten nicht einen Abend lang beim Tanzen und Reden zuschauen. Wenn eine Prinzessin interviewt wird, will man auch ihr Schloß sehen, ihr Personal und, wenn möglich, ihr Badezimmer. Man will sehen, wie sie sich für irgend etwas Karitatives einsetzt, für Kriegskinder, oder Pelztiere. Hinzu kamen gewisse Vorgaben aus Paris. Woche für Woche wurde die Sendezeit zugunsten von Werbeeinschaltungen eingeschränkt.

Ein deutscher Getränkefabrikant, beim Opernball angeblich Stammgast, hatte sich gleich in alle Werbeblocks eingekauft. Mit einer Bedingung: Er wollte beim Ball auch interviewt werden. Die Firma trug seinen Namen. Ich sagte: »Das mache ich nicht. Wir zerstören unser Image.«

Aber die Millionen wogen schwer. Ich mußte mir einen Ausweg einfallen lassen. Schließlich fragte ich Fred. Er lachte mich aus. Dann antwortete er: »Ganz einfach. Ihr bestellt einen echten Interviewpartner in seine Loge und erwähnt während des Gesprächs der Höflichkeit halber auch den daneben sitzenden Gastgeber.«

Die Idee war gut. Ich rief den Präsidenten der Industriellenvereinigung an. Er fühlte sich geehrt, daß wir ihn beim Opernball, trotz der Anwesenheit so prominenter ausländischer Gäste, interviewen wollten. Der Getränke-fabrikant wiederum freute sich, daß wir ihm die Bedeutung eines Mannes verpaßten, bei dem die höchsten Industriebosse ein und aus gehen.

Besonders hatte ich auf den europäischen Kontext zu achten. Mir fehlte Prominenz aus Skandinavien und Großbritannien. Der Prince of Wales hatte absagen lassen. Auch hier hatte Fred eine gute Idee. Er meinte: »Wer Lord Darlington nicht zum Sprechen bringt, hält sich an seinen Butler, Mr. Stevens.«

Wer war der Mr. Stevens des englischen Königshauses? Diane Spencer? Sarah Ferguson? Oder gar Princess Margaret? Es stellte sich heraus, daß sie alle schon auf dem Opernball gewesen waren und bis heute von der Erinnerung geplagt wurden, fast zertrampelt worden zu sein.

Michel Reboisson hatte anfangs so getan, als würde es reichen, für die Vorbereitung des Opernballabends und den Abend selbst meine Abteilung mit der Klatschabteilung zusammenzulegen. Er mußte seinen Irrtum bald einsehen. Allein um die geplanten Interviews einigermaßen lebendig gestalten zu können, brauchte ich Dolmetscher für acht Sprachen. Sonst wäre die Sendung eine Aufeinanderfolge von englischen Standardsätzen geworden, die sich nur im Akzent unterschieden hätten: »It's nice.« »I'm happy to be here.« »It's a great event.« »A wonderful house.« »I like music and waltz.« Blablabla.

Solcher Sprachmüll war ohnedies kaum zu vermeiden. Aber er konnte durch geschickte Fragen begrenzt werden. Dazu brauchte ich nicht nur versierte Dolmetscher, sondern auch kompetente Reporter. Ich sammelte zusätzliches Personal in anderen Abteilungen des Hauses. Von der Sportabteilung holte ich vor allem Kameraleute und Techniker. Die kannten sich in den technischen Problemen einer solchen Großveranstaltung besser aus als alle anderen. An die Mikrophone ließ ich sie nicht ran. Die Abteilung *EC-Politik* sollte sich vor allem um die Interviews mit Politikern kümmern. Ich bezog sie schon in die Planung mit ein, weil ich den endlosen Kampf mit den Pressesprechern der beiden Regierungsköpfe allein nicht mehr durchgestanden hätte. Auch wenn diese sich schließlich auf ein gemeinsames Protokoll geeinigt hatten, hieß das noch lange nicht, daß ich sie los war. Jetzt begann ein Gerangel darüber, welches der protokollierten Ereignisse ins Bild kommen sollte. Der Smalltalk des Bundeskanzlers mit dem französischen Außenminister, oder der des Bundespräsidenten mit dem Prinzen von Kuwait? Beide waren exakt zur selben Zeit angesetzt. Hinzu kamen die Pressesprecher der Minister, die sich, wenn auch in erträglicherem Maße, darum bemühten, die Gesichter ihrer Auftraggeber ins Bild zu bringen. Eine Ausnahme bildete die Familienministerin. Sie hatte keinen bescheideneren Wunsch, als die Frau des amerikanischen Präsidenten in ihrer Loge zu Gast zu haben. Da sie dazu nicht in der Lage war, sollten wir das für sie arrangieren.

Dagegen waren die Showstars scheu wie Iltisse. Keiner von ihnen zeigte von sich aus Interesse an Interviews. Wenn wir allerdings den einen oder anderen für ein Live-Gespräch zu gewinnen suchten, konnten wir sicher sein, daß am nächsten Tag ein Agent anrief und fragte, wieviel wir zu bezahlen gedächten. Die Opernsängerin Catherine Petit interviewte ich persönlich. Ich hatte zu dieser Zeit genug von den endlosen Besprechungen und Telefonaten, ich brauchte frische Luft. Mit doppelter Besetzung, also mit zwei Kameras, flog ich nach Basel. Fred war mit von der Partie. Es war unsere erste berufliche Zusammenarbeit. Meine Sorge, es könnte zu einem Krach kommen, war unbegründet. Fred tat nicht nur alles, was ich von ihm verlangte, er bot darüber hinaus andere, ungewöhnliche Perspektiven an.

Am Nachmittag waren wir mit dem Schriftsteller Rolf

Hochhuth verabredet. Er hatte sich nicht entscheiden können, ob er zum Opernball kommen wolle. Und er wußte es auch jetzt noch nicht. Während Rolf Hochhuth noch in seinem Arbeitszimmer war, bot uns seine Frau Kaffee an. Sie fragte Fred, welche Art von Literatur er lese. Dann kam der Schriftsteller. Er erzählte, daß ihm in Deutschland ein übler Streich gespielt werde. Ausgerechnet jenem Theater, das seine Stücke am häufigsten aufführe, seien die Subventionen gekürzt worden. Dann erkundigte er sich nach den Einschaltquoten von ETV. Als wir endlich vom Opernball sprachen, fragte er: »Wer wird sonst noch kommen?«

Ich zählte bekannte Namen auf, soweit sie schon feststanden.

»Ah, der französische Außenminister«, sagte er, um gleich danach fortzufahren: »Naja, an De Gaulle reicht keiner von denen heran.«

Er konnte sich noch immer nicht entscheiden. Einerseits wollte er durchaus interviewt werden und beim Opernball seinen Auftritt haben, andererseits zweifelte er, ob das die richtige Gesellschaft für ihn sei. Ihm fehlten die Intellektuellen. Dann fragte er mich zu meiner Überraschung: »Wird mich wenigstens der Bundeskanzler empfangen?«

Davon war natürlich nicht die Rede.

»Kreisky hätte mich empfangen. Er war der letzte Bundeskanzler mit Weitblick. Heute wollen sie alle nur noch ins Fernsehen.«

Mir war klar, daß es keinen Sinn hatte, ihn zu überreden. Er gab mir aber auch keine klare Absage. Wir drehten dennoch ein kurzes Interview über seine Beziehung zu Wien und über das neue Stück, an dem er eben schrieb. Fred legte sich mit der Kamera auf den Boden, was dem Dichter eine imposante Gestalt verlieh. Als wir gingen, sagte ich: »Sollten Sie nicht zum Opernball kommen, Herr Hochhuth, werden wir das Interview in einer anderen Sendung benutzen.«

Er schien darüber erleichtert zu sein.

Anders lag der Fall mit Catherine Petit. Während der Abendvorstellung filmten wir Ausschnitte aus *La Traviata*, danach interviewten wir die Sängerin in der Garderobe. Ich hätte sie gerne beim Abschminken gefilmt, aber sie weigerte sich. Sie schwärmte vom Wiener Opernpublikum. Es stellte sich heraus, daß sie vom Geschäftsmann Richard Schmidleitner zum Opernball eingeladen worden war. Ich war der Meinung gewesen, ETV Paris würde ihr den Flug zahlen.

Catherine Petit sollte mir bei der Live-Übertragung insofern Ärger bereiten, als sie die einzige war, die trotz sicherer Zusage nicht erschien. Ich spielte, zur vereinbarten Zeit, etwa um Null Uhr vierzig, das Interview ein. Es war nach einer chaotischen halben Stunde, in der mein gesamtes Konzept durcheinandergeraten war, der erste Programmpunkt, der wieder mit dem Regieplan übereinstimmte. Während das Interview lief, sagte die zuständige Kamerafrau ins Kopfmikrophon, sie könne Catherine Petit nicht finden. Offenbar sei sie noch gar nicht eingetroffen. Ich gab die Nachricht sofort an unseren Moderator weiter, der es verstand, die Einspielung als Kostprobe einer zu erwartenden Delikatesse anzupreisen. Ich dachte, Catherine Petit sei in den Demonstrationswirren steckengeblieben. Später erfuhr ich, es waren nicht die Demonstranten, es war ein übereifriger Zollbeamter, der ihr das Leben rettete.

Daß der Generaldirektor Michel Reboisson zum Opernball in Wien sein würde, hatte ich als selbstverständlich angenommen. Im Dezember schickte ich an sein Büro ein Fax mit der Frage, wie viele Plätze ich für ihn reservieren solle und welche Loge ihm am liebsten sei. Ich faxte auch einen Plan, auf dem ich alle Logen, die noch zu unserer Disposition standen, ankreuzte. Am nächsten Tag rief mich unser Wiener Geschäftsführer an. Michel Reboisson werde vom 15. bis zum 18. Jänner hier sein. Aber zum

Opernball werde er nicht kommen. Eine Loge nach meiner Wahl solle aber bis zuletzt für mögliche Gäste des Generaldirektors bereitgehalten werden.

Zwar hatte ich erwartet, Michel Reboisson würde mir persönlich antworten. Daß er statt dessen dem Geschäftsführer Bescheid gab, war aber so ungewöhnlich nicht. Schließlich kannte er ihn wesentlich länger als mich und hatte beruflich ständig mit ihm zu tun.

Weihnachten verbrachte ich mit Fred in London. Es war, abgesehen von unseren Flügen nach Moab und Basel, unsere erste und einzige gemeinsame Reise seit seiner Kindheit. Wir wohnten bei meinen Eltern. Fred verbrachte zwei Tage bei seiner Mutter. Ich kam nicht mit. Ich hatte nicht einmal Lust, mit ihr zu telefonieren. Fred war erwachsen. Mit Heather hatte ich nichts mehr zu besprechen.

Meine Mutter zog alle Register ihrer Kochkunst. Sie briet einen Truthahn, sie kochte einen Yorkshire Pudding, sie marinierte Forellen. Wie in Kindheitstagen saß ich am kleinen Küchentisch und schaute ihr zu. Sie stellte unendlich viele Fragen. Ich mußte ihr meine Wohnung beschreiben und mein Büro. Sie interessierte sich für mein Privatleben. Dann wollte sie alles über Fred wissen. Schließlich sprachen wir über Jugoslawien, Ungarn, Rumänien, die Slowakische Republik und erreichten so über Umwege jenen Ort, der sie am meisten interessierte, Prag. Irgendwann war dann dieser herrliche Geruch von Ischler Bäckerei im Raum, und mir kam es plötzlich vor, als wäre ich aus diesem Haus nie fortgegangen.

Beim Mittagessen am Weihnachtstag, als Fred bei Heather war, erzählte mein Vater von seiner Kindheit in Wien. Während wir die Vorspeise, schottischen Lachs, aßen, füllte sich der Raum mit ganz anderen Erinnerungen, als ich sie bisher von ihm gehört hatte.

»Das Weihnachtsfest haben wir nicht gefeiert. Auch

nicht Chanukka. Aber die Hausgehilfin war am Abend des 5. Dezember als Krampus verkleidet und brachte Geschenke. Ich erkannte sie, trotz ihrer Teufelsmaske. Und doch war ich nie ganz sicher. Unser großes Familienereignis war das Pessachfest. Meine Eltern fuhren mit mir nach Preßburg zu den Großeltern. Obwohl man die ganze Woche kein gesäuertes Brot essen durfte, ging meine Mutter mit mir zwischendurch in die Innenstadt und kaufte mir heimlich ein Kipferl. Meine Großeltern durften das nicht erfahren. An den beiden Sederabenden saßen alle Onkel, Tanten, Cousins und Cousinen um einen großen Tisch. Es wurde ein eigenes, nur für dieses Fest bestimmtes Geschirr aufgetragen. Ich durfte vom koscheren Wein kosten. In der Mitte des Tisches stand ein gefülltes Weinglas für den Propheten Elias. Während mein Großvater aus einem bunt bebilderten, hebräischen Buch die Haggadah vorlas, schaute ich immer wieder auf das Weinglas, um den Moment, wenn Elias daraus trinkt, nicht zu versäumen. Im Laufe des Abends kam es mir vor, als ob der Wein tatsächlich weniger geworden wäre. Ich war stolz, wenn ich dann die zehn Fragen stellen durfte. ›Wodurch ist ausgezeichnet diese Nacht vor allen anderen Nächten?‹ Und die Erwachsenen erzählten von der Sklaverei und vom Auszug unseres Volkes aus Ägypten. Nach langen Geschichten kam dann der Moment, in dem ich das versteckte Stück Matze suchen durfte. Wenn ich es gefunden hatte, was nicht schwer war, wurde ich mit Geschenken überhäuft, und ich war der glücklichste Mensch, den man sich denken kann.«

Mein Vater lachte. »Es war eine andere Welt. Ich habe bei den Großeltern ein wenig hineinschnuppern können – dann war sie entschwunden.«

»Du hättest doch die Tradition in irgendeiner Form wiederaufnehmen können.«

»Ich bin kein religiöser Mensch. Man kann das nicht

nachstellen. Und ohne das heimliche Kipferl am Preßburger Hauptplatz würde jede Spannung fehlen.«

Es war, als wäre unser Gespräch an eine Glaswand gestoßen, hinter der alles sichtbar, aber nichts mehr benennbar war. Das Besteck kratzte auf den Porzellantellern, die Gläser erzeugten, wenn man sie abstellte, einen ungebührlichen Lärm. Ich hatte unendliche Lust, ein Glas mit Wein zu füllen und es in die Mitte des Tisches zu stellen. Aber gleichzeitig sagte ich mir: Das ist nicht der Augenblick, sich selbst zu beschwindeln.

Als wir Stilton und Cheddar aßen, beendete meine Mutter das Schweigen.

»Da Kirk es Dir noch nicht gesagt hat, sage ich es. Wir werden im Mai nach Wien kommen. Kirk hat wieder eine Einladung erhalten. Diesmal nimmt er mich mit.«

»Der Kunstminister persönlich hat mich eingeladen«, sagte mein Vater. »Ich soll wieder eine Rede halten. Warte, ich zeige Dir den Brief.«

»Nein«, sagte ich. »Bleib sitzen. Sag mir, was drin steht.«

»Sie feiern Befreiung und Staatsvertrag gemeinsam. Aber im Brief steht nicht Staatsvertrag, sondern Wiedererlangung der Souveränität. Ich muß Dir das zeigen.«

Wieder wollte mein Vater aufstehen, was ihm große Mühe machte.

»Ich hole den Brief. Sag mir, wo er liegt.«

»Auf dem Schreibtisch.«

Ich war schon am Hinausgehen, da kam mir ein Gedanke, und ich drehte mich noch einmal um.

»Kommt doch schon im Februar, zum Opernball. Wenn Ihr gleich zusagt, kann ich Euch noch Karten besorgen.«

Meine Mutter wäre vielleicht dafür zu gewinnen gewesen. Mein Vater wollte davon nichts wissen. Ich dachte, er habe einfach eine Abneigung gegen den Opernball. Aber als ich in die Bibliothek kam, sah ich neben der Tür ein Metallgestell mit Rädern. Es war eine Gehhilfe. In meiner

Anwesenheit benutzte er sie nicht. Seine Knie hatten sich in den letzten Monaten deutlich verschlimmert. Er ging nur mehr ganz langsam.

»...feiert die Republik den fünfzigsten Jahrestag der Befreiung vom Nationalsozialismus und den vierzigsten Jahrestag der Wiedererlangung der Souveränität ... möchte ich Sie, sehr geehrter Herr Professor Fraser, im Namen der Bundesregierung herzlich einladen, bei der Feier im Konferenzzentrum eine Rede von zehn bis fünfzehn Minuten zu halten. Ich möchte Ihnen nicht verhehlen, daß Sie damit auch einen persönlichen Wunsch von mir erfüllen würden. Der Bundesminister für Kunst.«

Ich las den Brief zweimal durch, konnte aber nichts Falsches darin finden. Der Staatsvertrag bedeutete ja schließlich die Wiedererlangung der Souveränität. Doch mein Vater vermißte dieses Wort.

»Früher waren sie so stolz auf ihren Staatsvertrag und haben sich immer darauf berufen, jetzt sprechen sie nur noch von Souveränität.«

Ich hielt die Formulierung für Zufall. Mein Vater sah schließlich ein, daß ich recht haben könnte.

Es waren ausgesprochen träge Weihnachtstage. Ich hatte mich schon lange nicht so entspannt. Ich las, schaute fern, ging spazieren und ließ mich verwöhnen. Nach den Mahlzeiten stand mein Vater in der Küche. Ich reichte ihm das Geschirr, er spülte es bedächtig ab und ordnete es in das danebenstehende Drahtgestell zum Trocknen ein. Gelegentlich nahm er einen Teller zurück und wusch ihn noch einmal. Ich schlug vor, eine Geschirrspülmaschine anzuschaffen.

»Wozu denn?« sagte er. »Ist doch eine schöne Arbeit.«

Fred war unterwegs, um alte Freunde wiederzusehen. Am Abend kam er zurück und erzählte, daß einer von ihnen an einer Überdosis gestorben sei.

»Habe ich ihn gekannt?« fragte ich.

»Ja, Du hast ihn gekannt. Er hatte ein grünes Spinnennetz im Gesicht. Er war es, der mir damals sagte, daß Du
mich suchst.«

Zwei Wochen später war Michel Reboisson in Wien. Wir
hatten große Dienstbesprechung. Alle, die mit dem Opernballprojekt zu tun hatten, nahmen, soweit sie sich freima-
chen konnten, daran teil. Michel Reboisson war ein lebhaf-
ter, kleiner Mann mit dunklem Teint. Er stand auf, bevor er
zu sprechen begann, und wartete, bis alle ihm zuhörten.
Seine Worte unterstrich er mit heftigen Hand- und Kopfbewegungen. Er sagte, daß die französischen Politiker
nicht davon begeistert seien, Wien zum Drehpunkt Europas zu machen. Deshalb werde außer dem Außenminister
niemand kommen. Aber ETV werde das Projekt auch politisch durchziehen. Die Zeit der großen Diplomaten sei vorbei. Heute sei es die Aufgabe der Medien, politische Kontakte herzustellen und Vermittlungsarbeit zu leisten. An
einmal geschaffenen Tatsachen komme niemand vorbei,
nicht einmal kleinkarierte Politiker.

Michel Reboisson legte das Sakko ab. Er trug eine auf-
fällige, grell gemusterte Krawatte. Während er stand und
sprach, schob deren unterer Zipfel die auf dem Tisch liegenden Papiere hin und her. Ich wartete darauf, bis die ersten Seiten vertauscht wären. Es kam nicht dazu. Er setzte
sich, und ich mußte mein Regiekonzept erläutern. Er
stellte ein paar Fragen, war aber im großen und ganzen angetan. Er nannte es einen *Big Deal*. Ich sagte, daß wir in
der technischen Abwicklung noch einen Engpaß hätten. Es
werde sicher kompliziert werden, vom öffentlichen Rundfunk Kameras und Mischpulte zu leihen.

»Was immer Ihr noch braucht, könnt Ihr von Paris
haben.«

Damit entschwand er mit unserem Geschäftsführer.
Ganz gegen meine Erwartung hielt er eine Einzelbespre-

chung mit mir offenbar für überflüssig. Ich hätte ihn gerne unter vier Augen gefragt, wie ich mit der rechtsradikalen Partie verfahren soll, mit Bärenthal, Mussolini und Brunot. Sollte ich sie zwischendurch ins Bild bringen, oder einfach ignorieren? Dann dachte ich mir jedoch, vielleicht ist es besser, ich frage ihn nicht. Am Ende muß ich die Wahnsinnigen auch noch interviewen.

Dennoch sah ich Michel Reboisson ein zweites Mal, und zwar am Abend des nächsten Tages. Ich war mit Antonia Rados, einer Kollegin von RTL, in einer Bar in der Sonnenfelsgasse verabredet. Sie wollte am nächsten Tag nach Bukarest fahren. Ich sollte ihr die Adresse des Schriftstellers Mircea Dinescu mitbringen, hatte sie aber im Büro vergessen. So fuhr ich um etwa zehn Uhr abends im Taxi noch einmal zum Büro. Vor dem Haupteingang des ETV-Hauses stand ein anderes Taxi. Wir waren von der entgegengesetzten Seite vorgefahren, so daß sich die Scheinwerfer der beiden Autos nun anleuchteten. Im Fond des anderen Wagens saß ein Mann. Vielleicht auch eine Frau. Ich konnte es nicht genau erkennen und achtete beim Aussteigen dann nicht mehr darauf. Der Nachtportier sah fern. Er blickte kurz auf und grüßte. Vor dem Lift mußte ich eine Weile warten. Da ging die Tür auf, und heraus kamen Michel Reboisson und unser Geschäftsführer. Beide wirkten verlegen. Und ich war es auch, weil die Begegnung so unerwartet kam.

»Sie gehen noch einmal arbeiten?« fragte der Geschäftsführer.

»Ich habe nur etwas vergessen.«

»Ja, dann gute Nacht.«

»Bonne nuit.«

Im Büro lag auf meinem Schreibtisch die dicke Mappe mit dem Regiekonzept und allen technischen Plänen, darunter auch den Bauplänen der Staatsoper, die ich von der Feuerpolizei erhalten hatte. Ich warf einen Blick in die

Mappe und ließ dabei die Seiten an den Fingern vorbei-
gleiten. Ein zusammengefalteter Bogen, den ich immer
wieder für Besprechungen mit der Technik benötigte,
hatte, um ihn schnell greifbar zu haben, immer ganz unten
gelegen. Es handelte sich dabei um die Schaltpläne der
Sendewagen. Nun lagen aber die Baupläne der Staatsoper
unten.

Damals habe ich dem Ganzen keinerlei Bedeutung beigemessen. Heute, in einem schäbigen Hotel in Tskhinvali,
der Hauptstadt Südossetiens, will mir die Sache nicht aus
dem Kopf. Anstatt mich um Interviews über das prekäre
Verhältnis der Südosseten zur georgischen Zentralregie-
rung zu kümmern – im Moment funktioniert sogar das
Telefon, ich könnte Termine vereinbaren –, höre ich auf
meinem kleinen Kassettenrecorder die Gespräche ab, die
ich im letzten Monat geführt habe. Dabei wird mir die
Rolle von ETV immer mehr zum Rätsel. Es ist durchaus
möglich, daß ich die Mappe bei der Besprechung am Nachmittag, als ich einige Blätter daraus herzeigte, selbst in Unordnung gebracht habe. Und es kann hundert Gründe
dafür geben, warum Michel Reboisson nicht zum Opernball nach Wien kam. Dennoch, die Frage verfolgt mich:
Hat ETV irgend etwas mit dem Anschlag zu tun gehabt?
Hatte Michel Reboisson einen Hinweis? Der Gedanke hat
etwas Verrücktes. Ich habe keinen einzigen Anhaltspunkt.
Soll ich zur Polizei gehen und sagen: »Ihr wißt mittlerweile, wer die Täter waren. Aber ich habe da noch einen
anderen Hinweis: Meine Papiere waren in Unordnung. Es
kann freilich sein, daß ich sie selbst durcheinanderge-
bracht habe.«

Seit ich in Kroatien beobachtet habe, wie ein toter Soldat
in Zivil gekleidet und zum Filmen auf die Straße gelegt
wurde, traue ich diesem Geschäft alles zu. Warum hat
mich Michel Reboisson im selben Telefongespräch, in dem
er mir zum Tod von Fred kondolierte, beauftragt, das Ge-

samtmaterial zu einer Dokumentation von 115 Minuten zu schneiden? Warum ausgerechnet mich, wo er doch wußte, in welcher Verfassung ich war. Saß ich vielleicht deshalb im Regiewagen, um später für die Dokumentation verfügbar zu sein? Hätte ich nicht Regie geführt, wäre ich zweifellos als Reporter für osteuropäische Politiker in der Oper gewesen – und wäre nun ein toter Mann.

Einen Monat lang habe ich vergeblich an der Dokumentation gearbeitet. Freds Tod stand dabei so im Mittelpunkt, daß ich nicht in der Lage war, sie fertigzustellen. Ich nahm mir Urlaub und stellte private Recherchen an. Jetzt, da die Dokumentation drauf und dran ist, das größte Filmgeschäft der Geschichte zu werden, frage ich mich, ob da nicht jemand vom selben Instinkt geleitet wurde wie ich, wenn ich meine sensationsträchtigen Reportagen machte. Dazu hätte es eines Hinweises bedurft. Kein Mensch kommt von selbst auf die Idee, den Opernball zu filmen, weil sich dort eine Katastrophe anbahnen könnte. Ich sollte mich nicht selbst verrückt machen, sondern lieber Termine mit südossetischen Politikern vereinbaren. Falls das Telefon noch funktioniert.

Richard Schmidleitner, Fabrikant

Zweites Band

Kommerzialrat Schwarz habe ich etwa um elf Uhr in seiner Loge besucht. Allein, Jan Friedl wollte nicht mitkommen. Er werde beim Kunstminister vorbeischauen, sagte er. Ich glaube nicht, daß er es getan hat. Eher hat er darauf gewartet, daß der Kunstminister bei ihm vorbeischaut. Ich ging also zur Schwarz-Loge, die lag einen Stock höher. Dort saß, eng zusammengedrückt wie Heringe im Glas, die ganze Familie. Die jüngere Tochter war gerade tanzen. Ich setzte mich auf ihren Platz. Sie tranken Zwettler Meßwein aus dem klösterlichen Gut in Gobelsburg. Zuerst sprachen wir über die Flugblätter. Auch sie wußten nichts Genaueres darüber. Die Zettel waren von oben ausgestreut worden. Als wir mit den Gläsern anstießen, sagte der Kommerzialrat, zum Feiern gebe es Grund genug, denn er habe das Geschäft mit dem Schweizer Discounter in der Tasche.

»Ich auch«, antwortete ich, eine Schrecksekunde später. Ich habe ihm nicht geglaubt.

Der Discounter bereitete die Eröffnung von zwölf Filialen vor, jeweils mit einer großen Abteilung für Frischgebäck. Um den Vertrag wurde in der Branche hart gepokert. Ich bin bei unserem Angebot ans Limit gegangen, aber verschenken kann ich mein Brot natürlich nicht. Von den benötigten Mengen her kamen nur wenige Großbäckereien in Frage. Die Floridsdorfer hatte ich eigentlich ausgeschieden. Ich war mir sicher, sie unterboten zu haben. Eher witterte ich Gefahr durch zwei Bundesländerbäckereien, die gegen die Zusage von saftigen Regionalförderungen ein paar neue Arbeitsplätze versprechen könnten. So läuft das. Die lassen sich jeden Arbeitsplatz teuer bezahlen. Kaum ist das Geld verbraucht, ist auch der Arbeitsplatz verschwunden. Kommerzialrat Schwarz wollte also den Zuschlag gekriegt haben, sagte er so nebenbei auf dem Opernball, wie jemand, dem beim Anstoßen einfällt, daß seine Schwester Namenstag hat. Es konnte nicht stimmen. Außerdem sollte die Entscheidung darüber erst eine Woche später fallen. Sein Lachen war dennoch irritierend.

Während wir über andere Dinge sprachen, dachte ich darüber nach, welche Mittel er eingesetzt haben könnte, um die Entscheidung früher und zu seinen Gunsten zu erzwingen. Mit Provisionen war er geizig geworden, er hatte einige Male draufgezahlt. Andererseits gelten auch viele

Schweizer Geschäftsleute als geizig und damit als provisionabel. Es gibt die alte Scherzfrage, warum der Emmentaler Löcher hat. Antwort: Darin waren die Provisionen versteckt. Eine wahrscheinlichere Lösung schien mir zu sein, daß es Nebengeschäfte geben könnte. Sein Sohn war nicht ohne Erfolg in der Fotobranche tätig. Ich hatte mir gerade vorgenommen, den jungen Schwarz ein wenig nach seinen Geschäften zu fragen, da fing der Kommerzialrat an, von seiner Geschäftsausweitung zu reden. Er erzählte mir, daß er Neueinstellungen nur beim Reinigungspersonal für die Maschinen vornehme, dafür aber länger beschäftigtes Reinigungspersonal nach und nach in die Produktion übernehme. Die bräuchten dann nicht mehr lange angelernt zu werden, weil sie mit den Vorgängen schon vertraut seien.

Neulich habe er wegen der Betriebserweiterung, mir wurde langsam der Ernst der Lage bewußt, wieder ein paar Reinigungsstellen ausgeschrieben. 149 Bewerbungen habe es gegeben. Mit allen sei telefonisch Rücksprache gehalten worden, bis man schließlich vierzehn ausgewählt und zum persönlichen Gespräch geladen habe. Es gehe um acht freie Stellen für Ausländerinnen. Inländerinnen seien für den Reinigungsjob ohnedies nicht mehr zu kriegen, weil sie in falschen finanziellen Vorstellungen lebten. Gerne hätte ich ihm beigepflichtet, wäre da nicht dieses drückende Gefühl gewesen, daß er mir damit etwas ganz anderes sagen wolle.

»Auf heute vormittag um elf Uhr«, fuhr er fort, »waren die Bewerbungsgespräche angesetzt. Ich wollte das noch schnell hinter mich bringen. Was meinen Sie« – wir haben uns auf einer Feier der Industriellenvereinigung vor langer Zeit darauf geeinigt, beim Sie zu bleiben – »was meinen Sie, wie viele gekommen sind?«

»Nur die Hälfte«, antwortete ich und war plötzlich überzeugt davon, daß er mir das abgeschlossene Geschäft nur vorgaukeln will, um mich in der entscheidenden letzten Phase davon abzuhalten, weitere Vorstöße zu unternehmen. Meine Beziehung zu Ihrer Hoheit war schließlich in den Zeitungen immer wieder Klatschthema gewesen. Also mußte er vermuten, daß ich häufig in die Schweiz fahre, was es mir, und da lag er ja gar nicht so falsch, zweifellos erleichterte, persönliche Kontakte zur Generaldirektion des Discounters zu knüpfen. Er wollte mich austricksen.

»Wahrscheinlich nur die Hälfte«, sagte ich, »bei mir ist es nicht anders.«

»Nicht eine Menschenseele«, jammerte er und streckte dabei den Zeigefinger hoch, »nicht eine Menschenseele ist heute um elf erschienen. 149 Bewerbungen und nicht ein Kopftuch kommt zum Interview. Aber über die Arbeitslosigkeit jammern. Wie soll ich das verstehen?«

»Wahrscheinlich ist das Lohnniveau für Reinigungspersonal bei Ihnen nicht höher als bei mir«, sagte ich.

Er war einen Moment verdutzt. »Aber bevor ich gar nichts habe? Da gehe ich doch lieber putzen. Denen wurde am Telefon ausdrücklich gesagt, daß es längerfristig Aufstiegschancen gibt.«

»Ich würde es auch nicht machen«, sagte ich. Jetzt gefiel mir sein Gesicht.

»Siehst Du«, sagte seine Frau mit dem stadtbekannten Herz für ausgesetzte Babies, »ich habe Dir immer gesagt, daß die zuwenig verdienen.« Sie hatte vorher ihre tanzende Tochter beobachtet und sich nun unserem Gespräch zugewandt.

»Aber das hat doch damit nichts zu tun«, fuhr sie der Kommerzialrat an. »Hat je eine unserer Arbeiterinnen ihr Baby zu Deinem Hilfsfonds gebracht?«

»Das kannst Du nicht wissen«, sagte sie. »Es gibt genug Frauen, denen es gelingt, ihre Schwangerschaft zu verbergen. Wir kriegen ja auch hauptsächlich so Hascherl von zweieinhalb Kilo.«

Ich muß gestehen, daß mir die Situation nicht unangenehm war. Jedermann wußte, daß Kommerzialrat Schwarz mittlerweile mit dem Hilfsfonds seiner Frau die größten Probleme hatte. Als das *Zentrum für elternlose Babies*, vom Voksmund Findelkindagentur genannt, gegründet wurde, damals, als an einem Tag in Wien gleich drei Babies ausgesetzt wurden, waren alle Zeitungen voll des Lobes für die Frau Kommerzialrat, die nur noch mit fremden Babies im Arm abgebildet wurde. Es fiel auch genügend PR für die Floridsdorfer Bäckerei ab, die ein paar Brosamen an die hilflosesten der Armen verstreute, so daß das Medienlächeln von Kommerzialrat Schwarz vermutlich nicht einmal angestrengt war. Bald jedoch setzte Kritik ein, die dem Lächeln des Kommerzialrats deutlich angespanntere Züge verpaßte. Seit es die Findelkindagentur gab, die ausgesetzte Babies so lange betreut, bis sich nach strengsten Fürsorgemaßstäben ausgewählte Adoptiveltern finden, stieg auch die Zahl der Findelkinder rasant an. Die Einkaufstaschen und mit Styropor ausgekleideten Schachteln wurden dem Betreuungszentrum in der Nacht regelrecht vor die Tür gestellt. Die Polizei verstärkte daraufhin ihre Patrouillen. Anfangs sogar mit Erfolg. Es wurden ein Großvater, zwei Väter, eine Mutter und ein Mann aufgegriffen, dessen Verhältnis zum mitgebrachten Baby nie geklärt werden konnte, er war jedenfalls nicht der Vater. Er sprach kaum deutsch und hatte keine Papiere. Wohin sie ihn letztlich abschoben, ist nicht bekanntgeworden. Das Kind blieb.

Es dauerte nicht lange, da fanden sich die Schachteln mit den Luftlöchern in der Nähe umliegender Straßenbahn- und Autobushaltestellen. Meist waren es Originalverpackungen von Stereoanlagen oder Fernsehgeräten, die für ein paar Stunden einen ausreichenden Wärmeschutz boten. Die kriminologische Auswertung dieser Kartonagen hat sich, selbst nach Einbeziehung der Fernsehfahndung, als hoffnungslos erwiesen, da es sich fast ausschließlich um

Verpackungsmaterial von gängigen Marken handelte, das in Einkaufszentren zuhauf herumlag und von vielen Menschen für Umzugszwecke genutzt wurde.

Selbst in der katholischen Kirche, die das Projekt von Anfang an unterstützt hatte und die Frau Kommerzialrat als Kandidatin für eine künftige Seligsprechung, als nationale Mutter Theresa, auserkoren zu haben schien, wurde bald Kritik an dem Projekt geübt, weil es zur Aussetzung von Kindern geradezu einlade und so die Unauflöslichkeit der Familie in Frage stelle. Moses, so wurde einem vorlauten Journalisten erwidert, sei bekanntlich ausgesetzt worden, bevor ihm Gott die heiligen Gesetze verkündete. Seine Erwähnung in diesem Zusammenhang entbehre daher nicht eines blasphemischen Beigeschmacks. Es wurde nicht nur im Industriellenverband immer klarer, sondern es gab auch schon erste hämische Andeutungen in den Medien, daß Kommerzialrat Schwarz das ganze Projekt am liebsten abgebrochen hätte. Doch seine Frau hatte darin ihr Steckenpferd, ja ihre Berufung gefunden. Sie wehrte sich mit Händen und Füßen gegen die Angriffe. Immer noch ließ sie sich vornehmlich mit dunkelhäutigen Babies auf dem Arm abbilden, obwohl gerade das die Spekulationen, ihr Betreuungszentrum habe einen lebhaften Babyaussetzungstourismus nach Wien ausgelöst, nur verstärkte. Unermüdlich plädierte sie für rigorosere Grenzkontrollen. Vor allem an den Süd- und Ostgrenzen des Landes vermehrten sich die Peinlichkeiten, weil in den Augen überforderter Grenzbeamter jede Familie, die mit einem Baby einreiste, als verdächtig galt.

»Sie sehen«, sagte Kommerzialrat Schwarz, »meine Frau ist eine unverbesserliche Sozialistin.«

Das war doch immerhin eine überraschende Bemerkung.

»Vor einigen Jahren«, antwortete ich und erhob mich dabei, »meinte ein junger Mann zu mir, bei den Löhnen, die ich den Arbeiterinnen zahle, sollte man meine Brotfabrik in die Luft jagen. Ich habe ihm damals geantwortet: Im Prinzip haben Sie recht.«

Die ganze Familie Schwarz sah mich ungläubig an. »Darf ich das bei der nächsten Tarifrunde zitieren?« fragte mich der Kommerzialrat, als ich ihm zum Abschied die Hand hinstreckte.

»Natürlich dürfen Sie das«, antwortete ich. »Dann wird es höhere Löhne für das Reinigungspersonal geben. Aber wir werden die Maschinenreinigung automatisieren – und Sie, gnädige Frau, können sich vielleicht über einheimischen Zuwachs freuen.«

Es tat mir gut, sie so zu verlassen. Sie würden ein wenig Mühe haben, ihre Wunden zu verstecken. Und ich hatte, nach dem üblen Trick, keine Lust, ihnen zu schmeicheln. Als ich die Loge verließ, kam mir die Tochter entgegen, eingehängt in den Arm eines rothaarigen jungen Mannes, den sie mir vorstellte. Ich achtete nicht auf seinen Namen, aber mir fiel auf, daß in seinem »Freut mich« ein französischer Akzent lag.

»Ich werde jetzt leider in meiner Loge erwartet«, sagte ich. »Später werden wir uns sicher noch sehen.«

Auf dem Weg hinab grüßte ich ein paar Bekannte, ohne mich weiter aufzuhalten. Ich nahm mir vor, schon am nächsten Tag in der Schweiz anzurufen, um mir Klarheit über den Stand der Geschäftsanbahnung zu verschaffen.

Vorerst war ich aber vor allem neugierig, wen ich in meiner Loge vorfinden würde. Es war etwa halb zwölf, als ich dort ankam. Die Loge war leer. Die Gemüsefrau von der linken Nachbarloge triumphierte: »Ich habe Dir den Künstler entführt.«

Heuer fand ich ihr Kleid, wenn ich das so ausdrücken darf, besonders daneben. Sie gab üblicherweise eine Stange Geld dafür aus. Grün mit zarten dunklen Streifen. Mit einem Band dieses Stoffes war auch das Haar hochgekno tet. Sie hieß Monika Dolezal, war etwa zehn Jahre jünger als ich. Eine echte Opernballbekanntschaft. Die Familie Dolezal hatte diese Loge schon so lange wie wir die unsrige. Ich erinnere mich noch an Monika als Debütantin. Später hat sie den Gemüsegroßhandel ihres Vaters übernommen. Sie hat nie geheiratet. In den letzten Jahren brachte sie immer eine Menge Freunde zum Opernball mit, auch Frauen. Da drüben ging es immer sehr heiter zu. Ach, die ist nicht auf der Liste? Also lebt sie noch? Da muß ich sie unbedingt anrufen. Ich habe das Jahr über mit ihr nie Kontakt gehabt, nur auf dem Opernball.

Die Dolezals. Sie waren, sind eine absolut angenehme Gesellschaft. Wenn ich die beiden Nachbarlogen vergleiche, dann waren die Dolezals wie U-Musik und die Hilzendorfers wie E-Musik, beide aber durchaus für Ausflüge in den jeweils anderen Bereich zu haben. Die Dolezals waren eigentlich keine Operngänger. Die liefen den Musicals nach. Wenn ich mich recht erinnere, ist Monika Dolezal mit ihrem Vater sogar manchmal nach London und New York zu Musical-Premieren geflogen. Wenn vom Ballorchester diese merkwürdigen Melodien gespielt wurden, die für meine Ohren alle gleich klingen, leerte sich die linke Nachbarloge. Monikas größter Wunsch war es, diesen Webber, der die meisten dieser unsäglichen Schnullermelodien verbrochen hat, zum Opernball einzuladen. Zum Glück ist es ihr nie gelungen. Jedenfalls war sie, ist sie nicht hochnäsig. Im Grunde eine arbeitsame, fleißige Familie, die sich hochgearbeitet hat. Sie haben klug investiert, soviel ich weiß, ohne größere Rückschläge. Heute beherrschen sie im Gemüsegeschäft praktisch den ganzen Osthandel. Die Monika spricht ungarisch und kann auch mit slawischen Sprachen gut umgehen. Soweit ich mich erinnere, hat sie mir auf jedem Opernball vorgeschlagen, ich solle ebenfalls in den Osten investieren. Aber ich wollte nicht. Brot hat eine zu starke Symbolkraft, um damit in

Krisenregionen florierende Geschäfte machen zu können. Niemand will fremdes Brot essen. Ich bekomme Briefe von Amerikareisenden, die wollen, daß ich ihnen unser Brot mit Luftpost zuschicke. Ich glaube nicht daran, daß die Slowaken jemals Brot aus Wien essen würden. Zwischendurch vielleicht, als exotischen Happen. Aber würde ich dort strategisch einsteigen, hätten die Slowaken das Gefühl, sie müßten nun wieder unsere Lieder singen. Würden umgekehrt die Wiener erfahren, daß wir unser Brot in der Slowakei backen, könnte sich der Floridsdorfer Kommerzialrat ins Fäustchen lachen. Der Billiglohn würde den Marktverlust nie wettmachen.

Außerdem kannte ich von der Industriellenvereinigung ganz andere Geschichten. Einige Unternehmer sind regelrecht abgestürzt. Andere konnten wir mit Mühe durch Zwischenkredite auffangen. Schuld waren meistens abgehalfterte Politiker. Kaum war ein Minister über einen Skandal gestürzt, schon reichte er eine Visitenkarte mit der Aufschrift *Consulting* herum und begann, seine Auslandskontakte dem Osthandel zur Verfügung zu stellen. Ihre Provisionen stimmten immer, die Geschäfte selten. Politische Diplomatie und Geschäftsdiplomatie sind zwei verschiedene Paar Schuh. Politiker meinen, es gehe um gute Kontakte und gute Provisionen. Das ist ein Irrtum. Bewußt schlechte Kontakte, am besten spürbare Distanz, wenn nicht gar zeitweilige Unerreichbarkeit, und knausrige Provisionen sind dem Geschäft wesentlich dienlicher. Beides stellt die Ware in den Vordergrund und nicht den Kaufakt. Der Geschäftspartner soll das Gefühl haben, daß meine Ware so gut ist, daß ich es nicht nötig habe, sie ihm anzudrehen.

Bei Monika Dolezal ist das anders. Wenn die zu den Bauern geht, glaubt man, sie ist selbst eine Bäuerin. Sie trinkt mit ihnen Barack und singt ihnen ihre eigenen Lieder vor. Die östlichen Handelsketten hat sie einfach links liegenlassen und langsam ausgeblutet, indem sie sich mit den Bauern arrangierte. Hätte sie sich von einem ehemaligen Politiker beraten lassen, hätte sie jeden dahergelaufenen Wichtigtuer mit Provisionen schmieren müssen, und herausgekommen wäre letztlich gar nichts.

Ich ging zur Nachbarloge hinüber, wo mich Monikas Eltern überschwenglich begrüßten. Der alte Dolezal sprang auf, breitete seine Hände aus und sang:

»Alle Jahre wieder kommt der Opernball

dann sieht man sie wieder, die Bäcker, überall.«

Seine Frau, die Mühe hatte, ihre Rundungen im Kleid zu halten, streckte mir neckisch die Hand entgegen.

»Endlich«, sagte sie. »Zu einer zünftigen Brettljause gehört frisches Gebäck.«

Jan Friedl lehnte in einem Sessel, den Mund zu einem betrunkenen Dauerlächeln verformt.

»Ich kann nur eine Viertelstunde bleiben«, sagte ich, »dann muß ich zum Flughafen.«

»Kommt endlich die Frau Fürstin?« fragte der alte Dolezal. »Ich habe schon gedacht, Sie wollen sie den Wienern vorenthalten. Auch wir erwarten noch einen Gast.«

Der alte Dolezal war nur ein paar Jahre älter als ich. Wen sie eingeladen hatten, wollte er mir nicht verraten. Es sei eine Überraschung. Nur ETV wisse es, damit er den gebührenden Auftritt bekomme.

O Gott, jetzt haben sie es geschafft, dachte ich mir. Monika küßte mich auf die Wange. Obwohl ich sie schon ein Jahr nicht gesehen hatte, war sie von einer herzlichen Vertrautheit, als würden wir alle paar Tage intime Gespräche führen. Ich setzte mich neben sie, Jan Friedl gegenüber.

Die Dolezals verbreiteten auf dem Opernball eine Heurigenstimmung. Es konnte durchaus sein, daß sie bei einer bekannten Melodie plötzlich mitsangen. Kein Unglück der Welt konnte ihnen die Stimmung verderben.

»Mir raubt nix mei Rua / des mocht da Hamua«, sang

die alte Dolezal, während das Orchester eine schnelle Polka spielte. Unter dem Bühnenportal stand, mitten unter den herumwirbelnden Tanzpaaren, ein weißhaariger Mann und zog nur die Hände seiner jungen Partnerin hin und her, so, als würden sie Stockeinsätze für das Langlaufen trainieren. Seine Partnerin sah auf den ersten Blick nackt aus. Ihr Kleid war fast unsichtbar. Sie wiegte ihren Körper und vollführte dabei diese merkwürdigen Ruderbewegungen. Wenn zwischen den Tanzenden ein Loch entstand, konnte man freilich die herabbaumelnden Streifen ihres Kleides sehen.

»Habt Ihr schon wieder etwas entdeckt?« fragte die alte Dolezal. »Ach die dort, die bereitet sich nur auf das künftige Glück vor.«

Ihr Mann sagte: »Vielleicht bereitet sie ihn auf sein heutiges Glück vor. Morgen wird er wieder springen wie ein Känguruh.«

»Für alles gibt es eine Medizin«, stimmte sie ihm zu. »Kommt die Nawratil zur Pospischil. Ach, modern sind die Zeiten geworden, Frau Pospischil. Gibt heitzutage für alles a Medizin. Haben sie's im Genick, gehn sie zum Genickologen, haben sie's in die Uhrn, gehn sie zum Uhrologen, haben sie's in die Gedärm, gehn sie zum Därmatologen, und haben sie's gar in der Blasen, gehn sie zum Pischiater.«

»Kennen Sie den?« fragte der alte Dolezal, als alle zur Kaiserloge schauten, wo der österreichische Bundeskanzler gerade dem deutschen Bundeskanzler die Hand schüttelte und mit einer Geste der anderen Hand zum Ballsaal wies, als wollte er sagen: Wenn die Deutschen anspruchsvoll feiern wollen, kommen sie nach Wien.

»Der österreichische Bundeskanzler fragt den deutschen Bundeskanzler: Wie macht ihr das? Bei euch spricht die ganze Regierung eine Sprache, bei uns erzählt jeder Minister, was ihm gerade einfällt. Antwortet der deutsche Bundeskanzler: Ich frage die Leute: Wer ist das, er ist der Bruder meiner Schwester und doch nicht mein Bruder. Wenn der Gefragte antwortet, das sind Sie, Herr Bundeskanzler, kann er Regierungsmitglied werden. Beim nächsten Ministerrat stellt der österreichische Bundeskanzler die Testfrage. Betretenes Schweigen. Schließlich sagt er: Ich weiß auch nicht, warum, aber aus irgendeinem Grund ist das der deutsche Bundeskanzler.«

Wenn man dem alten Dolezal zusah, wie er über seine eigenen Witze lachte, mußte man unweigerlich mitlachen, auch wenn man den Witz schon zwanzigmal gehört hatte.

»Wie weit ist Dein Ostfeldzug gediehen?« fragte ich Monika.

»Wenn die feindlichen Armeen abgezogen sind«, antwortete sie, »erobere ich den Kaukasus. Ich habe begonnen, mich einzuarbeiten. Interessant dürfte vor allem der Süden, Transkaukasien, sein. An den Küsten des Schwarzen und Kaspischen Meeres gedeiht praktisch alles. Im Orangengeschäft ist noch einiges drinnen. Israelische, italienische und spanische Orangen müßten mit kaukasischer Ware, wenn das Geschäft einmal läuft, locker zu unterbieten sein. Das Problem ist, daß dort Moslems leben. Mit denen habe ich keinerlei Erfahrung. Andererseits gehört ihnen die Zukunft. Geschäftlich interessant wären auch die Armenier. Aber die sind Christen und haben in dieser Gegend langfristig keine Chance. In Aserbaidschan werden die iranischen Mullahs immer stärker – und denen traue ich nicht. Bleibt mir der kleine Staat Adscharien. Von dort habe ich bislang acht Lastwagenzüge geholt. Alles erstklassige Ware. Vor allem die Feigen begeistern mich. Besser als die türkischen. Aber der neunte Zug ist nicht angekommen. Die Türken sagen, die Lasen oder die Kurden hätten ihn abgefangen. Ich glaube es nicht. Alles deutet darauf hin, daß die Türken selbst das Geschäft unterbinden wollen. Sie sind bei der Aufklärung nicht gerade kooperativ. Mir tut vor allem der Fahrer leid. Er hat Familie. Ist seit drei Monaten samt seinem Lastwagenzug spurlos verschwunden. Ich habe jetzt einen Privatdetektiv angesetzt. Der Lastwagenzug, so viel weiß ich schon, hat Batumi vollbeladen Richtung Türkei verlassen.«

»Hast Du die Geschäfte abgebrochen?«

»Was blieb mir anderes übrig? Aber ich gebe nicht auf. Neulich habe ich Inguschien besucht. Das ist ein kleines Land, eingeklemmt zwischen Nordossetien und Tschetschenien. Die Reise war beschwerlich. Kein Reisebüro in Wien kann dir sagen, wie du dorthin kommst. In Inguschien gibt es 150 000 Einwohner und zwei Industriebetriebe. Das ganze Land wartet darauf, mir Obst und Gemüse zu liefern. Ich weiß bloß noch nicht, ob ich den Transport bewältige. Da er wegen der schlechten Straßen über den Großen Kaukasus durch Georgien nicht möglich ist, bleibt nur Rußland. Aber die Russen sind auf die Inguschen nicht gut zu sprechen. Was mich nicht wundert. Ganz Inguschien ist bewaffnet. In der Hauptstadt Nasran gibt es neben der Autobahn einen Waffenbasar, wo du alles kaufen kannst, was dein Herz begehrt, von der Pistole bis zum Kampfhubschrauber. Wenn man sich dort für einen Spottpreis ein paar Kalaschnikovs kauft, ist das ein Gastgeschenk, das jeden Bürgermeister überzeugt. Eine Stunde später stehen schon die Kleinbauern mit ihren Waren vor der Tür. Da ist einiges drin. Inguschien ist ein Staat, den wirtschaftlich keiner haben will. Also nehme ich ihn. Die bauen genau das an, was ich brauche, und können sich, wenn sie dann endlich zu Geld kommen, um ihre Waffen auch noch Häuser drum herum bauen.«

Jan Friedl erklärte den alten Dolezals, daß ihm am liebsten Witze ohne Pointe seien. Die Frau wollte einen Witz ohne Pointe hören. Jan Friedl sagte: »Auf einem Baum ein Kuckuck saß. Es regnete, und die Büchse des Jägers wurde naß.«

»Der hat doch eine Pointe«, sagte Frau Dolezal.

Jan antwortete: »Aber man weiß nicht recht, was sie bedeuten soll.«

Die alte Dolezal wollte die Pointe kennen: »Mit einem nassen Gewehr kann man nicht schießen.«

»Dann fänden bei Regen keine Kriege statt«, erklärte Jan Friedl. »Vielleicht liegt die Pointe in der Umstellung des Gewohnten, wie bei einem Schüttelreim.«

Sie begannen Schüttelreime aufzusagen. Jan Friedl war zu neuem Leben erwacht. Ich sah, daß es schon bald zwölf war, und mußte mich verabschieden.

»Dann versäumst Du ja die Mitternachts-Überraschung«, sagte Monika.

»Leider. Spätestens um eins bin ich zurück.«

Als ich hinausging, sagte sie noch: »Unser Gast wird dann auch schon dasein. Du versprichst uns, Deine Diva vorzustellen.«

Im Korridor stieß ich auf die Kaiser-Dynastie. Sie waren mit zwei Prinzessinnen offenbar auf dem Weg in die Philharmoniker-Bar. Wie an unsichtbaren Schnürchen gezogen, stellten sich die Menschen zu einem Spalier auf, verbeugten sich zu den Vorbeigehenden und sagten: »Kaiserliche Hoheit.«

Der Ingenieur

Achtes Band

Auf unserer Baustelle gab es neue Konflikte mit Ausländern. Der Polier warf ihnen alles nach, was er in die Hand bekam. Er schien seinen Vorsatz, sich unauffällig zu verhalten, völlig vergessen zu haben. In der Nacht fragte ich den *Geringsten*, was wir tun sollten. Er antwortete: »Man kann einen Ameisenhaufen nicht ausrotten, indem man jede einzelne Ameise mit der Stecknadel aufspießt. Harmagedon hat mit solchen Raufereien nichts zu tun. Harmagedon steht höher.«

Ich gab mir am nächsten Tag Mühe, dem Polier klarzumachen, wie unwichtig solche Konflikte sind. Reiner Kräfteverschleiß. Wenn Harmagedon gelingt, werden sie sich von selbst erledigen.

Ach ja, von der Bestrafung Feilböcks wollte ich erzählen. Kennen Sie die Jubiläumswarte? Jeder kennt die Jubiläumswarte. Sie ist ein beliebtes Ausflugsziel oberhalb von Ottakring, am Rande des Wienerwalds. Am Sonntagnachmittag steigen sich dort die Wanderer gegenseitig auf die Zehen, aber am Abend ist der Parkplatz leer und das Ausflugsrestaurant geschlossen. Ungefähr eine halbe Stunde Fußmarsch von der Jubiläumswarte entfernt, hatte ich, weit abseits des Wanderwegs, eine durch Kahlschlag entstandene Lichtung ausfindig gemacht, die sich wegen der vielen Baumstümpfe für eine Kommunion gut eignete. Wir konnten nicht in einem so regelmäßigen Kreis sitzen wie sonst, aber im großen und ganzen war es ein Kreis. Zur Stadt hin war dichter Wald, auf der anderen Seite fiel das Gelände ab. Man sah zum Exelberg und zur Sophienalpe hinüber. Sie waren mit roten Wolken gekrönt. Im dazwischenliegenden Tal verlief eine Straße.

Feilböck war gekommen, wie ich erwartet hatte, auch wenn die Verständigungskette diesmal nicht von ihm ausgelöst worden war. Er saß auf seinem Baumstumpf und grinste.

Der Platz des *Geringsten* war dem Sonnenuntergang zugewandt. Er erhob sich und wartete, bis Feilböck das Grinsen verging.

»Harmagedon«, begann er, »wird sich in neun Monaten ereignen. Nichts in der Geschichte ist damit vergleichbar. Die ganze Welt wird Zeuge sein, wie mit einem Schlag die

Zeit sich wendet. So, wie man heute sagt, vor oder nach dem Zweiten Weltkrieg, so wird man dann sagen, vor oder nach Harmagedon. Sieben brave kleine Arbeiter, ein Student und ein Nichtsnutz sind auserwählt zu zeigen, daß alles möglich ist, wenn man es will und wenn man die Vorsehung auf seiner Seite hat.«

Der *Geringste* trat hinter seinen Baumstumpf und kniete darauf nieder. Das Gesicht verdeckte er mit seinen Händen. Er bewegte sich nicht. Von allen Seiten hörte man Vogelstimmen, manchmal raschelte es in den Bäumen, ein Ast krachte. Im Tal fuhr hin und wieder ein Auto. Als der *Geringste* die Hände vom Gesicht nahm, sahen wir Tränen über seine Wangen rinnen. Unter den Augen und an der Nasenwurzel, wo bei der Gesichtsoperation die Haut geöffnet worden war, hatten sich rote Flecken gebildet. Er blickte starr in die Ferne und weinte.

Nach einer Weile sagte er: »Wir sind schwach. Und doch hat die Vorsehung uns zu ihrem Werkzeug gemacht. Daher dürfen wir nicht schwach sein. Die Vorsehung ist hart. Sie bestraft unerbittlich, wer sich ihr nicht fügen will. Aber sie ist auch milde. Sie gibt allen, die fähig sind, sie zu erkennen, noch eine letzte Chance. Verstehst Du, Feilböck, wir müssen Dich bestrafen, aber wir wollen Dich nicht verlieren.«

Feilböck hatte zweifellos damit gerechnet, daß seine Aktivitäten zur Sprache kommen. Aber er war sichtlich überrascht, daß es so schnell ging. Er stand auf: »Ich habe Euch etwas zu sagen. Der Bautrupp weiß darüber schon Bescheid. Ich bin mit der Taktik nicht einverstanden. Wir müssen Propaganda machen. Wir müssen sicherstellen, daß wir danach als Retter gefeiert werden.«

Der *Geringste* unterbrach ihn: »Willst Du gefeiert werden, oder willst Du der Aufgabe nachkommen, zu der Du auserwählt worden bist und der Du Dich verpflichtet hast?«

»Beides«, sagte Feilböck.

Der *Geringste* kniete noch immer. Er schaute zu den Wolken, die sich über Sophienalpe und Exelberg auftürmten und ihre Röte verloren. Dann sagte er:»Nur wenn wir alles geben, werden wir alles bekommen. Wer an sich selbst denkt, ist der Entscheidungsschlacht nicht würdig.«

Während er das sagte, rauschte der Wald auf und, als hätte er ihn bestellt, fuhr ein Windstoß über unseren Platz und bauschte seine Haare. Er wandte sich Feilböck zu.

»Nicht wir entscheiden, daß Du bestraft wirst, sondern die Vorsehung. Sie verlangt von denen, die ihr dienen, eiserne Disziplin. Wir dürfen nicht schwach sein in dieser Stunde, damit wir nie wieder schwach werden.«

Der *Geringste* erhob sich und ging zu einem Baum am Rande der Lichtung. Er schlug seine Stirn gegen die Rinde, so lange, bis ihm das Blut über das Gesicht herabrann. So kam er langsam zu unserem Kreis zurück. Er fragte:»Ist Feilböck unschuldig?«

Niemand antwortete.

Mittlerweile hatte das Blut den Mund des *Geringsten* erreicht. Er leckte es mit der Zunge von den Lippen und fragte noch einmal:»Ist Feilböck unschuldig?«

Der Blade antwortete:»Der ganze Bautrupp ist schuldig. Wir haben mitgemacht.«

Der *Geringste* ließ sich davon nicht beirren:»Ich frage ein drittes Mal. Ist Feilböck unschuldig oder schuldig?«

»Schuldig«, antworteten wir nacheinander.

Der *Geringste* kam zu mir und streckte mir die Hand entgegen. Ich öffnete eine mitgebrachte Sporttasche und entnahm das Beil. Der *Geringste* ergriff es am Eisen und ging damit zu Feilböck. Er sagte:»Gib uns den Finger zurück! Du mußt ihn Dir erst wieder verdienen.«

Feilböck lachte hilflos. Er verstand natürlich sehr gut, was gemeint war, aber er wollte es nicht glauben.

»Das ist ein Mißverständnis«, sagte er. »Ich werde euch

alles erklären. Das könnt Ihr doch nicht machen mit mir. Wir sind alte Freunde.«

Der *Geringste* hielt ihm den Stiel hin und wartete. Dann sagte er: »Los, hack Dir den Finger ab. Sonst müssen es wir tun.«

»Seid Ihr verrückt«, schrie Feilböck.

Darauf der *Geringste*: »Haltet ihn fest!«

Feilböck wollte nach dem Beil greifen, doch der *Geringste* zog die Hand schnell zurück. Wir stürzten uns auf Feilböck. Er schlug nach Leibeskräften um sich. Die Kameraden rissen ihn nieder. Der *Geringste* gab mir das Beil. Es war den anderen nicht möglich, Feilböcks Hand ruhig auf einen Baumstock zu halten. Immer wieder gelang es ihm, die Hand mit einem Ruck zu verdrehen. Der Polier zog an Feilböcks kleinem Finger. Dabei gab es den ersten Knacks. Ein paarmal wollte ich zuhacken, aber die Hand lag nicht ruhig genug. Ich hätte auch andere Hände erwischen können. Daher warf ich das Beil weg, nahm Feilböcks Finger fest in die Faust und drehte ihn schnell nach außen. Es gab einen zweiten Knacks, und der Finger war lose. Feilböck stieß einen entsetzlichen Schrei aus. Ich riß am Finger. Haut und Sehnen gaben nicht nach, sosehr ich mich auch bemühte. Da nahm ich mein Springmesser aus der Tasche und schnitt die Sehnen durch. Ich dachte, das wäre ein Schnitt, aber so leicht war das nicht. Feilböck brüllte in kurzen, lauten Stößen. Er zuckte mit der Hand hin und her. Ich setzte einmal da das Messer an, dann dort, riß am Finger. Es war schon alles voll Blut, bis ich endlich durch die Sehnen war.

Ich ging mit dem warmen, blutigen Finger zu meiner Tasche. Als ich meine Hand öffnete und den Finger anschaute, wurde mir übel. Feilböck hörte zu schreien auf. Er keuchte und stöhnte. Ich legte den Finger weg und nahm aus der Tasche Verbandszeug, Jod und die Inalgon-Tropfen, die mir Feilböck einst gebracht hatte. An Feilböcks Hand

sah man den Mittelhandknochen. Ein kleiner Blutstrahl
schoß heraus.

»Mach weiter«, fuhr mich Pandabär an.

Als ich Jod über die Wunde schüttete, begann Feilböck
wieder zu schreien. Ich zog die Haut über den Knochen
und legte einen festen Druckverband an, so, wie ich es
beim Bundesheer gelernt hatte. Der *Geringste* setzte sich
neben Feilböcks Kopf, streichelte ihn an den Wangen und
tropfte ihm Inalgon in den Mund.

»Es ist vorbei«, sagte er.

Später, als Feilböck ruhig geworden war und seine ver-
bundene Hand betrachtete, sagte der *Geringste* zu ihm:
»Wenn Du willst, kannst Du verreisen. Wir haben für Dich
ein Haus gemietet. Dort kannst Du bleiben, bis Harmagedon vorbei ist. Du kannst aber auch zu uns zurückkehren.«

Ich steckte Feilböck die Adresse und eine Wegbeschreibung in die Jackentasche.

Mittlerweile war starker Wind aufgekommen. Schwarze
Wolken waren herangerückt. Wir mußten aufbrechen. Be-
vor wir den Parkplatz erreichten, begann es zu schütten.
Ich steckte einen Plastiksack über Feilböcks Hand und
band ihn mit einer Mullbinde am Unterarm fest. Dann
rieb ich meine blutigen Hände im Regen. Der Wanderweg
war kaum noch zu sehen. Da wurde Feilböck übel. Er setzte
sich auf den Boden. Wir zogen ihn hoch und stützten ihn.
Als wir aus dem Wald herauskamen, war ein schwacher
Schein der beiden Straßenlampen vom Parkplatz zu sehen.
Wir waren vollkommen durchnäßt. Ich wusch mir in einer
Pfütze die Hand. Auch andere hatten Blut abbekommen.
Der Polier, Pandabär und ich brachten Feilböck mit seinem
Wagen nach Hause. Während der ganzen Fahrt sprachen
wir kein Wort. In mir war eine Leere. Ich war nicht un-
glücklich. Ich dachte mir, er hat es so gewollt. Und: Es wird
uns stärker zusammenschweißen.

Meine Aufgabe war noch nicht zu Ende. In meiner

Mansardenwohnung legte ich den Finger in das Waschbecken. Die Sporttasche hatte Blutflecken. Ich wusch sie.
Ich wusch auch das Beil, obwohl ich es nicht benutzt hatte.
Dann nahm ich eine Dusche. Tropfnaß stieg ich noch einmal aus der Duschkabine und holte den Finger aus dem
Waschbecken. Er war ein Stück von Feilböck. Warum sollte
er nicht mit mir duschen?

Es war, wie wenn man eine Hühnerkeule wäscht, nur
dünner. In der Duschwanne bildeten sich rote Schlieren.
Ich schob die Haut hinauf, bis der Knochen vorstand. Dann
stieg ich mit der Ferse auf den Abfluß, so daß sich in der
Wanne Wasser ansammelte. Ich nahm den Finger an der
Spitze und schwenkte ihn im Wasser hin und her. Es kamen kleine, dunkle Blutklümpchen heraus. Dann legte ich
den Finger in die Seifenschale. Ich trocknete mich ab und
zog neue Wäsche an. Am Schreibtisch putzte ich mit dem
Maniküurset Feilböcks Fingernagel. Dabei traten auf der
Schnittseite ein paar Tropfen gelber Flüssigkeit aus. Ich
überlegte, was das sein könnte, und schob die Haut noch
einmal über den Knochen. Nachdem ich den Finger ein
zweites Mal gewaschen hatte, griff ich ihn nur mehr mit
einer Papierserviette an. Ich ließ ihn in einen Gefrierbeutel fallen, den ich zusammenrollte und in die Hosentasche
steckte. Damit fuhr ich zum Karlsplatz.

Es war sicher schon zwei Uhr nachts. Ich ging beim Café
Museum in die Passage hinab. Dort gab es keine Über-
wachungskamera. Das wußte ich. Es war ja auch der
Grund, warum der *Geringste* diesen Teil der Passage für
seine Predigten gewählt hatte. Ich ließ den Finger aus dem
Gefrierbeutel gleiten und machte mich davon. Nach drei
Stunden Schlaf fuhr ich zur Baustelle. Ich mußte vor den
Zimmerleuten dort sein, um unbemerkt das Beil zu ihrem
Werkzeug zurücklegen zu können.

Es ging von Anfang an alles schief. Den Ballkarten war ein Informationsblatt beigelegt, auf dem wir gebeten wurden, möglichst schon zwei Stunden vor der Eröffnung in die Oper zu kommen, da Demonstrationen angekündigt und daraus resultierende Behinderungen nicht auszuschließen seien. Um vier Uhr nachmittags landeten wir mit leichter Verspätung in Schwechat. Sigrid erwartete uns. Sie war besorgt wegen Vaters Zustand. Er ging an Krücken, um sich für den Abend zu schonen. Auch Sigrid hatte er zum Opernball eingeladen. Sie hatte, wie wir anfangs auch, abgesagt, aber sie war dabei geblieben. Vater saß neben ihr auf dem Beifahrersitz. Er mußte ihr den gesamten Genesungsverlauf erzählen. Immer wieder fragte sie nach Details, so, als würde sie meinen unzähligen telefonischen Berichten nicht trauen. Sie riet Vater, diesen und jenen Arzt aufzusuchen. Sie seien schon vorinformiert. Offenbar hatte sie wochenlang nur mit Ärzten telefoniert. In Berlin hatte sie gleich eine ganze Batterie von medizinischen Kapazitäten auf Vater angesetzt. Vater sagte: »Du tust ja so, als ob nur noch ein Großaufgebot der Elitemedizin mich retten kann. Mir geht es gut. Das Bein ist schon fast wiederhergestellt.«

Als wir uns langsam im Stau der Schüttelstraße bewegten und vor uns die Urania sahen, sagte Sigrid, wir müßten, bevor wir zum *Imperial* führen, noch schnell in der Taborstraße vorbeischauen. Dort habe sie einen Termin mit Professor Poigenfürst, dem Primar des Lorenz-Böhler-Krankenhauses, vereinbart, dem besten Unfallchirurgen, den Wien aufbieten könne.

»Es geht ganz schnell«, sagte sie. »Die Frankfurter Werte wurden ihm zugeschickt, er will sich nur kurz das Bein anschauen.«

Mein Vater weigerte sich.

»Morgen nachmittag«, sagte er, »aber nicht heute.«

Ich sah im Rückspiegel Sigrids Augen. Sie wurden denen von Mutter immer ähnlicher. Die gleichen Falten, die gleichen Schlupflider, die in den äußeren Augenwinkeln auf den Wimpern auflagen. Sigrids Haare waren bald nach Mutters Tod grau geworden. Oder sie hatte zu dieser Zeit aufgehört, die Haare zu färben. Schließlich wurden sie gestutzt, und heraus kam, auch wenn sie das immer bestritt, die Frisur unserer Mutter. Der graue Kopf drehte sich immer wieder nach rechts. Manchmal mußte sie abrupt bremsen. Vater sagte: »Ich will noch lange leben. Daher mußt Du vor allem auf den Verkehr achten.«

Sigrids Blick im Rückspiegel. Ihre Klugheit war von meiner Mutter immer gegen mich ausgespielt worden. Vaters Erbanlagen und ihr Fleiß hatten Sigrid, ganz ohne Protektion, einen guten Job bei der Niels-Bohr-Stiftung in Wien verschafft. Diese Stiftung wird von internationalen Konzernen finanziert und fördert Projekte auf dem Gebiet der mathematischen und physikalischen Grundlagenforschung. Sigrids Aufgabe ist es, Experten zu finden, die in der Lage sind, die Förderungswürdigkeit der eingereichten Projekte zu prüfen. Sie ist die einzige in unserer Familie, die Vaters Publikationen versteht. Es war ein kleiner Traum von ihr, einmal eines seiner Projekte zu finanzieren. Aber Vater hat sich geweigert, einzureichen. Er sagte: »Ich lebe von der öffentlichen Hand in den Mund.«

Sigrid hat es zu etwas gebracht, ich habe nur geheiratet. In unserer ersten Frankfurter Wohnung in der Wolfsgangstraße führten Sigrid und Vater Fachgespräche, ich teilte die Eiswürfel aus. Als ich um zwei Uhr nachts, wir waren alle schon betrunken, im Wohnzimmer die Notbetten aufstellte, ging Vater zum Fenster und blickte hinüber zum Hauptquartier der amerikanischen Armee, dem ehemaligen Firmensitz der IG-Farben. Sigrid half mir, die

Bettdecken zu überziehen. Vater stand noch immer am Fenster und sagte gedankenverloren: »Bei Dir ist es immer am schönsten. Aber hier zu wohnen, muß der Traum jedes Terroristen sein.«

Von da an habe ich jeden neuen Hausbewohner zum Kaffee eingeladen und mich nach seinen Lebensverhältnissen erkundigt.

Die Fahrt zum Hotel zog sich. Ich hatte Wien als eine Stadt in Erinnerung, in der man mit dem Auto schnell vorankommt. Aber der Stau machte mir nichts aus. Ich genoß es, wieder die Ringstraße zu sehen. Von der Ringstraße hat mein Vater immer geschwärmt.

»Eine Stadt ohne Ringstraße hat kein Zentrum«, sagte er. Wenn ich meine Schwester besuchte, die in unserer alten Wohnung in einem an die Ringstraße angrenzenden Bezirk wohnt, hatte ich immer, wenn ich ausging, das Bedürfnis, die Ringstraße zu überqueren. Dann erst fühlte ich mich in Wien. Als wir am Lueger-Platz vorbeifuhren, sagte mein Vater: »Die sind immer noch stolz auf ihren Antisemiten.«

Dann erzählte er Herbert, daß die Universität am Lueger-Ring liege. Fremdsprachige Kollegen würden, um ihr gutes Deutsch zu beweisen, ihre Briefe an die Universität oft mit *Lüger-Ring* adressieren und träfen dabei, ganz gegen ihre Absicht, die Wahrheit. Vom Lueger-Platz war es nicht mehr weit zum *Imperial*.

»Ihre Suiten befinden sich im fünften Stock«, sagte der Empfangschef. »Sie verzeihen, daß ich Sie nicht begleiten kann. Der Porteur de bagage wird Sie hinaufbringen.«

Porteur de bagage, das klang vornehm. In seiner blauen Montur, einem Gehrock mit goldenen Quasten und Schulterspangen, einer Hose mit goldener Nahtborte und einer Schirmkappe mit der goldenen Aufschrift *Imperial*, sah der kleine Südländer, der unsere Koffer trug, aus, als wäre er von einem Filmstudio ausstaffiert worden.

Unsere Zimmer, wie mein Vater sie beharrlich nannte, bestanden je aus Vorzimmer, Wohnzimmer, Schlafzimmer und Bad. Blickte man aus dem Fenster, sah man den Musikverein und dahinter die oberen Stockwerke der Technischen Universität. Alles war vergoldet, die Stühle, die Tische, die Tapeten.

»In Zukunft«, meinte Herbert, »werde ich herkömmliches Biedermeier als Neue Sachlichkeit bezeichnen.«

Mein Vater und Herbert gingen in die Hotelbar. Mich zog es in die Kärntner Straße. Es war sehr kalt. Die grünen Dächer schimmerten im Abendlicht. An der rechten Seite der Oper, neben der Abfahrt zur Tiefgarage, standen fünf große Lastwagen des Senders ETV. Zwei davon hatten französische Kennzeichen. Dahinter war ein silberner Mast aufgestellt, an dem Kabel in den verschiedensten Farben hochführten, die von der Spitze als schweres, durchhängendes Bündel zu einer Fensteröffnung oberhalb der Arkaden gespannt waren. Ich beobachtete das geschäftige Treiben der Techniker, die mit Funkgeräten herumliefen und merkwürdige Sätze von sich gaben: »Ton von Kamera vier auf Außenrelais zwei. MAZ eins zum Mischpult durchschalten. Kannst du keinen Schaltplan lesen, nicht blau, sondern gelb, du Analphabet.«

Eigentlich, überlegte ich, müßte man mich bezahlen dafür, daß ich an dieser Modenschau teilnehme.

Alle Pelzmäntel der Welt schienen sich in der Kärntner Straße versammelt zu haben. Ziemlich am Anfang, auf der Höhe des Casinos, traf ich auf eine Gruppe Jugendlicher, die Bier trank und es offensichtlich darauf abgesehen hatte, den Passanten im Weg zu stehen. Wollte man ausweichen, gingen auch die Jugendlichen, es waren vor allem Burschen, zur Seite, so daß man nicht recht wußte, wie man an ihnen vorbeikommen könnte. Ich machte einen Bogen in die Annagasse hinein und hatte plötzlich eine Hand mit einer Bierdose vor meiner Brust.

»Willst trinken?« fragte mich der Junge. Sein Gesicht war schlecht rasiert und von Alkohol und Kälte gerötet, seine Haare unregelmäßig geschnitten. Er roch nach Bier.

»Danke«, sagte ich und wich nach hinten aus.

»Komm, einen Schluck«, sagte er.

»Danke«, wiederholte ich.

»Kriegst Du trotzdem.«

Mit einer schnellen Bewegung schüttete er mir das Bier entgegen. Ich lief die Annagasse hinab, er ging zu seinen Freunden zurück. Mein heller Mantel war voller brauner Flecken. Ich begann mit einem Taschentuch daran herumzuputzen, aber es war sinnlos. Als ich ins *Imperial* zurückkam, merkte ich, daß ich zitterte. Herbert brachte meinen Mantel zur Hotelrezeption. Mein Vater versuchte mich zu beruhigen.

»Das kann Dir heutzutage überall passieren«, sagte er. »Am besten, Du vergißt das schnell.«

Er bestellte für mich ein Glas Champagner.

»Alle guten Dinge beginnen mit einem Mißgeschick«, sagte er.

Als mein Glas kam, prostete er mir zu.

»Auf unseren Abend.«

»Und auf Deine Jugendliebe«, sagte ich und ärgerte mich im nächsten Moment darüber. Aber er schien mir gar nicht zugehört zu haben. Immer noch war er um meine Laune besorgt.

»Habe ich Dir eigentlich schon erzählt«, sagte er, »daß ich in Berlin ausgeraubt wurde?«

»Du bist ausgeraubt worden?«

»Ja, im letzten Sommer. Vor der Gedächtniskirche. Ich habe Fahrradartisten zugesehen. Es war erstaunlich, was die konnten. Handstand auf dem Fahrrad, oder nur mit dem Vorderrad fahren. Da kamen zwei Mädchen auf mich zu, nicht älter als zehn Jahre. Sie zeigten mir ein Stück grauen Karton, auf dem stand mit vielen Rechtschreibfehlern, daß sie mit ihrer Mutter gerade erst aus Rumänien gekommen seien und nichts hätten. Die Mutter sei auch noch krank geworden. Ich nahm die Geldbörse aus dem Sakko und wollte sie gerade öffnen, da griffen sie danach und liefen davon. Es war eine Menge Geld drinnen, auch die Scheck- und Kreditkarten. Das alles wiederzubeschaffen ist eine öde Prozedur. Das Geld war natürlich weg. Jetzt weiß ich, daß es wieder eine echte Kinderkriminalität gibt. Wie 1945 hier in Wien. Da bin ich zuletzt von Kindern ausgeraubt worden.«

Herbert war es gelungen, den Mantel reinigen zu lassen. Um acht Uhr wurde er uns aufs Zimmer gebracht. Mein Vater rief an und lud uns auf einen Aperitif aus der Minibar zu sich ins Zimmer. Er war festlich gekleidet, mit seinen alten goldenen Manschettenknöpfen am Hemd. Die Krücken hatte er weggeräumt.

»Ich danke Euch, daß Ihr meine Einladung doch noch angenommen habt«, sagte er. Vom Karlsplatz her hörten wir immer wieder die Martinshörner von Polizeiautos. Ich öffnete das Fenster. In der Bösendorferstraße standen, vom Musikverein bis zum Künstlerhaus, mindestens zwanzig Mannschaftswagen der Polizei in zweiter Spur aufgereiht.

»Wir sollten lieber gleich gehen«, sagte mein Vater, »damit wir in keinen Tumult kommen.«

Auf der Ringstraße gingen wir durch ein Spalier von Polizisten zur Oper. Es war gespenstisch. Mein Vater ging, eingehängt in unsere Arme, in der Mitte. Wir waren langsam unterwegs und schauten uns die Gesichter der Polizisten an. Die meisten waren sehr jung. Manche grüßten uns. Mir fiel auf, daß viele Schnauzbärte trugen. Die meisten blickten ernst drein. Und sie standen auffällig breitbeinig da. Selten einer, der mit seinem Nachbarn sprach. Aber wir wußten nicht, wovor sie uns beschützten. Weit und breit war kein Störenfried zu sehen. Nur vom Karlsplatz hörte man immer noch Martinshörner. Dieses Großaufgebot an Polizei machte uns angst, es vermittelte das Gefühl einer versteckten Bedrohung. Aber wo war sie? Von wem ging sie aus?

Als wir die Kärntner Straße erreichten, wurden wir angewiesen, nicht durch die Passage, sondern über die Ringstraße zur Oper hinüberzugehen. Alle paar Minuten wurde der Verkehr angehalten, um die Opernballgäste über die Straße zu leiten. Zum Karlsplatz hin war die Kärntner Straße gänzlich abgeriegelt. Man sah hohe Sperrgitter, einen Wasserwerfer und eine Menge Polizeiautos.

»Das ist ja hier wie im Krieg«, sagte mein Vater zu einem Polizisten.

»Keine Angst«, antwortete der. »Es wird alles friedlich sein, wir müssen nur vorbeugen.«

Ein paar Minuten später hielt ich die Damenspende in der Hand. Es war ein geflochtener Korb, dessen Inhalt ich untersuchte, während wir uns bei der Garderobe anstellten. Er enthielt Dutzende Parfumfläschchen, kulinarische Kostproben, Zigaretten, ein Lesezeichen aus Leder, ein Fläschchen Champagner. Obenauf lag ein Biedermeiersträußchen. Mit Ausnahme des Lesezeichens und der Zigaretten war alles in Miniaturausführung. Die Herren bekamen Jetons fürs Spielcasino, einen in schwarzes Leder gebundenen Taschenkalender und ebenfalls Zigaretten, wenngleich stärkere. Die Eingangshalle war vollgestellt mit Kameras. Egal, wohin man schaute, überall wurde man von Scheinwerfern geblendet. Als mir Herbert den Mantel abnahm, schien es mir, als wäre ich zum bevorzugten Objekt der Kameras geworden. Herbert sagte: »Funktioniert. Auffällig und schamlos.«

An der breiten Feststiege staute es sich. Jetzt erst hatte ich mich so weit an die vielen Scheinwerfer gewöhnt, daß ich einen Blick bekam für die vielen Luster und Kandelaber, für die Gewölbe und Bögen mit ihren Überschneidungen und Durchblicken, für die Fresken und den Goldstuck, der die Wände zierte. Es wirkte alles sehr bedeutsam, wären da nicht diese vielen Menschen gewesen, die es einem unmöglich machten, weiterzukommen. Vor uns ging einer, der sich ständig nach allen Richtungen umblickte und »Phantastisch« sagte. Wir hatten meinen Vater wieder in die Mitte genommen. Er stieg immer nur mit dem linken Fuß eine Stufe höher.

Die Frau neben mir hielt ein Bouquet mit roten Freesien in der Hand, als wäre sie auf dem Weg zum Traualtar. Ich wurde gegen sie gedrückt, weil sich zwei Männer mit Handkamera und Mikrophon durch die Menge zwängten. Gleichzeitig sagten wir: »Entschuldigen Sie!« und mußten über die Situation lachen. Die Frau erzählte, daß ihre Tochter debütiere. Sie verstehe es selbst nicht, aber sie sei mindestens so aufgeregt wie vor 23 Jahren, als sie selbst im Jungdamenkomitee gewesen sei.

»Nein«, sagte der Herr an ihrer Seite, »damals warst Du noch viel aufgeregter. Du hast es nur verdrängt. Nach zwanzig Jahren Ehe verblassen die Anfänge.«

Es verging eine Stunde, bis wir zu unserer Loge kamen. Mein Vater wollte zuerst den Ballsaal betrachten. Auf dem Weg dorthin blieb er immer wieder stehen und schaute sich um. Vor allem von den vielen weißen und rosa Nelken war er begeistert.

»Auch 1939«, sagte er, »gab es viele Blumen. Hier im Foyer war eine Frühlingslandschaft. Ich dachte mir damals, daß es mehr Blumen an einem Ort nicht geben kann. Aber diesmal sind es mehr.«

Wir gingen quer über das angehobene Parkett, das mit dem Bühnenraum eine stufenlose Tanzfläche bildete.

»Die Bühnenlogen hat es damals noch nicht gegeben«, sagte mein Vater. »Statt dessen war im Bühnenraum ein großes Zelt aufgebaut, in goldener Farbe mit Hunderten weißen Lichtern darin. Der Opernball stand im Zeichen des Lichts, des nördlichen Lichts natürlich. Ich erinnere mich sogar noch, wie der Konstrukteur dieses Bühnenaufbaus hieß: Hoffmann. Denn ein Kollege, den wir im Laufe der Nacht unten beim Heurigen trafen, nannte das Ganze Hoffmanns Erzählungen. Ich habe mich damals umgeblickt, ob niemand zuhört. Ich dachte: Der traut sich was. Immerhin hatte gerade Reichsstatthalter Seyß-Inquart mit Gefolge beim Heurigen Einzug gehalten. Ich erinnere mich noch daran, als wäre es gestern gewesen. Der Heurige war im Keller des Operngebäudes, in den Räumen der Tischlerei, untergebracht. Ich habe mich umgeblickt. Und ich bin mir dabei ziemlich feige vorgekommen. Auch wußte ich, daß die Assistentin, mit der ich zusammensaß, solche Dinge nicht gerne hörte. Hoffmanns Erzählungen, wäre es nur das gewesen. Wie kommt man da jetzt eigentlich zum Eingang der Bühnenlogen?«

Wir fragten einen Ordner. Als wir unsere Parterreloge betraten, passierte das nächste Mißgeschick. Herbert blieb an der Türschnalle hängen und riß an seinem Frack die Seitennaht auf. Er war so mit meinem Vater beschäftigt, daß er es gar nicht bemerkte. Erst als wir eine kleine Vorspeise aßen – Crevettencocktail, der, im Gegensatz zu anderen Speisen, auch in die Loge serviert wurde – und Herbert anfing, die Schlitze meines Kleides zu bewundern, sah ich, daß auch seine Kleidung aufgeschlitzt war. Damit war klar, daß wir nicht würden tanzen können, und die Casino-Jetons mußte er für eine andere Gelegenheit aufsparen.

Unmittelbar vor dem Einzug des Jungdamen- und Jungherrenkomitees zur Fächerpolonaise – alle schauten erwartungsvoll zur Festloge, ob vom Bundespräsidenten schon etwas zu sehen war – wurden von rechts oben Flugblätter ausgestreut. Wir konnten nicht lesen, was darauf stand. In den Bühnenlogen war ein Raunen zu vernehmen. Einige hatten Operngläser bei sich und buchstabierten: »Wiir siind deer leeetzte Dreeeeck. Wir sind der letzte Dreck.«

»Wieso wir, Ihr müßte es doch heißen.«

»Nein wir, die Flugblätter.«

»Meinst Du, das ist von der Oper inszeniert, eine moderne Hommage an die Putzkolonne? Die werden schon uns meinen.«

»Wenn das nun hier auch schon anfängt, war das mein letzter Opernball.«

Direkt vor unserer Loge landete ein Papierflieger. Vater amüsierte das.

»Kinder, ich muß sagen, der Opernball hat sich wirklich verändert. 1939 herrschte ein unglaubliches Gedränge. Es waren sicher doppelt so viele Leute da wie heute. Mit einemmal ist es ganz still geworden. Es war eine schlagartige Stille. Sie verbreitete sich wie ein Lauffeuer von der Mitte des Saales her, ganz ohne Kommando. Die letzten Worte, die allseits geflüstert wurden, lauteten: Seyß-Inquart und Bürckel. Plötzlich hoben alle den rechten Arm zum Hitlergruß. Das war der Moment, als Reichsstatthalter Seyß-Inquart und der damalige Reichskommissar Gauleiter Bürckel in der Mittelloge erschienen. Wir hatten damals keinen Sitzplatz, sondern standen, eingezwängt in der Menge, beim hinteren Saaleingang und konnten die beiden nicht einmal sehen. Dann wurde eine Fanfare geblasen, von Soldaten, die über Treppen auf die Bühne herabkamen und den Einzug der Jungherren und Jungdamen zur Fächerpolonaise ankündigten. Das waren aber andere Treppen als heute.«

Mein Vater zog die Brille auf die Nase herab und schaute über den Brillenrand hinweg auf das Staatsopernorchester, das am anderen Ende des Saales unter der Festloge die *Fanfare in C* von Karl Rosner zu blasen begann. Unter ihren Klängen zogen einen Stock höher der Bundespräsident, der Bundeskanzler, der Vizekanzler, der Kunstminister und der Generaldirektor der Bundestheater mit ihren Gattinnen in die Logen ein. Sie stellten sich, der Bundespräsident in der Mitte, hinter der Brüstung auf und schauten andächtig. Die Fanfare war zu Ende, gespielt wurde die Bundeshymne.

Danach lief im Takt der Fächerpolonaise eine Gruppe von Elevinnen und Eleven der Ballettschule der Wiener Staatsoper die Bühnentreppe herab und formierte sich zu artigen Kreisen, die sich gegeneinander drehten. Die Bühnentreppe war direkt neben unserer Loge. Sie setzte sich noch ein wenig in den Bühnenraum hinein fort. Über diese Treppe zog nach der kurzen Darbietung der Ballettschüler eine schier endlose Kolonne von weiß und schwarz gekleideten Menschen, die sich in einem rhythmischen Wellenspiel zum anderen Ende des Saales bewegte, in der Mitte eine Linie rosa Bouquets, flankiert von zwei weißen Streifen, begrenzt von den schwarzgekleideten Männern, in die sich ein unangenehmes Grüngrau der Militärs mischte.

»Das ist viel beeindruckender als 1939«, sagte mein Vater. »Damals waren es vielleicht vierzig Paare, heute ist das ganze Parkett voll von Debütanten. Es muß schwer sein, diese Horde zu dirigieren. Wie lange proben die?«

Ich konnte es ihm nicht sagen. Herbert zuckte mit den Achseln.

»Soviel ich weiß«, sagte er, »hat das eine Tanzschule übernommen.«

»Aber offenbar proben manche zuwenig«, sagte mein Vater mit Blick auf das Paar, das direkt vor uns stand und allen Bewegungen eine Spur hinterher war.

»Ihr wißt ja, damals war ich mit einer Assistentin der Theaterwissenschaft zusammen.«

Mein Vater erzählte alles mehrmals. Aber es hatte keinen Sinn, ihm das zu sagen, weil er sich das schon gar nicht merkte. Ließ man ihn eine Geschichte nicht zu Ende erzählen, begann er kurz danach von vorne. Doch diesmal redete er nicht weiter.

»Was war mit ihr?« fragte ich.

»Ich habe sie geliebt«, sagte er, »unendlich geliebt. Aber sie hat ihre Karriere mir vorgezogen.«

»Sie hätte doch neben Dir auch Karriere machen können.«

Mein Vater wandte den Blick nicht ab von den schwarz-weißen Reihen, die auseinandergingen, sich schlossen, ineinanderzufließen schienen und sich zu einer neuen Ordnung formten. Die Frauen trugen mit Straß besetzte silberne Krönchen und hielten kleine Bouquets in ihren mit weißen Handschuhen bekleideten Händen. Einmal war das ganze Blickfeld schwarz, gleich darauf weiß, dann wieder schwarz-weiß gesprenkelt. Der Dirigent setzte die Töne wie ein Akupunkteur die Nadeln.

»Du vergißt«, sagte mein Vater, »es war Nazizeit. Wegen meiner schönen Assistentenkollegin bin ich in die Partei eingetreten.«

»Was?« entfuhr es mir, wahrscheinlich viel zu laut, »Du warst ein Nazi?«

Er ergriff meine Hand und schüttelte den Kopf. »Ach, lassen wir das«, sagte er.

Ich war schockiert. Mein Vater hatte erzählt, daß er als junger Dozent gezwungen war, für die Rüstungsindustrie zu forschen, vor allem für die Raketentechnik. Einmal, es war wohl gegen Kriegsende, besuchte er mit einer Delegation von Forschern einen Stollen im Gau *Oberdonau*, wie die Gegend damals hieß. Der Stollen muß offenbar auf dem Gelände einer Bierbrauerei gewesen sein, denn sie wurden von einem Bierbrauer in allen Ehren empfangen und bewirtet. Danach besuchten sie diesen Stollen, in dem die Raketenproduktion ausgelagert war. Dort sah er halb verhungerte, ausgemergelte *Fremdarbeiter*, die erbarmungslos zur Arbeit angetrieben wurden. Er sagte, sie hätten ihn flehend angeschaut, aber er konnte nichts tun für sie. Und dann sagte mein Vater noch: »Ich war froh, daß der Krieg bald zu Ende war. Wer weiß, wo ich noch hineingeraten wäre.«

Auch hat er gelegentlich davon gesprochen, wie die jüdischen Kollegen aus der Universität rausgeworfen wurden. Das Schicksal eines Mathematikers in seinem Alter lag ihm besonders am Herzen. Der konnte mit seiner Familie zwar zunächst fliehen, aber in Frankreich wurden sie aufgegriffen und nach Auschwitz deportiert. Sie haben nicht überlebt. Das hat mein Vater öfters erzählt. Nie wäre ich auf den Gedanken gekommen, er könnte Mitglied der Partei gewesen sein.

Die Polonaise ging zu Ende. Der *Donauwalzer* wurde intoniert. Während die Debütanten Linkswalzer tanzten, ging der Zeremonienmeister vor dem Orchester ein paar Stufen hinauf, nahm ein Mikrophon zur Hand und sagte: »Alles Walzer.«

Mein Vater beobachtete regungslos das Geschehen. Schlagartig füllte sich das Parkett mit Menschen. Es wurde so eng, daß sich die Tanzpaare kaum noch drehen konnten. Er hielt noch immer meine Hand. Plötzlich sagte er: »Einmal möchte ich sie noch treffen. Meinst Du, wir könnten das morgen arrangieren?«

Ich hatte alle Mühe, mir nichts anmerken zu lassen.

»Mal sehen«, sagte ich. Dabei schloß ich die Augen, denn es war mir, als wollte es mich zerreißen. Wir hatten nämlich für Vater als besondere Geburtstagsüberraschung ein Rendezvous mit seiner ehemaligen Geliebten vorbereiten wollen. Sigrid hatte sich anfangs dagegen gesträubt. Aber dann hatte sie doch alte Vorlesungsverzeichnisse durchgesehen, um herauszufinden, wer die Assistentin der Theaterwissenschaft gewesen sein könnte. Es gab nur eine, die anderen waren Männer. Sie war später tatsächlich Professorin und hatte in den *Who is who* Eingang gefunden. Aber Sigrid konnte ihre Adresse nicht ausfindig machen. Bis sie dahinterkam, daß sie schon gestorben war. Wir wollten es Vater erst nach dem Opernball sagen.

Er war gedankenverloren. Doch auf einmal schlug er

mit der Hand auf die mit rotem Samt überzogene Brüstung, nahm das Glas und prostete uns zu.

»So«, sagte er, »und jetzt gehen wir tanzen.«

Ich wollte ihn davon abhalten, aber er gab nicht nach. Natürlich tanzte er nicht wirklich. Er hielt mich eng umschlungen und wackelte mit der linken Hand. Das war nicht weiter schlimm, weil es ohnedies viel zu eng war. Er schmeichelte mir. Er nannte mich seine »Lieblingstochter«. Er sagte, ich solle es ihm nicht länger übelnehmen, daß er am Anfang gegen Herbert war. Es sei reine Eifersucht gewesen.

»Komisch«, sagte er und streichelte mir dabei den Rücken, »Deine Heirat hätte ich am liebsten verhindert, bei Sigrid habe ich immer gehofft, daß sie endlich heiratet. Ich war immer ungerecht.«

Er war rührend in seinen Selbstbekenntnissen. Was sollte ich darauf antworten. Natürlich wußte ich, daß ich seine Lieblingstochter war. Und ich hatte auch sein ewiges Argument »Du bist zu jung« nie aus dem Ohr verloren, das um so lächerlicher wirkte, je öfter er es wiederholte. Ich habe jung geheiratet, und mein Vater hat sich bis zuletzt dagegen gesträubt. Er schwenkte erst um, als er sah, daß es aussichtslos war. Dann konnte ihm die Hochzeit nicht teuer und feierlich genug sein. Er wußte, daß ich mein eben erst begonnenes Medizinstudium abbrechen würde. Und obwohl ich das Gegenteil beteuerte, wußte ich es auch. Ich habe geheiratet, um nicht länger zur Universität gehen zu müssen. Als wir kaum ein Jahr nach unserer Hochzeit nach Frankfurt zogen, stand ich vor der Frage, ob ich nun weiterstudieren solle. Herbert sagte: »Das hast Du nicht nötig. Ich sorge für Dich.«

Hätte ich eine Tochter, ich würde ihr mit allem Nachdruck abraten, sich darauf einzulassen. Aber für mich war es eine Befreiung. Mit einemmal hatte ich das Gefühl, Vater würde das nun verstehen.

Sigrid hatte immer seine Achtung gehabt. Er war stolz auf sie. Und ich fühlte mich gegenüber ihren Erfolgen als Versagerin. Es tat mir gut, nun zu hören, was ich im Grunde immer gewußt hatte. Mein Vater versuchte langsame Drehbewegungen. Er lachte mich an, ich weiß nicht, wie. Wäre es nicht mein Vater gewesen, würde ich sagen: verliebt. Das irritierte mich keineswegs, im Gegenteil, ich genoß es. Aber ich warf heimlich Blicke zu Herbert. Er sollte es nicht zu sehr merken. Über diese Art von Rivalität kann man nicht sprechen. Wenn mein Vater Herbert zu seinen erfolgreichen Geschäften gratulierte, klang das für mich immer, als würde er in Wirlichkeit sagen: »Das ist schnöder Mammon. Die Werte, die letztlich zählen, liegen anderswo.«

Nach dem Tanz gingen wir mit Herbert in den Gobelin-Saal, wo von elf bis eins ein Tisch für uns reserviert war. Herbert ließ seinen rechten Arm über die gerissene Fracknaht hängen. Vater war wieder in seinem Element. Nur das Beste durfte bestellt werden. Der Preis für die Flasche Champagner entsprach einem kleinen Monatslohn. Aber das schien ihn keineswegs abzuschrecken. Er erzählte, daß er früher mehrmals die Woche ins Burgtheater und in die Staatsoper gegangen sei. Ich erinnerte mich an die vielen Abende in Berlin, an denen ich allein zu Hause blieb, weil er mit meiner Mutter im Theater war. Sigrid, die elf Jahre älter ist als ich, lebte nur zwei Jahre in Berlin. Dann ging sie zum Studium zurück nach Wien, wo sie allein die große Wohnung bezog, die mein Vater behalten hatte. Die Miete war spottbillig, und ist es heute noch. Friedenszins wurde das genannt.

Später ließ die Theaterlust meines Vaters nach. Auch ging er immer seltener mit meiner Mutter aus. Manchmal lud er junge Kolleginnen, aber auch Studentinnen ins Theater ein. Mit vielen modernen Stücken konnte er sich nicht anfreunden. Er ließ jedoch keinen Shakespeare aus.

Einmal kam er wütend von einer *Macbeth*-Inszenierung heim. Ich glaube, es war sogar die Verdi-Oper. Macbeth und seine Soldaten hatten SS-Uniformen getragen.

»Die Regisseure«, sagte er, »halten uns mittlerweile wohl für ganz vertrottelt.«

Wenn Vater nun von seinen Wiener Theaterbesuchen redete, konnte es nicht ausbleiben, daß er auch wieder auf seine Jugendliebe zu sprechen kam. Sie war es ja gewesen, die die Theaterbegeisterung in ihm entfacht hatte.

»Jetzt mal ganz ehrlich«, fragte ich. »Warum hat sie Dich verlassen?«

»Die Sache ist ganz einfach«, antwortete er. »Sie hat einen Obernazi gefunden. Es war ihr Professor, der sich durch kämpferische Schriften hervorgetan hat. Eine übrigens über das Burgtheater. Lange schon hatte sie mir erzählt, daß der sie verehrt und zu umgarnen sucht. Ich war mir sicher, sie würde ihn nicht erhören. Ein tragischer Irrtum.«

»Wer war der Professor?« fragte ich.

»Ach, der ist lange gestorben. Nach dem Krieg hat er Lehrverbot gehabt und sich darauf verlegt, historische Bücher zu schreiben. Aber sie ist bei ihm geblieben. Durch dick und dünn, wie man damals sagte.«

Als draußen im Ballsaal als Mitternachtseinlage ein Duett gesungen wurde, blieben wir im Gobelin-Saal sitzen. Mein Vater sagte: »In ein paar Monaten habe ich mein Buch fertig. Dann machen wir ein großes Fest. Ich werde den Bürgermeister von Berlin einladen und den Wissenschaftssenator. Einige Kollegen werden darüber nicht erfreut sein. Sie haben geglaubt, sie können mich schon zum alten Eisen werfen. Aber mit diesem Buch werde ich beweisen, daß ich doch recht habe.«

Mein Vater war mit 65 Jahren emeritiert worden. Gerne wäre er länger an der Universität geblieben. Als Emeritus hielt er zwar noch einige Jahre Vorlesungen, aber diese standen außerhalb des Curriculums und waren daher auch schlecht besucht. Er hatte beim Senator für Wissenschaft um eine Ausnahmeregelung nachgesucht, die verdienstvollen Professoren gelegentlich gewährt wurde. Aber die Bitte wurde abgelehnt. Vater vermutete hinter dieser Entscheidung die Intervention von Kollegen aus dem eigenen Fachbereich. Diese Kränkung konnte er nicht verwinden. Immer wieder kam er darauf zu sprechen. Er wollte nicht als Erniedrigter sterben, sondern als Triumphator.

Als die Menschen vom Ballsaal zurückströmten, gingen wir in unsere Loge. Kaum hatten wir uns gesetzt, wollte Vater wieder tanzen. Ich konnte es ihm nicht abschlagen, wenngleich ich befürchtete, langsam könnte ihm der Abend zu anstrengend werden. Mittlerweile war das Staatsopernorchester durch eine Bigband abgelöst worden. Mein Vater wackelte mit meinen Händen und machte dazu ein paar kleine Schritte.

Plötzlich hielt er inne und sagte: »Nein, mein Kind, ich war kein Nazi. Du wirst in keiner meiner damaligen Schriften einen Kniefall vor dem NS-Regime finden. Das Problem ist ein Bewerbungsschreiben. Es liegt im Universitätsarchiv. Eines Tages, wahrscheinlich erst, wenn alle damaligen Lehrkräfte gestorben sind, wird es einem eifrigen jungen Mann gestattet werden, das Archiv durchzusehen und sich seine ersten akademischen Sporen damit zu verdienen, daß er mich für immer in die Liste der Nazidozenten einträgt. Damit werdet Ihr leben müssen.«

Ich sagte: »Aber Du hast Dir doch nichts zuschulden kommen lassen.«

Mein Vater zog und schob an meinen Händen im Takt der Musik. Als die Musik zu Ende war, drückte er mich an sich. Ich roch sein Eau de Cologne. Er wollte etwas sagen, aber er wartete, bis die Musik wieder einsetzte. *We got married in a fever*, begann einer zu singen. Mein Vater schien es nicht zu hören. Er sagte: »Ich habe Dir doch von dem jüdischen Dozenten erzählt, der die Universität verlassen mußte und später in Auschwitz vergast wurde. Ich habe mich um seine Stelle beworben, und ich habe sie bekommen. Weißt Du, was das heißt? Meine Karriere ist auf der Vernichtung eines Freundes gebaut. Es will mir nicht aus dem Kopf.«

Ich fragte ihn: »Hat Dich dazu Deine Assistentin ermuntert?«

Er antwortete: »Sie hat mir geholfen, das Bewerbungsschreiben aufzusetzen.«

Ich war unfähig, irgend etwas zu antworten. Aber mir schoß auf einmal in den Sinn: Ich werde für ihn kämpfen. Ich werde der Nachwelt beweisen, daß er kein Nazi war.

Wir verließen die Tanzfläche und gingen, ineinander eingehängt, zurück zu unserer Loge. Mein Vater sagte: »Kannst Du mir versprechen, daß das unter uns bleibt?«

Ich nickte. Wir trafen auf einen Mann, der uns grüßte. Mein Vater erkannte ihn nicht. Er stellte sich als einer seiner ehemaligen Studenten vor. Obwohl er selbst schon an die sechzig Jahre alt war, sagte er noch immer devot »Herr Professor«. Mein Vater lud ihn in unsere Loge ein. Er antwortete, er wolle seine Tanzpartnerin noch zurückbringen und dann gerne mit seiner Frau vorbeikommen.

Herbert saß weit zurückgelehnt auf seinem Stuhl und rauchte eine Zigarre. Er hatte uns auf dem Parkett beobachtet, aber er stellte keine Fragen. Vor unserer Loge tanzte der fette deutsche Bundeskanzler mit einer angespannt wirkenden Debütantin, der das Krönchen verrutscht war. Herbert amüsierte das. Er sagte: »Die beiden sehen aus wie die deutsch-österreichische Wiedervereinigung.«

Mein Vater lachte. Ich bestellte mir ein Glas Orangensaft. Als es gebracht wurde, wollte ich dem Kellner behilflich sein, die leeren Gläser einzusammeln. Dabei stellte ich mich so ungeschickt an, daß ich mir den Orangensaft über das Kleid goß. Der Kellner versorgte mich mit einer Unmenge von weißen Stoffservietten. Es nützte alles nichts. Der Opernball war für mich zu Ende. Mein Vater war in heller Aufregung. Er hatte die absurde Idee, ich könnte aus dem Fundus für den Rest des Abends ein Leihkleid bekommen. Der Kellner bemühte sich redlich, den Vorschlag ernst zu nehmen, war jedoch hoffnungslos überfordert. So konnte ich meinen Wunsch, ins Hotel zu gehen, schnell durchsetzen. Doch da kam dieser ehemalige Student meines Vaters mit seiner Frau. Er sagte zu ihr, so laut, daß mein Vater es hätte hören können, selbst wenn er taub gewesen wäre: »Es ist mir eine große Ehre, Dir jenen Professor vorzustellen, dem ich alles zu verdanken habe, was ich bin.«

Ich erklärte den beiden kurz unser Problem und schlug Vater vor, er solle hierbleiben, Herbert werde ihn abholen. Er war dagegen, aber ich beharrte darauf. Dann meinte er, er könne auch allein heimgehen.

»Wann soll er Dich holen«, fragte ich. »In zwei, in drei, in vier Stunden?«

Mein Vater blickte auf die Uhr.

»In zweieinhalb Stunden«, sagte er. Hätte ich ihn nur mitgenommen. Nicht einmal eine halbe Stunde später kam er auf die Idee, allein heimzugehen. Wahrscheinlich hat ihn sein ehemaliger Student gelangweilt.

Der Ingenieur

Neuntes Band

Feilböck war verschwunden. Jeden Tag nach der Arbeit fuhr ich zu seiner Wohnung. Ich wollte ihm Geld bringen, damit er sich nach Mallorca zurückziehen konnte. Die Nachbarn sagten, sie hätten ihn schon vierzehn Tage nicht gesehen. Ich rief bei seinen Eltern an. Am Telefon war Feilböcks Mutter, die Sie ja mittlerweile kennen. Sie beschimpfte mich, als ich meinen Namen nannte. Wir hätten damals ihren Sohn in die ganze Sache hineingezogen. Ich solle ihn endlich in Ruhe lassen. Er wolle keinen Kontakt mehr mit uns haben. Sie fragte mich, was ich jetzt schon wieder von ihm wolle. Ich sagte: »Ich habe ihn ewig nicht gesehen. Ich wollte mich einfach einmal melden und ihn fragen, wie es ihm geht. Sie brauchen keine Angst zu haben. Ich will nichts Schlechtes, ich bin geläutert.«

Sie fuhr mich an: »Sagen Sie mir, wo mein Sohn ist. Ich habe eine Vermißtenanzeige gemacht. Wo ist er?«

»Ist er verschwunden? Ich weiß von nichts. Seit wann?«

»Sie wissen es nicht? In welche Sache ist er da schon wieder hineingeraten? Auch sein Doktorvater hat ihn schon vierzehn Tage nicht gesehen.«

Ich sagte: »Ich werde suchen helfen. Wenn ich ihn ausfindig mache, rufe ich Sie sofort an.«

Ich dachte damals, Feilböck sei hier auf Mallorca, in diesem Haus. Er sei bloß so gekränkt, daß er unser Geld nicht annehmen wollte.

Bevor ich nach Mitternacht den *Geringsten* besuchte, verbrachte ich gewöhnlich einige Stunden im Beta-Netz. Die Debatte über das Tausendjährige Reich war noch immer nicht zu Ende. Aber seit Feilböck ausfiel, fehlten die Provokationen von *Mormon 4*. Insgeheim hoffte ich, im Beta-Netz eine Mitteilung von ihm vorzufinden. Routinemäßig begann ich meine Suche mit dem Buchstaben M im Senderindex. So auch ein paar Tage nach dem Telefongespräch mit Feilböcks Mutter. Da war er plötzlich. Ich klickte *Mormon 4* an. Seine Mitteilung war überraschend milde. Er entschuldigte sich bei allen, die er diskriminiert oder beleidigt hatte. Er schrieb: »Mir ist im Traum der Engel Moroni erschienen. Er zeigte mir eine goldene Tafel, die Joseph Smith zu übersetzen vergessen hatte. Die Tafel war in einer fremden Schrift abgefaßt, aber ich konnte sie dennoch lesen. Darauf stand: ›Nicht alle können Heilige sein, aber alle können gerettet werden.‹

Ich fragte den Engel, wie es geschehen konnte, daß Joseph Smith die Tafel übersah. Er antwortete mir: ›Joseph Smith hat zuviel in seinen Hut geschaut und zuwenig auf die Tafeln.‹ Dann war der Engel plötzlich verschwunden.«

Ich saß vor dem Computer und mußte hellauf lachen. Der *Geringste*, der natürlich selbst nicht daran glaubte, daß Joseph Smiths *Buch Mormon* auf die goldenen Tafeln des Engels Moroni zurückgehe, hatte uns einmal erzählt, Joseph Smiths Frau Emma habe in ihrem *Letzten Testament* preisgegeben, wie das *Buch Mormon* entstanden sei. Ihr Mann habe vor allem in seinen Hut geschaut, in dem die Sehersteine Urim und Thummim lagen.

Es dauerte nicht lange, da antwortete *Mormon1*: »Joseph Smith hat die Tafel nicht übersehen, er hat ihre Übersetzung nur auf seine Zeit bezogen: *Denn es ist eine furchtbare Schlechtigkeit, anzunehmen, Gott errette das eine Kind wegen der Taufe, und das andere müsse zugrunde gehen, weil es keine Taufe gehabt hat.*«

Ich wartete nicht länger darauf, wer sich sonst noch einschalten würde, sondern lief zu meinem Auto hinab, das auf der Nebenfahrbahn der Favoritenstraße geparkt war. Ich konnte sicher sein, daß ich, wenn ich zurückkomme, keinen Parkplatz finden würde. Aber lieber wollte ich dann beim Laaerberg Bad parken und einen Kilometer zu Fuß gehen, als ein Taxi zu nehmen. Nirgendwo auf der Welt sind Taxifahrer so mißtrauisch wie in Wien. Sie merken sich jeden Fahrgast. Wenn es eine Großfahndung gab, waren es immer die Taxifahrer, die alles beobachtet hatten.

Es erschien mir plötzlich sehr unwahrscheinlich, daß Feilböck auf Mallorca war. Ich fuhr zu seinem Wohnhaus im Stadtteil Hernals. In den beiden Wohnzimmerfenstern im vierten Stock waren die vergilbten Rollos heruntergezogen. Also ist er doch hier, dachte ich und wollte schon in die Wohllebengasse weiterfahren, da fiel mir ein, die Fenster könnte auch Feilböcks Mutter verdunkelt haben. Ich parkte mit dem Auto an der gegenüberliegenden Straßenseite in zweiter Spur und stellte den Motor ab. Den Kopf auf die Stütze zurückgelehnt, betrachtete ich Feilböcks Wohnzimmerfenster und wartete. Es schien kein Licht durch.

Fast wäre ich eingeschlafen. Ich rieb mir die Augen. Als ich wieder hinaufschaute, war mir, als wäre das linke Rollo eine Spur heller als das rechte. Das ergab durchaus einen Sinn, denn hinter dem linken Rollo stand Feilböcks Schreibtisch. Ich konzentrierte mich auf dieses eine Fenster. Nach kurzer Zeit erschien es mir wieder dunkler. Ich fuhr sofort zum *Geringsten*. Er wartete auf mich.

»Wahrscheinlich ist Feilböck in Wien«, sagte ich. »Irgend jemand ist jedenfalls in seiner Wohnung.«

»Ich weiß«, antwortete der *Geringste*. »Heute war er bei der Polizei, um uns zu verraten.«

Er sagte das in einer Ruhe, als ginge es um irgendeine Nebensache. Ich mußte mich setzen. Wir schauten uns lange an.

»Ist jetzt alles vorbei?« fragte ich.

»Noch nicht. Er war zu feige, sich selbst ins Spiel zu bringen. Er will uns aushorchen. Das Schwein muß geschlachtet werden.«

Wir saßen schweigend auf den braunen Fauteuils.

»Whisky?« fragte der *Geringste*.

»Nein«, antwortete ich, »aber einen guten Rat.«

Durch die offenen Flügeltüren konnten wir auf den Bildschirm schauen. *Mormon4* hatte sich nicht mehr gemeldet, aber die Debatte über die neue, goldene Tafel war immer noch im Gange. Ein gewisser Stefan Roepell aus Obervorschütz hielt es für nötig, die Welt darüber aufzuklären, daß es die goldenen Tafeln nie gegeben habe. »Die Religionen«, tippte er in seinen Computer, »schrieben ihre

Geschichte selbst. Unabhängige oder kritische Berichte wurden meist absichtlich vernichtet. Das war bei den Christen nicht anders. Joseph Smith war nichts als ein Mythenschöpfer. Der Inhalt des *Buches Mormon* konnte von keinem ernstzunehmenden Ethnologen oder Archäologen bestätigt werden.«

Jetzt wußten wir es. Der *Geringste* ging zum Computer und tippte: »*Wenn es aber einem von euch an Weisheit mangelt, so erbitte er sie von Gott.*«

Dann ging er aus dem Netz und stellte den Computer ab. Wir saßen wieder schweigend nebeneinander und tranken Mineralwasser. Später legte er eine CD auf, einen gregorianischen Choral. Als die Platte das zweite Mal abgelaufen war, sagte der *Geringste*: »Ihr werdet ab morgen überwacht werden. Also kann nur ich es machen. Du fährst jetzt zum Polier. Er soll mir an der Baustelle im Müllcontainer eine Pistole hinterlegen. Er soll sie in einen Schuttsack tun. Ich werde sie mir morgen in der Nacht holen.«

Ich stand auf und wollte gehen. Er stand ebenfalls auf.

»Moment noch«, sagte er. »Du organisierst ein Sonnwendfeuer in Rappottenstein. Nach der Arbeit rufst Du alle Kameraden an und sagst: Nostalgietreffen nach zwei Jahren. Dann fährst Du nach Rappottenstein und hängst in allen Gasthäusern Ankündigungen auf. Danach absolute Kontaktsperre. Eure Treffen im Restaurant des Langen müssen rein zufällig sein. Zur Sonnwendfeier fährst Du mit dem Polier mit.«

Der *Geringste* umarmte mich.

»Wir kommen durch«, sagte er. »Es gibt größere Herausforderungen.«

An der Tür sagte er: »Laß mich zuerst nachschauen.«

Nach kurzer Zeit kam er zurück und brachte mich zur Haustür. Er sagte leise und ganz schnell: »Leitner muß nicht alles hören. Ich werde morgen hier ausziehen. Du kannst mich dann nicht mehr besuchen. Dennoch werden wir uns sehen. Wir müssen nur den Code für unsere Mitteilungen ändern. Weißt Du, was ein Akrostichon ist?«

»Nie gehört«, flüsterte ich.

Der *Geringste* sagte: »Ich kann Dir das jetzt nicht erklären. Finde es selbst heraus. Der zweite Buchstabe gilt. Ja? Der zweite Buchstabe.«

Dann ging er zurück in die Wohnung. Er wollte Leitner nicht beunruhigen.

Der 23. Juni fiel auf einen Freitag. Das hatte den Nachteil, daß Pandabär und der Lange lange arbeiten mußten und daher erst am Abend nach Rappottenstein kommen konnten. Da war schon alles vorbereitet. Wir machten uns zu Mittag, gleich nach der Arbeit, auf den Weg. Am Gürtel gab es einen Stau. Der Zufall wollte es, daß wir am Lerchenfelder Gürtel endlos vor einem fast fertigen Neubau stehen mußten. Wie die Affen gafften wir drei auf das Gebäude, bis hinter uns gehupt wurde. Der Blade sagte: »So tragen wir zur Verschönerung von Wien bei.«

Darauf der Polier: »Wir sollten beim Besitzer eine Provision kassieren. Ohne uns hätte er nur sinnlos Brandschutzprämien gezahlt.«

Der Witz wollte uns an diesem Tag nicht recht gelingen. Wir hatten vom *Geringsten* nichts mehr gehört, und wir wußten nicht, was uns in Rappottenstein erwartete. An diesem Wochenende schienen alle Wiener ins Waldviertel zu fahren. Nach der Nordbrücke ging es zwar schneller voran, aber der Stau zog sich bis Horn. Erst auf der Zwettler Straße hatten wir freie Fahrt. Der Polier drehte auf, was sein Auto hergab. Vor der Einfahrt nach Zwettl wurden wir von einem entgegenkommenden Auto mit der Lichthupe angeblinkt. Der Polier stieg kräftig auf die Bremse und schaffte es gerade noch, die Radarfalle mit der erlaubten Geschwindigkeit zu passieren.

Ich war fast zwei Jahre nicht im Gutshof gewesen. Als

ich drei Tage zuvor in Rappottenstein war, um in den Gasthäusern die Ankündigungen des Sonnwendfeuers aufzuhängen, hatte ich den Gutshof nicht betreten. Ein Wirt sagte zu mir: »Na, Du läßt Dich auch wieder einmal blicken?«

Ich antwortete: »Ja, es gibt wieder ein Sonnwendfeuer. Lange habe ich mich nicht hergetraut, wegen der Brandsache damals. Aber das ist ja Blödsinn, weil wir damit nichts zu tun hatten. Auch die beiden nicht, die sie verurteilt haben!«

»Der Raffelseder glaubt es auch nicht«, sagte der Wirt. »Sicher, möglich wäre es gewesen, daß sie in der Zwischenzeit nach Wien gefahren sind. Aber ich habe sie danach doch hier sitzen sehen. Wenn einer so etwas gemacht hat, muß er irgendwie nervös sein. Man muß ihm doch etwas anmerken. Die tranken seelenruhig ihr Bier und hatten nichts anderes im Schädel als ihr Lamm.«

»Das war ein Indizienprozeß«, sagte ich. »Es hat keinen einzigen Zeugen gegeben. Die Wiener wollten Täter haben, und die Geschworenen haben sie ihnen gegeben. Ich bin sicher, daß der Prozeß noch einmal aufgenommen wird.«

In einem anderen Gasthaus traf ich ein paar Burschen. Einer sagte: »Wir haben schon beschlossen, daß wir nächstes Jahr das Sonnwendfeuer selber machen, wenn ihr uns heuer wieder im Stich laßt.«

Am späten Nachmittag kamen wir in Rappottenstein an. Im Hof herrschte eine gespenstische Ruhe. Ich rechnete mit allem, auch damit, daß hinter jeder Ecke, in jedem Raum die Polizei auf uns lauern könnte. Wir gingen in den High-Tech-Raum. Dort war alles verwüstet. Die Holzlatten hingen von den Wänden, die Spiegel waren zum Großteil zerbrochen, die Lautsprecherboxen aufgeschlitzt. Die Geräte standen wüst durcheinander. Alle waren aus der Verankerung gerissen, das Cockpit des Autobusses war zerlegt. Selbst die im Boden verankerten Drehstühle waren herausgeschraubt und auf einen Haufen geworfen worden. Aber unseren eingemauerten Safe hatten sie nicht gefunden.

Verwüstung herrschte auch in den anderen Räumen. Es gab keinen Winkel, der nicht durchsucht worden war. In der Küche roch es penetrant nach gepökeltem Lamm. Der Kühlschrank war noch eingeschaltet. Als der Polier die Tür öffnete, kam ein bestialischer Gestank heraus. Schimmelige Marmelade, ranzige Butter und ein mit einem dicken grünen Pelz zugewachsenes Glas Essiggurken. Im unteren Regal lagen, schön aufgeschichtet, mindestens zwanzig Flaschen Bier.

Wir gingen zurück in den Hof und durchsuchten die zum Teil schon verfallenen Wirtschaftsräume. Wir hatten nur drei davon benutzt, bei den anderen drohte das Dach einzustürzen. Es waren weitere Ziegel herabgefallen, das Gebälk war an manchen Stellen geknickt, sonst aber hatte sich nichts verändert. Im Schuppen waren Holz und Reisig geschichtet. Da hatte sich Druckeberger zwei Jahre zuvor eine Woche lang abgemüht und uns dann stolz diesen Holzstoß gezeigt. Als wir das Scheunentor öffneten, standen wir vor Feilböcks Auto.

Wir gingen um das Auto herum. Der Schlüssel steckte im Zündschloß. »Ist da jemand?« fragte der Polier. Keine Antwort. In den mit kniehohen Holzwänden von der Tenne abgetrennten Abteilen lagen noch uralte Heu- und Strohhaufen. Wir schauten uns überall um, aber es war niemand zu finden. Blieb nur noch der Schießkeller. Die Tür war angelehnt. Der Blade wollte das Licht aufdrehen, doch es funktionierte nicht. Wir gingen vorsichtig die schmalen Steinstufen hinab. Feuerzeug hatten wir keines, da wir nicht mehr rauchten. Auf halber Höhe blieben wir stehen.

»Ist da jemand?« fragte der Polier auch hier. Keine Antwort. Als wir auf der Mitte der Treppe waren, zog mich der Blade am Ärmel.

»Da ist Licht«, flüsterte er. Je mehr sich unsere Augen an die Dunkelheit gewöhnten, desto deutlicher war beim Eingang zum Gewölbe ein schwacher Lichtschein zu erkennen. Der Polier fragte noch einmal: »Ist da jemand? Feilböck, bist Du es?«

Wieder gab es keine Antwort. Wir horchten. Es war absolute Stille. Ich hielt es für meine Aufgabe, vorauszugehen und die anderen zu schützen. Vorsichtig ging ich Stufe für Stufe hinab. Der wohlbekannte Lehmgeruch wurde stärker. Irgendwo im Raum brannte eine Kerze. Wegen der vielen Bierkisten, die noch immer hinter dem Eingang aufgestapelt waren, konnte ich nicht in den Raum hineinsehen. Ich lugte durch die Aussparungen der Tragegriffe. Niemand schien dazusein. Die Kerze mußte irgendwo am Boden stehen. Mein Herz schlug mittlerweile bis zum Hals. Alles hielt ich für möglich. Vielleicht lagen am Boden ein paar Leute der Spezialeinheit von Reso Dorf mit Maschinenpistolen und würden zu feuern anfangen, sobald ich mich zeigte. Aber was blieb mir übrig?

Der Polier und der Blade standen hinter mir und warteten, daß ich weiterging. Als ich es tat, packte mich das Entsetzen. Auf dem Lehmboden lag die nackte Leiche von Feilböck. Daneben, auf der Pritsche, saß der *Geringste*, bewegungslos und in Decken gehüllt. Er starrte auf die in den Lehmboden eingegrabene Kerze. Als wir nähertraten, begannen mir die Füße zu zittern. Ich sah, daß Feilböck der Schwanz fehlte. Er hatte ihn im Mund stecken. In der Brust waren zwei dunkel umrandete Einschußlöcher, ein weiteres war zwischen den Augen.

Der *Geringste* sagte etwas. Aber es war nur ein trübes Glucksen zu hören. Ich beugte mich zu ihm hinab. Am Boden lagen abgebrannte Kerzenstummel. Der *Geringste* versuchte es noch einmal. Er brachte die Worte kaum heraus.

»Ihr müßt Feilböck verzeihen«, sagte er.

Nach einer stillen Ewigkeit legte ich die Hand auf seinen Rücken und fragte: »Wie lange bist Du schon hier?«

Er antwortete mit großer Anstrengung: »Drei Tage habe ich Totenwache gehalten.«

»Du mußt etwas zu Dir nehmen«, sagte ich. »Komm, ich helfe Dir.«

Ich griff ihm unter den Arm. Er hatte Mühe, aufzustehen. Von seinem Schoß fiel die Pistole herab. Der Polier steckte sie ein.

Wir brachten den *Geringsten* in die Küche und setzten ihn auf eine Autobusbank. Ich kochte ihm Tee.

Der *Geringste* sagte: »Wir müssen Feilböck wieder aufnehmen in unsere Runde.«

Wir schauten uns verlegen an. Ich ließ kaltes Wasser in die Abwasch und stellte die Teekanne hinein. Der *Geringste* trank den Pfefferminztee zuerst in kleinen, dann in immer größeren Schlucken. Ich schenkte ihm nach.

»Wie gehen wir jetzt vor?« fragte der Blade. Er lief nervös in der Küche auf und ab.

Der *Geringste* massierte seine Waden. Dann stand er auf und schüttelte seinen Körper. Er sagte: »Vergeßt heute abend keinen Moment: Ich heiße George und komme aus Irland. Ich spreche kaum deutsch. Ihr kennt mich nicht. Der Ingenieur hat mich am Würstelstand angesprochen und hierher eingeladen. Und jetzt trinkt ein Bier. Wir haben unerfreuliche Arbeit vor uns.«

Wir nahmen aus dem stinkenden Kühlschrank alle Bierflaschen heraus, setzten uns nieder und tranken, während uns der *Geringste* erklärte, was zu tun war.

Nachdem jeder eine Flasche getrunken hatte, gingen wir ans Werk. Wir trugen Obststeigen vom Schuppen in die Scheune, wo noch ein alter Strohhaufen lag. Den Boden der Obststeigen bedeckten wir mit Stroh und Reisig. Dann trugen wir sie in den Keller hinab. Der *Gering-*

ste drehte die Glühbirne in die Fassung. Es gab wieder Licht. Wir suchten im Haus alle Äxte, Spalthämmer, Beile und Fleischermesser zusammen. Der *Geringste* kam mit zwei Eimern in den Keller. Einer war halb mit Wasser gefüllt, im anderen lagen mehrere Putzlappen und Gummihandschuhe. Während wir mit der Motorsäge Pfosten in meterlange Stücke zerschnitten, fragte der Blade: »Warum zerlegen wir ihn nicht gleich mit der Motorsäge?«

»Du bist gut«, sagte der Polier. »Dann wäre im Keller alles angespritzt – das kriegst Du nie sauber.«

Die Pfosten legten wir nebeneinander auf den Boden. Der *Geringste* zerschnitt Feilböcks Kleider und verteilte sie in den Obststeigen. Wir standen vor der Leiche und zögerten, sie anzugreifen. Da warf uns der *Geringste* einen Pakken roter Gummihandschuhe zu. »Macht Euch nicht drekkig an der Sau«, sagte er.

»Wie soll ich das verstehen?« fragte der Blade. Er stand immer noch unschlüssig da. »Du hast vorhin gesagt, wir sollen Feilböck wieder aufnehmen.«

»Feilböck ja«, antwortete der *Geringste*, »aber nicht seinen widerlichen Körper.«

Mittlerweile hatte er die Gummihandschuhe angezogen. Er zog der Leiche den Schwanz aus dem Mund und warf ihn in eine Obststeige. Wir nahmen den Leichnam an Händen und Füßen. Er hing durch und streifte am Boden. Über den Brettern ließen wir ihn fallen.

»Wer ein Bier braucht, soll sich eines nehmen«, sagte der *Geringste*. Er nahm die große Holzfälleraxt zur Hand und schlug damit der Leiche den Kopf ab. Dann spaltete er den Schädel in mehrere Teile. Die verstreute Gehirnmasse sammelten wir mit einer Schaufel ein und warfen sie, zusammen mit den Schädelteilen, in eine Obststeige. Als der Kopf weg war, fiel mir die Arbeit leichter. Ich schnitt den Bauch auf und zog die Gedärme heraus. Dabei stieg mir ein widerlicher Geruch in die Nase. Ich ging ein paar Schritte zurück, um Luft zu holen.

»Was machen wir mit den Gedärmen?« fragte ich.

Wir überlegten einen Moment. »Wenn wir sie zerkleinern und durchs Klo spülen«, sagte der Polier, »könnten sie zumindest in den nächsten paar Wochen in der Senkgrube entdeckt werden. Wickle sie in Zeitungspapier und lege sie ebenfalls in eine Obststeige.«

Ich atmete tief ein und ließ, während ich die Gedärme aus dem Bauch löste, die Luft langsam ausströmen. Bevor ich den Mastdarm und die Speiseröhre durchschnitt, mußte ich noch einmal Luft holen gehen. Ich riß Lunge, Herz und Leber heraus und warf Putzlappen in die Bauchhöhle, um die dort angesammelte Flüssigkeit aufzusaugen. Danach brauchte ich ein Bier. Ich zog die Handschuhe aus und stellte mich zum Ausgang. Aber selbst dorthin verfolgte mich der Kuttelgeruch. Ich sollte ihn so schnell nicht loswerden. Mehrere Tage roch ich Feilböcks Eingeweide.

Die anderen begannen, den Rumpf zu zerhacken. Es sollte kein größerer Knochen übrigbleiben. Später half ich mit. Am schwierigsten war die Zerkleinerung der Oberschenkel und des Beckens. Wir kamen ins Schwitzen. Aber die Hemmungen waren verschwunden. Wild hieben wir auf die Fleischstücke ein. Keines konnte uns klein genug sein. Der Blade sagte: »Jetzt wird Gulasch gemacht.«

Darauf der Polier: »Original Rappottensteiner Kellergulasch von einer eigenhändig erlegten Sau.«

Am Schluß war Feilböck in kleine Stücke zerhackt. Wir trugen die Obststeigen in den Schuppen und bedeckten sie mit Stroh und Reisig. Dann gossen wir aus dem Reservekanister für die Motorsäge Treibstoffgemisch darüber.

Während wir die Hackbretter und das Werkzeug reinigten, kamen Pandabär und der Lange. Der Polier erklärte ihnen, was geschehen war. Pandabär begann zu schwitzen.

Er wollte unbedingt in eine Obststeige hineinschauen. Vielleicht glaubte er es nicht. Er hob das benzingetränkte Stroh in die Höhe, erwischte jedoch zufällig die Steige mit den Kopfteilen. Feilböcks Auge starrte heraus. Pandabär ging zu Boden. Sein Gesicht war bleich geworden. Ich legte ein paar Holzscheite unter seine Füße und brachte ihm den restlichen Pfefferminztee.

Es war schon acht Uhr abends. Das Sonnwendfeuer war für zehn Uhr angekündigt. Wir mußten uns beeilen. Auf die Wiese hinter dem Hof legten wir, wie bei früheren Sonnwendfeuern und an derselben, noch sichtbaren Stelle, einen Kreis aus Steinen. Er hatte einen Durchmesser von etwa vier Metern.

Wir trugen die Obststeigen hinaus und schichteten sie in der Mitte des Kreises auf. Rundherum stellten wir jede Menge Holzscheite auf. Obwohl noch sichtlich mitgenommen, beteiligte sich am Schluß auch Pandabär. Wir warfen die Hackbretter über die Steigen und darüber so viele Holzscheite, bis der Haufen zwei Meter hoch war. In die Fugen steckten wir Reisig und entzündeten das Ganze um etwa halb zehn an mehreren Stellen gleichzeitig. Es dauerte nicht lange, da war das Feuer weithin sichtbar. Schon bald strömten die Dorfbewohner herbei. Sie trugen Picknickkörbe und Getränke. Einer kam mit dem Traktor. Auf dem Anhänger standen Bierkisten und eine Dezimalwaage. Auch die Tradition des Feuerspringens sollte wiederaufgenommen werden.

Der *Geringste* hatte seine Haare hochgebunden und einen Hut aufgesetzt. Die Leute boten ihm Bier an. Er lehnte ab. Salzstangerl mit Wurst nahm er dankbar an. Eine Hauptschullehrerin begann sich mit ihm in Englisch zu unterhalten. Ich weiß nicht genau, was er ihr erzählte. Irgend etwas von Irland und von vielen Feuern, die dort brennen. Aber er zog sich aus jedem Gespräch bald zurück. Bis in die späten Nachtstunden spürte ich den süßlichen

Geruch von Feilböcks verbrennendem Fleisch. Niemandem fiel das auf.

Um Mitternacht wagte der erste Feuerspringer sein Glück. Alle rieten ihm ab. Es war viel zu früh. Doch er nahm Anlauf und sprang. Er kam zwar über den Gipfel des Scheiterhaufens, aber er landete in der Glut und erlitt Verbrennungen. Vor Schmerzen lief er im Kreis. Dennoch stellte er sich auf die Dezimalwaage. Aber er hielt es nur kurz aus, dann lief er wieder stöhnend und wimmernd herum. Wir ließen einen Krankenwagen kommen. Pandabär und der Lange legten neue Holzscheite nach. Die sechzig Kilo Bier stellten wir zur allgemeinen Verfügung.

Um drei Uhr morgens waren nur noch einige betrunkene Burschen da. Sie halfen, soweit es ihr Zustand erlaubte, eifrig mit, Druckebergers Holzstoß zu verkleinern. Der Lange und Pandabär waren beauftragt, das Feuer bis neun Uhr vormittags zu unterhalten. Dann würden sie vom Bladen und vom Polier, die sich in ihre Schlafkammer zurückzogen, abgelöst werden. Der Polier sagte: »Wenn es nötig ist, lasse ich das Feuer das ganze Wochenende brennen.« Es war nicht nötig.

Ich fuhr mit dem *Geringsten* noch in der Nacht in Feilböcks Auto nach Wien. Bevor er in der Heiligenstädter Straße ausstieg, sagte er: »Wir werden uns jetzt längere Zeit nicht sehen. Harmagedon wird um ein Jahr verschoben. Kauf regelmäßig die *Zeitschrift für alles*, dort werde ich mich melden. Du weißt ja inzwischen, was ein Akrostichon ist. Nicht vergessen, der zweite Buchstabe gilt.«

Er umarmte mich und ging fort.

»Moment«, rief ich ihm nach. Er kam zurück, setzte sich ins Auto und schloß die Tür.

Ich fragte: »Und was mache ich, wenn ich Dich dringend erreichen muß?«

»Im Notfall«, antwortete er, »aber nur im äußersten Notfall, nimmst Du mit Steven McAlpine in Dallas Kontakt auf. Und Du fragst nach der Nummer von Pastor Butler aus Idaho. Pastor Butler, das kannst Du Dir leicht merken.«

Er stieg aus und ging die Heiligenstädter Straße hinauf, Richtung Nußdorf. Ich sah ihm eine Zeitlang durch den Rückspiegel nach, dann fuhr ich nach Hernals. In der Nähe von Feilböcks Haus war ein freier Parkplatz. Dort stellte ich sein Auto ab. Mit einem Taschentuch wischte ich Lenkrad, Armaturen und Türgriffe ab. Den Zündschlüssel ließ ich später durch ein Kanalgitter fallen. Es dämmerte schon der Morgen. Eigentlich wollte ich zu Fuß nach Favoriten gehen. Das hätte mindestens eine Stunde gedauert. Ich konnte mich kaum noch auf den Beinen halten. So stieg ich am Elterleinplatz in ein Taxi. Der Fahrer sprach nur gebrochen deutsch. Er mußte im Stadtplan nachschauen, bevor er losfuhr. Am Blinkerhebel hing eine Gebetskette, auf der vorderen Ablage lag ein Buch mit arabischen Schriftzeichen. Ich fragte ihn, was das für ein Buch sei. Er sagte: »Der Koran.«

Ich bat ihn, mir das Buch zu geben. Ich wollte es mir anschauen. Aber er lehnte ab. Er sagte: »Ist heiliges Buch. Nix für Ungläubige.«

Ich dachte mir, ich sollte jetzt darauf bestehen, daß er mir das Buch gibt, oder aussteigen. Ich sollte ihn ein Arschloch nennen. Aber ich sagte gar nichts mehr. Ich öffnete das Fenster, weil ich die Eingeweide von Feilböck roch. Selbst als ich daheim schon geduscht war und meine Kleider längst in der Waschmaschine hin und her schwappten, blieb mir dieser Geruch in der Nase. Er begleitete mich ins Bett.

Ich wurde wach, weil jemand an der Wohnungstür klingelte. Polizei, war mein erster Gedanke. Ich schaute durch den Türspion. Da standen tatsächlich zwei Polizisten. Sie hatten nicht unten an der Haustür geklingelt, sondern sich durch Nachbarn Eintritt verschafft. Ich überlegte, ob ich irgend etwas beiseite räumen sollte. Mir fiel nichts ein. Sie klingelten wieder.

Ich hatte die Ehre, Reso Dorf persönlich kennenzulernen. Er schlich durch meine Mansarde, als könnte jeder Einrichtungsgegenstand der entscheidende Hinweis sein. Er war in Zivil, begleitet von zwei Polizisten in Uniform.

»Wo ist Feilböck?« fragte er.

»Ich weiß es nicht«, antwortete ich. »Ich wollte ihn vor ein paar Tagen anrufen, weil wir gestern ein Sonnwendfeuer gemacht haben. Aber er war nicht da. Ich habe dann seine Mutter angerufen. Die hat mich beschimpft und mir gesagt, daß er schon vierzehn Tage weg ist. Ich habe mich gar nicht zu sagen getraut, warum ich anrufe.«

»Und wo ist Joe?« fragte er dann.

»Wissen Sie es?« fragte ich zurück. »Ich habe schon zwei Jahre nichts von ihm gehört.«

»Ist das nicht merkwürdig«, sagte er, »daß von eurer Gruppe nach und nach die Leute verschwinden?«

Ich sagte: »Unsere Gruppe? Was soll das sein? Es gibt sie nicht. Sie wurde verboten.«

»Ihr habt Zuwachs bekommen.«

»Wie meinen Sie das?« fragte ich.

Reso Dorf fuhr mich an: »Stell dich nicht so blöd. Wir wissen alles.«

»Dann müssen Sie mich ja nicht fragen«, sagte ich.

Er nahm mich an der Pyjamajacke und zog mich zu sich. Aber er hielt den Kopf beiseite, wahrscheinlich weil ich aus dem Mund stank.

»Wer ist der Mann?« fragte er und drehte dabei die Pyjamajacke ein, bis sie meine Brust einschnürte.

»Von wem reden Sie?« antwortete ich.

Da rückte er damit raus, daß sie das Sonnwendfeuer beobachtet hatten. Das war mir nicht neu. Leitner hatte es dem *Geringsten* angekündigt. Aber wir waren nicht sicher, ob sie wirklich da waren, weil wir sie nicht sahen.

Ich hatte vermutet, sie würden sich unter die Leute mischen.

»Ach den meinen Sie«, sagte ich. »Der kommt aus Irland. Ich habe ihn vor ein paar Tagen zufällig am Würstelstand kennengelernt. Er spricht kaum deutsch und trinkt keinen Alkohol. Nicht einmal Bier. George heißt er. Mehr weiß ich nicht über ihn. Ich habe ihn am Schwarzenbergplatz aussteigen lassen.«

»Am Schwarzenbergplatz?« fragte er.

»Ja, am Schwarzenbergplatz.« Einen Moment dachte ich: Jetzt hat er mich. Die sind mir sicher gefolgt. Bei der Rückfahrt hatte ich immer wieder in den Spiegel geschaut und niemanden gesehen. Reso Dorf ließ meinen Pyjama los. Er blieb ungeduldig.

»Los, los, flotter bitte. Was macht der Mann, wo wohnt er, wann trefft ihr euch wieder?«

»Mehr weiß ich nicht«, sagte ich. »Wir haben kein Treffen vereinbart. Ich weiß auch nicht, wo er wohnt.«

»Ihr werdet euch doch unterhalten haben.«

»Nicht viel«, antwortete ich. »Ich hatte die Musik laut aufgedreht, damit ich nicht einschlief.«

»Und bei der Hinfahrt?«

»Saß ich allein im Auto«, sagte ich. »Daß George wirklich kommt, damit habe ich gar nicht gerechnet. Vielleicht ist er Autostopp gefahren. Oder mit dem Bus. Ich weiß es nicht. Als wir den Holzstoß aufschichteten, stand er auf einmal da.«

»Wir sehen uns wieder«, sagte Reso Dorf. Aber ich sah ihn nie wieder. Statt dessen kamen irgendwelche Untergebenen von ihm. Ein halbes Jahr lang quälten sie mich mit immer denselben Fragen: Wo ist Joe? Wo ist Feilböck? Wo ist George? Wie ist er nach Rappottenstein gekommen? Meinen Kameraden ging es nicht anders. Aber die wußten noch weniger.

Drittes Band

Die kaiserlichen und königlichen Prinzen und Prinzessinnen waren nicht zu überholen. Sie nahmen den gesamten
Korridor in Anspruch. Von beiden Seiten strömten devote
Schaulustige heran, hinzu kamen jene, die den Abend damit verbrachten, dem Geblitze der Fotografen nachzulau-
fen, sowie andere, die zufällig in den Rummel hineingerie-
ten. Die Menschenmenge wurde von Ihren Kameraleuten
im Rückwärtsgang, einem Schneepflug gleich, in zwei
Reihen auseinandergedrückt, die an den Fensternischen
und Wänden entlang für die Hoheiten Spalier standen.
Wer nicht freiwillig auswich, wurde von mit Händen
rudernden Kameraassistenten beiseite geschoben. Immer
mehr Menschen kamen hinzu und ließen die beiden Reihen so anschwellen, daß sie, kaum war das Kamerateam
durchgelassen, sofort wieder zu einer Masse zusammenzu-
schwappen drohten, wäre da nicht ein zweiter Assistent gewesen, der mit gekrümmtem Rücken und eingezogenem
Kopf zwischen der Kamera und den Kaiserlich-Königlichen herumwirbelte, Zischlaute ausstieß und hin und
wieder auch an Abendkleidern und Hosen zupfte. Ich weiß
nicht, ob Sie die Bilder überhaupt gebracht haben, da doch
der Kamerablick auf die Hoheiten immer wieder von Gewöhnlichen verstellt gewesen sein muß. Das Ganze glich
einer Riesenschlange, die das Kamerateam wie eine Vorspeise verschlang und sich dahinter auf normale Dimen-
sionen zusammenzog, um sich kurz danach, bei der Aufnahme der Hauptspeise, aufs äußerste zu dehnen. Der
große Brocken, die vier seelenruhig nebeneinander einher-
schreitenden kaiserlich-königlichen Prinzen und Prinzessinnen, zeichnete seine äußere Form den ganzen Korridor
entlang in die dichtgedrängte Menge hinein. Mir blieb

nichts übrig, als mich dem kaiserlich-königlichen Gefolge anzuschließen, weil es die einzige Möglichkeit war, überhaupt weiterzukommen.

Es gelang mir, mich direkt hinter dem ewigen Thronfolger, wie er von manchen Zeitungen spöttisch genannt wurde, in die Nachhut hineinzuzwängen. Der Mann war von ausnehmend großer Gestalt. Aus den Reihen der aneinander Gepreßten kamen immer wieder die Worte »kaiserliche Hoheit« und »Majestät«. Der Druck hinter mir war so stark, daß ich mir Mühe geben mußte, Majestät nicht auf die Fersen zu treten. Er wurde der Würde seiner theoretischen Erbansprüche insofern gerecht, als er dem Zurufen, Flüstern und Verbeugen hin und wieder seine Aufmerksamkeit schenkte und es mit einem freundlichen Kopfnicken erwiderte. Wäre er um hundert Jahre früher geboren worden, dachte ich mir, wäre er ein prachtvolles Exemplar von einem Kaiser, der, anstatt auf Stimmenfang zu gehen, einfach repräsentieren könnte. Er müßte nicht die von den gebeugten Brüsten und Hälsen herabbaumelnden Orden anlächeln, wie in einem magischen Versuch, diesen Skeletten vergangenen Glanzes noch einmal Leben einzuhauchen. Wäre er ein wirklicher Kaiser, dachte ich, müßte ich keine Angst haben, ihm auf die Fersen zu steigen, sondern ich hätte Mühe, ihm auf den Fersen zu bleiben. Die Sicherheitsbeamten würden mich abdrängen, ich würde hoffnungslos steckenbleiben, während Ihre Hoheit, Katharina die Kleine, schon durch den Wiener Nachthimmel schwebte und zur Landung in Schwechat ansetzte.

Dann geschah es wirklich. Durch den Druck von hinten kollidierten meine Schuhe mit denen des Kaiserlichen, die stehengeblieben waren. Seine Frackschöße drehten sich auf die Seite der spanischen Prinzessin. Er umarmte einen Mann, der in der vordersten Reihe des Spaliers stand und unter der Frackschleife denselben Orden trug wie er selbst.

Es war die Darstellung eines goldenen Ringes, durch den ein goldenes Fell gezogen war. Die beiden Ordensträger berührten einander zuerst mit den linken Wangen, dann mit den rechten, plötzlich hörte ich die ins kaiserliche Ohr geflüsterten Worte: »Sei gegrüßt, Meister!«

Ich habe keine Ahnung über die Interna des Ordens vom Goldenen Vlies, dessen Souverän der kaiserliche Prinz war, doch klang in meinen Ohren die Anrede »Sei gegrüßt, Meister« wie die Bekanntgabe eines Todesurteils. Ich kann beschwören, die Worte gehört zu haben, ich stand unmittelbar dahinter. Geäußert wurden sie von einem Mann mit gepflegtem weißen Vollbart und schütterem Kopfhaar. Er war eher klein, denn der Souverän, oder Großmeister, mußte sich für die Umarmung weit hinunterbeugen. Merkwüdig war, daß der kaiserliche Prinz an diesen Worten keinerlei sichtbaren Anstoß nahm, so, als hätte er sie erwartet. Der Schwalbenschwanz seines Fracks wandte sich wieder mir zu. Da der Mann sich so unbekümmert gab, dachte ich mir, vielleicht ist das einfach der seit einem halben Jahrtausend übliche Gruß der Ritter des Ordens vom Goldenen Vlies gegenüber ihrem Souverän.

Er soll doch froh sein, dachte ich beim Betrachten seiner schwarzen, maßgeschusterten Halbschuhe, mindestens Größe 46, die sich nun wieder in Bewegung setzten, er soll doch froh sein, daß er den Thronfolger nur spielen muß, wenn man bedenkt, welches Los den nicht nur theoretischen, sondern wirklichen Kronprinzen und Thronfolgern zuteil war. Dieser hochaufgeschossene Mann, überlegte ich, während ich aufsah und in seinem Genick eine Warze entdeckte, die immer, wenn er mit dem Kopf nickte, für einen Moment unter dem Haaransatz sichtbar wurde, dieser Mann leidet wahrscheinlich darunter, daß er ein Leben lang nur in die Berufsschule gehen, aber nie seinen Beruf ausüben wird. Eine endlose Reihe von Perlenketten und Orden heißt ihn, zuversichtlich zu bleiben.

Während die Warze des Kronprinzen alle Augenblicke zwischen den kurzen Haaren hervorblinzelte, war der andere Prinz mit den Prinzessinnen in eine auf französisch geführte Konversation vertieft. Sie verhielten sich, als gäbe es keine Zuschauer und als wüßten sie nicht, daß sie nicht nur im Wandelgang der Wiener Staatsoper, sondern zugleich auf einigen Millionen Bildschirmen unterwegs waren. Es sprach vor allem die französische Prinzessin, aber ich konnte nicht verstehen, was sie sagte, weil ihr langsam unter dem Seidenkleid sich wiegender Arsch, der die Konturen eines hochgeschnittenen Höschens verriet, so viele Fotografen angezogen hatte, daß ich nunmehr froh war, wenn ich vom Gefolge nicht gänzlich abgedrängt und ins Spalier ausgeschieden wurde. Der deutsche Prinz, auf dessen Unterarm die Hand der spanischen Prinzessin ruhte, trug einen ordinären silberglänzenden Frack. Nur ihn konnte ich verstehen, er sprach am lautesten. Aber er sagte immer nur »absolument«. »Absolument. Absolument.«

Und dann sagte er noch: »Dans la version officielle. Non, non, c'est la version officielle. Absolument.«

Ich schaffte es nicht bis zur Philharmoniker-Bar. Eine Frau in blauem Rüschenkleid glitt plötzlich zu Boden, um dem Thronfolger die Hand zu küssen. Den hungrigen Fotografen war die Szene ein Leckerbissen. Sie verließen blitzartig den Prinzessinnenarsch und trampelten auf meinen Zehen herum. Die Apparate sirrten und klickten, während mich die Fotografen immer weiter zurückdrängten. Snsnsnsnsnsn. »Tschuldigung.« Sn. »Pardon.« Snsnsn. »Verzeihung.« Snsn. Danach trat das ein, was ich befürchtet hatte. Ich steckte in der Menschenmenge, konnte weder vor noch zurück und begann zu schwitzen.

Es war schon nach Mitternacht, als ich an der Garderobe meinen Mantel entgegennahm und ihn im Hinausgehen überwarf. Als ich die Tür öffnete, stand ich mitten im

Weltuntergang. Ein höllischer Lärm, Folgetonhörner, Sirenen, überall Scheinwerferlicht auf wild herumlaufenden und aufeinander einschlagenden Menschen. Es dauerte eine Weile, bis ich die Situation einigermaßen überblicken konnte. Vor der Oper war ein freier Streifen von etwa fünfzig Metern Breite, in dem Fotografen und Kameraleute aufgeregt hin und her liefen. Linkerhand hattet ihr gerade einen Lastwagen mit Hebebühne in Position gebracht. Hydraulische Stützbeine wurden ausgefahren, drei Männer wurden auf einer von Eisengittern umzäunten Plattform langsam in die Höhe gehievt. Sie schalteten, kaum war der Metallarm zur Ruhe gekommen, neue Scheinwerfer ein, so daß die Schlacht nunmehr von oben taghell beleuchtet wurde. Vor mir ein Tummelplatz eifrig telefonierender, funkender, fotografierender und nervös herumlaufender Menschen, abgeriegelt durch sieben, acht Reihen Polizisten. Dahinter tobte die Opernballschlacht. Ich habe immer wieder Demonstrationen erlebt und in meiner Jugend auch daran teilgenommen. Auch da gab es manchmal Ausschreitungen. Ich selbst habe einmal sogar einen Pflasterstein geworfen. Das war in den frühen siebziger Jahren, als der greise Caudillo es nicht lassen konnte, vor seinem Tod noch schnell ein paar Menschen umzubringen, aber das war nicht vergleichbar mit dem, was ich hier vor der Oper sah. Das war keine Demonstration, das war Bürgerkrieg. Überall nur laufende Menschen, ein entsetzlicher Lärm, Steine, Verkehrszeichen, Stühle, Latten, Laternen, Flaschen flogen durch die Luft, nicht einzeln, sondern massenweise, es war ein Regen von Gegenständen, der auf die Polizisten niederprasselte. Umgeworfene Autos, ein brennendes Polizeifahrzeug. Rettungsmänner mit weißen Schutzhelmen sammelten Verletzte ein. Über den Dächern ein Hubschrauber.

Die Angriffe erfolgten stoßweise. Einmal von der Operngasse her, einmal von der Kärntner Straße. Alles ging schnell vor sich. Sie stürmten heran, viele mit schwarzen Wollhauben vermummt, überrannten die ersten Polizisten, warfen Molotow-Cocktails, Steine und alles, was sie im Bereich des Karlsplatzes ergattern konnten, schon kam der Gegenangriff. Die Polizisten schlugen wild in die Menge hinein, prügelten jeden nieder, der ihnen unter die Hände kam. Die Menge lief wieder zurück und war so schnell verschwunden, wie sie gekommen war. Die Polizisten verfolgten sie in die Operngasse hinein, bis zur Sezession, was wiederum andere Demonstranten von der Seite der Kärntner Straße her zu einem Sturmangriff nutzten. Die Polizisten wurden von der Sezession zurückgerufen. Als sie vor der Oper eintrafen und zwischen Trümmern, Verletzten und brennendem Asphalt den Kollegen zu Hilfe eilten, zog sich die Menge auf der anderen Seite zurück. Sie wurde auf der Ringstraße Richtung Schwarzenbergplatz getrieben. Währenddessen sammelte sich ein neuer Stoßtrupp in der Operngasse.

Ich hatte mit meinem Chauffeur vereinbart, daß er um Viertel vor zwölf in der Mahlerstraße, in der Nähe des Eingangs zum Hotel *Bristol*, auf mich warten soll. Doch die Mahlerstraße war ein Nebenkriegsschauplatz. Sie war auf der Seite der Kärntner Straße von der Polizei abgesperrt. Der Kordon konnte sich kaum halten. Er wich immer weiter zurück.

»Wiener Polizisten schützen die Faschisten«, wurde skandiert. Erst als der vor euren Funkwagen aufgestellte Absperriegel von gut hundert Mann zu Hilfe eilte, gelang es, die Mahlerstraße wieder zu schließen. Ich konnte mir nicht vorstellen, daß mein Chauffeur so dumm war, in der Mahlerstraße auf mich zu warten, umgeben von Demonstranten, oder Stadtguerilleros, wie man sie jetzt wohl schon nennen mußte. Wahrscheinlich, so dachte ich, ist er die Mahlerstraße bis zur Schwarzenbergstraße zurückgefahren und wird dort auf mich warten. Ich ging durch die

Walfischgasse, die von Polizisten in grünen Kampfanzügen abgesperrt war. Sie ließen mich problemlos passieren.

»Haben Sie genug vom Opernball?« fragte einer.

»Nein, ich komme wieder«, antwortete ich.

Darauf der Polizist: »Das würde ich Ihnen nicht raten. Wenn die Verstärkung aus Graz nicht bald eintrifft, können wir die Stellung nicht halten.«

Und plötzlich Schüsse. Sie waren in der Karlsplatzgegend gefallen. Mehrere hintereinander, dann noch einmal. Sie waren trotz des Geschreis auf der Ringstraße deutlich zu hören. Da ich nicht wußte, ob es Warnschüsse waren, Schreckschüsse, vielleicht auch Leuchtkugeln, oder ob hier wirklich auf Menschen geschossen wurde, geriet ich in Panik. Offenbar auch die Polizisten. Sie zogen ihre Pistolen, obwohl in der Walfischgasse keine Menschenseele zu sehen war. Ich lief die Straße hinunter. An der Kreuzung zur Akademiestraße kam mir ein Trupp von vielleicht zwanzig Jugendlichen entgegen. Als sie sahen, daß die Polizisten Waffen in Händen hielten, machten sie kehrt.

Ich lief weiter bis zur Schwarzenbergstraße. Dort sah ich rechterhand, am Schwarzenbergplatz, Demonstranten, die Verkehrsschilder niederrissen und sie als Brechstangen zum Ausgraben von Pflastersteinen verwendeten. Linkerhand, zur Seilerstätte hin, war es ruhig. Ich lief in diese Richtung. Vergeblich schaute ich mich nach Taxis um. Auf der anderen Straßenseite ging mit schnellen Schritten ein Mann auf und ab. In der Aufregung wäre ich fast an ihm vorbeigelaufen. Es war mein Chauffeur. Ich hatte es schon aufgegeben, ihn noch zu finden.

»Herr Direktor«, rief er. »Endlich, Herr Direktor. In zehn Minuten landet das Flugzeug.«

Er hatte den Wagen an der Seilerstätte geparkt. Wir folgten der Einbahnstraße. Doch schon an der nächsten Kreuzung war die Seilerstätte plötzlich eine Einbahnstraße in die entgegengesetzte Richtung. Wir hätten zum

Parkring hinausfahren müssen. Dort wäre die Fahrt vor einer Polizeisperre zu Ende gewesen. Wir waren gefangen in den Einbahnstraßen des ersten Bezirks. Wollten wir diese Nacht noch zum Flughafen gelangen, gab es keine andere Möglichkeit, als die Seilerstätte gegen die Einbahn weiterzufahren, in die Singerstraße stadteinwärts abzubiegen und uns dann am Stephansplatz vorbei die Wollzeile hinabzuschwindeln, die für den Durchfahrtsverkehr eigentlich gesperrt war. Aber für Verkehrsüberwachung hatte in dieser Nacht ohnedies niemand Zeit. Als wir am Lueger-Platz die Ringstraße überquerten, befanden wir uns wieder auf erlaubten Verkehrswegen. Die Fahrt zum Flughafen ging dann sehr schnell. Ich hatte mit Ihrer Hoheit vereinbart, daß ich im VIP-Raum auf sie warten werde. Dort saß ein Zeitungsfotograf in Straßenkleidung, trank Bier aus der Flasche und schaute sich die Opernballübertragung an. Er fotografierte mich, als ich mit einem Strauß weißer Rosen eintrat.

»Wer hat Sie bestellt?« fragte ich.

»Betriebsgeheimnis«, antwortete er und ließ es noch ein paarmal hintereinander blitzen. Ich war unschlüssig, ob ich ihn rauswerfen sollte. Immerhin war es ja möglich, daß es eine Information von Catherine Petit an den Musikkritiker der Zeitung gegeben hatte. Am wahrscheinlichsten schien mir jedoch, daß die Zeitung Kontakte zur Flugleitzentrale besaß. In diesem Augenblick wurde die Opernballübertragung unterbrochen, und ein Reporter begann vom Geschehen außerhalb der Oper zu berichten. Es war offenbar nicht das erste Mal. Aufgeregt erzählte er, daß geschossen worden sei. Ich sagte zum Fotografen: »Sie befinden sich am falschen Ort. Hier können Sie nur bescheidene Reste jener Hochkultur fotografieren, die an der Ringstraße gerade vernichtet wird.«

»Keine Angst«, antwortete er. »Wir sind auch an der Ringstraße präsent.«

Er nahm ein Handy aus der Fototasche, drückte einen Knopf und sagte: »Waschek hier. In einer Viertelstunde bin ich am Flughafen fertig. Wohin soll ich dann fahren? Begleiten, okay.«

Er lachte mich schelmisch an.

»Ich werde noch ein wenig die Ehre haben«, sagte er.

»In meinem Wagen fahren Sie nicht mit«, fuhr ich ihn an.

»Keine Angst«, antwortete er grinsend. »Aber ich werde auf Ihrer Fährte bleiben.«

Mittlerweile war auch mein Chauffeur nachgekommen. Da die für den VIP-Raum zuständige Hosteß nicht zu sehen war, bat ich ihn, eine Flasche Champagner und ein paar Gläser zu organisieren.

»Wie viele Gläser?« fragte er.

»Genügend«, antwortete ich. »Auch eines für den *Keine-Angst*-Fotografen Waschek. Wir werden ihn ja doch nicht los.«

Waschek prostete mir mit der Bierflasche zu.

»Jetzt verstehen wir uns«, sagte er.

Ich war beunruhigt, weil Catherine Petit noch nicht angekommen war. Vielleicht hatte sie schon vor dem Abflug von den Ausschreitungen gehört und deshalb auf die Reise verzichtet. Aber sie hatte doch die Nummer meines Autotelefons. Der Fernsehreporter sagte: »Dabei begann alles friedlich.«

Gezeigt wurden Bilder von Jugendlichen, die am Schwarzenbergplatz rote Nelken an die Polizei verteilten. Zu den ersten Ausschreitungen sei es am Karlsplatz gekommen, wo ein paar hundert vermummte Jugendliche versucht hätten, die Polizeisperren zu durchbrechen.

»Sehen Sie sich das an, meine Damen und Herren«, sagte der Reporter. »Hier, in einer Seitenstraße, abseits vom eigentlichen Demonstrationsgeschehen, beginnen kriminelle Elemente, der Polizei eine regelrechte Straßen-

schlacht zu liefern. Es werden Schaufensterscheiben eingeschlagen, Stangen von Straßenbahnhaltestellen und Verkehrsschilder ausgerissen, die Verglasungen der U-Bahn-
Abgänge werden zertrümmert. Rechts im Bild kommt es
offensichtlich zu den ersten Plünderungen. Scheint ein
Büroraum zu sein. Alle diese Gegenstände fliegen bald
über die Polizeisperren. Als die Polizei die Straße zu
räumen beginnt, werden auch andere Demonstrations-
gruppen, hier auf dem Karlsplatz, gewalttätig. Die Polizei
meldet zu dieser Zeit noch, die Lage unter Kontrolle zu
haben. Doch bald darauf trifft das offensichtlich nicht
mehr zu. Hier, sehen Sie sich das an. Das hat mit Demonstration nichts mehr zu tun. Hier fangen Verrückte an,
Krieg zu spielen. Mit Schlagstöcken und Wasserwerfern
gelingt es, die Chaoten Richtung Karlsplatz zurückzu-
drängen. Aber andere nutzen die Gelegenheit und greifen
am Schwarzenbergplatz an. Die Polizei kommt in eine
Zange.«

Ihr habt überhaupt keine Bilder mit den Schüssen anzubieten gehabt. Man hörte sie. Und dann sah man die Polizisten nacheinander die Pistolen ziehen. Ich ging nervös im
Raum auf und ab. Die Hosteß brachte den Champagner
auf einem Servierwagen. Offenbar hatte sie der Chauffeur
doch noch aufgetrieben. Die Polizei, so wurde uns versichert, hat die Lage mittlerweile im Griff. Die Opernballübertragung wurde fortgesetzt, Catherine Petit war
immer noch nicht da. Doch, da war sie. Auf dem Bildschirm. Man sah einen Ausschnitt aus *La Traviata*. Dann
saß Ihre Hoheit im weißen Plüschkostüm der Violetta Va-
lery in der Garderobe und sagte, daß sie das Wiener Opernpublikum liebe. Im Hintergrund der getrocknete Strauß
Rosen, den ich ihr nach der Premiere geschenkt hatte.
Währenddessen kam ein Zollbeamter. Er fragte mich, ob
ich die Opernsängerin Catherine Petit erwarte. Der Fotograf Waschek ging an die Arbeit.

»Ich? Ganz Wien erwartet sie.«

Ich zeigte auf den Fernsehapparat.

»Wir haben da ein Problem«, meinte der Beamte. »Sie hat einen Hund bei sich, so ein kleines Schoßhündchen.«

»Na und? Hat der Hund Heroin gefressen?«

»Er hat kein Impfzeugnis«, sagte der Beamte.

Da vergaß auch der Fotograf für einen Moment seine Arbeit.

»Unglaublich«, rief ich. »Ein Schoßhündchen ohne Impfzeugnis. Das ganze Land ist gefährdet. Und an Ihnen liegt es, die Katastrophe abzuwenden. Schicken Sie das Flugzeug sofort zurück. Morgen sind Sie ein berühmter Mann.«

Dem Beamten war es sichtlich unangenehm, daß er von Waschek dauernd fotografiert wurde. Er sagte: »Was soll ich tun? Ich habe meine Vorschriften.«

»In einer Nacht wie dieser sollten Sie nicht im Dienst sein. Gehen Sie nächstes Jahr mit Ihrer Frau zum Opernball. Ich werde Ihnen Karten besorgen. Und nun beenden Sie diese Komödie.«

Eine Weile stand er verlegen da.

»Bitte«, flehte ich ihn an. »Sie werden das schon hinkriegen.«

Er sagte: »Ich werde schauen, was sich machen läßt«, und ging fort. Offenbar ließ sich sehr leicht etwas machen. Denn kaum war er fort, kam Catherine Petit in einem langen, weißen Pelzmantel zur Tür herein. Sie trug ein Bastkörbchen. Sie war klein und eher rundlich, aber in dem fast bodenlangen Mantel wirkte sie schlank und elegant. Ich küßte ihr die Hand und überreichte die Blumen. Waschek fotografierte. Wir tranken ein Gläschen Champagner. Auch der Zöllner trank mit. Er entschuldigte sich bei Catherine Petit, nicht ohne Hinweis auf seine Vorschriften. Sie nahm es nobel zur Kenntnis. Auf dem Bildschirm war die Loge von Kommerzialrat Schwarz zu sehen. Catherine Petit freute sich auf den Ball. Da ich zum Aufbruch drängte, sagte der Zöllner, er wolle mir noch seine Adresse geben, wegen der Opernballkarten. Mein Chauffeur ging mit dem Koffer voraus.

Auf der Fahrt erzählte ich Catherine Petit von den Demonstrationen.

»Mittlerweile«, sagte ich, »sollte die Polizei den Schwarzenbergplatz geräumt haben. Den letzten Fernsehberichten zufolge, können wir, wie es sich gehört, an der Rampe vorfahren.«

Sie erzählte mir von der Abendvorstellung in Basel. Sie sagte: »Alfredo Germont wäre am liebsten mitgekommen. Aber das wollte ich Dir nicht antun.«

»Jetzt bin ich Dein Bühnenpartner«, antwortete ich. »Du kannst sicher sein, Du wirst auch in Wien einen großen Auftritt haben. Und wesentlich mehr Zuschauer. Je später der Abend ...«

»... desto eitler die Gäste«, fiel sie mir ins Wort.

Ich bat den Chauffeur, den Verkehrsfunk aufzudrehen. Auf der Höhe der Simmeringer Heide wurde plötzlich die Musik unterbrochen. Eine Zeitlang war Stille, die erwartete Kennung für Verkehrsdurchsagen blieb aus. Man hörte, wie sich jemand räusperte. Dann vernahm man im Hintergrund, aus einem Studiolautsprecher, die Worte »Auf Sendung«. Schließlich eine aufgeregte Stimme. Sie tat sich schwer, die richtigen Formulierungen zu finden.

Achtung, eine ..., aus aktuellem Anlaß unterbrechen wir das Programm. Achtung, eine Sondermeldung. In der Wiener Staatsoper ereignet sich ..., hat sich vor wenigen Minuten eine Katastrophe ereignet. Menschen haben geschrien und sind zusammengebrochen. Offensichtlich bewußtlos. Alles ist ungeklärt. Es sieht so aus ..., noch immer brechen Menschen zusammen, massenweise. Als würden sie ..., hoffen wir, daß es nicht so ist, als würden sie sterben. Es ist schrecklich, ganz schrecklich. Wir können im Moment noch nicht sagen, was hier vorgeht. Wir haben dieses Jahr keine eigene Leitung in die Oper. Wir sind auf das angewiesen, was man auf den ETV-Bildschirmen sieht. Und das ist entsetzlich. Bitte, liebe Zuhörer, beten Sie, daß es nicht so schlimm ist, wie es im Moment auf den Bildschirmen aussieht. Wir werden uns in Kürze wieder melden.

Dann wieder Stille. Ich nahm Catherine Petit bei der Hand und bat den Chauffeur, anzuhalten. Schweigend saßen wir nebeneinander. Nach einer Weile setzte im Radio Trauermusik ein. Catherine Petits Hündchen leckte mir die Hand ab. Ich streichelte sein Fell. Ich stellte mir vor, sie wäre mit Impfzeugnis gekommen. Ich bedankte mich beim lieben Gott für den übereifrigen Zollbeamten. Ein paar Wochen später habe ich mich ihm erkenntlich gezeigt. Natürlich nicht mit Karten für den Opernball. Den wird es nie wieder geben.

Als wir am Rande der Simmeringer Heide im Auto saßen, Trauermusik und dazwischen die neuesten Sondermeldungen hörten, wurde mir bewußt, daß ich einer Illusion aufgesessen bin. Als Unternehmer, besonders, wenn man erfolgreich ist, bildet man sich ein, man könne sein Leben selbst meistern. Gar nichts kann man. Ein Hundeimpfzeugnis, oder ein nachlässiger Beamter, oder ein kürzerer Opernabend in Basel, oder eine Erkrankung Ihrer Hoheit – und ich wäre jetzt ein toter Mann. So wie Jan Friedl. In den ersten Tagen habe ich mir seinetwegen große Vorwürfe gemacht, grundlose Vorwürfe, aber ich wurde sie doch nicht los. Als dann die gierige Lebensgefährtin auf den Plan trat, noch dazu auf der Grundlage meiner finanziellen Zuwendung, waren die Vorwürfe vorbei. Im Gegenteil, ich ärgerte mich – aber das darf man nicht laut sagen –, daß ich sie nicht überredet hatte, mitzukommen.

Etwa eine halbe Stunde standen wir auf dem Pannenstreifen der Autobahn. Es fuhren nur wenige Autos vorbei.

Über den Dächern der Stadt blinkten die Lichter von Hubschraubern. Ich hatte Catherine Petit im Hotel *Bristol* einquartiert, das gleich neben der Oper liegt. Durch die Rundfunkmeldungen war uns klar, daß dort zur Zeit völliges Chaos herrschte. Ich wollte Catherine Petit den Anblick dieses Grauens ersparen. Außerdem war es höchst ungewiß, ob wir überhaupt bis zum *Bristol* durchgekommen wären. Ein anderes gutes Hotel war in Wien sicher nicht zu bekommen. Catherine Petit sagte, sie wolle nach Basel zurückfliegen.

»Ich fürchte«, antwortete ich, »bei den vielen Rettungshubschraubern wird es derzeit keine Starterlaubnis für Privatflugzeuge geben. Außerdem will ich Dich jetzt nicht allein lassen.«

»Aber wir können doch nicht die ganze Nacht hier am Straßenrand stehen.«

Ich gab dem Chauffeur Weisung, nach Salzburg zu fahren. Dort hatte Catherine Petit einmal während der Festspiele im Hotel *Goldener Hirsch* gewohnt. Ich hatte sie mehrmals besucht, und wir hatten gemeinsam eine schöne Zeit gehabt. Während der Fahrt hörten wir die zunehmend grauenhafter werdenden Radioberichte. Die Autobahn war in unserer Richtung so gut wie leer. An der Raststätte Ansfelden blieben wir stehen. Während der Hund, in der Kälte zitternd, sein Geschäft verrichtete, umarmte ich Catherine. Ich sagte: »Du bist mein Schutzengel.«

Sie antwortete nicht gleich. Als wir wieder ins Auto stiegen, sagte sie: »Ihr Wiener tragt die Katastrophe in Euch. Ich habe das immer in der Musik gespürt.«

Da blieb hinter uns ein Auto stehen. Es war der Fotograf Waschek. Ich sagte zu ihm: »Wir fahren ins Hotel *Goldener Hirsch* in Salzburg. Und Sie fahren jetzt nach Wien zurück. Dort werden Sie von Ihrer Zeitung dringend gebraucht.«

Er gehorchte. Auf der Weiterfahrt schalteten wir das Radio aus. Irgendwann begann Catherine zu singen. Es war eine zarte, schwebende Tonfolge, die sich kurz hob und dann sanft herabsenkte. Die Melodie wiederholte sich in einer höheren Tonlage, um am Schluß noch weiter in die Tiefe zu führen.

Gib deine Hand, du schön und zart Gebild!
Bin Freund und komme nicht zu strafen.
Sei guten Muts! Ich bin nicht wild,
Sollst sanft in meinen Armen schlafen!

Ich habe das seither oft gehört. Aber damals kannte ich das Lied noch nicht. Ich fragte: »Was war das?«

»Das war die zweite Strophe, die des Todes, aus Schuberts Lied *Der Tod und das Mädchen*.«

Gegen fünf Uhr morgens trafen wir im Hotel *Goldener Hirsch* ein. Sie hatten ein Zimmer für uns.

Requiem

Während der Ballübertragung kam ein Anruf von der Generaldirektion in Paris. Das war etwa eine halbe Stunde vor Mitternacht. Ich hatte keine Zeit, ihn entgegenzunehmen. Aber der technische Assistent drehte den Lautsprecher auf, so daß ich alles hören konnte. Irgend jemand empörte sich in französischem Englisch: »Was ist los mit Euch? CNN berichtet von Straßenschlachten in Wien. Im Moment sind sie sogar live dabei. Und was macht ETV? Bitte sofort Bilder von den Straßen. Nehmt eine Prinzessin mit hinaus und zeigt ihr die Hölle. Mehr Bewegung bitte. Volles Programm wollen wir haben, okay?«

Ich hatte sehr wohl mitgekriegt, was draußen los war. Der Lärm war zeitweise selbst im gut isolierten Regiewagen unüberhörbar. Außerdem hatten wir draußen eine Handkamera, die uns seit zehn Uhr abends die unerfreulichsten Bilder lieferte. Die Demonstranten kamen zeitweise bedrohlich nahe an unsere Sendewagen heran. Mit einem Auge verfolgte ich die Ereignisse auf diesem Bildschirm. Aber ich hätte nicht gewagt, sie einzublenden. Ich konnte doch nicht das von uns selbst organisierte europäische Medienereignis Opernball mit Bildern von Straßenschlachten versauen. Daß CNN aus der Not, nicht in die Oper reinzudürfen, eine Tugend machte und draußen filmte, hatte ich allerdings nicht gewußt. Ich zog drei Teams, deren geplante Interviews mir am entbehrlichsten schienen, vom Ball ab. Unsere Techniker montierten Hebebühnen mit Flutlichtern und Kameras. Wenn wir schon das Chaos sendeten, dann sollten wir auch davon die besseren Bilder haben.

Auf die Idee, Fred hinauszuschicken, bin ich nicht gekommen, obwohl ich wußte, daß ihm das mehr Spaß gemacht hätte, als in seiner Loge zu hocken und das Orchester zu filmen. Noch dazu in der einzigen Nichtraucherloge. Ich hatte für ihn um eine Ausnahmegenehmigung gebeten, aber die Feuerpolizei hatte sie abgelehnt. Die Beleuchtungsloge war voll mit Kabeln, von denen einige offenbar nicht mehr den neuesten Vorschriften entsprachen. Ich war mir sicher, Fred würde trotzdem rauchen.

Mit solchen Fragen quälte ich die Rettungsmannschaften, als ich an der Dokumentation der Opernballkatastrophe hätte arbeiten sollen: »Habt Ihr in der Beleuchtungsloge einen Aschenbecher gefunden?«

Die hielten mich für übergeschnappt. Da gab es Tausende Tote zu bergen, und dieser wahnsinnige Journalist will wissen, ob in einer bestimmten Loge ein Aschenbecher stand.

Sosehr ich mich auch immer wieder bemühte, einen Blick für das Gesamtbild zu haben, ich kam mit der Dokumentation nicht voran. Mich beschäftigte vor allem der Tod von Fred. Darüber hinaus interessierte mich natürlich, warum er ermordet wurde. Wie es zu diesem Anschlag kam. Mein Bandmaterial gab darüber keine Auskunft. Die Presseberichte über die Täter bestanden vor allem aus Vermutungen. Wie war es möglich, daß diese kleine Gruppe, die sich *Bewegung der Volkstreuen* nannte, drei Jahre nach ihrem Verbot nicht nur weiter existierte, sondern fähig war, die Wiener Staatsoper in eine Gaskammer zu verwandeln. Die Polizei ging ungemein dilettantisch vor. Es dauerte zwei Wochen, bis sie dahinterkam, daß es diesen Steven Huff aus Arizona wirklich gab. Und zwar als lebendigen Menschen in Ohio. Dann dauerte es ein paar weitere Tage, bis bekanntgegeben wurde, daß die beim Anschlag ums Leben gekommene Person namens Steven Huff niemand anderer war als der nach dem Gürtelhausbrand geflüchtete Führer der *Bewegung der Volkstreuen.*

In den Zeitungen waren endlos lange Totenlisten abgedruckt. Sie wurden täglich ergänzt. Die Straßen waren schwarz beflaggt. Von der provisorischen Regierung, unter der Leitung des Landwirtschaftsministers, war ein Trauermonat ausgerufen worden. Danach sollten, ohne Wahlkampf, Neuwahlen abgehalten werden.

Am Abend nach Freds Ermordung zeigte ETV die Bilder der eigenen Toten. Fred war darunter. Ich war so übermüdet, daß ich nur noch vor mich hin starrte und vom Gedanken besessen war, das alles sei ein Traum. Später schaltete ich den Fernseher aus, trank und heulte in eine endlose Leere hinein. Irgendwann läutete das Telefon. Ich ging nicht ran. Durch den Lautsprecher des Anrufbeantworters hörte ich die Stimme meines Vaters: »Kurt, wir sind trostlos. Sag uns, was wir für Dich tun können. Sollen wir nach Wien kommen? Blanka meint, wir sollten morgen zu Dir fliegen. Sag uns, was Dir lieber ist.«

Ich rief nicht zurück. Ich hätte nicht gewußt, was ich sagen soll. Später schlief ich im Wohnzimmer auf der Couch ein. Den nächsten Tag verbrachte ich im ausgestorbenen Bürohaus. In der Chefetage tagte ein Krisenstab. Man kondolierte mir und hatte Verständnis dafür, daß ich nicht an der Sitzung teilnahm. Die vier Kamerateams, die überlebt hatten, waren im Dauereinsatz. Die Gänge blieben leer. Früher wurden sie von jenen zynischen Bemerkungen beherrscht, wie man sie in allen großen Redaktionen hört. Aber diejenigen, die dafür gut waren, saßen im Krisenstab, oder sie lebten nicht mehr. Die Sekretärinnen warteten einsam in ihren Büros, meist mit verheulten Gesichtern. »Herr Fraser, es tut mir so leid.« Die Türen ließen sie offen, als wollten sie den Rest von Leben einfangen, der diesem Haus noch geblieben war. Manche liefen heraus und begannen mir irgendwelche Geschichten von Fred zu erzählen. Ich konnte es nicht hören.

Michel Reboisson rief an. Er wollte mich unbedingt persönlich sprechen. Er fand erstaunlich viele Worte, um sein Beileid auszudrücken. Ich hörte nur zu. Er wußte, daß mir Fred viel bedeutete. Ich hatte über ihn bei unserer ersten Begegnung im Londoner *Claridges*-Hotel gesprochen. Dann kam er zum zweiten Punkt, zur Dokumentation. Er sehe vollkommen ein, daß ich im Moment damit überfordert sei. Aber ich hätte gut einen Monat Zeit, denn im Augenblick werde die Sache ohnedies vom aktuellen Dienst ausgewertet. Ich sei der geborene Mann für diese Art von Dokumentationen, und außerdem hätte ich den besten Überblick über das Material. Auch sei es seine Erfahrung, daß man mit dem Verlust eines geliebten Menschen am besten fertig werde, wenn man sich intensiv damit beschäftige.

Am Abend fand ich auf dem Band drei Anrufe meiner Eltern vor. Zuerst redete meine Mutter, dann mein Vater, schließlich noch einmal meine Mutter. Sie fragte am Schluß: »Hast Du schon mit Heather gesprochen? Wenn nicht, mußt Du sie anrufen. Das können wir Dir nicht abnehmen. Bitte, ruf sie an.«

Sie hatte recht. Ich mußte Heather anrufen. Aber ich war dazu nicht imstande. Wahrscheinlich wußte sie es ohnedies. Später in der Nacht hörte ich Gustav Mahlers *Kindertotenlieder. Wenn dein Mütterlein, / tritt zur Tür herein, / und den Kopf ich drehe, / ihr entgegensehe.*

Ich mußte sie anrufen. Wenn ich ihr einfach dieses Lied vorspielte und dann wieder auflegte, vielleicht würde sie es verstehen. Nein, nichts würde sie verstehen. Sie würde meinen, ich wollte sie sogar in dieser Situation noch verletzen. Es dauerte, bis ich mich aufraffte, meine ehemalige Londoner Nummer zu wählen. Da war es sicher schon drei Uhr nachts.

»Habe ich Dich geweckt?«

»Ja.«

»Weißt Du, warum ich anrufe?«

»Ja.«

Ich wußte nicht, was ich noch sagen sollte. Sie begann zu weinen. Nach einer Weile kamen auch mir wieder die Tränen. Wir sprachen nicht, wir weinten nur. Mir fielen keine Worte ein. Als es still wurde, sagte ich: »Wir sollten ein anderes Mal telefonieren. Willst Du noch etwas sagen?«

Sie wartete. Dann antwortete sie mit verheulter Stimme: »Fred muß in London bestattet werden.«

»Das kommt nicht in Frage. Ich möchte ihn bei mir haben.«

Da war es wieder still. Sie sagte nichts mehr und ich auch nicht. Sie will mir Fred wegnehmen, dachte ich. Wir schwiegen eine Ewigkeit lang. Am Schluß sagte sie: »Dann hast Du ja schon alles entschieden.«

»Sprechen wir ein anderes Mal darüber. Gute Nacht.«

Ich legte auf.

Bis zum Begräbnis dauerte es drei Wochen. Die Leichen wurden obduziert. Wissenschaftler aus der ganzen Welt machten sich an den Toten zu schaffen. Da die Kühlräume aller österreichischen Krankenhäuser zusammengenommen nicht in der Lage gewesen wären, die Toten aufzunehmen, wurde im Schlachthof St. Marx für diesen Zweck ein Kühlhaus adaptiert. In einem Nebengebäude lagen die nicht identifizierten Leichen. Jeder, der einen Namen auf der Totenliste vermißte, war aufgefordert, zur Identifizierung nach St. Marx zu fahren. Ich sah zwar ein, daß den Behörden gar keine andere Wahl blieb. Aber die Vorstellung, daß Fred wie Schlachtvieh in St. Marx gelagert sei, war mir unerträglich. Ich hätte ein Recht gehabt, Freds toten Körper noch einmal zu sehen. Aber als ich im Fernsehen die Bilder dieser Massenabfertigung sah, verzichtete ich darauf.

Heather rief an und fragte, wann das Begräbnis sei. Offenbar hatte sie eingesehen, daß sie keine Chance hatte, Freds Leichnam nach London zu überführen. Das Datum stand damals noch nicht fest. Ich versprach ihr, den Termin rechtzeitig mitzuteilen. Auch meine Eltern wollten zum Begräbnis kommen. Ich konnte es ihnen ausreden.

Für den Tag, an dem die Leichen freigegeben wurden, rief die Regierung zu einem nationalen Trauermarsch auf. Die Menschen sollten sich zur Mittagszeit am Rathausplatz sammeln und, nach einer Rede des provisorischen Regierungschefs, über die Ringstraße bis zur Oper ziehen, wo um ein Uhr eine Schweigeminute vorgesehen war. Danach sollte der Trauerzug die Kärntner Straße hinabgehen und auf dem Stephansplatz mit einer Ansprache des Kardinals enden. Freds Begräbnis war für den späten Nachmittag des nächsten Tages auf dem Zentralfriedhof angesetzt.

Heather wollte nicht nur zum Begräbnis kommen, sondern auch am Trauermarsch teilnehmen. Ich holte sie um halb elf Uhr vormittags von Schwechat ab. Vor dem Flughafengebäude waren statt der Flaggen aus aller Welt lange schwarze Trauerfahnen hochgezogen. In der Ankunftshalle standen schwarz gekleidete Menschen, die auf Angehörige warteten. Ich trank in einem zur Halle hin offenen Café einen großen Braunen, überflog die Zeitungen und schaute immer wieder zur gegenüberliegenden automatischen Tür, die sich alle Augenblicke öffnete und Fluggäste entließ. Einer Frau fiel ein Plastiksack vom Gepäckwagen, als sie ihre Angehörigen begrüßte. Es gab einen dumpfen Knall. Sie hob den Sack auf. Aus dem prall gefüllten Boden tropfte eine Flüssigkeit heraus. Sie schaute hilflos umher. Dann legte sie den Sack neben die automatische Tür und ging fort. Die braungelbe Flüssigkeit, vermutlich irgendein Likör, rann langsam zur Eingangstür. Fluggäste, die Gepäckwagen vor sich herschoben, sahen sie nicht. Sie fuhren darüber und schauten, wenn sie dann in die Lake stiegen, angewidert zu Boden. Offenbar war die Flüssigkeit klebrig. Sie nahm bald die ganze Fläche vor der automatischen Tür ein. Von ihr führten Streifen und Fußspuren weg, die sich in die Richtung der beiden Hallenausgänge verzweigten. Noch bevor Heather kam, wurde die Flüssigkeit von einer Putzfrau in blauem Schürzenkleid weggewischt.

Das Flugzeug aus London war schon eine Viertelstunde als gelandet angezeigt. Ich stand auf und stellte mich vor die automatische Tür. Als sie sich wieder öffnete, sah ich Heather in der Ferne kommen. Ich erkannte sie an ihrer Art zu gehen. Dann stand sie in der Tür. Früher hatte sie ihre blonden Haare lang und meist gelockt getragen, jetzt waren sie kurz und dunkelrot gefärbt. Ihr langer, schwarzer Webpelz war nicht zugeknöpft. Darunter trug sie ein schwarzes Seidenkleid, durch das die Konturen eines schwarzen Büstenhalters schienen.

Sie kam mit einer Reisetasche auf mich zu. Ihr Gesicht war ernst. Sie hielt mir flüchtig die Wangen entgegen, und ich berührte sie flüchtig mit den meinen. Sie hatte einen fremden Geruch. Ich fragte sie: »Wie war der Flug?«, und sie antwortete: »Ich war nicht die einzige Trauernde an Bord. Der Kapitän hat eine Kondolenzdurchsage gemacht.«

Wir gingen zum Auto. Auf der Fahrt nach Wien saßen wir schweigend nebeneinander. Irgendwann fragte sie mich, ob Fred gelitten habe.

»Ja, aber nur kurz.«

Dann schwiegen wir wieder. Später sagte ich, sie könne Freds Wohnung haben. Es sei noch alles so, wie ich es vorgefunden hätte. Auf der Schüttelstraße waren Schilder aufgestellt: »Innenstadt gesperrt.« Bald staute sich der Verkehr. Wir fuhren über den Donaukanal in den dritten Bezirk hinüber. Ohne daß ich es beabsichtigt hatte, kamen wir in die Rasumofskygasse. Auch dort war ein Stau. Ich zeigte auf ein Haus an der rechten Seite. »Dort hat einmal mein Vater gewohnt.«

Heather schaute aus dem Fenster, ohne ein Wort zu sagen. Mittlerweile war es Mittag. Auch wenn zu erwarten stand, daß der Trauerzug eine halbe Stunde Verspätung haben würde, war es aussichtslos, noch rechtzeitig in die Gegend des Rathausplatzes zu kommen. Ich fuhr die Ungargasse hinauf und bog dann nach rechts in den Rennweg ab. Auch hier staute es sich. Um mein Auto loszuwerden, zweigte ich in die Reisnerstraße ab und fuhr dann ein paarmal im Kreis. In der Nähe der russischen Botschaft sah ich endlich jemanden sein Auto aufsperren.

Wir gingen zum Rennweg zurück und dann an der Parkmauer des Schlosses Belvedere entlang zum Schwarzenbergplatz. Ich sagte: »Wir kommen noch rechtzeitig zur Trauerminute vor die Oper.«

Es war ein kalter, aber gleichzeitig schöner Tag. Seit langem schien erstmals die Sonne. Schweigend gingen wir nebeneinander. Unser Atem dampfte. Als wir auf der Höhe des russischen Kriegerdenkmals waren, wunderten wir uns, auf dem Schwarzenbergplatz so viele Menschen zu sehen. Je näher wir zur Ringstraße kamen, desto dichter wurde das Gedränge. Die meisten Menschen waren schwarz gekleidet. Viele hielten brennende Kerzen oder Fackeln in der Hand. An einem Stand der antirassistischen Bewegung *SOS Mitmensch* kaufte ich für mich und Heather zwei Fackeln, die in Pappteller gesteckt waren. Zur Oper zu gelangen war aussichtslos. Den angekündigten Trauermarsch gab es nicht, weil so viele Menschen gekommen waren, daß sie nicht einmal auf der vorgesehenen Strecke Platz fanden. Niemand konnte sich irgendwohin bewegen. Weiter als bis vor das Café Schwarzenberg kamen wir nicht. Um ein Uhr läuteten alle Kirchenglocken. Es war plötzlich ganz ruhig geworden. Man hörte nichts außer Kirchenglocken. Die Menschen schauten zu Boden.

Neben uns stand der Kellner des Cafés Schwarzenberg. Er erkannte mich und drückte mir, nachdem die Glocken verstummt waren, die Hand. Ich sagte: »Das ist Freds Mutter.« Er drückte auch ihr die Hand.

Wir gingen schweigend zum Auto zurück. Es wurde eine lange und umständliche Fahrt bis zur Museumstraße. Ich trug Heathers Reisetasche bis zu Freds Wohnung. Dann sperrte ich auf und gab Heather den Schlüssel. Sie ging langsam und mit leisen Schritten durch die Räume. Ich folgte ihr. Hoffentlich beginnt sie nicht zu heulen, dachte ich, ich könnte sie nicht trösten. Sie sagte, sie wolle allein sein. Ich ging zum Ausgang. Dann drehte ich mich noch einmal um.

»Wenn Du etwas mitnimmst, bitte sag es mir, damit wir nicht später Streit deswegen haben.« Sie nickte. »Weißt Du«, fuhr ich fort, »wir sind beide bestraft worden. Ich will nie wieder Streit haben mit Dir. Es muß auch anders gehen.«

Sie schaute mich entgeistert an. Dann sagte sie: »Aber warum bin *ich* bestraft worden?«

Ich ging in meine Wohnung hinauf. In den Abendnachrichten wurde berichtet, daß zum Trauermarsch mindestens 600 000 Menschen gekommen waren. Die Aufnahmen vom Hubschrauber aus zeigten von der Universität über den Rathausplatz bis zum Stephansplatz und darüber hinaus ein einziges, vor allem schwarzes Menschenmeer. Um etwa zehn Uhr abends vergewisserte ich mich, daß in Freds Wohnung noch Licht brannte. Ich rief Heather an und fragte sie, ob ich ihr eine Flasche Rotwein bringen sollte. Sie hatte früher gerne Rotwein getrunken.

»Nein danke«, antwortete sie. Sie schien zu weinen.

»Ich stelle Dir eine Flasche vor die Tür.«

Ich nahm zwei Flaschen Bordeaux und ging zu Freds Wohnung hinab. Ich horchte an der Tür, aber ich hörte nichts. Ich stellte die Flaschen an der Türschwelle ab, und zwar so laut, daß Heather es vernehmen konnte. Während ich hochging, erlosch im Stiegenhaus das Licht. Ich ging im Dunkeln weiter. In meinem Stock blieb ich stehen und schaute über das Stiegengeländer nach unten. Hätte Heather die Tür geöffnet, wäre mir der Lichtschein nicht entgangen. Nach einiger Zeit vergeblichen Wartens ging ich in die Wohnung zurück.

Den nächsten Vormittag verbrachte ich im Studio. Immer wieder schaute ich mir die Bilder von Freds Ermordung an. Um drei Uhr holte ich Heather ab. Sie trug einen schwarzen Hut mit einem herabhängenden Seidenschleier, der das halbe Gesicht verdeckte. Ansonsten war sie wie am Vortag gekleidet. Als ich den Hut sah, erschreckte ich mich. Er war ein Zeichen der Unwiederbringlichkeit, während ich mir immer noch vormachte, es könnte irgendeinen Weg geben, der aus dem Unglück herausführte.

Ich hatte eine Einsegnung von Fred abgelehnt. Und ich wollte keinen Priester am Grab haben. Den Geschäftsführer von ETV hatte ich gebeten, Freds Begräbnistermin nicht bekanntzugeben. Die Angestellten waren an diesem Tag, aber auch an den folgenden Tagen ohnedies im Begräbnisstreß. Am liebsten wäre es mir gewesen, wenn ich allein an Freds Grab gestanden wäre. Mittlerweile störte es mich aber nicht mehr, daß Heather dabei war. Ich hatte gedacht, ihre Anwesenheit würde alles noch schlimmer machen, sie wäre mir nur eine zusätzliche Last. Nun war ich sogar froh, daß ich sie an meiner Seite hatte. Sie gehörte genauso zu Fred wie ich. Seit sie da war, schien mir, ganz gegen meine Erwartung, alles leichter zu fallen.

Wir kamen gut eine halbe Stunde zu früh zum Zentralfriedhof. Ich fuhr vor das Haupttor und kaufte zwei Sträuße roter Rosen. Heather war das erste Mal in Wien. Ich war einmal mit Gabrielle im jüdischen Teil des Friedhofs spazierengegangen. Ein anderes Mal war ich allein gekommen und hatte mir die Ehrengräber angeschaut. Ich hatte Lust, Heather das riesige Ausmaß des Friedhofs zu zeigen. Deshalb zahlte ich die kleine Gebühr und fuhr mit dem Auto in den Friedhof hinein. Von einem schwarz uniformierten Portier bekamen wir einen Plan ausgehändigt. Ich parkte vor der Hauptaufbahrungshalle. Schweigend schritten wir nebeneinander ein paar Reihen von Ehrengräbern ab. Die meist bescheiden ausgeführten Gräber der bedeutendsten Musiker, Maler, Dichter und Wissenschaftler lagen umgeben von pompösen Grabstätten völlig unbekannter Politiker und Generäle.

Dann fuhren wir quer durch den halben Friedhof zur Aufbahrungshalle Ost. Überall, wohin man blickte, waren Begräbnisse im Gange. Wenn wir nahe an einem vorbeikamen, fuhr ich ganz langsam, um nicht zu stören. Zu meinem Erstaunen warteten vor der Aufbahrungshalle Ost ein paar Sekretärinnen und Techniker von der Klatschabteilung. Ich stellte ihnen Heather vor. Sie kondolierten ihr. Ein Mann in schwarzer Uniform erklärte mir, daß sich das Begräbnis um etwa eine dreiviertel Stunde verzögern werde. Es tue ihm leid, aber sie kämen mit der Arbeit nicht zu Rande. Während er das sagte, hörte man eine Stimme aus seinem Walkie-Talkie. Er eilte davon.

Überall im Umkreis der Aufbahrungshalle hatten sich Gruppen gebildet, die auf das Begräbnis ihrer Angehörigen warteten. Alle Viertelstunde kam ein Leichenzug aus der Halle heraus. Der Sarg wurde in ein schwarzes Auto verladen. An der Seite wurden die Kränze befestigt. Dann zogen sie los. Der Priester vorweg mit den Angehörigen, dahinter die Verwandten und Freunde. Kaum war der Zug in einen der Friedhofswege eingebogen, erschien ein neuer Priester am Tor und bat die nächste Gruppe in die Aufbahrungshalle. Heather und ich gingen mehrmals um das Gebäude herum und schauten uns die Menschen an. Ich hätte nie gedacht, daß ich so gefaßt sein würde. All dieser Pomp, der hier aufgezogen wurde, wirkte so lächerlich und so fern der Wirklichkeit. Plötzlich verstand ich, daß Begräbnisse weniger dazu dienten, Abschied zu nehmen, sondern einfach ein hilfloser Versuch waren, die Endgültigkeit des Abschieds zu verschleiern. *Ich bin der Tod, die Auferstehung und das Leben. Wer an mich glaubt, wird leben, auch wenn er gestorben ist.*

Der Mann mit dem Walkie-Talkie befehligte eine Flotte von Sargträgern, die aus einem hinteren Raum der Aufbahrungshalle die Särge holten und in Autos verluden oder zur Aufbahrung brachten. Es stellte sich heraus, daß die meisten Gruppen auf ein feierliches Begräbnis in der Halle warteten, wo es mittlerweile eine Verzögerung von über zwei Stunden gab. Der Mann mit dem Walkie-Talkie mußte sich ständig Vorhaltungen anhören. Einer sagte zu ihm: »Bei diesem unerträglichen Saustall könnt ihr nicht erwarten, daß man euch auch noch Trinkgeld gibt.«

Der uniformierte Koordinator blieb untertänig: »Entschuldigen höflichst, der Herr. Wir sind leider ganz und gar überfordert. Entschuldigen höflichst.«

Er trieb seine Flotte zur Eile an.

Ich hatte die einfachste Begräbnisvariante bestellt. Nach ziemlich genau einer dreiviertel Stunde kamen zwei grau uniformierte Männer mit einem Handwagen auf uns zu. Einer von ihnen sagte: »Sind Sie die Angehörigen von Fred Fraser?«

Er sprach den Namen mit a aus. Als ich bejahte, fuhr er fort: »Wir möchten für die Verspätung um Entschuldigung bitten und unser Beileid aussprechen. Jetzt ist es soweit.«

Ein Eichensarg wurde gebracht und auf den Handwagen verladen. Der Koordinator entfernte eine auf dem Seitengriff befestigte Nummer. Ein anderer Mann legte zu meiner Überraschung einen Kranz auf den Sarg. Ich las auf der Schleife: »Unserem Mitarbeiter Fred in ewigem Andenken. ETV.«

Dann gingen wir los. Die beiden Männer zogen den Wagen, Heather und ich folgten dem Sarg. Hinter uns gingen die Kolleginnen und Kollegen von ETV. Kleine Steinchen knirschten unter den eisenbeschlagenen Rädern. Heather hängte sich in meinen Arm ein. Ich schaute durch den Schleier auf ihr Gesicht. Sie blickte zurück. Aber sie weinte nicht. Wir gingen auf einer Asphaltstraße in östlicher Richtung, bis wir nach etwa zehn Minuten zu Gräbern kamen, auf denen Kränze lagen. Vor einem offenen Grab blieben die beiden Bestatter stehen. Sie hoben den Sarg auf ein über dem Grab angebrachtes Gestell mit Gurten. Dann stellten sie sich nebeneinander auf und schauten auf den Sarg. Da nichts geschah, hob einer den Kopf und fragte, ob jemand noch etwas sagen wolle. Ich war darauf nicht vorbereitet. Doch dann sagte ich: »*There will be no more tears in heaven*. Good bye, Fred, good bye.«

Dann kamen mir plötzlich die Tränen. Heather lehnte sich an mich. Ich legte meinen Arm um ihre Schultern.

Einer der Männer drehte an einer Kurbel, und der Sarg senkte sich langsam in die Grube. Ich hörte Heather schluchzen und preßte den Mund fest zusammen. Als Freds Sarg am Boden stand, richtete sich der Mann auf. Er blickte auf den Sarg.

»Gott gebe ihm die ewige Ruhe.«

Der andere Mann antwortete: »Amen.«

Er füllte ein Gefäß mit Erde, legte eine kleine Schaufel darauf und stellte sich neben uns. Ich warf meine Blumen ins Grab. Der Bestatter hielt mir die gefüllte Schaufel entgegen. Ich nahm sie und ließ die Erde langsam auf den Sarg hinabrieseln. Heather machte es mir gleich. Dann gingen wir zur Seite. Mit dumpfen Geräuschen schlugen die Blumen und Erdhaufen auf dem Sarg auf. Rosen, Nelken, Lilien, Tulpen. Manche blieben auf dem Deckel liegen, andere rutschten seitlich hinab. Danach kamen die beiden Bestatter auf uns zu. »Wir wollen unsere aufrichtige Anteilnahme entbieten.«

Aber das hatten sie ja eigentlich schon vor dem Begräbnis getan. Ich verstand nicht gleich. Als sie zum Handwagen gingen und im Begriffe waren, sich zu entfernen, erinnerte ich mich an die kleine Konversation, die ich hinter der Aufbahrungshalle gehört hatte. Ich ging den beiden Männern nach und steckte jedem hundert Schillinge zu. Beide sagten: »Danke höflichst.« Dann zogen sie mit ihrem Handwagen fort, zum nächsten Begräbnis der Billigvariante.

Die ETV-Mitarbeiter standen noch am Grab. Ich sagte zu ihnen, ich sei nicht darauf vorbereitet gewesen, daß jemand von ihnen zum Begräbnis komme. Ich werde sie später einmal zu einem Essen einladen. Das sei doch nicht nötig, sagten sie wie aus einem Munde.

»Aber ich will es. Ich werde ein großes Fest für Fred machen.«

Sie verabschiedeten sich nacheinander von uns. Ich blieb mit Heather allein am Grab stehen. Mittlerweile dämmerte der Abend. Ich schaute auf den Sarg und erinnerte mich, wie Fred zu mir sagte: »Oh, là, là, die Familie bekommt Zuwachs.« Das Gegenteil ist eingetreten. Ich konnte es nicht glauben, daß ich ihn nie wieder sehen würde. Heather hob den Schleier über die Hutkrempe. Wir blickten uns mit rot geränderten Augen an. Lange. Dann sagte ich: »Fahren wir heim.«

Sie nickte.

Vor Freds Wohnungstür fragte ich sie, ob ich noch ein wenig bei ihr bleiben könne. Sie antwortete: »Ich wollte Dich gerade darum bitten.«

Heather hatte Freds Wohnung aufgeräumt. Wir setzten uns nebeneinander in zwei Stahlrohrstühle, die mit hellem Leinen bespannt waren. Heather sagte: »Das ist eine schöne Wohnung. Wirst Du sie behalten?«

Ich wußte es nicht. Alles, was ich wußte, war, daß ich nicht so schnell in der Lage sein würde, alles auszuräumen. Ich fragte: »Stört es Dich, wenn ich rauche?«

»Mach nur. Das riecht sicher besser als der kalte Rauch. Ich habe den ganzen Vormittag vergeblich gelüftet.«

Ich roch das nicht. Die Aschenbecher waren verschwunden. Heather ging in die Küche. Als sie zurückkam, hatte sie den Hut abgelegt. Sie brachte einen Aschenbecher, eine Flasche Bordeaux und zwei Gläser. Ich öffnete die Flasche und schenkte ein. Wir hoben die Gläser und schauten uns an. Ihre Blicke glitten an meinem Gesicht auf und ab.

»Kurt, ich wollte Dir schon lange etwas sagen, aber ich habe es nicht fertiggebracht, Dich anzurufen. Auch nicht, als Du zu Weihnachten in London warst.«

Ich sah sie an und wartete. Dann fuhr sie fort: »Ich möchte Dir danken, daß Du Fred geholfen hast. Ich habe nicht mehr ein und aus gewußt. Fred ist mir vollkommen entglitten.«

Es schnürte mir die Brust zusammen, als sie das sagte. Ich war plötzlich so gerührt, daß ich nichts antworten konnte. Warum mußte Fred erst sterben, bis ich das hören durfte? Ich hatte immer gehofft, Fred würde es mir irgendwann sagen. Aber jetzt war mir, als hätte ich es in Wirklichkeit immer nur von Heather hören wollen.

Wir tranken Wein, und ich erzählte ihr von Freds Entzugstherapie. Dann von unserem Zusammenleben in Wien. Heather brachte Käse und Baguette. Sie sagte: »Im Kühlschrank war schon alles verschimmelt. Ich habe es weggeworfen und ein paar neue Sachen gekauft. Du mußt sie morgen in Deine Wohnung hinaufnehmen.«

Sie beschmierte das Brot immer noch mit Butter, bevor sie mit dem Messer ein Käsestück auf die vordere Kante legte und abbiß. Später öffnete ich die zweite Flasche Rotwein. Ich hielt ihre Hand, streichelte und küßte sie. Anfangs blieb sie reglos, aber sie ließ es zu. Dann zog sie meine Hand an ihre Wangen. Sie fragte mich: »Hast Du jemanden?«

»Nicht so richtig. Und Du?«

»Ich weiß es nicht. Er ist verheiratet. Mit einer jüngeren Frau. Das kann nichts werden.«

Sie betrachtete meine Finger und spielte mit ihnen. Sie war ein fremder Mensch. Und doch war da gleichzeitig die Erinnerung an ihr weiches Fleisch, an ihre erregten Brüste. Ich hatte unendliche Lust, diesen Körper noch einmal hautnah zu spüren.

Als ich am Morgen in meiner Wohnung aufwachte, fühlte ich Heathers Geruch. Er war an meinem Mund, er war an meinen Fingern. Ich hielt meine Hand unter die Nase und schloß die Augen. Es war zehn Uhr vormittags, als ich aufstand. Ich wollte Heather zu Mittag zum Flughafen bringen und anschließend ins Büro fahren. Ich preßte Orangen aus. Dann kaufte ich beim Bäcker in der Neustiftgasse Butterkipferl. Vor dem Gemüsegeschäft nebenan sah ich chilenische Weintrauben. Ich ließ mir ein Kilo geben. Am Verkaufspult standen mehrere Gefäße mit Blumen. Ich kaufte eine lange lila Rose. Schließlich stand ich mit einem vollbeladenen Tablett aus Edelstahl vor Heathers Tür. Ich klingelte. Sie schien noch zu schlafen. Ich klingelte mehrmals hintereinander, aber es rührte sich nichts. Ich stellte das Tablett auf das Brett des Gangfensters und holte aus meiner Wohnung den Reserveschlüssel. Bevor ich aufsperrte, drückte ich noch ein paarmal den Klingelknopf. Das Geschirr vom Vorabend war weggeräumt. Freds Bett war abgezogen. Am Rande lag ein neues Set Bettwäsche. Auf dem Schreibtisch fand ich ein handbeschriebenes Blatt.

»Mein lieber, dummer Ex!

Ich nehme ein Taxi zum Flughafen. Vergiß nicht, den Kühlschrank auszuräumen. Aber, bitte, vergiß die vergangene Nacht. Wir haben nur noch eines gemeinsam, einen toten Sohn. Heather.

P.S.: In Freds Schreibtischschublade fand ich ein Foto. Ich habe es mitgenommen. Es zeigt Fred und Dich am Colorado-River.«

Der Ingenieur

Zehntes Band

Ihr Christen seid nicht besser als Hunde.
Rasselt das himmlische Herrchen sein
Kreuz zur Belehrungsstunde,
umschwänzelt Ihr brav seinen Schatten,
macht Männchen und leckt dem satten
Egel das Beinchen mit triefendem Munde.

Leise winseln im Weihrauchgefimmel
Ideen – und gehen zugrunde.

Formiert Euch, anstatt in die Wolken zu gaffen,
in einem Kämpferbunde.
Blind sind die Pfaffen. Die echten Waffen
verlangen Blut, nicht Glockengebimmel.
Übt den Verrat! Werdet bissige Hunde!
Stürzt das Herrchen im Himmel!

Dieses anonyme Gedicht stand in der *Zeitschrift für alles*.
Seit Monaten hatte ich Gedichte herausgesucht und die
zweiten Buchstaben der Zeilen aneinandergereiht. Nie
hatte es einen Sinn ergeben. Aber hier war die erste Botschaft des *Geringsten*: Harmagedon lebt.

Bald danach war *Mormon1* im Beta-Netz. Die Debatte
über das Tausendjährige Reich war längst verebbt. Der *Geringste* nahm sie wieder auf, diesmal aber nicht mit Kom-
mentaren, sondern mit Zitaten. Jeden Tag schrieb er einen
anderen Auszug aus dem *Buch Mormon*. Zuerst die englische Originalfassung, dann die deutsche Übersetzung.
Die Texte handelten immer vom letzten Gericht. Sie waren in einem merkwürdigen Flattersatz geschrieben, mit
eingerückten Zeilen. Vergeblich suchte ich nach einer versteckten Botschaft. Ich dachte schon, der *Geringste* hätte

den Code geändert, und ich wüßte ihn nicht mehr zu entziffern. Ich probierte es mit den dritten, vierten, vorletzten
und letzten Buchstaben, las sie auch in umgekehrter Reihenfolge, nie ergab es einen Sinn. Später begriff ich, daß
diese ersten Zitate aus dem *Buch Mormon* nur Probeläufe
waren. Die Teilnehmer am Beta-Netz sollten sich an den
eigenartigen Zeilenbruch gewöhnen. Dann erst kam die
Botschaft. Es war ein Auszug aus dem 26. Kapitel des zweiten Buches Nephi. Wie immer schaute ich zuerst auf die
Zeilenanfänge. Mehrere a und n, das übliche Durcheinander dieser häufigen zweiten Buchstaben. Doch weiter unten entdeckte ich das Wort Hilfe. Das konnte kein Zufall
sein. Ich druckte den Text aus und schrieb die Buchstaben
nebeneinander. Bis heute habe ich dieses Blatt aufbewahrt.
Es war für mich wie eine Wiedergeburt.

And they that kill the prophets, and the
saints, the depths of the earth
shall swallow them up,
saith the Lord of Hosts;
and mountains shall cover them, and whirlwinds shall carry
  them away, and
buildings shall fall upon them
and crush them to pieces and grind them to
powder. And they shall be visited with
thunderings, and
lightnings, and earthquakes, and
all manner of destructions, for the fire
of the anger of the Lord shall
be kindled against them, and they shall be as stubble, and the
day that cometh shall consume them, saith the Lord of Hosts.

Und die die Propheten und die Heiligen
umbringen – die Tiefe
der Erde wird

sie verschlingen, spricht der Herr der Heerscharen,
und Berge werden sie bedecken, und Wirbelstürme
werden sie hinwegwehen,
und Häuser werden über sie
stürzen und sie zerschmettern und
zu Staub zermalmen. Und sie werden
heimgesucht werden mit
brausendem Donner und
feurigem Blitz
und Erdbeben und allerart Zerstörung, denn der
Zorn des Herrn
ist wie Feuer, und sie werden wie
Stoppeln sein, und
der kommende Tag wird sie
entflammen, spricht der Herr der Heerscharen.

Der *Geringste* teilte mir mit, wo ich ihn treffen könne: Nah an UNO. Hilfe an meinen Tueren. Osten.

Einmal, es war im Winter vor dem letzten Sonnwendfeuer, waren wir zur Kommunion auf der Donauinsel zusammengekommen. Und zwar in einem Sanitätshäuschen auf der westlichen Seite des gut zehn Kilometer langen Landstreifens. Im Sommer waren die asphaltierten Wege überfüllt mit Wanderern, Radfahrern und Badegästen. Im Winter verirrten sich nur ein paar Spaziergänger dahin. Das Sanitätshäuschen, in dem wir uns damals getroffen hatten, stand gewöhnlich leer. Es wurde nur bei Freiluftkonzerten und anderen Veranstaltungen benutzt.

Ich las die Mitteilung so, daß es auf der anderen Seite der Donauinsel, östlich der direkt an der Reichsbrücke liegenden UNO-City, ein anderes Sanitätshäuschen geben müsse, in dem der *Geringste* auf mich warte.

Als ich die Botschaft entschlüsselte, war es etwa sieben Uhr abends. Eigentlich hatte ich mich früh ins Bett legen wollen. Es fröstelte mich. Ich spürte Schmerzen in den Gelenken und im Rücken. Dennoch brach ich sofort auf. Den Sack Orangen, den ich nach der Arbeit im Supermarkt gekauft hatte, nahm ich mit. Bevor ich das Haus verließ, ging ich noch einmal in meine Mansarde zurück und steckte eine Taschenlampe ein. Draußen fiel Schneeregen. Ein paar Tage zuvor hatte es geschneit. Aber davon waren nur noch ein paar Dreckhaufen übriggeblieben, die von den Hausmeistern zwischen die geparkten Autos und von den Autobesitzern zurück auf den Gehsteig geschaufelt wurden. Es schien wieder kälter zu werden.

Ich fuhr mit der U-Bahn Richtung UNO-City. Eine Haltestelle davor, auf der Donauinsel, stieg ich aus. Sie kennen sicher die dortige U-Bahn-Station. Sie ist in die Reichsbrücke integriert und in der Nacht auch außen beleuchtet. Ich war der einzige, der ausstieg. Zuerst ging ich auf dem asphaltierten Hauptweg, der von Lampen gesäumt ist, in westlicher Richtung. Weit und breit war kein Mensch zu sehen. Das Wetter lud nicht gerade zu Spaziergängen ein. Nach einer Weile folgte ich einem Pfad zur Donau hinab. Der Schneeregen war stärker geworden. Der Uferweg lag in völliger Dunkelheit. Rechterhand konnte ich einen leichten Schein von den Lichtern des Handelskais am anderen Donauufer wahrnehmen. Vor mir sah ich den gelben Lichtstreifen der Reichsbrücke. Das gab mir Orientierung.

Schritt für Schritt tastete ich mich mit den Füßen voran. Ich wollte nicht die Taschenlampe benutzen. Manchmal erschrak ich und hielt inne. Es waren Wellen, die sich neben mir an den Steinen brachen. Die Geräusche, die sie erzeugten, waren so unterschiedlich, daß ich immer wieder das Gefühl hatte, dort sei jemand. Dann kam von schräg hinten ein Licht näher. Ich ging auf einen Schatten zu, der den undeutlichen Schein vom Handelskai unterbrach. Es war ein Baum, der mir Schutz bot. Das Licht kam von einem Schiff auf dem Weg nach Budapest, dessen Scheinwerfer die Ufer abtasteten. Ich wartete, bis es an mir vorüber war. Dann lief ich ihm nach. Ich blieb im Dunkel, hatte aber vor mir den Weg gut beleuchtet. In der Nähe der Reichsbrücke blieb ich stehen. Wäre ich weitergelaufen, hätte ich mir den ganzen Umweg sparen können. Ich kletterte die Uferböschung entlang. Der Plastiksack mit Orangen war mir hinderlich. Zweimal rutschte ich an den glitschigen Steinen ab. Meine Schuhe waren mit Wasser gefüllt, als ich in sicherer Entfernung von der Brückenbeleuchtung wieder auf den Uferweg hinaufkroch. Dort blieb ich eine Weile auf dem eiskalten Boden liegen. Ich hatte Fieber. Auf meiner Stirn bildete sich kalter Schweiß, der sich mit den nassen Schneeflocken vermischte und mir über das Gesicht rann. Doch dann begann ich vor Kälte zu schlottern. Wenn ich noch länger liegen bleibe, dachte ich, werde ich erfrieren. Ich stand auf und versuchte zu hüpfen, um mich aufzuwärmen. Mein ganzer Körper tat mir weh. Ich mußte so schnell wie möglich dieses verdammte Sanitätshäuschen finden. Wenn es überhaupt existierte. »Hilfe an meinen Tueren« konnte vieles heißen. Vielleicht war es gar kein Sanitätshaus. Und wenn es eines war, konnte es auch drüben im 22. Bezirk stehen, am Badestrand östlich vom UNO-Gebäude. Von der Donauinsel war in der Botschaft des *Geringsten* ja nicht einmal andeutungsweise die Rede gewesen. Ich fühlte mich wie ein untrainierter Bergsteiger, den knapp vor dem Gipfel die Kräfte verlassen, der aber auch schon zu schwach ist, umzukehren. Ich sagte mir: Du schaffst es. Du kannst diese Grippe noch ein paar Stunden im Zaum halten. Deine Aufgabe ist so groß, daß sie sich von einem lächerlichen Virus nicht beeindrucken läßt.

Auf der östlichen Seite der Insel endete die Beleuchtung des Hauptweges schon nach etwa hundert Metern. Bevor ich den Asphalt erreichte, fiel ich über einen Grillrost. Ich verletzte mich am Ellbogen. Mit den Händen tappte ich im nassen Gras und sammelte die Orangen ein. Dann setzte ich mich auf den eiskalten Grill und schälte eine Orange. Es war mir nach Weinen zumute. Der *Geringste* wartete auf mich, und ich in meiner Unbeholfenheit war nicht in der Lage, zu ihm zu gelangen. Ich preßte eine größere Schale auf das Glas der Taschenlampe. Als ich sie einschaltete, gab sie einen ganz schwachen, rötlichen Schein von sich. Das reichte gerade aus, um den Boden zu sehen. Da faßte ich neuen Mut. Ich aß die Orange auf und machte mich wieder auf den Weg. Die Schneeflocken blieben mittlerweile liegen. Ich mußte mich beeilen, sonst würde man Spuren sehen. In meinen Schuhen schwappte das Wasser. Ich hörte es, aber ich spürte meine Füße nicht mehr. Sie waren wie fremde Klumpen, die ich den Weg entlangzog.

Nach einer Weile kam ich zu einem Häuschen mit zwei versperrten Türen. Anstatt einer Nachricht stand *Männer* und *Frauen* darauf. Ich war mittlerweile so weit von der Reichsbrücke und damit von der UNO-City entfernt, daß es aussichtslos schien, noch weiter östlich zu suchen. Von der Toilette führte ein Weg zum sogenannten Entlastungsgerinne, dem künstlichen Seitenarm der Donau. Das diesseitige Ufer war im Sommer ein beliebter Nacktbadestrand. Der Weg war hier breit und asphaltiert. Ich folgte ihm, zurück in Richtung Reichsbrücke. An einer Stelle lagen Holzstückchen auf dem Boden. Fast wäre ich daran vorbeigegangen. Ich drehte mich noch einmal um und schaute sie mir genauer an. Sie bildeten eine Acht. Ich scharrte sie mit dem Fuß auseinander und schaltete die Taschenlampe aus. Als ich im Dunkeln stand, sackten meine Knie ein. Ein Schwindel überkam mich. Ich mußte mich niederhocken und mich mit den Händen auf dem Boden stützen, sonst wäre ich umgefallen. Links von mir hörte ich Schritte.

»Ist da wer?« fragte ich.

»Steven Huff, der Geringste unter den Brüdern.«

Er flüsterte die Worte in seinem unverwechselbaren

amerikanischen Akzent. Ich setzte mich auf den nassen Boden und begann zu weinen. So lächerlich ich mir auch dabei vorkam, ich konnte nicht anders.

»Bleib, wo Du bist«, sagte der *Geringste*. Ich hörte seine Schritte auf mich zukommen. Er stieß mit einem Fuß an mich. Dann spürte ich seine Haare an meiner Stirn. Er nahm mein Gesicht in seine großen Hände, zog es an sich und küßte meine Tränen.

»Du hast mir gefehlt«, sagte er. Ich brachte kein Wort heraus. Er half mir auf die Beine und führte mich durch die Dunkelheit. Er öffnete eine Tür und zog sie hinter uns wieder zu. Wir waren in einem geheizten Raum. Er zog mich zu einem mit glattem Kunststoff überzogenen Brett. Ich setzte mich nieder. Als er ein kleines Licht anknipste, sah ich, daß wir in einem Sanitätsraum waren. Ich saß auf der Trage, die an einem fahrbaren Gestell befestigt war. Immer noch hielt ich den Sack Orangen.

»Die sind für Dich«, sagte ich. Er nahm sie mir aus der Hand. Dann zog er mir die durchnäßte Jacke aus und hängte sie über einen Elektrokonvektor, der mitten im Raum stand. Der rechte Ärmel meines Pullovers war mit Blut vollgesogen. Der *Geringste* sagte, ich solle mich hinlegen. Er untersuchte die Wunde an meinem Ellbogen. Er öffnete einen Metallschrank, der von oben bis unten mit Verbandszeug gefüllt war. Sorgsam verband er die Wunde. Er zog mir die Schuhe aus und klemmte sie zwischen die Rippen des Heizkörpers. Er trocknete meine Füße mit Mullbinden. Als er sie massierte, begannen sie zu schmerzen. Er war fürsorglich und liebevoll, wie ich ihn nie erlebt hatte. Mein Kopf glühte. Ich drehte mich zur Wand und mußte wieder weinen.Ich lag da und hatte diesen lang ersehnten, überirdischen Menschen vor mir, der mich streichelte und mich mit Orangen fütterte.

Leider gab es im Sanitätsraum keine Medikamente. Aber der erste Fieberschub ging vorbei, und wir konnten uns unterhalten. Der *Geringste* war wieder in den Vereinigten Staaten gewesen, und zwar in Hayden Lake, nahe der kanadischen Grenze. Die Siedlung gehört der *Church of Jesus Christ Christian-Aryan Nations.* Der Professor hatte mit denen früher über Internet Kontakt gehabt.

»Die reden und beten«, sagte der *Geringste,* »ohne die geringste Ahnung, wie sie die Sache angehen sollen. Sie haben Geld, aber sie haben keinen geistigen Hintergrund. Wenn sie einen Neger verdreschen, halten sie das für einen Erfolg. Joachim von Fiori war nicht einmal Pastor Butler bekannt.«

»Wohnst Du jetzt hier?« fragte ich.

»Nein. Ich benutze das Haus nur für Treffen. Leitner hat mir einen Schlüssel hinterlegt. Aber das Telefon ist abgestellt. Ich komme nicht ins Netz. Außerdem ist es tagsüber hier zu gefährlich. Die fahren mit der Streife vorbei.«

Später hielt er meine Hand und erzählte mir den ganzen Harmagedon-Plan in allen Details. Obwohl ich mich bemühte, zuzuhören, schweiften meine Gedanken immer wieder ab. Ich sah ihn sprechen, diesen wunderschönen Menschen, der genau wußte, was er wollte. Seine Augen spielten mit mir, sie lachten mich an. Sie erzählten mir, während er mich unterwies, wofür ich zuständig war, eine ganz andere Geschichte. Mein Gott, dachte ich, wie habe ich Dich vermißt.

Nach dieser ersten Begegnung seit dem Sonnwendfeuer war ich eine Woche krank. Später traf ich den *Geringsten* noch zweimal im Sanitätshäuschen. Er mußte mir alles noch einmal sagen. Im Prinzip kamen wir jeden Monat zusammen. Der Blade, der Polier, Pandabär und der Lange waren nur jeden zweiten Monat dabei. Wenn es zwischendurch etwas zu planen gab, trafen wir uns meist zu Einzelgesprächen, ohne den *Geringsten.* Eine solche Kommunion, wie wir sie immer noch nannten, war meist kurz. Wir redeten fast nur noch über die Details von Harmagedon.

Der Blade und der Polier waren, wie jeden Winter, arbeitslos. Gewöhnlich wurden sie im Frühjahr wieder eingestellt. Diesmal jedoch nicht. Die Firma baute jetzt vor allem im Osten, wo die Arbeitskräfte billiger waren. Aber auch in der ehemaligen DDR. Mich wollten sie zu einer Baustelle nach Leipzig schicken. Ich weigerte mich. Ich konnte mir das leisten, weil technische Zeichner, vor allem wenn sie eingearbeitet waren, nicht so leicht ersetzt werden konnten. Zur Strafe wurde mir ein Job im Hauptgebäude der Firma zugeschanzt. Ich saß in einem Großraumbüro direkt neben dem Eingang zum Chefzimmer und arbeitete an den Aufrissen für die Überdachung der Donauufer-Autobahn.

Sie meinen, ob wir unseren Plan in Frage stellten? Keinen Augenblick. Es ging nur um den perfekten Ablauf. Der Blade und der Polier hatten viel Zeit. Die meisten Vorbereitungen wurden von ihnen getroffen. Sie wollten immer zusammenarbeiten. Ich mußte das, soweit es ging, unterbinden. Zwar dürften sie zu dieser Zeit nicht überwacht worden sein. Aber man konnte nie wissen. Wir durften nichts riskieren. Im Sommer, als ihre Arbeitslosenunterstützung zu Ende war und sie von der Notstandshilfe lebten, konnten sie Harmagedon kaum noch erwarten. Sie wurden übereifrig. Das erste Auto stahlen sie zwei Monate vor der vereinbarten Zeit. Damals, im Herbst, war der *Geringste* für ein paar Tage fort, weil seine Aufenthaltsberechtigung wieder einmal abgelaufen war. Ich drängte darauf, das Auto im selben Schotterteich zu versenken, in dem ich mein Fluchtauto mit den leeren Gasbehältern nach dem Anschlag verschwinden lassen sollte. Auf diese Weise konnten sie schon einmal prüfen, wie sicher die von mir erkundete Stelle war. Ständig mußte ich die beiden bremsen. Als der *Geringste* zurückkam, sagte er mir, er sei in unserem gemieteten Haus auf Mallorca gewesen. Wir sollten es weiter behalten. Er erzählte uns, daß der Opernball dieses Mal von ETV übertragen und als großes Spektakel aufgezogen werde.

Woher er das wußte? Solche Fragen habe ich ihm nie gestellt. Ich habe auch nie nach Leitner gefragt. Wenn er meinte, ich sollte etwas wissen, sagte er es mir von selbst. Vielleicht hat ihm Leitner von eurer Übertragung des Opernballs erzählt. Ein paar Tage später war es ohnedies schon in den Zeitungen zu lesen. Die einjährige Verzögerung hatte sich also gelohnt. Etwas Besseres hätte uns nicht passieren können.

Ja, ich weiß, Sie haben Ihren Sohn verloren, das ist beschissen. Ich habe alles verloren, das ist doch noch viel beschissener, oder? Hören Sie auf, mich zu unterbrechen! Mich interessiert das nicht. Ich gebe Ihnen meine Geschichte, Sie geben mir meine Ruhe.

Haben Sie im Nebenraum die Reisetasche aus blauem Kunstleder gesehen? Lange Zeit stand sie in meinem Kleiderschrank. Ich hatte sie schon vor Feilböcks Bestrafung gekauft. Keine Verkäuferin sollte sich noch an mich erinnern können. Ich hatte die Tasche gründlich gereinigt und in Nylon verpackt, damit sich nicht irgendwelche Teilchen meiner Wäsche darauf ansammelten. Mit dieser Reisetasche sollte ich in der Opernballnacht um fünf vor zwei Uhr im Burggarten sein und die drei leeren Gasbehälter wegschaffen. Im Burggarten befindet sich der Ansaugschacht für die Belüftung der Oper. Harmagedon sollte der Schlußpunkt der Opernballübertragung sein, die ja, wie wir in eurem Sender fast täglich hören konnten, bis zwei Uhr angesetzt war. Lange hatten wir hin und her überlegt, wo der Polier mein Fluchtauto parken sollte. Der ideale Platz wäre beim Burggartentor in der Hanuschgasse gewesen. Als aber dann diese Ausländerdemonstration angekündigt wurde, mußte ich mich nach einem anderen Fluchtweg umschauen. Von der Hanuschgasse aus hätte ich nämlich an der Oper vorbeifahren müssen. Und dort hätte alles von der Polizei oder von Demonstranten blockiert sein können. Der *Geringste* schlug vor, das Auto neben dem Volksgarten zu parken, in unmittelbarer Nähe des Bundeskanzleramts. Dort gäbe es in dieser Nacht sicher keine besondere Bewachung. Vielleicht steht das Auto noch dort. Ein roter Golf. Der Polier hat ihn in Kapfenberg gestohlen und dann ein Wiener Kennzeichen montiert.

Die drei Gasbehälter waren schon vor dem vorigen Opernball in Wien eingetroffen. Der *Geringste* hatte sie irgendwo versteckt. Am Ballabend wollte er gegen elf Uhr die ersten beiden Behälter an Pandabär übergeben und eine halbe Stunde später, an einem anderen Ort, den dritten Behälter an den Langen. So wird es vermutlich auch gewesen sein. Ich habe die Behälter erst nach dem Anschlag im Fernsehen gesehen. Da war ich schon in Barcelona. Aber der *Geringste* hatte sie mir beschrieben. Sie sollten ja in die Reisetasche passen. Oben gab es ein Sicherheitsventil. Man mußte zuerst eine Eisenkappe, in die eine Öse eingebohrt war, aufschrauben. Das konnte man, wie es vom Erzeuger vermutlich vorgesehen war, mit einem Gewehrlauf machen, aber auch mit jeder längeren Eisenstange. Die Kappe ließ sich nur sehr schwer drehen. Mit einem kurzen Schraubenschlüssel hätte man keine Chance gehabt. Als Pandabär und der Lange die Dosen übernahmen, waren die Sicherheitskappen schon abgeschraubt. Zumindest war es so vorgesehen. Der Polier, der Blade und der Lange sollten die Ventile öffnen. Unserer Vereinbarung nach aber erst um Viertel vor zwei, und nicht, wie es dann geschah, eine Stunde früher.

Das war auch so eine Vorsichtsmaßnahme. Der Lange sollte den dritten Behälter allein zum Ansaugschacht bringen und ihn selbst öffnen. Für den Fall, daß Pandabär aus irgendeinem Grund die beiden Behälter nicht zum Burggarten bringen könnte, oder der Polier und der Blade sie nicht übernehmen könnten.

Eigentlich hätte der *Geringste* mit dem Langen gar nicht mitfahren sollen. Vielleicht ist er auch mit Pandabär mitgefahren oder auf einem dritten Weg in den Burggarten gekommen. Ich habe ja keine Ahnung, was wirklich geschehen ist. Ich weiß nur, was hätte geschehen sollen. Für die Arbeit im Burggarten war der *Geringste* jedenfalls nicht zuständig. Vielleicht hat er den Inhalt der Dosen auf irgendeine Weise geprüft und erkannt, daß er reingelegt worden war. Von Blausäure war nie die Rede gewesen. Wir waren doch kein Selbstmordkommando. Der *Geringste* hatte mir den Inhalt der Behälter als eine spezielle Kohlenmonoxidverbindung beschrieben. Sie hätte bei weitem nicht diese Folgen gehabt. Vor allem hätte sie nicht meine Kameraden gefährdet. Vielleicht hat Leitner auf die Vorverlegung gedrängt. Oder vielleicht hat der *Geringste* sie beschlossen, weil er erkannte, daß Leitner ihm eine Falle stellen wollte. Ich weiß das alles nicht. Finden Sie es raus! Verdienen Sie sich eine goldene Nase damit.

Ich kenne auch die Rolle von Reso Dorf nicht. Vielleicht wollten Leitner und Reso Dorf im letzten Augenblick den Anschlag verhindern und als die großen Helden dastehen. Vielleicht wollten sie aber auch nur die Zeugen beseitigen. Klemmen Sie sich dahinter, finden Sie es raus. Rächen Sie den *Geringsten*!

Er ist ein Märtyrer. Er ist in den Tod gegangen, damit ich überleben kann. Er hat mir das Leben gerettet. Verstehen Sie? Ich bin sein Erbe. Aber was mache ich jetzt ohne ihn? Ich bin ein Dilettant. Ich bin dem allen doch nicht gewachsen. Soll ich nach Hayden Lake fahren und Neger klatschen? Noch einmal von vorne anfangen? Mit Trotteln, die keine Ahnung haben? Die es nicht wert sind, den *Geringsten* auch nur gesehen zu haben.

Stürzt sich in den Tod, um mich zu retten. Und damit soll ich jetzt leben.

Wie er mich gerettet hat? Er traute Leitner nicht. Deshalb sollte keiner von uns am Opernballtag zu Hause sein, außer mir. Niemand konnte wissen, ob es Leitner nicht plötzlich einfällt, uns alle zu verhaften. Da ich nicht mit dem Anschlag selbst, sondern nur mit der Beseitigung der Spuren zu tun hatte, war bei mir das Risiko am geringsten. Wäre ich verhaftet worden, hätten die anderen den Anschlag immer noch nach geändertem Plan durchführen können. Um sieben Uhr abends sollte ich als *Mormon 2* die Botschaft ausschicken: »Seid wachsam.« Um acht Uhr: »Seid sehr wachsam.« Um neun Uhr: »Seid überaus wachsam.«

Sollte zu einer dieser Stunden meine Mitteilung ausbleiben, würde das heißen: Ich bin verhaftet worden. Um zehn Uhr hätte der *Geringste* keine Möglichkeit mehr gehabt, die Botschaft zu lesen. Aber wir konnten davon ausgehen, daß die Polizei mit einer Verhaftung in der Wohnung nicht bis nach neun Uhr abends warten würde.

Ich wußte, wo meine Kameraden sich aufhielten. Für den Fall, daß im letzten Augenblick irgend etwas an unserer Vorgangsweise zu ändern gewesen wäre, hätte es mir der *Geringste* im Beta-Netz mitgeteilt. Wir hatten Codewörter aus dem *Buch Mormon* vereinbart. Ich wäre dann sofort losgefahren, und Harmagedon hätte sich nach einem anderen Szenario abgespielt. Jedes Detail war geplant und jeder einzelne Schritt mit einer Alternative versehen, für den Fall, daß etwas falsch liefe. Und dennoch kam alles ganz anders.

Nach der Arbeit fuhr ich heim und schaltete sofort den Computer ein. Es gab keine Mitteilungen von *Mormon*. Die sonstigen Wiener Beiträge beschränkten sich im großen und ganzen auf Stellungnahmen zur Opernballdemo. Die einen forderten auf, daran teilzunehmen, die anderen rieten davon ab, weil der *Ausländerhilfsverein* nur das Demonstrationsrecht für die eigenen Zwecke mißbrauche.

Um Punkt sieben Uhr tippte ich als *Mormon 2* die Aufforderung: »Seid wachsam.« Etwa eine halbe Stunde später
ging ich in die Küche, um mir ein belegtes Brot zu machen.
Als ich zurückkam, standen unter *Mormon* im Index des
Beta-Netzes gleich mehrere Eintragungen. Ich klickte sie
nacheinander an. Alle lauteten gleich: »*Mormon 1* kämpft
um das Tausendjährige Reich mit Feuer und Schwert,
Mormon 2 erwartet es unter dem Mandelbaum.« Obwohl
ich sofort ahnte, was das hieß, wollte ich die Mitteilung
nicht gleich verstehen. Darauf war ich nicht vorbereitet,
davon war nie die Rede gewesen. Ich suchte herauszufinden, ob sich in diesem Satz irgendein akrostischer Sinn
versteckte. Aber es war eindeutig eine Aufforderung zur
Flucht nach Mallorca. In jenes Haus, das wir einst für Feilböck gemietet hatten.

Ich löschte die gesamte Datei. Selbst das Betriebssystem.
Dann packte ich die blaue Reisetasche aus, warf ein paar
Klamotten hinein und holte das Kuvert mit dem Geld aus
einer Verteilerdose in der Wand. Ich verwaltete ja die Kasse
der *Entschlossenen*. Im Kuvert waren noch gut 400 000
Schilling in Fünftausendernoten. Das Bündel wirkte klein.
Etwa achtzig Scheine, die man bequem in die Sakkotasche
stecken konnte. Ich fuhr zum Flughafen. Mein Auto müßte
übrigens heute noch dort stehen. Vielleicht ist es inzwischen auch abgeschleppt worden.

Es gab noch eine Maschine nach Barcelona. Ich wollte
gerade ein Ticket kaufen, da kam mir das viel zu auffällig
vor, und ich nahm eine Maschine nach Frankfurt. Von dort
kann man überallhin fliegen. Ich entschied mich für London. Abflug war gegen 23 Uhr. Ich kam gerade noch zurecht. Von London nahm ich den neuen Nachtzug nach
Paris und fuhr am nächsten Tag weiter nach Barcelona.
Mein Paß wurde kein einziges Mal richtig kontrolliert. In
Barcelona saß ich in einer Hafenkneipe und schaute mir
im Fernsehen Ihre Bilder vom Wiener Opernball an. Dann

zeigten sie meine toten Kameraden und den noch nicht identifizierten *Geringsten*. Haben Sie ihn gesehen? Die anderen Kameraden sind zurückgewichen. Sie lagen im Gras und auf dem Kiesweg. Der *Geringste* hingegen preßte seinen Kopf gegen das Gitter des Ansaugschachts und umklammerte die Dose, damit sie nicht fortrollen konnte. Er wußte genau, was er tat. Er hat es immer gewußt.

Seine Identität wurde noch am Tag nach dem Anschlag, als ich in der Hafenkneipe von Barcelona saß, als Steven Huff aus Arizona angegeben. Leitner, diese Sau, hat sich da offenbar mit seinem Wissen nicht rausgetraut. Machen Sie Leitner und Reso Dorf fertig! Erzählen Sie der Welt, was das für Charakterschweine sind. Und sagen Sie, wer der *Geringste* wirklich war.

Wie es weiterging? Ich bin eigentlich schon am Ende. In der Früh nahm ich die Fähre nach Palma di Mallorca und fuhr von dort mit dem Bus nach Santany. Die letzten Kilometer hierher ging ich zu Fuß. Ich kannte den Weg, weil ich im vorletzten Sommer für ein paar Tage hier war. Auch der *Geringste* war, wie gesagt, hier, im Herbst. Er hat meine Flucht vorbereitet, ohne daß ich etwas ahnte. Ohne ihn könnte ich Sie jetzt nicht in Schach halten. Ich habe ihm alles zu verdanken. Mehr habe ich nicht zu sagen. Jetzt schalten Sie das verdammte Band ab.

Nein, das kann ich doch nicht. Wie soll ich das Werk fortsetzen? Der *Geringste* war, gemessen an mir, ein Gott. Sicher wird er auch Fehler gehabt haben. Aber ich habe sie nicht kennengelernt. Vielleicht der Gürtelhausbrand. Den hat er später selber für zu eigennützig gehalten.

Dieser Trottel von Feilböck. Wir haben uns am Anfang so gut verstanden. Er hat sicher auch den Gürtelhausbrand verraten. Wer sollte es sonst gewesen sein? Der *Geringste* hätte nicht flüchten müssen – und alles wäre anders gekommen. Im Grunde war es Feilböck, der alles zerstört hat.

Schuld ist Quatsch. Kein Wort, das auf den *Geringsten* paßt. Er stand jenseits von Schuld. Darum geht es nicht in der Geschichte. Wären wir erfolgreich gewesen ... Habe ich nie behauptet. Lesen Sie nach. Meine Kameraden tot, Reso Dorf Polizeipräsident, ich bin doch nicht schwachsinnig, das als Erfolg auszugeben. Was ist mit Leitner? In Pension? Da hat ihn Reso Dorf in der Hand, sonst wäre das nicht möglich. Leitner hat nicht mit dem *Geringsten* zusammengearbeitet, um in Pension zu gehen. Nein, das ist kein Erfolg. Ein Desaster ist das alles.

Ich weiß nicht, wie ich mir das vorgestellt habe. Ich habe es mir überhaupt nicht vorgestellt. Ich war überzeugt, der *Geringste* kennt den Weg. Vielleicht hat auch er ihn nicht gewußt. Wollte ihn erst herausfinden. Jedenfalls hat es so ausgesehen, als wüßte er, wie es weitergeht. Er ist gescheitert.

Er hätte sich retten können. Er könnte über alle Berge sein. Er war kein Feigling. Er war der einzig wirklich Entschlossene. Er wüßte, wie man das alles noch einmal anpacken kann. Wahrscheinlich. Ich weiß es nicht. Oder wüßte er es auch nicht? Vielleicht haben Sie recht. Vielleicht wußte er auch nicht mehr weiter. Aber warum rettete er mich? Warum läßt er ausgerechnet mich mit dem ganzen Desaster allein? Er hat mich doch geliebt. Jetzt schalten Sie endlich das Band ab ...

In der Eingangshalle des Opernhauses standen Polizisten mit Funkgeräten. Der für unser Portal zuständige fragte, wohin wir gehen wollten. Als wir das Hotel *Imperial* nannten, bat er uns, noch ein wenig zu warten, die Straße werde gerade frei gemacht. Er öffnete die Tür, um nachzusehen. Draußen war es taghell erleuchtet. Wohin man schaute, überall blinkten blaue Lichter. In der Luft kreiste ein Hubschrauber. Hinter den Barrikaden aus Stahlgitter, die die Kärntner Straße zum Karlsplatz hin blockierten, tobte eine wilde Schlacht. Wir hörten den Lärm, aber wir konnten nichts Genaues erkennen. Wir sahen nur eine große Menge Polizisten und mehrere Wasserwerfer, deren Spritzrohre sich wie Panzertürme hin und her drehten. Auf der Ringstraße brannte an mehreren Stellen der Asphalt. Aufgeregt liefen Menschen herum. Der Polizist schloß die Tür und stellte sich davor. Er sagte, es seien Schüsse gefallen. Wir sollten noch ein wenig warten. Als das Funkgerät endlich einmal schwieg, forderte er zwei Mann Geleitschutz an. Sie kamen überraschend schnell. Ich dachte, daß es besser wäre, meinen Vater gleich mitzunehmen. Herbert fragte, wie es in zwei Stunden hier aussehen werde. Der Mann mit dem Funkgerät antwortete: »In zwei Stunden ist alles vorbei. Wir haben die Lage im Griff.«

Herbert und ich einigten uns, daß es besser wäre, Vater diese Aufregung zu ersparen. Wir Opernballgäste hatten von dem, was draußen vorging, nichts mitgekriegt. Unsere beiden Begleitpolizisten drängten darauf, daß wir aufbrachen. Sieht man von den Feuerstellen und den vielen herumliegenden Trümmern ab, war die Ringstraße frei. Die beiden Nebenfahrbahnen waren mit Polizeiautos vollgeparkt. So gingen wir mitten auf der Straße, stiegen über Steine, Flaschen, Eisenstangen, Bretter und ausgerissene Verkehrsschilder. Beim Schwarzenbergplatz war die Ringstraße von der Polizei abgeriegelt. Davor brannte ein Auto. Mehrere Menschen, unter ihnen unser *Porteur de bagage*, waren damit beschäftigt, es mit Feuerlöschern einzuschäumen.

Herbert war gut gelaunt. Er sagte: »Würden sie das Auto ausbrennen lassen, hätten sie nachher weniger Müll.«

Als uns die beiden Polizisten wohlbehalten am Hoteleingang abgeliefert hatten, umarmte und küßte mich Herbert. Er sagte: »Ich dachte, das wird ein langweiliger Ball. Dabei hat Wien überraschende Abenteuer aufzubieten.«

Der Empfangschef hörte uns nicht kommen. Er starrte in sein kleines Fernsehgerät, auf dem ein Transparent mit der Aufschrift *Miethaie zu Fischstäbchen!* eingeblendet war. Dann sah man junge Menschen mit Tüchern über dem Mund. Andere hatten das ganze Gesicht mit langen, schwarzen Pudelmützen bedeckt, aus denen Löcher für die Augen ausgeschnitten waren. Der Empfangschef schüttelte ununterbrochen den Kopf. Herbert mußte zweimal »Guten Abend« wünschen, bis er uns bemerkte.

»Ist das nicht schrecklich?« sagte er.

Herbert fragte: »Was würden Sie vorschlagen?«

Darauf der Mann: »Ich sag's lieber nicht.«

»Doch, sagen Sie es nur«, ermunterte ihn Herbert.

Wissen Sie, was er antwortete? »Vergasen.«

Herbert sagte: »Lassen Sie uns lieber eine Flasche Champagner aufs Zimmer bringen.«

Darauf der Empfangschef, wieder ganz in Montur: »Sehr wohl, mein Herr. Einmal Schampus auf 504.«

In unserer Suite drehte Herbert als erstes den Fernseher auf. Ein Reporter berichtete, daß die Polizei die Lage mittlerweile unter Kontrolle habe. Man könne noch keine Angaben über Verletzte oder gar Tote machen. Ihre Zahl dürfte erheblich sein. Die Wiener Rettung und das Rote

Kreuz seien noch immer im Dauereinsatz. Nie zuvor habe es bei Demonstrationen so brutale Ausschreitungen gegeben. Herbert sagte: »Und was war 1927?«

Ich fragte: »Was war 1927?«

»Justizpalastbrand«, antwortete Herbert. »Damals hat die Polizei Hunderte Arbeiter erschossen.«

Ich war beschämt, daß ich, als geborene Wienerin, mich daran von einem geborenen Berliner erinnern lassen mußte. Der Champagner wurde gebracht. Herbert kümmerte sich darum. Der Reporter sagte: »Wir melden uns in einer Stunde wieder mit einer Stellungnahme des Polizeipräsidenten. Und damit zurück zum Opernball.«

Man sah das überfüllte Tanzparkett und hörte eine Instrumentalversion von *Lady Madonna*. Ein Mann mit schiefem Mund und einer quer über die Brust gebundenen, rotweißroten Schärpe kam ins Bild. Er tanzte mit der Frau des Bundeskanzlers. Der Kommentator sagte: »Nach so viel Unerfreulichem sind wir wieder in der heilen Welt des Opernballs. Werfen wir nun einen Blick in die Loge eines deutschen Getränkefabrikanten, der zu den alten Stammgästen dieses Balls der Bälle zählt.«

Die Kamera wich von der Kanzlergattin und dem Schärpenträger, der uns nicht vorgestellt wurde, zurück, die Tanzenden wurden kleiner, ihre Anzahl vermehrte sich. Das Bild wurde langsam überblendet von Logenreihen, die am Bildschirm vorbeiglitten und dabei näher kamen. Ich hoffte, meinen Vater zu sehen, aber es waren nicht die Bühnenlogen. Herbert kam mit einem Glas Champagner zu mir. Er drehte am Fernsehapparat den Ton ab. Dann sagte er: »Wir haben jetzt genau zwei Stunden honeymoon im *Imperial* vor uns. Ist es nicht das, wovon man ein Leben lang träumt?«

Wir küßten uns. Dann schüttete er mir sein Glas Champagner in den Ausschnitt und zog mir das Kleid aus. Aber so genau wollte ich Ihnen das gar nicht erzählen. Wir verbrachten jedenfalls eine wunderbare Stunde im Bett. Am Schluß lagen wir erschöpft in den feuchten Laken. Durch das geschlossene Fenster hörte man Martinshörner und Sirenen. Mein Mund war ausgetrocknet.

»Ich habe Durst«, sagte ich.

Herbert löste sich von mir. Halb aufgerichtet hielt er inne.

»Wie spät ist es?« fragte ich. »Mußt Du schon gehen?«

Er antwortete nicht. Ich schaute ihn an. Er starrte mit offenem Mund auf den Fernsehapparat und flüsterte: »Nein, nein, nein.«

Ich richtete mich auf und sah nur noch Leichen. Es war grauenhaft. Ich begann zu heulen. Herbert umklammerte mich. Nur Leichen, übereinander liegend, mit offenen Augen und Mündern. Über die Abendroben rann Erbrochenes. Dann kam ein anderes Bild, in dem sich noch Menschen bewegten. Ich hörte sie schreien, obwohl der Ton nicht aufgedreht war. Sie schlugen um sich und sanken ganz plötzlich zusammen. Manche warf es ausgestreckt auf den Boden, manche hängten sich, auf der Suche nach einem letzten Halt, über Geländer und Brüstungen, manche umarmten einander und blieben mit offenen Mündern noch eine Zeitlang stehen, bevor sie umfielen. Es packte mich ein solches Entsetzen, daß mir die Luft wegblieb. Ich wollte laut schreien, aber ich konnte nicht.

Herbert sagte: »Zieh Dich an, wir müssen zu Deinem Vater.«

Wie ein Nachtwandler streifte ich aus dem Koffer irgendwelche Klamotten über. Was ich genau tat, weiß ich nicht. Da habe ich eine Gedächtnislücke. Ich war vollkommen weggetreten. Das nächste, an das ich mich erinnere, war, daß wir auf der Ringstraße standen und vergeblich versuchten, zur Oper zu kommen. Vor uns ein Meer von blauen Lichtern. Alles war vollgeparkt mit Feuerwehrautos und Sanitätsfahrzeugen. Ärzte, Polizisten und Feuer-

wehrleute schrien uns an, wir sollten den Weg frei machen.
Wir probierten, von allen Seiten an die Oper heranzukom-
men. Es war aussichtslos. Wir wurden nur angeschrien.
Vier oder fünf Hubschrauber hingen übereinander in der
Luft. Der unterste landete jeweils hinter der Oper, offenbar am Albertinaplatz, die anderen warteten, bis er wieder
gestartet war. Die Lautsprecherstimmen brüllten durcheinander. Es war ein Chaos. Am weitesten kamen wir
durch die Mahlerstraße. Ich sah Männer mit Gasmasken
Leichen aus den Opernarkaden hervorschleppen. Bald
wurden wir und viele andere, die hier standen, zurück-
getrieben. Die Straße mußte für Einsatzfahrzeuge frei
bleiben.

Wir irrten herum, bis wir erschöpft waren. Dann beschlossen wir, zu Sigrid zu gehen. Sie sah uns mit verheul-
tem Gesicht an, als wären wir Geister. Dann fiel sie uns um
den Hals.

»Wo ist Vater?« war ihre erste Frage. Obwohl ich mich
auf dem Weg zu ihr auf nichts anderes vorbereitet hatte als
auf diese Frage, klang sie für mich wie die Frage Gottes an
Kain: Wo ist dein Bruder Abel. Herbert behielt die Nerven.
Er nahm Sigrid in seine Arme und versuchte ihr alles zu
erklären. In der Wohnung lief der Fernsehapparat. Immer
noch sah man Einstellungen aus dem Inneren der Oper.
Die Bilder waren so starr wie die Leichen, die sie zeigten.
Musiker lagen auf ihren Instrumenten. Es gab keinen
Kommentar. Totenstille. Ich konnte das nicht mehr sehen
und drehte den Fernseher ab. Im Radio wurde Trauermusik gespielt, alle paar Minuten unterbrochen von immer
denselben Meldungen. Es sei eine unbeschreibliche Katastrophe, aber man könne noch nichts Genaueres sagen.
Herbert suchte im Telefonbuch Nummern von Polizei und
Rettungsdiensten. Überall, wo er durchkam, wurde er an-
geschnauzt. Er solle sofort aus der Leitung gehen. Für Auskünfte habe man jetzt keine Zeit.

Als es schon hell war, wurde endlich eine Telefonnummer bekanntgegeben, unter der man erfragen konnte, ob Angehörige in Krankenhäuser eingeliefert wurden. Sie war immer besetzt. Herbert gab nicht auf. Ich saß daneben im Fauteuil, hörte das Drücken der Wiederholungstaste, die schnelle Folge der Digitaltöne, das Besetztzeichen, das Klicken der Unterbrechung, dann wieder die Wiederholungstaste. So ging das stundenlang. Sigrid kochte Kaffee. Schließlich schrie Herbert: »Verdammte Scheiße. Jetzt gehe ich selbst nachschauen.«

Er wollte fortgehen. Ich hätte ihn gehen lassen. Ich war zu jeder vernünftigen Überlegung unfähig geworden. Sigrid hielt ihn zurück. Sie sagte: »Entweder er ist tot, dann kannst Du ihm nicht mehr helfen, oder er liegt in einem Krankenhaus, dann wirst Du ihn nicht finden.«

Im Radio hatten wir gehört, daß die Kranken mit Hubschraubern auch nach St. Pölten, Horn, Zwettl, Baden, Wiener Neustadt, ja bis Linz und Graz transportiert worden waren. Herbert blieb und drückte weiter die Telefontasten. Um zehn Uhr vormittags kam er durch. Sigrids Telefon hatte einen Lautsprecher. Eine Frauenstimme sagte: »Moment.« Dann hörte man Zettel rascheln. Es dauerte endlos. Schließlich fragte sie: »Wie war der Name?«

Herbert nannte ihn nochmals.

Sie fragte: »83 Jahre alt?«

»Ja«, sagte Herbert. »Haben Sie ihn?«

Sie antwortete: »Er wurde in den *Göttlichen Heiland* eingeliefert.«

Herbert legte den Hörer auf und schloß die Augen. Wir schauten auf das Telefon, als wäre es ein neugeborenes Kind.

»Dann fahren wir doch hin«, sagte ich. Es war seit Stunden der erste Satz, den ich herausbrachte. Sigrid rief ein Taxi. Wenigstens das funktionierte noch. Die Ringstraße war gesperrt. Der Taxifahrer fuhr über den Schwarzenbergplatz die Prinz-Eugen-Straße hinauf zum Gürtel. Am Südbahnhof waren schwarze Flaggen hochgezogen. Auch an einigen Gemeindebauten. Die Fahrt dauerte mindestens eine dreiviertel Stunde. Am Anfang waren wir hoffnungsvoll. Doch bald siegte die Angst, daß wir Vater in einem furchtbaren Zustand vorfinden würden. Herbert sagte: »Wenn er im Krankenhaus liegt, war er nicht mehr in der Oper. Vielleicht war es nur ein Schock, und wir können ihn mit nach Hause nehmen.«

Es tat gut, so etwas zu hören. Am Hernalser Gürtel ließ Sigrid anhalten. Sie kaufte einen riesigen Strauß roter Rosen. Ich ärgerte mich ein wenig darüber, aber ich hätte es blöd gefunden, wenn ich nun auch Blumen kaufte. Kennen Sie das *Krankenhaus zum Göttlichen Heiland*? Es liegt in der Dornbacher Straße, ein kleines Krankenhaus. Dort erlitten wir den nächsten Schock. Der Portier suchte in seinen Listen, fand aber meinen Vater nicht. Sigrid sagte: »Er muß in der Nacht eingeliefert worden sein.«

»Ach so«, meinte der Portier, »ein Opernballgast. Warum sagen Sie das nicht gleich? Da habe ich noch keine Liste.«

Er rief irgendwo an und schickte uns dann auf die Intensivstation. Dort lag mein Vater im Koma. Er wurde künstlich beatmet. Die geistliche Oberschwester ließ uns zu ihm hineingehen. Es war, als ob er schliefe. Seine schlohweißen Haare, das regelmäßige Piepsen der Geräte, die Sauggeräusche der Beatmungsmaschine, auf dem Monitor die Herzfrequenz. Abwechselnd ergriffen wir seine Hand und überzeugten uns, daß sie warm war. Der ganze Raum war mit Geräten so voll, daß für Sigrids Blumen kein Platz war. An der Wand hing ein großes Kreuz.

»Wie stehen seine Chancen?« fragte Sigrid. Die Oberschwester antwortete: »Von denen, die heute nacht eingeliefert wurden, ist er einer der wenigen, bei denen wir noch Hoffnung haben.«

Sie bat uns, wieder hinauszugehen. Wir wollten einen Arzt sprechen. Aber die waren so beschäftigt, daß es ein paar Stunden dauerte, bis einer kurz für uns Zeit hatte. Er sagte, mein Vater habe schwere Vergiftungserscheinungen. Er wolle keine Prognosen stellen. Aber allein die Tatsache, daß er noch lebe und seine Herzfrequenz stabil sei, eröffne gewisse Chancen. Dann eilte er wieder fort. Wir hinterließen Sigrids Telefonnummer und baten die Oberschwester, sofort anzurufen, wenn sich irgend etwas ändere.

Vier Tage lang kam kein Anruf. Wir fuhren trotzdem täglich zweimal ins Krankenhaus und fanden dieselbe Situation vor. Die Ärzte hatten von Tag zu Tag mehr Zeit für Auskünfte. Aber sie gaben meinem Vater immer weniger Chancen. Vielleicht wollten sie uns darauf vorbereiten, bald vor der Frage zu stehen, ob sie die Geräte abschalten sollten. Die Situation wurde immer angespannter.

Unsere Kinder behaupteten am Telefon, sie kämen allein zurecht. Doch dann rief Tim in der Nacht an und gestand, daß die Heizung schon einen Tag nicht funktioniere. Es sei eiskalt im Haus. Sie wüßten nicht, wie die Heizung wieder in Gang zu bringen sei. Das war das Stichwort für Herbert. Er hatte ohnedies zwei Tage lang ständig herumtelefoniert und Termine abgesagt. Jetzt hatte er endlich einen Grund, zurückzufliegen.

Kaum war er fort, kam der Anruf, mein Vater sei aus dem Koma erwacht. Wir fuhren sofort zu ihm. Seine Augen lachten. Er drückte unsere Hände. Der Beatmungsschlauch führte jetzt nicht mehr durch seinen Mund, sondern durch die Nase. Ein Arzt erklärte uns, dies sei vorläufig noch nötig, weil der Atemluft Medikamente beigefügt seien. Später würde er versuchen, die ständige Beatmung durch mehrere Inhalationen pro Tag zu ersetzen. Mein Vater versuchte zu reden. Was er sagte, war nicht zu verstehen. Abwechselnd hatten Sigrid und ich ein Ohr an seinem

Mund. Er versuchte kurz und prägnant zu formulieren. Aber seine Sprache war ein Glucksen, ohne Atemluft. Besser war es, wenn wir nicht das Ohr zum Mund hielten, sondern versuchten, von seinen Lippen abzulesen. Dazu machte er Hand- und Kopfbewegungen. Wir mußten ihm ausführlich berichten, was geschehen war.

Wie er es erlebt hatte, konnte er uns erst eine Woche später erzählen. Sein ehemaliger Student, der offenbar irgendein Direktor war, hatte ihn genervt. Mein Vater hatte keine andere Möglichkeit gesehen, ihn loszuwerden, als nach Hause zu gehen. Als er vor dem Ausgang stand und den Mantel zuknöpfte, war plötzlich ein Bittermandelgeruch in der Luft. Es wurde ihm übel davon. Gerade wollte er in die frische Luft hinaustreten, da begann hinter ihm ein lautes Geschrei. Er wurde zur Tür hinausgestoßen. Schreiende und laufende Menschen waren seine letzte Wahrnehmung.

Nachdem er aus dem Koma erwacht war, schien es rasant mit ihm aufwärts zu gehen. Nach ein paar Tagen wurde in den Beatmungsschlauch ein T-Stück eingefügt und ein zweiter Schlauch angeschlossen. Der führte in einen Wasserbehälter, der an der Seite des Bettes angebracht wurde. Dort hing auch ein Urinsack. Wenn mein Vater ausatmete, gurgelte es im Wasserbehälter. Einmal sah ich zu, wie die Schwester durch den Beatmungsschlauch einen dünneren Schlauch einführte, durch den die Schleimrückstände der Lunge abgesaugt wurden. Das bereitete meinem Vater große Schmerzen. Sein Brustkorb bäumte sich auf, die Herzfrequenz wurde schneller. Er zappelte mit den Füßen. Die Schwester erklärte mir, das müsse alle vier Stunden gemacht werden. Sie saugte auch den Mund aus und desinfizierte ihn.

Später wurde der Beatmungsschlauch entfernt. Mein Vater mußte nun mehrmals täglich eine halbe Stunde lang inhalieren. Er tat es gewissenhaft. Er hatte den Wunsch,

Bücher wiederzulesen, die er schon kannte. Wir brachten sie ihm. Sigrid wollte ihm vorlesen, aber das mochte er nicht. Er sei kein Kind, sagte er. Die Schwester befestigte am Bettgestell eine Vorrichtung mit einer Art Tablett, das sich schräg stellen und zur Bettmitte ziehen ließ. Darauf lag nun Kafkas *Prozeß*. Ich setzte meinem Vater die Hornbrille auf. Er tat sich schwer beim Umblättern. Auch hatte er Schwierigkeiten, die beste Entfernung des Buches zu seinen Augen zu finden. Einmal war ihm das Buch zu nahe, dann wieder viel zu weit weg. Wenn er endlich vertieft zu sein schien, stellte sich plötzlich die Seite auf. Ich besorgte Büroklammern, mit denen ich die jeweils aufgeschlagenen Seiten auf die darunter befindlichen heftete. Wenn mein Vater nickte, zog ich die Klammern heraus und blätterte um.

Sigrid mußte wieder zur Arbeit, deshalb wechselten wir uns ab. Ich hatte Frühdienst, Sigrid kam am Nachmittag und blieb bis neun oder zehn Uhr abends. Als mein Vater von der Intensivstation in ein Einzelzimmer der Internen Abteilung verlegt wurde, atmeten wir auf. Wir glaubten, er würde in absehbarer Zeit aus dem Krankenhaus entlassen werden. Sein Wunsch, auch einmal allein zu sein, stimmte uns zuversichtlich. Ich verließ vormittags für ein, zwei Stunden sein Zimmer, erledigte Einkäufe, ging spazieren oder setzte mich in ein Kaffeehaus. Sigrid tat dasselbe am Nachmittag.

Als ich einmal von einem dieser erzwungenen Spaziergänge zurückkam, sagte die Schwester zu mir: »Ihr Vater ist nicht allein.«

»Wer?« fragte ich.

Sie antwortete: »Kriminalpolizei.«

Ich ging auf den hellen Marmorplatten auf und ab. In einer Fensternische blieb ich stehen, versuchte es mit Atemübungen. Draußen schnäbelte eine Amsel im gelben Gras, eifrig und nervös. Nach einer Weile hörte ich hinter mir einen sicheren, zielstrebigen Schritt, einen Geschäftsschritt. Ein Mann fragte: »Sind Sie die Tochter vom Herrn Professor?«

Er trug einen gebauschten, hellen Parka. Seine schwarzen, glatten Haare waren viel zu lang für einen Kommissar. Er stellte Fragen, ohne sich vorzustellen. Von meinem Vater hatte er erfahren, daß auch ich auf dem Opernball gewesen war. Er fragte, ob mir irgend etwas Ungewöhnliches aufgefallen sei.

»Denken Sie nach«, sagte er mit einem leichten slawischen Akzent. »Denken Sie in Ruhe darüber nach. Ich werde wiederkommen.«

Dann wollte er wissen, warum wir den Opernball so früh verlassen haben. Ich erzählte ihm von meinem Mißgeschick. Das schien für ihn kein ausreichender Grund zu sein. Was mich ärgerte, weil ich plötzlich das Gefühl hatte, er wolle mich dem Täterkreis zuordnen.

»Wer sind Sie überhaupt?« fragte ich ihn.

Er sagte irgend etwas mit Dorf. Der Familienname war Dorf. Ich dachte mir, wie passend. Aber ein kleines Dorf, ein Derfl, wie die Wiener sagen. Meinem Vater hatte er seinen ganzen Namen in Blockbuchstaben groß auf eine Karte geschrieben: RESO DORF.

Fünf Wochen lag mein Vater im Krankenhaus, da erfuhren wir, daß er das Krankenhaus nicht mehr verlassen wird. Wir sagten es ihm nicht. In den Nächten fand ich keine Ruhe, dachte immer, hoffentlich kann er schlafen. Er habe gut geschlafen, sagte mein Vater jeden Morgen. Sein Blick auf die Infusionsflasche.

»Wenn ich alles so gut könnte wie schlafen.« Dennoch, kaum kam die Nacht, dachte ich, hoffentlich kann er schlafen. Das war wie ein endloses Gebet, wie ein Rest davon, den ich nicht abstellen konnte. Wenn er schon nicht unsterblich ist, soll er wenigstens schlafen können.

Ruhig war ich nur, wenn ich bei ihm war. Aber er

machte es mir schwer. Er fragte mich: »Glaubst Du, ich werde sterben?«

Wenn er spürte, daß ich litt, lenkte er ab. Er begann, quer durch die Weltliteratur zu zitieren, suchte eine Schneise zum Humor. Ich half ihm und probierte zu lächeln.

Wie ein Kind ließ er sich pflegen. Ich duschte ihn und ölte ihn ein. In der Badewanne wollte er zum Abschluß sehr viel kaltes Wasser über seinen Körper laufen lassen. Er hatte früher sein Duschbad immer mit kaltem Wasser abgeschlossen. Wenn ich zögerte, weil ich meinte, es sei schon genug, er werde zu frieren beginnen, riß er mir die Brause aus der Hand. Er ging damit so ungeschickt um, daß ich jedesmal im Regen stand.

Er wollte unbedingt naß rasiert werden. Elektrorasierer lehnte er ab. Den Schwestern war das zu langwierig. Er fragte mich, ob ich sein Barbier sein wollte. Als wäre das die höchste Auszeichnung. Ich hatte aber die größte Mühe, meiner Ehre gerecht zu werden. Er wollte ganz glatt rasiert sein, überprüfte die Haut immer wieder mit seiner zittrigen, braun gefleckten Hand. Danach wünschte er eine Behandlung mit heißen Tüchern, anschließend Creme. Für die ganze Prozedur benötigte ich gut eine Stunde. So hatten wir etwas zu tun. Wenn ich fragte, »Ist es schon genug?«, kontrollierte er.

»Ich will ganz glatt sein.«

Um nicht in die Falten zu schneiden, spannte ich seine Haut mit meinen Fingern. Die Falten waren weiße Striche, aber schön, bis zuletzt. Ich schnitt ihm die Haare aus den Nasen- und Ohrenlöchern. Ich mußte sehr viel Rasiercreme auftragen. Er wollte stark duften. Ich glaube, er konnte nichts mehr riechen, weil er immer noch mehr verlangte.

Anfangs hatte ich nur einen Taschenspiegel gekauft, der war ihm zu klein. Ich brachte einen großen Spiegel. Nachdem ich ihn gepflegt hatte, sah er sich darin an. In solchen

Momenten, wenn er jeden Zentimeter seines Gesichts zu überprüfen schien, vergaß ich, daß er sterben würde.

Mein Leben lang habe ich nicht solche Nähe zu ihm empfunden. Ich durfte zärtlich sein und ihn streicheln. Er genoß es. Und ich wollte es. Ich hatte den Wunsch, irgend jemand (meine Mutter? oder Sigrid?) sollte auf mich eifersüchtig sein. Manchmal, in der Badewanne, aber auch, wenn ich ihn zudeckte, sah ich sein Glied. Es war lang. Ich stellte mir vor, wie meine Mutter es in sich aufnahm. Ob er wollte, daß ich es berühre? Ich ließ ihn es selbst waschen, was er aber nicht tat.

Es kam der Tag, an dem Vater in der Früh nicht mehr ansprechbar war.

»Jetzt haben Sie es bald überstanden«, sagte Derfl zu mir auf dem Gang. Ich hätte es bald überstanden. Ein Dorflackl. Es war unsere zweite und zugleich letzte Begegnung. Da geht er jetzt und weiß, daß er nicht mehr zu kommen braucht. Reso Dorf wird nicht weinen. Weint so einer überhaupt? Ich wollte ihm keine Tränen gönnen. Mein Vater konnte zwar nicht mehr reden, aber er spürte mich noch. Wenn ich seine warme Hand hielt und es wurde die Tür geöffnet, drückte er seine Finger plötzlich zusammen, als ob er Angst hätte, ich würde ihn verlassen. An seinem 54. Hochzeitstag starb mein Vater. Ein Arzt hatte am Vortag ganz leise zu mir gesagt: »Heute nacht.«

So blieb ich die ganze Nacht im Krankenhaus. Sigrid war schon die Nächte zuvor bis zwei, drei Uhr geblieben. Sie war vollkommen übermüdet. Nach Mitternacht fuhr sie heim. Woher der Arzt seine Prognose nahm, war mir schleierhaft. Nichts hatte sich verändert.

Ich saß auf der Bettkante und beobachtete das monotone Tropfen der Infusion. Über unseren Köpfen war ein Laken gespannt, das ich jede Viertelstunde mit Wasser besprühte. Ich hatte Angst. Wie stirbt man? Woher weiß ich, jetzt stirbt er? Immer, wenn ich seinen Puls fühlte, dachte ich, jetzt kommt der Tod. Unwillkürlich ließ ich die Hand los. Vielleicht denkt Vater, ich könne es nicht erwarten. Ich wagte nicht mehr, den Daumen über sein Handgelenk zu legen.

Immer wieder mußte ich an unser Gespräch während des Opernballs denken. Ich hatte niemandem davon erzählt. Aber auch mit Vater nie wieder über seine Assistentenjahre gesprochen. Es war kein Schweigen. In vielen Momenten war das Thema anwesend. Wenn er plötzlich die Augen senkte und ich nichts sagte.

Die Nacht war laut. Ein Sturm schlug Blätter an die Fenster. Manchmal bewegte sich der Vorhang. Die Fenster waren undicht. In den Bäumen kreischten Krähen. Ich hatte das Gefühl, das alles schon erlebt zu haben, wußte aber nicht, wie es weiterging. Immer kam mir das Telefon in den Sinn. Wen hätte ich anrufen sollen. Ich kann doch nicht meinen Mann anrufen und sagen: »Bald hast du mich wieder.«

Mein Vater atmete schwer – und langsam. Hin und wieder gurgelte es wie in einem Abfluß. Es war seltsam, allein zu sein mit diesem Atem und der warmen Hand, die ich immer wieder ergriff.

Gegen sieben Uhr, als es hell wurde, wechselte das Pflegepersonal die Schicht. Mein Vater atmete noch. Fast stolz präsentierte ich ihn dem Arzt, der für die Nacht den Tod angekündigt hatte. Ich war weder müde noch hungrig. Bevor sie zur Arbeit fuhr, kam Sigrid kurz vorbei. Sie war erleichtert.

Es wurde ein sehr heller Tag, zu hell für ein Sterbezimmer. Ich zog die Vorhänge zu. Eine Schwester wollte mich ablösen. Ich solle heimgehen und mich ausruhen, sagte sie. Aber ich wollte ihn nicht im Stich lassen. Ich hätte den Anruf nicht ertragen: »Ihr Vater ist tot.«

Mein Vater ist tot, das kam mir plötzlich vor wie ein Satz aus meiner Kindheit. Als hätte ich ihn oft gehört. Und wußte doch nicht, wohin damit. Ich sann lange darüber nach. Wieder brachte ich den Satz mit einem Telefongespräch in Zusammenhang. Zuerst Telefonläuten, dann der Satz: Mein Vater ist tot. Mehr fiel mir dazu nicht ein.

Vielleicht waren zwei Stunden vergangen, seit ich die Vorhänge zugezogen hatte. Ich saß neben dem Bett und kämpfte nun doch mit dem Schlaf. Vaters Hand hatte ich losgelassen. Plötzlich richtete er sich auf. Seine Hände umklammerten die Metallrahmen auf beiden Seiten des Bettes. Er streckte die Arme durch und öffnete die Augen, ganz langsam. Wir starrten uns an. Ich dachte, jetzt steht er auf und geht fort. Er bewegte die Lippen, als wollte er etwas sagen, und brachte doch keinen Ton hervor. Die Augen nun ganz weit aufgerissen, klopfte er sich auf die Brust.

»Er erstickt«, schrie ich, so laut, daß ich meine Stimme nicht wiedererkannte. Zwei Schwestern und ein Arzt kamen herein. Der Arzt hielt mich von hinten an der Schulter. Eine Schwester streichelte mir die Hand.

»Schau«, sagte sie, »jetzt ist er erlöst.« Wie auf Kommando legte sich mein Vater zurück und wurde zu einer fremden Wachsfigur. Ganz glatt und ganz weiß war die Haut. Die Augen hatte er noch selbst geschlossen.

Später, nachdem der Arzt den Leichnam meines Vaters untersucht hatte, wagte ich diesen Körper, den ich eben noch gestreichelt hatte, nicht einmal mehr zu berühren. Den Ehering hatten sie ihm schon vor längerer Zeit abgezogen. Ich nahm ihn an mich und ging fort.

Auf Abwegen

Heathers Anwesenheit beim Begräbnis war mir eine überraschende Erleichterung gewesen. Nachdem sie überstürzt
abgereist war, fiel mir alles noch schwerer als in der Woche
davor. Ich schnipselte an der Dokumentation herum, fand
aber keinen Weg, der mich überzeugte. Am plausibelsten
erschien es mir, Freds Tod in den Mittelpunkt zu stellen
und eine persönliche Geschichte dieser Katastrophe zu erzählen. Ich wußte aber, daß mir ETV einen solchen Film
um die Ohren schlagen würde. Michel Reboisson wollte
eine Dokumentation, wie er sie von mir gewohnt war:
spannend, grausam, herzzerreißend und gleichzeitig mit
einem nüchternen Kommentar, der keinen Zweifel daran
ließ, daß hier nichts als die Wahrheit dargestellt werde.
Fred hätte in einem solchen Film nur eine kleine Episode
sein können. Aber war die Katastrophe nicht zugleich das
Ende Tausender Lebensgeschichten? Was ist mit den anderen Überlebenden? Ich bin doch nicht der einzige, der seinen Sohn, seine Tochter, seinen Vater, seine Mutter oder
seinen Ehepartner verloren hat. Es wurden auch viele Polizisten und Kriminalbeamte getötet. Einer sogar draußen
bei der Demonstration. Was ging, verdammt noch mal, in
den Köpfen der Terroristen vor? Wie kamen sie auf die
Wahnsinnsidee, auf dem Opernball Auschwitz nachzustellen? Und warum? Mein Material gab darüber keine
Auskunft. Zwei der Terroristen galten als flüchtig. Einer,
Feilböck, schon längere Zeit, ein anderer erst seit der Ballnacht.
   Nach Freds Begräbnis quälte ich mich noch eine Woche

mit dem Material herum, dann gab ich auf. Michel Reboisson tobte. Aber was sollte er machen. Diesmal hätte er
keine Chance gehabt, mich arbeitsrechtlich zu belangen.
Ich nahm mir einen Monat Urlaub. Danach, so sagte ich,
würde ich hoffentlich fähig sein, mich endlich um den
Kaukasus zu kümmern.

Gabrielle erzählte mir, daß auch Jan Friedl ums Leben
gekommen sei. Ich fand seinen Namen auf der Liste. In
meinem Logenplan war er als Gast des Fabrikanten Richard Schmidleitner eingetragen. Aber der war nicht auf
der Liste. Wahrscheinlich hatte er Catherine Petit abgeholt. Ich rief ihn an. Er kannte mich. Und er wußte vom
Tod meines Sohnes. Auch er habe vor einigen Jahren einen
Sohn verloren. Das sei schmerzhaft. Bis heute mache er
sich grundlos Vorwürfe. Wir verabredeten uns im Café
Schwarzenberg. Er war ein schlanker, sportlicher Mann
mit grauen Schläfen, sein Gesicht gebräunt. Er schien aus
einem Guß, als wäre er im Business-Anzug zur Welt gekommen. Nichts an ihm wirkte gekünstelt. Obwohl ich
ihm zugesichert hatte, daß es ein privates Gespräch sein
würde, störte es ihn nicht, als ich meinen kleinen Recorder
einschaltete. Er nahm es als selbstverständlich. Er vertraute mir. Ich stellte kaum Fragen und unterbrach ihn nur
ganz selten. Privates und Geschäftliches behandelte er mit
der gleichen Souveränität. Diese Haltung schien er nur zu
verlieren, wenn er auf Jan Friedls Lebensgefährtin zu sprechen kam. Die haßte er. Als ich das Band wechselte, sagte
er: »Entschuldigen Sie einen Moment. Ich muß meinem
Chauffeur Bescheid geben.«

Er nahm ein Handy aus der Innentasche seines Sakkos
und drückte eine gespeicherte Nummer.

»Es wird noch eine Weile dauern. Sagen Sie der Frau
Weinstein, daß ich heute nicht mehr ins Büro komme. Sie
soll den Termin mit Dr. Stern absagen. Ich werde ihn morgen vormittag anrufen.«

Er steckte das Handy wieder ein. »Wo waren wir stehengeblieben? Ach ja, bei Kommerzialrat Schwarz.« Dann redete er wieder drauflos. Einen Moment lang hatte ich den verrückten Gedanken, Richard Schmidleitner könnte die Terroristen finanziert haben, um seinen untreuen Künstler und den Floridsdorfer Brotkonkurrenten gleichzeitig loszuwerden. Aber die offene Art, mit der er über Jan Friedl und Kommerzialrat Schwarz sprach, ließ mir diese Überlegung von vornherein als völlig abwegig erscheinen. Dennoch erzählte ich Gabrielle davon. Sie wich ein Stück zurück. »Sag das bitte nicht laut. Er wird Dich mit einer Prozeßflut verfolgen, daß Dir Hören und Sehen vergeht.«

In der Wahlnacht traf ich Gabrielle in einer Bar. Sie hatte Dienst gehabt. Vollkommen aufgelöst stürmte sie herein. Sie blieb vor mir stehen und schaute mich entsetzt an. »Ich werde auswandern!«

Es war nicht das erste Mal, daß ich an diesem Abend diesen Satz hörte. Die Nationale Partei war zur stärksten Kraft geworden. Sie hatte zwar nicht die absolute Mehrheit, aber es gab keinen Zweifel, daß sie mit der Regierungsbildung beauftragt würde. Die Sozialdemokraten hatten knapp 25 Prozent der Stimmen erreicht.

Gabrielle trank mehrere Gläser Sekt.

»Meinst Du das ernst?« fragte ich sie.

»Ja.«

»Und wohin willst Du gehen?«

»In die Vereinigten Staaten.«

»Und was willst Du dort machen?«

Sie zuckte mit den Achseln. Dann fiel sie mir um den Hals.

Auf einer Ergänzungsliste fand ich den Namen eines Berliner Universitätsprofessors. Er war offenbar erst Wochen später an den Folgen des Anschlags gestorben. Ich weiß nicht, warum ich gerade ihn auswählte. Es war mehr oder weniger Zufall. Durch die Auslandsauskunft erhielt ich seine Berliner Telefonnummer. Ich rief an. Es meldete sich eine bedrückt wirkende Frauenstimme. Ich stellte mich vor. Sie sagte, sie sei viel zu traurig, um sich mit einem Journalisten zu unterhalten. Ich sagte: »Ich rufe nicht beruflich an. Mein Sohn Fred ist beim Anschlag ums Leben gekommen. Es ist mir ein Bedürfnis, mit anderen Menschen zu reden, die Angehörige verloren haben.«

Sie zögerte. »Ich bin nur zufällig hier, weil ich eine Inventarliste der Wohnung meines Vaters erstellen muß. Eigentlich lebe ich in Frankfurt.«

»Erlauben Sie mir, nach Frankfurt zu kommen?«

»Das ist nicht nötig. Ich komme in vier Tagen nach Wien. Dort wohnt meine Schwester. Ich muß mit ihr die Erbschaft regeln.«

Sie gab mir die Telefonnummer ihrer Schwester.

»War Ihr Vater allein auf dem Opernball?«

»Nein, mein Mann und ich waren bei ihm. Aber wir sind früher gegangen.«

Fünf Tage später traf ich Claudia Röhler in der Meierei im Stadtpark. Sie war in meinem Alter. Und sehr attraktiv. Ihr Gesicht wirkte ganz weich. Sie betrachtete mich mißtrauisch. Die Frage »Was will dieser Typ von mir?« stand ihr förmlich ins Gesicht geschrieben. Ich erzählte ihr von Fred und von meiner Unfähigkeit, mich mit seinem Tod abzufinden. Sie begann sich zu interessieren. Langsam wich ihr Mißtrauen. Immer wieder stellte sie Fragen. Manchmal brachte sie mich in Verlegenheit. Sie wollte wissen, woher meine obsessive Vaterliebe komme. Sie sagte: obsessiv. Ich erzählte ihr, daß ich Fred früher vernachlässigt habe. Dann sprach ich von meiner Scheidung. Später fragte sie mich, ob Fred nicht darunter gelitten habe, daß ich ihn als mein Werk betrachtete. Mein Gott, dachte ich, woher weiß die das? Ich kam mit einem leeren Band nach Hause. Am nächsten Tag trafen wir einander am selben Ort und zur selben Zeit. Es war schönes Vorfrühlingswetter. Claudia Röhler wollte spazierengehen. Wir verließen die Meierei und gingen zum Fluß hinab. Langsam schlenderten wir die Uferbalustrade entlang, von der Brücke beim Hilton bis zum sogenannten Wienabschluß, jenem pompös gestalteten Tunneleingang, durch den die Wien unter dem Karlsplatz durchfließt. Dann gingen wir wieder zurück. Ich hatte den Recorder an meine obere Sakkotasche geklemmt. Einmal blieb sie stehen und legte ihre Hand auf meinen Arm. Sie zeigte mir, wie ihr Vater immer stehengeblieben war. Ich wünschte mir, es wäre mehr als eine Demonstration. Entlang der Uferbalustrade waren Nischen mit Steinbänken. Wir setzten uns, und sie nahm eine Zigarette von mir. Sie blickte mich selten an, wenn sie sprach. Ihre Füße spielten mit einem am Boden liegenden Aststück. Als sie vom Tod ihres Vaters erzählte, traten ihr Tränen in die Augen. Ihr Gesicht rötete sich. Aber sie sprach weiter. Am Ende sagte sie, sie sei froh, daß sie mir das alles erzählt habe. Es habe ihr gutgetan.

Ich fragte sie: »Woher kommt Ihre obsessive Vaterliebe?« Sie lachte. Gleich danach wurde ihr Gesicht wieder ernst. Sie schaute mich an. Dann fragte sie mich: »Werden wir uns wiedersehen?«

Ich gab ihr meine Telefonnummer. Sie wollte mir aber nicht ihre Frankfurter Nummer geben.

»Ich könnte sie herausfinden«, sagte ich.

»Ja, das könnten Sie. Aber Sie werden es nicht tun.«

Bis heute warte ich auf ihren Anruf. Mehrmals hörte ich ihre Bänder ab. Die Art, wie sie über ihren Vater sprach, berührte mich. Dabei hatte ich erstmals den Gedanken, aus diesen Bändern und aus Freds Geschichte ein Buch zu machen.

In der Karlsplatzpassage kamen mir zwei junge Polizisten entgegen. Den größeren von ihnen erkannte ich. Es war jener tolpatschige Mann, den ich in den Vorspann zur Opernball-Übertragung eingebaut hatte. Fred hatte mir zwei Versionen geliefert, aber gleich dazugesagt: »Nimm die erste, die ist lustiger.«

Als sie an mir vorbeigingen, fragte ich mich, was denkt so ein Polizist. Wie hat er den Abend erlebt? Ich ging zurück und sprach ihn an. Daß ich bei ETV arbeite, verschwieg ich geflissentlich. Ich sagte, ich sei ein englischer Journalist. Ich recherchierte über die Hintergründe des Opernballanschlags. Mein Sohn sei dabei umgekommen.

»Ihr Sohn?« Er machte eine kleine Pause. Dann sagte er: »Beileid.« Nur das Wort Beileid. Ich wußte nicht, was ich darauf antworten sollte. Er fragte mich, woher ich so gut deutsch spräche.

»Mein Vater ist Wiener..«

»Interessant«, sagte er. »Sind Sie sozusagen auf Heimatbesuch.«

»Nicht ganz. Ich bin in London aufgewachsen.«

»Ah, in London. Ist eine große Stadt. Größer als Wien?«

»Ja, viel größer.«

»Da haben Sie sicher auch alle möglichen Probleme. Giftler und so. Haben Sie viele Giftler in London?«

»Ja, leider. Mehr als in Wien.«

»Mir reicht es hier schon. Schauen Sie sich um in der Passage. Da können Sie was erleben.«

Er blickte zurück Richtung Abgang zur U4, wo einige Jugendliche am Boden saßen. Sein Kollege sprach kein Wort. Er stieg von einem Fuß auf den anderen und hörte uns zu.

»Ich wollte Sie etwas fragen.«.

»Bitte schön.«

Er nickte freundlich und hielt den Kopf seitlich, als ob er schwerhörig wäre. Sein Gesicht hatte, von der Seite gesehen, zwei Spitzen. Die eine wurde von der langen Nase gebildet, die andere von der vorstehenden Oberlippe.

»Ich hätte gerne ein Interview mit Ihnen gemacht. Wie Sie den Opernballtag erlebt haben und was Sie darüber denken.«

»Nein, um Gottes willen, das darf ich nicht.«

»Dürfen Sie nicht?«

»Wir haben da unsere Vorschriften. Sie müßten bei der Pressestelle der Bundespolizeidirektion anfragen. Aber die werden Ihnen dann sicher einen anderen Interviewpartner geben.«

»Warum ist das so? Es muß doch möglich sein, auch mit Ihnen zu sprechen, vorausgesetzt, Sie wollen es.«

»Ist nicht möglich. Entschuldigen Sie, wir haben gerade einen Einsatz. Ich kann mich jetzt nicht mit Ihnen des langen und breiten darüber unterhalten. Aber morgen habe ich frei. Sie können mich anrufen, und dann werde ich Ihnen genau erklären, warum wir keine Interviews geben können.«

Er nannte mir seinen Namen, Fritz Amon, und gab mir seine Telefonnummer. Dann gingen die beiden Polizisten weiter. Sie schienen es plötzlich eiliger zu haben als vor dem Gespräch. Der zweite Polizist hatte kein Wort gesagt.

Am Abend überlegte ich mir, wie ich den Mann zum Sprechen bringen könnte. Ein Bekannter von mir hat ein Haus in Brighton, das er gelegentlich vermietet. Ich könnte dem Polizisten und seiner Frau, falls er verheiratet ist, einen Badeurlaub in Brighton anbieten. Am nächsten Tag stellte sich heraus, daß meine Überlegungen völlig unnötig waren.

»Klar kann ich Ihnen alles erzählen. Aber mein Kollege darf das nicht wissen. Er ist neu, und ich kann noch nicht recht sagen, wie zuverlässig er ist. Wollen Sie vorbeikommen?«

Wir verabredeten uns zum Mittagessen in seiner Wohnung. Sie lag am Rennbahnweg, jenseits der Donau in einem großen Komplex von Sozialbauten. Fritz Amon wohnte auf Stiege 116. Sicherheitshalber hatte ich mir eine alte Visitenkarte der BBC mitgenommen. Er hatte offenbar schon hinter der Eingangstür gewartet oder mein Kommen vom Fenster aus beobachtet, denn er öffnete die Tür, als ich den Finger noch am Knopf hatte. Er führte mich in die Küche und stellte mir seine Frau vor. Sie schien ein paar Jahre älter zu sein und hatte blonde Dauerwellen. Auf einer Kommode gegenüber vom Küchentisch stand ein eingeschalteter Fernsehapparat. Es lief eine deutsche Quizsendung.

»Wie war schnell Ihr Name?«

»Fraser. Kurt Fraser.« Ich sprach den Nachnamen mit a aus, so, wie ich es bei Freds Begräbnis gehört hatte. Dann gab ich ihm meine Visitenkarte. Er schaute sie lange an und zeigte sie seiner Frau.

»Ist das Fernsehen?« fragte er.

»Ja. Aber ich werde Ihren Ton nicht verwenden. Das ist nur eine Gedächtnisstütze.« Ich zog meinen Recorder aus der Tasche.

»Ah, Sie wollen das Gespräch aufnehmen?«

Er nickte dabei mehrmals und schaute zu seiner Frau, die mit dem Kochen beschäftigt war.

»Ja, aber, wie gesagt, das ist nur für mich privat. Ich werde das nicht im Fernsehen verwenden.«

»Englisches Fernsehen. Das würde hier ohnedies niemand sehen. Wenn Sie etwas brauchen können, dann verwenden Sie es ruhig.«

Er wandte sich an seine Frau. »Was meinst Du? Das sieht hier niemand, ha?«

Sie legte Schnitzel ins Fett und schüttelte den Kopf. »Kann ich mir nicht vorstellen.«

Wir setzten uns an den Küchentisch, wo für drei Personen gedeckt war.

»Wollen Sie ein Bier? Christl, bringst Du uns bitte zwei Bier. Was wollen Sie nun eigentlich wissen?«

»Wie Sie den Opernballtag erlebt haben. Das muß ja eine furchtbare Arbeit für Sie gewesen sein.«

»Grauenhaft. Es war der schlimmste Dienst meines Lebens.«

Er blickte dabei auf den Fernsehapparat. Ich fragte: »Kann ich den Ton abdrehen?«

»Ja, klar.«

Er nahm die Fernbedienung zur Hand und drehte den Ton zurück. Seine Frau brachte zwei Flaschen Bier. Danach trug sie eine Frittatensuppe auf. Ich lehnte mich zurück, während sie mir einschenkte. In der Ecke über dem Küchentisch hing ein leerer Geschenkkorb. Fritz Amon bemerkte meinen Blick.

»Den habe ich zum fünfjährigen Dienstjubiläum bekommen.«

Während er Suppe aß, begann er vom Opernballtag zu erzählen. Ich schaltete das Band ein. Über seine Frau sprach er, als ob sie nicht anwesend wäre. Manchmal blieb sein Blick am Fernseher hängen, und er hörte für einen Moment zu reden auf. Er war ein Aufschneider. Ich war mir nicht sicher, ob wirklich er den Finger gefunden hatte. Möglich war es natürlich. Auch daß er als einziger Gewöhnlicher bei der Dienstleiterbesprechung gewesen sein soll, kam mir unglaubwürdig vor. Vielleicht hatte ihm einfach derjenige, den er »einführender Kollege« nannte, davon erzählt. Die Geschichten um den *Ausländerhilfsverein* waren mir neu. Zwar hatte ich von dem Tod eines Demonstranten gehört. Aber ich war damals zu sehr mit Jugoslawien und später mit der Vorbereitung des Opernballs beschäftigt, um mich näher damit zu befassen. Fritz Amon wäre es am liebsten gewesen, wenn sich nachweisen ließe, daß der Opernballanschlag in Wirklichkeit auf den *Ausländerhilfsverein* zurückgehe.

Er schnitt sein Schnitzel in Streifen. Zu meiner Überraschung setzte er dann zu gekonnten Querschnitten an, ohne daß dabei die Streifen verrutschten. Sein Teller sah aus, als wollte er ihn einem Kind servieren. Als erstes aß er die unregelmäßigen Enden. Zurück blieb ein Rechteck aus regelmäßigen Schnitzelquadraten, die er sich Zeile für Zeile einverleibte. Als ich das Band wechselte, nutzte er die Gelegenheit, den Ton des Fernsehapparats aufzudrehen. Aber kaum stand mein Recorder wieder bereit, drehte er den Ton zurück. Das Merkwürdige war, je länger Fritz Amon redete, desto sympathischer wurde er mir. Solange er nicht von Politik sprach. Am Schluß lud er mich ein, ihn wieder zu besuchen. Ich denke, ich werde es tun. Jedenfalls solange das Buch nicht veröffentlicht ist.

In den Zeitungen waren die Fahndungsfotos von Feilböck und einem Mann abgedruckt, der in der Gruppe *der Ingenieur* genannt wurde. Die Eltern des Ingenieurs wohnten im Burgenland. Sie wollten mit mir nichts zu tun haben. Sie verboten mir zu kommen. Sie verweigerten auch jede Auskunft. Ich hatte die Mutter des Ingenieurs ans Telefon bekommen. Aber sie gab den Hörer sofort an ihren Mann weiter.

»Lassen Sie uns in Ruhe«, brüllte der ins Telefon.

Mit Feilböcks Eltern hatte ich mehr Glück. Ich durfte sie besuchen. Sie wohnten in einem Gemeindebau in Hernals. Feilböcks Vater war ein stämmiger Mann mit gewellten, dunklen Haaren. Er arbeitete in einem Motorenwerk. »Mein Leben lang habe ich sozialistisch gewählt«, sagte er. »Aber jetzt ist Schluß damit.«

Feilböcks Mutter war zierlich. Sie arbeitete beim mobilen Pflegedienst der Stadt Wien. Sie betreute alte und gebrechliche Menschen.

»Ich habe einen großen Fehler gemacht«, sagte sie, mit ihren Händen auf dem Schoß. »Ich habe den Polizisten erzählt, daß Karl im Keller einen Schrank hat. Sie haben ihn aufgebrochen und alles beschlagnahmt. Jetzt kann er nicht mehr zurückkommen, weil sie ihn verhaften würden.«

Sie ging davon aus, daß ihr Sohn noch lebte. Seit über eineinhalb Jahren war er vermißt.

»Mit dem Opernballanschlag hat Karl sicher nichts zu tun«, sagte Feilböcks Vater. »Das hätte er nie und nimmer gemacht. Er ist ein grundanständiger Mensch, nur leider in schlechte Gesellschaft geraten. Er wollte raus, aber es war zu spät. Die Polizei sagt, die Terroristen haben ihm vor seiner Flucht einen Finger abgeschnitten. Das muß man sich vorstellen. Bei uns geht es ja schon zu wie bei den Mullahs. Jetzt traut er sich nicht mehr zurück.«

»Ich hätte der Polizei nicht den Kellerschrank zeigen sollen«, wiederholte Feilböcks Mutter. »Alles, was sie dort gefunden haben, können sie gegen ihn verwenden.«

Ihr Mann suchte sie zu beruhigen. »Du hast ja nicht wissen können, was da drin ist. Wir haben keine Ahnung gehabt, daß Karl noch immer mit diesen Terroristen zu tun hat. Er wollte die Ausländer loswerden. Aber das ist ja nicht unanständig, das will ich auch. Schauen Sie sich um da draußen. Man hört kein deutsches Wort mehr. Mein Leben lang habe ich die Sozialdemokraten gewählt, aber jetzt ist Schluß. Die haben die eigenen Leute verkauft.«

Frau Feilböck schaute mich flehentlich an. »Können Sie Karl finden? Bitte finden Sie ihn.«

»Haben Sie irgendeinen Anhaltspunkt?«

»Ich weiß nicht. Sie sagen nichts der Polizei?«

»Nein.«

»Er ist Journalist«, sagte Herr Feilböck. »Er wird das nicht für sich behalten.«

»Ich verspreche Ihnen, daß ich es für mich behalte.«

Frau Feilböck schaute ihren Mann an. Der schien von ihrer Idee nicht begeistert zu sein. Aber er hielt sie auch nicht ab, als sie vorsichtig zu sprechen begann und ihn dabei weiter anschaute.

»Wir haben neulich Karls Wohnung aufgelöst. Es hat ja keinen Sinn, weiter Miete zu zahlen, wenn er nicht da ist. Die Polizei hat alles auf den Kopf gestellt. Ich habe die Wäsche ausgeräumt, gewaschen und gebügelt. Dabei habe ich in einer Sakkotasche einen Zettel gefunden. Es sieht aus wie irgendeine Wegbeschreibung im Ausland. Mein Mann hat schon im Atlas gesucht, aber nichts gefunden. Wir können ja mit niemandem darüber reden. Und dann haben wir uns wieder gesagt, wenn er wirklich dort wäre, hätte er die Beschreibung doch sicher mitgenommen.«

»Darf ich den Zettel sehen?«

»Aber Sie sagen sicher nichts weiter?« fragte Herr Feilböck.

»Nein. Ich verspreche es.«

Er ging zum Tisch und hob die obere Platte ab, die offenbar zur Verlängerung der Eßfläche diente. Darunter lag ein Blatt Papier. Es war vermutlich mit einem Laser-Drucker beschrieben.

Von Santany zwei Kilometer Richtung Felanitx.

Dann Feldweg nach links.

Palme an der Kreuzung.

Weitere zwei Kilometer.

Ich kannte die beiden Orte, denn ich hatte einen meiner ersten Urlaube mit Heather in dieser Gegend verbracht.

»Das ist auf Mallorca. Ich werde hinfahren.«

»Auf Mallorca? Das ist ja dann gar nicht so aus der Welt!« Sie überlegte einen Moment. Dann fuhr sie fort: »Aber, was werden Sie machen, sollten Sie Karl wirklich finden?«

Frau Feilböck brachte mich in Verlegenheit. Ich hatte nichts von Fred erzählt. Mir war keineswegs klar, was ich mit einem dieser Typen machen würde, wenn er mir unterkäme. Sicher würde ich mit ihm reden wollen. Und ihn dann wahrscheinlich der Polizei ausliefern. Aber das konnte ich nicht sagen.

»Er wird es im Fernsehen bringen«, sagte Herr Feilböck. »Da ich jetzt weiß, wo das ist, kann ich auch selber hinfahren.«

Er nahm das Blatt an sich.

»Ich will Sie nicht daran hindern. Aber seien Sie vorsichtig. Vielleicht kennen Sie Ihren Sohn doch nicht so gut, wie Sie glauben.«

»Hören Sie auf. Mir tut Karl bestimmt nichts. Wir haben uns nicht immer gut verstanden. Ich war ja ein alter Sozi. Aber Karl hat recht gehabt. Er hat studiert und das alles viel früher gesehen. Er ist nur in die falschen Hände geraten.«

Herr Feilböck ging in die Küche. Er kam mit zwei Flaschen Slibovitz zurück.

»Hier, für Sie. Und Sie sagen nichts weiter. Einverstanden?«

Ich wollte die Flaschen nicht nehmen, aber er gab nicht nach.

Bevor ich ging, sagte er: »Ich brauche keine Polizei. Sollte mein Bub mit dem Anschlag etwas zu tun gehabt haben, bringe ich ihn um. Wenn nicht, darf man ihn nicht einsperren.«

Eigentlich hatte ich meinen Eltern versprochen, für ein paar Tage nach London zu kommen. Aber die Mallorca-Reise duldete keinen Aufschub. Ich sagte am Telefon, daß ich eine Woche später kommen werde. Mein Vater war empört über den Wahlausgang.

»Die Täter waren doch Rechtsradikale. Wie können die Menschen da für die Rechten stimmen?«

Am Ende des Gesprächs sagte er: »Komm doch nach London zurück. Ich werde sicher nicht mehr nach Wien fahren.«

»Ich habe gedacht, Ihr kommt im Mai.«

»Das Treffen wurde abgesagt. Man hat im Augenblick Wichtigeres zu tun, als Emigranten zu empfangen.«

Die paar Zeilen von Feilböcks Zettel hatte ich mir gemerkt. Aber es schien mir höchst unwahrscheinlich, ihn wirklich auf Mallorca vorzufinden. Die Wegbeschreibung war mindestens eineinhalb Jahre alt. Ich hielt sie für einen Hinweis auf ein früheres Treffen mit spanischen oder französischen Rechtsradikalen. Dennoch wollte ich es nicht unversucht lassen. Je näher ich meinem Ziel kam, desto nervöser wurde ich. In Santany beging ich, wie mir bald darauf bewußt werden sollte, einen schweren Fehler. Ich hatte nicht gleich ein Hotel gefunden. Anstatt mich am Gemeindeamt oder in einer Bar nach einer Unterkunft zu erkundigen, folgte ich den Straßenschildern Richtung Felanitx. Meine Umhängetasche war leicht. Sie enthielt nur ein Handtuch, eine Badehose, Unterwäsche, den Recorder, acht Kassetten und einen kleinen Fotoapparat. Ich hatte aber nicht bedacht, daß mich, wenn ich mich nicht vorher irgendwo einquartierte, niemand vermissen würde.

Die Straße wurde enger. Sie war an beiden Seiten von Steinmauern eingefaßt. Dahinter blühten unzählige Mandelbäume. In manchen dieser eingemauerten Gärten liefen Schweine frei. Sie fraßen die Borke der Mandelbäume ab. Weit und breit zeigte sich kein Mensch. Es war früher Nachmittag. Das Wetter war viel wärmer als in Wien. Selten fuhren Autos vorbei. Die Fahrer konnten mich nicht gleich sehen. Die Straße wechselte ein paarmal in scharfen Kurven die Richtung. Und ich konnte wegen der bis an den Straßenrand herangebauten Mauern auch nicht recht ausweichen. Als ich etwa eine halbe Stunde gegangen war, sah ich linkerhand eine Palme stehen, vor der ein Weg abzweigte. Ich schaute mich um und ging den steinigen Feldweg hinein. Auch er wurde von Mauern begrenzt, außerhalb derer aber noch Sträucher standen. An manchen Stellen war der Weg fast zugewachsen. Ein Auto war hier in letzter Zeit sicher nicht gefahren. Ich fand aber auch sonst keine Spuren. Je weiter ich ging, desto unheimlicher wurde mir die Gegend. Immer wieder blieb ich stehen, schaute mich um und horchte. In der Ferne blökten Schafe. Die vielen Mandelbäume erlaubten es mir nicht, weit vorauszublicken. Ich ging nur ganz langsam.

Fast eine Stunde lang schlich ich voran, da sah ich einen Baumstamm quer über den Weg liegen. Ich stieg darüber und ging weiter. Der Weg machte eine Rechtskurve. Ich schaute vorsichtig um die Ecke der Steinmauer. Da waren gleich zwei Häuser. Eine kleine Hütte und zwanzig Meter weiter ein größerer Steinbau mit Flachdach. In der Wiese standen helle Säulen und Stümpfe. Als mein Herzschlag sich wieder einigermaßen beruhigt hatte, beobachtete ich die Häuser. Es gab nicht das geringste Anzeichen, daß hier zur Zeit jemand wohnte. Die Fensterläden waren geschlossen.

Ich nahm allen Mut zusammen und ging auf das größere Haus zu. Die Säulen, an denen ich vorbeikam, waren aufgestellte Bohrkerne. Vor dem Haus gab es eine Terrasse. Ich ging die paar Stufen hinauf und blickte mich noch einmal um. Dann klopfte ich an die hölzerne Tür. Es rührte sich nichts.

»Ist hier jemand?«

Keine Antwort. Ich kratzte meine bescheidenen Spanischkenntnisse zusammen.

»Permiso? Hay alguien?«

Ich ging einmal um das Haus herum. Alle Fensterläden waren geschlossen. Kein Hinweis, daß hier irgend jemand wohnte. Ich klopfte noch einmal und sagte mit lauter Stimme: »Permiso.« Dann drückte ich die Klinke. Die Tür war nicht abgeschlossen. Ich stieß sie nach innen, blieb aber auf der Terrasse stehen. Vor mir lag ein großer, hoher Raum. Direkt gegenüber war ein Fenster. Rechts davon führte eine Treppe zu einer Empore über einem anderen Raum, vielleicht der Küche. Ein kleines Bücherregal, ein hoher Korbsessel, Steinboden. Wegen der halboffenen Tür konnte ich die rechte Seite des Raumes nicht einsehen. Ich ließ meine Umhängetasche zu Boden sinken und ging ins Haus. Rechts war ein großer, runder Eßtisch, auf dem mehrere benutzte Gläser und eine Teekanne standen. Unter der Empore lag tatsächlich eine Küche. Die Tür stand offen. Auf einem Tischchen benutzte Teller, Töpfe und Besteck. Ich ging zum Eßtisch und faßte die Teekanne an. Sie war warm. In diesem Augenblick wußte ich, ich muß hier sofort verschwinden. Aber da war es schon zu spät. Kaum hatte ich mich zum Ausgang gewandt, hörte ich hinter mir ein Geräusch und die Worte: »Hände hoch und nicht umdrehen.«

Ich schreckte zusammen. Aber gleichzeitig hob ich die Hände in die Höhe. Die Stimme kam von der Empore.

»Was wollen Sie hier?«

Ich habe noch eine Chance, dachte ich. Er redet mit mir. Solange er redet, schießt er nicht.

»Sind Sie Karl Feilböck? Ich komme von Ihren Eltern. Ich habe ihnen versprochen, niemandem etwas zu sagen, wenn ich Sie finde.«

»Herr Fraser, erzählen Sie mir keine Märchen. Meinen Sie, ich hätte Sie noch nie im Fernsehen gesehen?«

»Ja, ich bin Journalist. Aber ich habe trotzdem Ihren Eltern versprochen, daß ich schweigen werde.«

Warum durfte ich mich nicht umdrehen? Vielleicht hatte er gar keine Waffe. Er kam die Stiegen herab. Ich drehte langsam den Kopf in seine Richtung. Er ließ es zu. Auf mich war tatsächlich eine Pistole gerichtet. Aber der sie hielt, war nicht Feilböck. Ein kurzer, blonder Vollbart, ein eingefallenes Gesicht, entzündete Augen. Es war der Ingenieur.

»Wie haben Sie mich gefunden?«

»Ein Zettel in Feilböcks Sakkotasche.«

»Feilböck ist tot. Und Sie leben bald auch nicht mehr.«

»Wenn Sie das machen, haben Sie keine Chance zu entkommen. Man weiß, wo ich bin. Ihr Fahndungsfoto ist auch in spanischen Zeitungen.«

»Dann gibt es hier zwei Tote. Oder?«

»Ich könnte Ihnen zu einem sicheren Fluchtort verhelfen. Ich habe gute Kontakte in viele Länder.«

»Deshalb sind Sie gekommen?«

»Nein, weil ich Feilböck suchte.«

»Was wollten Sie von ihm?«

»Mit ihm reden. Aber ich kann ja auch mit Ihnen reden. Mein Sohn ist bei eurem Anschlag ums Leben gekommen.«

»Ich war es nicht.«

»Dann haben Sie ja nichts zu befürchten.«

»Ich war es aber.«

Ich merkte, daß er zitterte. Er befahl mir, mich in den Korbstuhl zu setzen. Dann ging er rückwärts zur Tür hinaus. Die Pistole hielt er auf mich gerichtet. Er hob meine Umhängetasche auf und kam zurück. Als er mit dem Fuß die Tür zustieß, fiel er fast um. Er leerte die Tasche aus und untersuchte die Seitenfächer. Zwischen den Lamellen der geschlossenen Fensterläden kam genügend Licht durch, um zu sehen.

Er wirkte vollkommen am Ende. Als hätte er ewig nicht geschlafen. Er zog vom Eßtisch einen Stuhl heran und setzte sich mir gegenüber vor die Tür. Die Waffe war nicht mehr auf mich gerichtet. Wir schwiegen eine Weile. Dann sagte er: »Was machen wir jetzt?«

»Sie erzählen mir, warum Sie meinen Sohn Fred ermordet haben.«

»Hab ich nicht, verdammt noch mal.«

Dann schwieg er wieder. Er erhob sich und ging eine Zeitlang auf und ab. Bei manchen Schritten schwankte er, als ob ihm schwindelig geworden wäre. Er setzte sich wieder. Unter seinem linken Auge zuckte es.

»Wann werden sie kommen?«

»Bald.«

»Soll ich Sie gleich erschießen, oder warten wir, bis sie da sind.«

»Sie kommen nicht. Niemand weiß, daß ich hier bin.«

»Niemand?«

»Feilböcks Vater könnte irgendwann hier auftauchen. Aber das wird noch dauern.«

Er ging wieder auf und ab. Bei den beiden vorderen Fenstern blieb er immer wieder stehen und schaute durch die Lamellen. Dann redete er bis zur Abenddämmerung kein Wort mehr mit mir. Was ich ihn auch fragte, er antwortete nicht. Als ich einmal aufstehen wollte, richtete er die Waffe auf mich. Da setzte ich mich wieder. Gelegentlich trank er einen Schluck Tee. Der Raum hatte keine elektrische Beleuchtung. Über dem Eßtisch hing ein großer Metallring mit abgebrannten Kerzen. Auch auf dem Bücherregal und auf einem Tischchen neben meinem Korbsessel standen abgebrannte Kerzenleuchter. Rechts vom Eingang gab es noch eine Tür in einen Nebenraum.

Als es dunkler wurde, fragte er:

»Haben Sie Hunger?«

Ich bejahte.

»Setzen Sie in der Küche Kartoffeln auf.«

Er bewegte sich zum Eßtisch. Von dort konnte er in die Küche hineinsehen. Als ich aufstand, sagte er:

»Nicht zu nahe kommen.«

Ich ging an der Wand entlang in die Küche. Auch dort gab es keine elektrische Beleuchtung. Auf Untertassen klebten die Wachsreste von Kerzen. An den Herd war eine Propangasflasche angeschlossen. Ich entzündete mit meinem Feuerzeug die Flamme. Am Boden lag ein kleiner Haufen Kartoffeln. Daneben stand ein halb gefüllter Sack mit Mandeln. Auf einem Regal waren ein paar Gläser mit eingelegten Oliven. Sonst sah ich nichts Eßbares. Der Wasserhahn funktionierte nicht. Der Ingenieur sagte:

»Die Zisterne ist hinter der Eisentür.«

In die Außenwand war eine weiß gestrichene Tür eingelassen, etwa einen Meter im Quadrat. Sie war mit einem schweren Riegel verschlossen. Ich öffnete sie und sah eine Umlaufrolle mit einem Seil. Als ich daran zog, kam ein Eimer Wasser hoch. Aber es dauerte eine Weile. Der Wasserspiegel schien ziemlich tief zu sein. Ich klinkte den Eimer aus dem Karabinerhaken und stellte ihn auf den Küchenboden. Dabei fiel mir auf, daß in die gegenüberliegende Wand der Zisterne Eisensprossen eingemauert waren. Ich setzte Kartoffeln auf. Während sie kochten, mußte ich in der Küche bleiben.

Einmal fragte er: »Wohin können Sie mich bringen?«

»Vielleicht nach Argentinien.«

»Wie wollen Sie das anstellen?«

»Das weiß ich noch nicht. Aber es wird sich ein Weg finden.«

»Was wollen Sie dafür?«

»Die Wahrheit.«

Dann schwieg er wieder. Als die Kartoffeln gekocht waren, war es schon ziemlich dunkel. Ich durfte die Küche nicht verlassen. Er sagte: »In fünf Minuten ist Nachtruhe.«

Ich schälte zwei Kartoffeln und aß sie. Dazu trank ich Zisternenwasser. Ich fragte: »Gibt es Salz?«

Er gab mir keine Antwort. Kaum war ich mit der zweiten Kartoffel fertig, sagte er: »Und jetzt in die Zisterne.«

Er zielte wieder mit der Pistole auf mich.

»Ich werde nicht davonlaufen. Sperren Sie mich sonst irgendwo ein. Bitte nicht in die Zisterne.«

Er schrie mich an: »In die Zisterne!«

Seine Waffe zielte auf meinen Kopf. Ich öffnete die Tür. Ich tastete nach dem Strick und dann nach den kalten, eisernen Sprossen. Dann kroch ich in die Kälte hinein. Er schloß sofort die Tür und verriegelte sie. Ich dachte mir, das sei nun mein Ende.

Von unten stieg die Kälte herauf. Ich hörte den Ingenieur draußen gehen. Eine Zeitlang war es ruhig, dann ging er wieder. Zwischendurch klapperte Geschirr.

Vom Stehen auf den Sprossen taten mir bald Hände und Füße weh. Auch fröstelte mich. Ich tastete die Wand ab. Mein Feuerzeug hatte ich in der Küche liegen lassen. Ich durchsuchte meine Taschen, aber ich fand nichts, das mir weiterhalf. Bei der Eisentür gab es ein kleines Gesimse. Ich zog die Schuhe aus und stellte sie darauf. Dann stopfte ich die Socken in die Schuhe und kletterte die Sprossen hinab. Einen Fuß streckte ich voran, um das Wasser zu spüren. Die Zisterne war unten viel breiter als oben. Die Mauer war glatt. Es gab keinen Vorsprung, nichts, worauf ich mich hätte setzen können. Hinter mir baumelte nur noch der Strick. Sonst konnte ich nichts ertasten. Unten war kaltes Wasser.

Ich kletterte wieder hinauf und zog Socken und Schuhe an. Dann setzte ich mich auf das Gesimse, auf dem ich sie abgelegt hatte. Die Beine streckte ich zu den Eisensprossen an der gegenüberliegenden Mauer, den Rücken drückte ich gegen die Eisentür. Ich strengte mich mit aller Kraft an, aber sie gab nicht nach. Im Haus war nichts mehr zu hören. Ich rieb mit den Händen meinen Oberkörper. Später band ich den Strick zu Schleifen, die ich über meine Beine schob und am Haken befestigte. So konnte ich, für den Fall, daß ich einschlafen sollte, nicht abstürzen.

Ich konnte nicht schlafen, dazu war es viel zu kalt. Aber ich döste zwischendurch. Dann rieb ich mir wieder den Körper ab. Ich würde die Nacht überstehen. Da ich keine Geräusche hörte, wurde ich von der Vorstellung gequält, der Ingenieur könnte geflüchtet sein.

Später hörte ich wieder Geräusche. Sie kamen von oberhalb der Küche, dann vom Wohnzimmer. Der Ingenieur schien irgendwelche Dinge herumzutragen. Mehrmals ging er auf die Empore hinauf. Als er wieder im Wohnzim-

mer, vermutlich beim Eßtisch war, meinte ich, ihn in
Büchern blättern zu hören. Er kam in die Küche und stellte
Wasser auf den Herd. Später goß er vermutlich Tee auf.
Dann machte er sich hinter mir an der Eisentür zu schaf-
fen. Sie sprang auf.

»Los raus! Jetzt wird gearbeitet.«

Er war zurückgetreten und fuchtelte mit der Pistole
herum. Er wirkte voller Energie. Es war noch nicht richtig
hell, als ich aus meinem Loch kroch. Mir taten die Glieder
weh. Die Stricke hatten sich ins Bein eingeschnürt. Der
Ingenieur ging zum Eßtisch und hielt mich in Schach.
Ich trank eine Tasse starken schwarzen Tee und aß die
letzte Kartoffel vom Vortag. Den Rest hatte der Ingenieur
gegessen.

»Ich muß pissen«, sagte ich.

»In das Waschbecken.«

Er hatte vor sich ein paar Bücher liegen und blätterte
darin. Eines davon war offenbar Hitlers *Mein Kampf*. Ich
sah das Porträt, als er es aufschlug. Einige Stellen waren
unterstrichen und am Rand mit Anmerkungen versehen.
Als ich mich erleichtert hatte, nahm ich mir ein paar Mandeln aus dem Sack. Ich mußte ins Wohnzimmer zum Korbsessel gehen. Dort lag mein Recorder. Der Ingenieur setzte
sich wieder vor die Eingangstür, so daß mir der Fluchtweg
versperrt war. Vor sich hatte er auf einen Stuhl die Teekanne und eine Schale gestellt. Auf den Boden legte er ein
paar Bücher. Immer noch waren seine Augen entzündet.
Auch das Gesicht zuckte. Aber er wirkte viel frischer als am
Vortag.

»Ich habe keine eigene Geschichte«, sagte er. »Haben
Sie vom *Geringsten* gehört? Seine Geschichte war meine
Geschichte. Bis vor kurzem jedenfalls. Schalten Sie das
Band ein.«

Ich sagte, das Mikrofon sei nicht gut genug, er müsse
näherkommen. Der Ingenieur beharrte darauf, daß ich

näher an ihn heranrückte. Wir saßen dann etwa drei Meter auseinander. Die Pistole ließ er keinen Augenblick aus den Händen.

Offensichtlich verglich er die Jugend des *Geringsten* mit der Adolf Hitlers. Am Anfang verwendete er selbst, wenn er vom Vater des *Geringsten* sprach, Formulierungen von Adolf Hitler über dessen Vater. Später ließ er das bleiben. Dann zog er ein anderes Buch heran. Es war die Bibel. Wenn er vom *Geringsten* redete, lag immer ein bewundernder, schwärmerischer Ton in seiner Stimme. Er wollte ihn mir als Heiligen andrehen. Es dauerte eine Weile, bis ich dahinterkam, daß er vom Führer der *Bewegung der Volkstreuen* sprach. Über die anderen Gruppenmitglieder redete er sachlicher. Er machte Pausen zwischen den Sätzen, weil er sie sich offenbar vorformulierte. Wenn das Band zu Ende war, warf er mir eine neue Kassette zu. Mit der Zeit ergab alles einen Zusammenhang. Aber ich wußte nicht, was stimmte und was nicht. Wenn ich ihn unterbrach, fuhr er mich an und hob die Pistole.

Nachdem er drei Bänder besprochen hatte, verlangte er, daß ich in den Nebenraum gehe, den ich bisher nicht kannte. Auf einem Tisch stand eine Schreibmaschine, daneben lag Papier. Es gab noch ein Bücherregal und am Boden eine Matratze, auf der zusammengeknüllte Decken lagen. Er befahl mir, die Bänder abzutippen. Wenn ich langsamer wurde, trieb er mich zur Eile an.

»Kein Wort wird verändert«, sagte er. Sobald ich eine Seite geschrieben hatte, las er sie, während ich weitertippte. Er schien zufrieden zu sein. Er stieß sich auch nicht an den Sätzen, mit denen er meine Einwände abgeblockt hatte.

Als ich die drei Bänder endlich abgetippt hatte, war es schon Nachmittag. Ich durfte ein paar Mandeln und Oliven essen. Dann befahl er mir, neuen Tee zu machen. Das Feuerzeug mußte ich in der Küche liegen lassen. Er ließ mich keine Zigarette rauchen. Es ging weiter. Ich mußte die alten Kassetten einlegen, so daß sie überspielt wurden. Als er später vom *Buch Mormon* sprach, dachte ich mir, der kommt sich vor wie Joseph Smith. Er will eine neue Religion begründen. Der *Geringste* ist sein Engel Moroni.

Zwischendurch fielen mir die Augen zu. Ich riß mich zusammen. Als er von der Bestrafung und Ermordung Feilböcks berichtete, ging er auf und ab, blieb zwischendurch stehen und starrte mich an. Ich hatte gedacht, ich müßte die drei Bänder wieder abtippen. Aber das schien ihm inzwischen nicht mehr wichtig zu sein. Er warf mir von den Kassetten, die er am Vortag aus meiner Umhängetasche genommen hatte, neue zu. Nie kam er mir nahe. Manchmal rieb er sich mit einer Hand das Gesicht. Dabei schaute er mich zwischen den Fingern hindurch an. Bevor er ins Waschbecken pißte, trieb er mich in die Küche. Ich mußte vor der Zisternentür stehen.

Als er von der Wiederbegegnung mit dem *Geringsten* auf der Donauinsel erzählte, traten ihm Tränen in die Augen. Er sah lange zu Boden. Einmal legte er die Pistole vor sich auf den Sessel. Zwar hatte ich nach wie vor keine Vorstellung, wie es mit mir weitergehen könnte – nach dem, was er mir erzählt hatte, mußte ich das Schlimmste befürchten –, aber ich war nicht in der Lage, die Gelegenheit zu nutzen. Am Schluß war der Ingenieur verzweifelt. Er nahm meine Einwände auf. Er stellte sogar Fragen. Aber dann fuhr er mich plötzlich an. Er zwang mich mit der Pistole, das Band abzuschalten. Ich mußte mich zurück an die Mauer setzen. Es war mittlerweile halb neun Uhr abends. Bald würde es dunkel werden.

Der Ingenieur lief wie ein Verrückter herum. Er hatte nunmehr wieder Mühe, sein Gleichgewicht zu halten. Das Gesicht zuckte. Er fragte: »Wie hast Du dir das mit der Flucht vorgestellt?« Er duzte mich erstmals.

»Ich müßte telefonieren.«

»Keine Rede.«

Dann schwieg er wieder und lief auf und ab. Er ließ mich nichts essen und nichts trinken. Ich saß da und schaute ihm zu, wie er herumlief und dann wieder eine Weile zusammengesunken dasaß. Mir war, als müßte ich jeden Moment einschlafen. Gleichzeitig hatte ich aber Angst vor der Zisterne. Eine zweite Nacht hätte ich dort nicht durchgestanden.

Als der Ingenieur nur mehr als Schatten zu sehen war, schickte er mich auf die Empore hinauf. Er riß die Holzstiege aus der Verankerung und warf sie um. Oben lagen Matratzen, Decken und Bücher. Es war schon zu dunkel, um ihren Inhalt zu erkennen. Ich tastete nach einem Gegenstand, mit dem ich ihn erschlagen könnte. Aber ich fand nichts.

Eine Weile war es ruhig. Dann hörte ich ihn weinen. Er weinte zusehends lauter. Es hörte sich an wie das Winseln eines Hundes. Dann wieder Schritte. Er stieß an Gegenstände an. In der Küche fiel ein Glas zu Boden. Ein zweites wurde zerschlagen. Hierauf war es wieder ruhig. Ich weiß nicht, wie lange, denn ich bin eingeschlafen.

Als mich der Schuß aus dem Schlaf schreckte, war mein erster Gedanke: Jetzt ist es aus mit mir. Jetzt macht er Ernst. Aber dann hörte ich ihn unten herumschlagen. Irgendwelche Gegenstände fielen vom Tisch. Ich hörte ein hohes Stöhnen, ein gepreßtes Röcheln, ein Zappeln mit dumpfen Aufschlägen auf dem Steinboden. Es wurde leiser. Am Schluß war ein Krächzen zu hören, das sich in nichts von Freds letztem Laut unterschied.

Neuer Sicherheitsdirektor ist »alter Hase«

Endlich wurde auch der Posten des Sicherheitsdirektors von Wien wieder besetzt. Polizeipräsident Reso Dorf hatte sich mit der Entscheidung lange Zeit gelassen. Um so überraschender fiel sie aus. Hofrat Major Franz Leitner wurde aus dem Ruhestand zurückgeholt. Reso Dorf: »In dieser Situation können wir auf so verdienstvolle alte Hasen wie Hofrat Leitner keinesfalls verzichten. Ich habe ihn persönlich gebeten, uns weiter zur Verfügung zu stehen. Leitner kann zupacken. Und das ist es, was wir jetzt brauchen.«

Anmerkung

Die Arbeit an diesem Buch wurde mit einem Elias-Canetti-Stipendium der Stadt Wien und vom Deutschen Literaturfonds e. V. gefördert.
Die kursiv gesetzten Zitate stammen aus der Bibel, dem Buch Mormon, von Adolf Hitler, Friedrich Rückert, Eric Clapton und Matthias Claudius.
Mit Dank an den Mormonen Steven Huff aus Arizona, der ein überzeugter Sozialdemokrat ist und einer Romanfigur seinen Namen lieh.

Iowa City, im November 1994

Inhalt

Josef Haslinger
Der Tod des Kleinhäuslers Ignaz Hajek
Die mittleren Jahre
Zwei Novellen

Band 12917

Josef Haslinger wagt sich in seinen beiden Novellen an die großen Themen des Menschseins heran: an Liebe und Tod, Hoffnung und Niederlage, Schuld und Angst. Erzählt wird die er-
greifende Geschichte des Kleinhäuslers Ignaz Hajek, der durch
Verzicht und Entbehrungen eine alte (Liebes-) Schuld abgetragen hat, sowie seines Sohnes Josef, dem sich in der Konfrontation mit der wahren Herkunft die Chance eines Neuanfangs
auftut. Erzählt wird außerdem die Geschichte des Bauern Gru-
ber, der nach einem mühseligen Leben knapp fünfzigjährig an
Krebs stirbt. In einer leisen, scheinbar kunstlosen Sprache gelingen Josef Haslinger Biographien und Milieuschilderungen,
die sich tief ins Bewußtsein graben.

Fischer Taschenbuch Verlag

fi 1814 / 3

Josef Haslinger
Politik der Gefühle
Ein Essay über Österreich
Band 12365

Als Kurt Waldheim für das Amt des österreichischen Bundespräsidenten kandidierte, wurde bekannt, daß er ehemals Mitglied des SA-Reitersturms war. Keineswegs sanken daraufhin
seine Chancen für die Wahl. Im Gegenteil: Unter den Wählern
stieg die Zustimmung für seine Person rapide an. Diese Tatsache macht Josef Haslinger zum Ausgangspunkt seines ›Essays
über Österreich‹. Er versucht zu verstehen, welches Verhältnis
zur demokratischen Gegenwart durch diese Wahl zum Ausdruck
kam. Dabei interessiert ihn Waldheim letztlich nur als Reprä-
sentant einer politischen Stimmungslage, als markantes Ergebnis eines bis heute virulenten gesellschaftlichen Klimas. Haslingers Analyse versucht gleichsam das psychosoziale Unterfut-
ter zu sondieren, das Wahlentscheidungen wie die für Waldheim
(oder Jörg Haider) möglich machen.

Fischer Taschenbuch Verlag

fi 1811 / 3